AF543882

Friedrich Wilhelm Prinz von Preußen

Das Haus Hohenzollern 1918–1945

Friedrich Wilhelm
Prinz von Preußen

Das Haus Hohenzollern
1918–1945

Mit 61 Seiten Dokumenten

Man wird die Fahne
mit dem Hakenkreuz
noch einmal verfluchen,
und die Deutschen selber
werden sie eines Tages verbrennen.

Wilhelm II. am 7. September 1933

Umschlaggestaltung: Sabine Schröder
Umschlagmotiv: akg-images, Berlin
Satz: VerlagsService Dietmar Schmitz GmbH, Heimstetten
Druck und Binden: Friedrich Pustet GmbH & Co.KG, Regensburg
Printed in Germany
ISBN: 978-3-7844-3617-3

www.langenmueller.de

Inhalt

Vorwort

»In der Geschichtsschreibung bestimmen die außerwissenschaftlichen Gruppierungen, die Parteiungen und Ideale, mit denen sich der einzelne Forscher in seiner eigenen Gesellschaft identifiziert, zu einem erheblichen Teil, was er an den Geschichtsquellen ins Licht hebt, was er im Schatten lässt und wie er ihren Zusammenhang sieht.«

Dieser Hinweis des Sozialwissenschaftlers Norbert Elias betrifft prinzipiell auch die vorliegende Publikation. »Das Haus Hohenzollern 1918–1945« wurde von Friedrich Wilhelm Prinz von Preußen (1939 bis 2015), dem ältesten Urenkel des letzten deutschen Kaisers sowie ältestem Enkel des Kronprinzen Wilhelm, verfasst. Vor diesem persönlichen Hintergrund wäre eine geschönte Aufarbeitung der Familiengeschichte – insbesondere im Zusammenhang mit dem Thema Nationalsozialismus – zur Prestigewahrung des Hauses, »Splendor Familiae«, nicht abwegig.

Tatsächlich sah der Autor zumindest als Historiker sowohl den ehemaligen Kaiser als auch den Kronprinzen äußerst kritisch. Dennoch ist die vorliegende Publikation aufgrund des methodischen Vorgehens keine Abrechnung, sondern, mit umfassender Darlegung zum Teil persönlicher Zeitzeugnisse – wie zum Beispiel private Begegnungen der Familienangehörigen mit führenden Nationalsozialisten oder ausführliche Gesprächsprotokolle nach Treffen mit Adolf Hitler – eine ungewöhnliche Form der Dokumentation, zu der der Autor bemerkte:

> »Die vorliegende historische Untersuchung verzichtet bewusst darauf, subjektive Vorstellungen zum Material der Darstellung zu machen: vielmehr lässt sie die Quellen sprechen …«

Zu diesen Quellen gehören Archivmaterialien des Hauses Doorn, des Hausarchivs sowie der Generalverwaltung des vormals regierenden Preußischen Königshauses und des Bundesarchivs Koblenz.

Der Schweizer Schriftsteller Adolf Muschg, seinerzeit Präsident der Akademie der Künste, konstatierte: »So müssen Bücher geschrieben sein, die aus dem Familienschicksal, das wahrhaftig nicht nur ihr eigenes war, eine persönliche Konsequenz gezogen haben.«

Deutlich wird, dass trotz großer Differenzen über deren konkrete Ausgestaltung, der Wille zur Rekonstruktion der Monarchie das gemeinsame Handlungsmotiv Wilhelms II. und der engsten Angehörigen des Hauses Hohenzollern war. Die damit einhergehenden Hoffnungen oder Enttäuschungen, aber auch die nach 1918 aufrechterhaltene, dynastische Infrastruktur, beeinflussten das Verhalten der Familienangehörigen auf höchst unterschiedliche Weise. Der ehemalige Kaiser im Exil war bis zu seinem Tod im Jahre 1941 Chef des Hauses, dem die Mitglieder aufgrund der hausgesetzlichen Observanz widerspruchslos zu folgen hatten. So beispielsweise auch Kronprinz Wilhelm mit dem hochambitionierten Vorhaben, in der Nachfolge Hindenburgs über das Amt des Reichspräsidenten, »Hitler geschickt nehmend«, die Monarchie wiedereinzuführen. Gegen diesen Plan legte der ehemalige Kaiser sein Veto ein; er wollte ausschließlich selbst auf den Thron in Deutschland zurückkehren.

»Das Haus Hohenzollern 1918–1945« ist eine quellenreiche historische Dokumentation der gesellschaftlichen und politischen Aktivitäten der seinerzeit wichtigsten Mitglieder des vormaligen Preußischen Königshauses. Durch die Person des Autors und dessen Wissen um Hausgesetze und dynastische Infrastruktur, ist sie zugleich auch ein beklemmendes Sozio- und Psychogramm der eigenen Familie.

Die vorliegende Ausgabe entspricht der Auflage 2003; sie ist unabhängig und in Unkenntnis der aktuellen Entschädigungsdebatte entstanden.

Berlin, im Juni 2021 — Sibylle Prinzessin von Preußen

TEIL I

Die Hohenzollern und die Weimarer Republik

Die Hohenzollern unter ihren Hausgesetzen

Die Eingliederung der Hohenzollern in die bürgerliche Gesellschaft

Existenzverwirklichung in der Sphäre des bürgerlichen Lebens

Die Hohenzollern unter ihren Hausgesetzen

Die gesellschaftliche Position, die Mitglieder des Hauses Hohenzollern nach der Abdankung Wilhelms II. in einem nun durch die Weimarer Verfassung definierten Staat einnahmen, war in der Regel von einem restriktiven Familienkodex geprägt. Auch nach dem Ende der Monarchie folgten die Mitglieder des ehemals regierenden Preußischen Königshauses den Verpflichtungen, die ihre Hausgesetze ihnen auferlegten. Die freiwillig geübte Hausobservanz erlaubte es den einzelnen Prinzen und Prinzessinnen nicht, frei und eigenmächtig Entscheidungen zu treffen, mit denen sie sich außerhalb ihrer durch die Hausgesetze eingegrenzten Familiengemeinschaft gestellt hätten. Das betraf nicht nur interne Familienprobleme, wie zum Beispiel die Wahl des Ehepartners, die nicht ohne Berücksichtigung der Ebenbürtigkeit getroffen werden sollte. Wichtiger noch wurde die Hausobservanz, wenn ein Familienmitglied ein öffentliches Amt bekleiden, einer politischen Partei oder einem vaterländischen Verband beitreten wollte. Über einen solchen Schritt entschied letztendlich nicht der einzelne Prinz, sondern das Oberhaupt des vormals regierenden Preußischen Königshauses. Das war und blieb bis zu seinem Tode im Jahr 1941 der im Exil lebende Kaiser.

Politische Entscheidungen einzelner Mitglieder des Hauses Hohenzollern als Bürger der Weimarer Republik und danach des »Dritten Reiches« werden wie tatsächliche oder scheinbare politische Abstinenz eher verständlich durch die Kenntnis der ihnen durch die Hausgesetze auferlegten Observanz. Ein Blick in diese Hausgesetze gehört daher zu den Voraussetzungen einer umfassenden Beurteilung des gesellschaftspolitischen Verhaltens der einzelnen Mitglieder des Hauses Hohenzollern nach 1918.

Die älteste Rechtsurkunde, die die Entwicklung der Hausgesetzgebung einleitete, ist ein Hausvertrag der fränkischen (brandenburg-preußischen) Linie aus dem Jahre 1341. Es handelt sich um die Beilegung des Erbstreites zwischen den Söhnen des Burggrafen Friedrich IV. von Nürnberg, Johann II. und Albrecht. Eines der bedeutsamsten Elemente dieses Vertrages bestand in einem Veräußerungsverbot des Territoriums im ganzen oder in einzelnen Teilen. »Hierin liegt der erste Keim dessen, was man später als das brandenburgische Fideikommißprinzip zu bezeichnen pflegte.«[1] Friedrich V. gelang es, seinen Landbesitz erheblich zu erweitern. Auch sein Interesse ging dahin, diesen Besitz für alle Zukunft seinem Hause ungeteilt zu bewahren. In einer Verfügung von 1372 ordnete er an, dass – falls es jemals zu einer Teilung kommen sollte – sein Territorium niemals weiter verkleinert werden dürfe als in die beiden Teile der späteren Fürstentümer Ansbach und Bayreuth. Diese Verfügung knüpfte eng an den ältesten Hausvertrag von 1341 an.

Burggraf Friedrich VI. wurde von Kaiser Sigismund mit der Mark Brandenburg belehnt und am 30. April 1415 mit der Kurwürde ausgezeichnet. Die von ihm getroffenen Verfügungen halten am Grundsatz der Wahrung der Einheit des ganzen Hausbesitzes fest. Erst den Kurfürsten Albrecht Achilles beschäftigte die Aufgabe einer Länderteilung unter seine Söhne. So entstand die wichtige Constitutio Achillea vom Jahre 1473, die »für alle Zeiten die wichtigste Grundlage der brandenburgischen Hausverfassung geworden ist.«[2] Hier wurde festgelegt, dass es niemals mehr als drei regierende Herren im brandenburgischen Hause geben dürfe. Darüber hinaus wurde ein striktes Veräußerungsverbot aller ererbten Hausbesitzungen ausgesprochen, während über die Neuerwerbungen frei verfügt werden konnte. Schließlich wurde der Grundsatz festgestellt, dass jeder Sohn seinen Vater repräsentiert, was auch auf die Enkel ausgedehnt werden muss, also das Linearprinzip. Es trifft jedoch nicht zu, dass die Constitutio Achillea das Recht der Erstgeburt eingeführt habe. Dem burggräflichen Hause war es bis dahin unbekannt, weil dies Recht durch die Goldene Bulle lediglich für einen Sohn, dem die Kurwürde zufiel, zur Geltung kam.[3] Für die beiden nachgeordneten Linien des zweiten und dritten Sohnes war nichts anderes festgelegt, als dass es in jeder Linie nur ein regierendes Oberhaupt geben dürfe. Wie dieses zu bestimmen sei, darüber wird nichts ausgesagt. Dies sollte entweder von Fall zu Fall oder im Sinne der Hausobservanz entschieden werden. Ausgeschlossen war nur die Teilung der beiden fränkischen Fürstentümer, die nach eben dieser Hausobservanz in ihrer Integrität erhalten werden mussten. Die Constitutio Achillea wird als »ein bedeutsamer Fortschritt in der Entwicklung der brandenburgischen Hausverfassung« beurteilt. Der Kommentator Hermann Schulze erläuterte 1883:

»Der von den Historikern wenig beachtete Akt, wodurch die Unteilbarkeit des Staates grundsätzlich festgelegt wurde … erscheint als der größte Wendepunkt in der Staatsgeschichte eines deutschen Territoriums. Keine Schlacht Friedrichs des Großen war wichtiger für Preußens gegenwärtige Größe als jener Akt staatsmännischer Weisheit, wodurch Albrecht Achilles die Unteilbarkeit der märkischen Lande für immer festsetzte.«[4]

Die von Albrecht Achilles im Jahre 1473 niedergelegten Grundsätze wurden unter seinen Nachfolgern verschiedentlich modifiziert. Im Jahre 1599 ratifizierten Kurfürst Joachim Friedrich und sein Vetter, Regent der fränkischen Linie, Markgraf Georg Friedrich, zu Gera einen »Haus- und Successionsvertrag.« Dieser Vertrag von Gera wurde 1603 auch zwischen dem Kurfürsten und seinen beiden Halbbrüdern, Christian und Joachim Ernst, bekräftigt.

Neben der ausdrücklichen Bestätigung der Regelungen aus der Constitutio Achillea enthält dieser Hausvertrag auch neue Elemente, so vor allem im Blick auf die nachgeborenen Söhne und Töchter. Da es im Gesamthause nie mehr als drei regierende Herren geben durfte, hatten diese die Pflicht, ihre Brüder und Vettern, »so mit Land und Leuten oder günstlichen Stiftern nicht versehen«, jährlich mit einem gewissen Deputat zu versorgen. Der Kurfürst übernahm die Pflicht, seine Brüder fürstlich zu unterhalten. Bei Vollendung des achtzehnten Lebensjahres mussten alle Söhne, Brüder und Vettern beurkunden, dass sie die Bestimmungen der Constitutio Achillea einhalten und nicht antasten würden.[5]

So wurde die Unveräußerlichkeit der Lande durch den Vertrag von Gera erneut bestätigt. Überdies erkannten die jüngeren Brüder den Kurfürsten als das Haupt des ganzen Hauses Brandenburg an. Dem Kurfürsten aber oblag die Pflicht, die anderen Mitglieder des Hauses standesgemäß zu versorgen.

»Mit diesem berühmten Hausvertrag war es dem Kurfürsten Joachim Friedrich gelungen, die Verfassung seines Hauses wesentlich zum Abschluß zu bringen.«[5]

Als »Fundamentalgesetze des Hauses«[7] behielten das Testament von Albrecht Achilles und der Vertrag von Gera im Prinzip unangetastet ihre Bedeutung bis zum Erwerb der preußischen Königskrone. Zuletzt klärte

Kurfürst Friedrich III. – noch vor seiner Krönung zum König in Preußen – durch einen Hausvertrag von 1692, dass Nachgeborene stets nur mit Gelddeputaten abgefunden werden könnten, nie aber mit Landabtretungen.[8] So bildeten die Hausgesetze die Rechtsgrundlage für die Versorgung der Angehörigen des Hauses Hohenzollern und für die Sicherung der Erblande als eines geschlossenen Besitzes, aus dem sich dann später das Territorium des preußischen Staates ergab.

Der erste Preußenkönig, Friedrich I., erließ 1710 eine Fideikommissverfügung, in deren Vorwort er versicherte, darauf bedacht sein zu wollen,

> »die Hoheit, Macht und splendeur des Königlichen, Kur- und Fürstlichen Hauses je mehr und mehr zu befestigen und emporzubringen und das gleichwie in Kraft der uralten und durch Uns von neuem bestätigten Verfassungen und Grundgesetze Unseres Hauses das Primogeniturrecht und die unzertheilte Succession in die zu Unserem Hause gehörenden und demselben angestammten Landen und Provinzen festgesetzt, alle Zergliederungen aber und Alienationes solcher Provinzen und Lande aufs kräftigste verboten werden«.[9]

Damit wurden die alten Rechtsgrundsätze, wie sie seit 1341 gültig waren, auch für das Preußische Königshaus bewahrt. Leitender Grundgedanke war der Wunsch,

> »daß alle Machtmittel des Staates möglichst zusammengehalten und in der Hand des Erstgeborenen zum Besten des Hauses und Staates vereinigt werden sollten«.[10]

Der König verzichtete ausdrücklich auch auf sein bereits durch die Constitutio Achillea festgestelltes Recht, über seine Neuerwerbungen frei zu verfügen, und verleibte auch diese dem Fideikommiss ein.

Friedrich Wilhelm I. bestätigte 1713 nach seiner Thronbesteigung diese Verfügung seines Vaters. Die Einführung des Begriffs »Fideikommiss« brachte zwar nichts grundsätzlich Neues, aber im fremdartigen Gewande des Fideikommisses trat doch der staatliche Gedanke klarer hervor als früher.

Diese Bestrebungen wurden dann durch Friedrich den Großen weitergeführt, als er im Jahre 1752 mit den beiden regierenden Markgrafen von Ansbach und Bayreuth, unter Zustimmung seines Bruders Wilhelm, die geheimen Familienverträge abschloss. Diese Vereinbarungen sicherten dem königlichen Hause die Wiedervereinigung mit den fränkischen Fürstentümern in der Primogenitur zu.[11] Friedrich dem Großen war es damit gelungen, die hausgesetzlichen Probleme zu lösen und möglichen Schwierigkeiten zu begegnen.

Unter Friedrich Wilhelm III. wurden die alten Hausgesetze erneut bestätigt, zum Teil aber auch verändert. Im Edikt vom Dezember 1808 ging es um die Veräußerlichkeit von Besitztümern des königlichen Hauses. Neben den Ständevertretern wurden auch alle volljährigen Agnaten beigezogen, die Minderjährigen durch einen Vormund vertreten. Dadurch erhielt das Edikt zugleich den Charakter eines echten Hausgesetzes in dem Sinne, dass es nicht allein für das ganze Haus Gültigkeit besaß, sondern auch vom ganzen Haus gemeinsam beschlossen und getragen wurde. Im § 1 wurde das alte Hausgesetz bekräftigt:

> »Es hat bei den Hausverträgen und den Grundgesetzen Unseres Königlichen Hauses, insoweit solche die Untheilbarkeit und Unveräußerlichkeit der Souveränitätsrechte mittelst Anwendung der Primogenitur und des Fideikommisses festsetzen, ein Verbleiben.«[12]

Verändert wurde dagegen das Veräußerungsrecht der Staatsdomänen. Die Entscheidungen über Verkauf und Verpachtung sollten jeweils nach staatswirtschaftlichen Gesichtspunkten getroffen werden. Diese Richtlinien zur Veräußerung der Domänen bezogen sich allerdings nur auf jene, die bereits 1808 zum Staatsgebiet gehört hatten.
Einen grundlegenden Wandel brachte dann die Regierungszeit Friedrich Wilhelms IV. Die Umwandlung des absoluten in einen konstitutionellen Staat konnte auf die Verfassung des königlichen Hauses nicht ohne Einfluss bleiben. Wichtige Punkte, die nur durch das Hausgesetz geregelt waren, wurden nun in den Bereich des Verfassungsrechtes überführt, wie zum Beispiel die Thronfolge und die Regentschaft. Von Bedeutung für das Haus Hohenzollern war aber auch die ausdrückliche Anerkennung der bleibenden Gültigkeit der geltenden königlichen Hausgesetze, soweit sie mit der Verfassung nicht im Widerspruch standen.

> »Thronfolge und Regentschaft waren nun der Hausgesetzgebung entzogen und konnten von nun an durch verfassungsändernde Gesetze geändert, aufgehoben und authentisch deklariert werden.«[13]

Andererseits bestand die Autonomie des königlichen Hauses hinsichtlich der inneren Familienangelegenheiten fort. Hausgesetzliche Regelungen, die sich in dieser Sphäre hielten, konnten ohne die Zustimmung der Volksvertreter zustande kommen. Sie hatten trotzdem Gesetzescharakter.

Die Rechtsverhältnisse des königlichen Hauses fanden als privatrechtliche Grundsätze zum Teil Eingang in die Verfassung vom 31. Januar 1850. Sie behielten ihre Rechtsgültigkeit bis 1918. Für die Mitglieder des Hauses Hohenzollern, die nach dem Ende der Monarchie ihre Position in der bürgerlichen Gesellschaft der Weimarer Republik und des sog. Dritten Reiches neu finden mussten, galt die Hausverfassung intern dennoch verbindlich weiter. Jegliches Zuwiderhandeln wurde innerhalb der Familie hart sanktioniert.

Das letzte »Hausgesetz« – ausdrücklich mit dieser Bezeichnung legitimiert – erließ der bereits im Exil lebende Kaiser im Haus Doorn am 21. Juni 1920.[14] Inhaltlich betrifft es die gem. Art. 155 der Weimarer Verfassung aufzulösenden Fideikommisse und wird im Zusammenhang unserer Darstellung der vermögensrechtlichen Regelungen ausgewertet (siehe S. 24); hier sei mithilfe dieses letzten Hausgesetzes das formale Gesetzgebungsverfahren unter der vorausgesetzten Hausobservanz erläutert:

Erlassen wurde das Gesetz vom Kaiser als dem Oberhaupt der Familie, der sich einleitend mit allen ihm überkommenen Fürstentiteln vorstellt. Sie sind danach nie wieder in dieser Vollständigkeit und mit dem von ihnen abgeleiteten Anspruch, als Fundament einer Gesetzgebung zu gelten, zusammengestellt worden. Sie ergeben das Fazit einer über 500-jährigen Geschichte des Hauses Hohenzollern und der Staatwerdung des Königreichs Preußens.[15]

Vollziehbar konnte das Hausgesetz für alle Mitglieder des Hauses Hohenzollern jedoch nur mit der Zustimmung aller volljährigen Prinzen werden. Das war auch darum unerlässlich, weil es für den auf Bestimmungen der Weimarer Verfassung bezogenen Inhalt keine Rechtssetzungen gab, mit deren Hilfe die neuen Probleme zu lösen gewesen wären. Mit dem Hinweis auf Art. 109 und Art. 155 der Weimarer Verfassung bestimmt der vormalige Kaiser,

> »finden Wir Uns mit Rücksicht auf die hiernach bevorstehenden staatlichen Maßnahmen, und da in den Hausgesetzen des Königlichen Hauses für diesen Fall nichts vorgesehen ist, kraft der Uns als Chef Unseres des Königlich Preu-

ßisch Brandenburgischen Hauses zustehenden Gewalt unter Beitritt sämtlicher volljähriger Prinzen unseres Königlichen Hauses, nämlich Unserer Söhne, Unseres Bruders des Prinzen Heinrich von Preußen und seiner Söhne, Unserer Neffen der Prinzen Waldemar und Sigismund von Preußen, sowie Unserer Vettern des Prinzen Friedrich Leopold von Preußen, und seiner Söhne der Prinzen Friedrich Sigismund und Friedrich Leopold von Preußen, sowie Unserer Vettern der Söhne des hochseligen Prinzen Albrecht, der Prinzen Friedrich Heinrich, Joachim Albrecht und Friedrich Wilhelm von Preußen bewogen, die zur Zeit geltende Hausverfassung in Betreff der Rechtsverhältnisse des Hausvermögens Unseres Königlichen Hauses abzuändern und demgemäß nachstehendes Hausgesetz zu erlassen«.[16]

Auch im Exil versucht Wilhelm II., die organisatorische Struktur des Hauses Brandenburg-Preußen im alten Stil aufrechtzuerhalten. Bezeichnend hierfür ist die Ausfertigung auch des neuen Hausgesetzes durch den sog. Hausminister.

»Nachstehendes Hausgesetz (hier folgt der Wortlaut des Gesetzes auf 17 Seiten) wird von mir, dem unterzeichnenden Minister des Königlichen Hauses als der gesetz- und hausverfassungsmäßigen Behörde der freiwilligen Gerichtsbarkeit für das vormals regierende Königlich Preußisch-Brandenburgische Haus mit der Bescheinigung ausgefertigt, daß dasselbe der Hausverfassung gemäß zustandegekommen und von dem Oberhaupt und allen volljährigen Prinzen des Königlichen Hauses bzw. ihren legitimierten Vertretern vollzogen worden ist.
Berlin, den 23. Juni 1920
Der Minister des Königlichen Hauses. (L. S.)
gez. A. Eulenburg.«[17]

Die Anerkennung der durch die Hausgesetze fundierten Rechtsverhältnisse seitens der Mitglieder des Hauses Hohenzollern hat ihr Verhalten gegenüber der Weimarer Republik und den Machthabern des »Dritten Reiches« maßgeblich bestimmt. In diesem Zusammenhang muss abschließend noch kurz auf die Entwicklung der sogenannten »privatfürstlichen« Grundsätze eingegangen werden.[18]

Der Geltungsbereich der Hausgesetze und der durch sie bestimmten Rechtsverhältnisse beschränkt sich auf die Mitglieder des königlichen Hauses.

Neben dem König (bzw. Kaiser) und seiner Gemahlin waren und sind diesen Gesetzen unterworfen: die königlichen Witwen; alle Prinzen und Prinzessinnen, die vom König oder von einem Deszendenten des gemeinschaftlichen Stammvaters des königlichen Hauses durch anerkannte, ebenbürtige, rechtmäßige Ehe in männlicher Linie abstammen; die Gemahlinnen der Prinzen und ihre Witwen, solange sie im Witwenstande bleiben. Die Prinzessinnen treten bei ihrer hausgesetzmäßigen[19] Vermählung mit einem Gemahl, der nicht Mitglied des Hauses ist, aus dem königlichen Haus und werden Mitglieder des Hauses des Gemahls. Für alle Mitglieder des Hauses Hohenzollern gelten seitdem folgende Grundsätze als rechtsverbindlich:

> »Alle Mitglieder des königlichen Hauses sind der Staatshoheit und der Gerichtsbarkeit des Königs untergeben, welcher zugleich über sie als Oberhaupt des Hauses eine besondere Oberaufsicht ausübt. Zweck derselben ist, dem Könige einen entscheidenden Einfluß auf die äußere Lebensstellung und das Betragen der dem Throne am nächsten stehenden Personen einzuräumen, damit die Würde der Krone und das Wohl des Staates in jeder Weise aufrecht erhalten und die so notwendige Einheit und Einigkeit der königlichen Familie auch in ihrem äußeren Auftreten gewahrt werde. Sind auch in Preußen diese oberhauptlichen Befugnisse, nicht wie in den übrigen konstitutionellen deutschen Staaten, in einem modernen Hausgesetze formuliert, so gebührt doch unzweifelhaft dem Könige die Anordnung der Vormundschaften in allen Zweigen der königlichen Familie, die Zustimmung zu allen Ehen der königlichen Familienmitglieder, eine besondere Aufsicht über die Erziehung sämtlicher Prinzen und Prinzessinnen des Hauses, über die Einrichtung und das Personal der prinzlichen Hofstaaten; überhaupt steht es dem Könige zu, alle zur Erhaltung der Ruhe, Ehre, Ordnung und Wohlfahrt des königlichen Hauses dienlichen Maßregeln zu ergreifen.«[20]

Der inhaltliche und personelle Geltungsbereich ist nach dem Ende der Monarchie der gleiche geblieben; an die Stelle des Königs tritt der Prinz von Preußen, der unter den Deszendenten die Aufgabe des »Chefs des Hauses Hohenzollern« wahrnimmt.

Durch die Anerkennung eines Familienoberhauptes soll nicht nur ein gewisser Zusammenhalt des materiellen Erbes gewährleistet, sondern auch Kontinuität von Traditionen gewahrt werden.

Die privatfürstenrechtlichen Regelungen betrafen auch die Behörden des königlichen Hauses, deren wichtigste das »Ministerium des Königlichen Hauses« war, im Sprachgebrauch als »Hausministerium« bezeichnet. Es war durch Kabinettsordre Friedrich Wilhelms III. vom 11. Januar 1819 als Organ für die Vermögensverwaltung des Königshauses geschaffen und im sog. »Niederländischen Palais« in Berlin, Unter den Linden 36, untergebracht worden. Die Zuständigkeiten des Hausministeriums betrafen

> »die persönlichen Angelegenheiten Sr. Maj. des Königs und der Mitglieder des königlichen Hauses, die Standesangelegenheiten und die Verwaltung der Fideikommisse der Krone, das Ministerium bildete zugleich den ordentlichen Gerichtsstand für die Mitglieder der königlichen Familie und des fürstlichen Hauses Hohenzollern in allen nichtstreitigen Rechtssachen, namentlich in Betreff der freiwilligen Gerichtsbarkeit, der Testamentserrichtungen, Familienbeschlüsse, Ehe- und Vormundschaftssachen, der einer gerichtlichen Fideikommißbehörde zustehenden Funktionen und ehelichen Angelegenheiten«.[21]

In die Zuständigkeit des Hausministers und seines Ministeriums fielen also alle das Königshaus und seine Mitglieder unmittelbar betreffenden Angelegenheiten. Für die Familienangelegenheiten übte der Hausminister zentral die Funktion des Standesbeamten aus bei Geburten, Verehelichungen und Sterbefällen der Mitglieder des Preußischen Königshauses und des fürstlichen Hauses Hohenzollern. Bis 1918 wurden die Personenstandsfälle zentral in einem Register erfasst, das heute beim Standesamt I in Berlin betreut wird.

Mit dem Ende der Monarchie wurde das Hausministerium de jure aufgelöst. Viele wichtige Funktionen aber mussten de facto fortgeführt werden, wie zum Beispiel die Verwaltung der land- und forstwirtschaftlichen Güter des Hauses, die bis dahin in die Zuständigkeit der »Hofkammer«, einer Unterbehörde des Hausministeriums, gefallen waren. So wurde nach 1918 und dann in rechtsverbindlicher Form durch einen Vertrag des preußischen Staates mit den Mitgliedern des vormals regierenden Königshauses von 1925 der Begriff »Generalverwaltung des vormals regierenden Preußischen Königshauses« geprägt, um über eine zentrale Stelle für die verschiedenen Verwaltungstätigkeiten zu verfügen.

Der »Hausminister« führt seitdem die Bezeichnung »Generalbevollmächtigter«, doch blieb es im Sprachgebrauch während der gesamten Zeit des Bestehens des ehemaligen Hausministeriums in Berlin bei der Bezeichnung »Hausminister« für den Generalbevollmächtigten der Generalverwaltung. Die Hausminister wurden als Beauftragte des Kaisers aus Doorn zu Gesprächspartnern der Mitglieder der preußischen Staatsregierung, später auch des preußischen Ministerpräsidenten Hermann Göring und des Reichskanzlers Adolf Hitler. Diese Struktur ist in die Überlegungen zur Rolle der Hohenzollern nach dem Ende der Monarchie einzubeziehen.

Der mit Selbstverständlichkeit akzeptierte partnerschaftliche Verkehr der preußischen Staatsregierung mit dem im Exil lebenden Kaiser über dessen Hausminister macht deutlich, wie loyal sich die Weimarer Republik dem Hause Hohenzollern gegenüber verhielt; der Vertrag von 1926 erlangte sogar Gesetzeskraft und wurde in der preußischen Gesetzsammlung des gleichen Jahres abgedruckt.

Die Eingliederung der Hohenzollern in die bürgerliche Gesellschaft

Das Ende der Monarchie bedeutete nicht das Ende des Hauses Hohenzollern. Zwar war dem Kaiser das Exil auferlegt worden;[22] aber dahinter stand zunächst der Zwang der alliierten Sieger des Ersten Weltkrieges und die aus dem Geist der Revolution diktierten Verordnungen der sozialistischen Regierung vom 13. und 30. November 1918. Schon drei Tage nach der Abreise des Kaisers ins Exil wurden das Kronfideikommissvermögen und knapp drei Wochen später auch das Privatvermögen des königlichen Hauses beschlagnahmt und unter die Verwaltung des Finanzministeriums gestellt.

Bereits ein Jahr später wurden diese Enteignungen als Ergebnis von Verhandlungen unter inzwischen geordneteren Rechtsverhältnissen zum Teil rückgängig gemacht. Die Generalverwaltung des Preußischen Königshauses berichtete darüber im Mai 1926:

> »Dem König sind durch das Finanzministerium zur Beschaffung einer Wohngelegenheit in Holland (Ankauf, Ausbau und Einrichtung von Haus Doorn), zur Bestreitung des dortigen Unterhalts und zur Zahlung der holländischen Steuern im Herbst 1919 die Erlöse für die vom Reichsfiskus angekauften Grundstücke Wilhelmstraße 72 und 73 und in den folgenden Jahren weitere Beträge von zusammen 32 Millionen Papiermark und 24 000 holländischen Gulden aus dem als Privateigentum anerkannten sogen. Hausschatz bzw. aus den Überschüssen der Hofkammer nach Holland überwiesen worden … Die Gegenstände zur Einrichtung des übrigens sehr bescheidenen Schlosses sind seinerzeit von der sozialistischen Regierung aus dem Privatbesitz des Königs nach Holland überführt worden (die berühmten ›70‹ oder ›90‹ Möbelwagen).«[23]

Die Möbelwagen-Aktion mutet als bemerkenswerter Abgesang der sozialistischen Revolutionäre in Deutschland auf die Monarchie an: Im Exil sollte er leben; aber mittellos wollten die Revolutionäre ihren einstigen

Kaiser nicht seinem Schicksal überlassen! 1926 räumte der preußische Staat sogar ein standesgemäßes Wohnrecht in Deutschland ein und legte im Vertrag vom 29. Oktober fest:

> »Der Staat stellt dem vormals regierenden Könige Wilhelm II. auf etwaigen Wunsch Schloß und Park zu Homburg v. d. H. als Wohnsitz für ihn und seine Gemahlin auf Lebenszeit beider zur Verfügung.«[24]

Vorausgegangen war ein Volksbegehren auf Enteignung der Fürstenhäuser, dem am 19. Juni 1926 immerhin 14 Millionen ihre Stimme gegeben hatten – zu wenig, um das Volksbegehren durchzubringen, aber genug, um dem Kaiser zu jenem Zeitpunkt den Gedanken an eine Rückkehr aus dem Exil zu verleiden. Der Flügeladjutant des Kaisers und Referent im Hausministerium, Major Ulrich Freiherr von Sell, riet dem Kaiserpaar in Doorn von einer Übersiedlung nach Homburg ab. Sell meinte, die deutsche Regierung sei derzeit nicht in der Lage, den Kaiser vor Demonstrationen zu schützen, wie sie im Kampf um den Volksentscheid stattgefunden hatten, die die Monarchie und die Fürsten vor dem Volk lächerlich und verächtlich machen sollten.[25] Der Kaiser blieb in Doorn; er ließ sich nicht in die neue bürgerliche Gesellschaft der Weimarer Republik integrieren. Die Deckungsgleichheit seiner Person mit der von ihm repräsentierten Institution der Monarchie ließ eine derartige Integration auch nicht zu.

Die Integration betraf alle Mitglieder des kaiserlichen Hauses. Wie dem Kaiser, so war auch dem Kronprinzen im Vertrag vom 29. Oktober 1926 das Heimat- und Wohnrecht in Preußen eingeräumt worden:

> »Der Staat stellt dem vormaligen Kronprinzen und seiner Gemahlin sowie ihren Kindern und Enkelkindern auf Lebenszeit den im Neuen Garten bei Potsdam gelegenen Cecilienhof als Wohnsitz zur Verfügung mit dem Rechte der ausschließlichen Benutzung der zum Cecilienhofe bisher bereits abgegrenzten Teile des Neuen Gartens und dem Rechte der Nutzung der gegenwärtig im Besitze des vormaligen Kronprinzen befindlichen Nebengebäude.«[26]

Der Kronprinz und die Kronprinzessin nahmen das Angebot an. Der loyalen Haltung des früheren Reichskanzlers Dr. Gustav Stresemann war es zu danken, dass dem im Exil lebenden Kronprinzen ein reichsdeutscher Pass ausgestellt und die Einreiseerlaubnis in die Heimat erteilt wurde.[27]

Im Gegensatz zu entwürdigenden, radikalen Maßnahmen, mit denen sich andere Länder ihrer Herrscherfamilien entledigten, bot die Weimarer Republik dem Hause Hohenzollern und den anderen ehemals regierenden deutschen Fürstenhäusern die weitergehende Existenz unter würdigen Voraussetzungen an. Die anstehenden Rechtsfragen wurden in fairer Weise geregelt. Sie betrafen vornehmlich zwei Komplexe: das Namensrecht und das Vermögensrecht.

Fürstentitel und republikanisches Namensrecht

Die Verfassung des Deutschen Reiches vom 11. August 1919 legte in Art. 109, Abs. 1 fest: »Alle Deutschen sind vor dem Gesetze gleich.« Abs. 2 klärte auf dieser Grundlage die Stellung des Adels in der neuen, demokratisch-bürgerlichen Gesellschaft und zugleich auch die Frage der Adelsprädikate und der Fürstentitel:

»Öffentlich-rechtliche Vorrechte oder Nachteile der Geburt oder des Standes sind aufzuheben. Adelsbezeichnungen gelten nur als Teil des Namens und dürfen nicht mehr verliehen werden.«

Zwar war durch die Aufhebung von bis dato geltenden Adelsvorrechten die gesetzliche Gleichstellung angestrebt, die Adelsbezeichnungen aber lebten – anders als beispielsweise in Österreich – als Bestandteil des Namens fort und hatten für die Träger der Namen alter adliger Familien nach wie vor häufig eine privilegierende Bedeutung.

Die Verfassunggebende Preußische Landesversammlung beschloss im darauf folgenden Jahr am 23. Juni 1920, der Reichsverfassung gemäß, ein Gesetz über die »Aufhebung der Standesvorrechte«, das die Einzelheiten regelte und in § 1 u. a. »das Recht eigener Gesetzgebung (Autonomie) und Gerichtsbarkeit« aufhob; ferner beseitigte es »das Recht auf die Prädikate Königliche Hoheit, Hoheit, Durchlaucht und dergleichen«, »das Recht besonderen Strafschutzes« u. a. m. Auch in die innerfamiliären Rechtsverhältnisse griff dies Gesetz ein, indem es das »in den Häusern der vormaligen Landes- und Standesherren etwa noch bestehende besondere Ehescheidungs-, Entmündigungs- und Vormundschaftsrecht« beseitigte, »sowie das besondere Recht der Eheschließung, namentlich auch soweit es Nachteile an eine den Ebenbürdigkeitsbegriffen des Hausrechts nicht entsprechende Eheschließung knüpft.« § 2 legte ausdrücklich fest: die vom Gesetz betroffenen Familien und ihre Mitglieder »unterstehen dem allgemeinen öffentlichen und bürgerlichen Rechte«.[28]

Aufgrund dieses Gesetzes wurde für die Mitglieder des Hauses Hohenzollern festgesetzt, welchen Namen sie nach bürgerlichem Recht in Zukunft zu führen hätten:

> »Den Mitgliedern der vormals landesherrlichen Familie steht der Name ›Prinz von Preußen‹ zu. Demgemäß kommt bei den Eintragungen in öffentliche Bücher und Register, bei der Unterschrift von Urkunden sowie für die Anschriften nur dieser Name in Betracht ... Der Vorname hat dem bezeichneten Nachnamen voranzugehen (z. B. Wilhelm Prinz von Preußen, nicht Prinz Wilhelm von Preußen). Zu den ... beseitigten Prädikaten gehören auch die Prädikate ›Majestät‹ sowie ›Kaiserliche und Königliche Hoheit‹.«[29]

Mögen diese Gesetze bei den Betroffenen Bestürzung ausgelöst haben angesichts all dessen, was dem Adel damit genommen worden war, so gewinnt der Vorgang, aus dem historischen Abstand von heute gesehen, doch auch andere Perspektiven: Im Gegensatz zu den Praktiken bei der Umwälzung politischer Strukturen in anderen Ländern gliederte die Weimarer Republik die Fürsten und den Adel ein in die neue demokratische Staatlichkeit und in die neuen gesellschaftlichen Verhältnisse. Lässt doch das Gesetz über die »Aufhebung der Standesvorrechte« als Absicht des Gesetzgebers nicht den Ausschluss, sondern die Eingliederung der Mitglieder der Fürstenhäuser und der Adelsfamilien in die bürgerliche Gesellschaft klar erkennen und zwar ohne auch nur den geringsten Anschein von Diffamierungen, Herabsetzungen oder entwürdigenden Maßnahmen. Man räumte den betroffenen Angehörigen dieser Familien die gleichen Rechte und Möglichkeiten zur Lebensverwirklichung ein wie allen anderen Bürgern des Staates. Dass damit die Übernahme aller staatsbürgerlichen Pflichten verbunden war, versteht sich von selbst. Ohne die auf gesetzlicher Basis ermöglichte Eingliederung wäre diesen Familien ein Leben als Außenseiter zum Schicksal geworden. Mit dieser rechtlichen Vorgabe aber waren die Voraussetzungen gesichert, die ihnen den Anfang eines neuen Lebens in ihrer angestammten Heimat ermöglichten.

Zu den notwendigen Erfordernissen gehörte allerdings auch das Fundament gesicherter finanzieller Verhältnisse. Diese Frage wurde nun zum Gegenstand vermögensrechtlicher Regelungen durch den Gesetzgeber.

Vermögensrechtliche Regelungen

Die Weimarer Verfassung sah die Enteignung von Grundbesitz als Möglichkeit vor, wenn auch mit der Einschränkung, dass Enteignungen nur »zum Wohle der Allgemeinheit und auf gesetzlicher Grundlage« vorgenommen werden dürften (Art. 153). Im Zusammenhang der Entscheidung, »Grundbesitz, dessen Erwerb zur Befriedigung des Wohnungsbedürfnisses … nötig ist, kann enteignet werden«, findet sich die Anordnung: »Die Fideikommisse sind aufzulösen« (Art. 155, Abs. 2). Als Termin für die Durchführung der mit dieser Zielsetzung in Preußen zu erlassenden Gesetze wurde der 1. April 1923 genannt. »Ist die Auflösung binnen dieser Frist nicht geregelt, so erfolgt die Zwangsauflösung der Hausvermögen im Verordnungswege«. So entschied der Gesetzgeber und verlangte für das durch das Preußische Königshaus durchzuführende Verfahren die ausdrückliche Zustimmung der Hausgutsinhaber und der nächsten Folgeberechtigten.[30]

Der Kaiser war bestrebt, der von der Verfassung geforderten Auflösung der Hausvermögen und Familien-Fideikommisse zuvorzukommen. Er erließ zwei Tage vor dem von der Verfassunggebenden Preußischen Landesversammlung erlassenen und auf den 23. Juni 1920 datierten Gesetz mit Zustimmung sämtlicher Mitglieder seines Hauses am 21. Juni 1920 das bereits erwähnte Hausgesetz, das die Selbstauflösung des ehemaligen Hausvermögens und die Überführung dieses Vermögens in das Privateigentum der Angehörigen seines Hauses zum Inhalt hat.

Das Hausvermögen, »nach der Hausverfassung des Königlich-Preußisch-Brandenburgischen Hauses Eigentum Seiner Majestät des Kaisers und Königs« (Art. 1),

> »wird mit Wirkung vom 31. März 1923 aufgelöst. Mit diesem Zeitpunkt erlischt die auf der Hausverfassung beruhende fideikommissarische Bindung des Vermögens. Die sämtlichen Bestandteile des bisherigen Hausvermögens sind mit Wirkung vom 31. März 1923 ab nicht gebundenes Allodialvermögen desjenigen, der in diesem Zeitpunkt Hausgutsinhaber ist.« (Art. 2)[31]

Damit ist die entscheidende Feststellung dieses Hausgesetzes getroffen. Unter Allodialität ist die Freiheit von Lehenspflichten zu verstehen; mit Allodium wird der von der Abhängigkeit von einem Lehensherren oder eben von einem Fideikommissverband freie Grundbesitz bezeichnet. Das

Hausvermögen sollte also privatisiert werden und persönliches, freies Eigentum desjenigen Prinzen des königlichen Hauses sein, der es zu diesem Zeitpunkt als Inhaber zu seiner Verfügung hatte. Diese Verfahrensweise setzte voraus, dass das Hausvermögen als Privatvermögen des königlichen Hauses verstanden wurde, das der freien Verfügbarkeit durch die königliche Familie anheimgegeben war. In diesem Sinne definierte der Kaiser das Hausvermögen als

> »alles Vermögen, das bisher von dem Ministerium des Königlichen Hauses als Hausvermögen verwaltet worden ist; zu ihm gehören insbesondere auch die Kronjuwelen, der Allodialfonds, das Mobiliarvermögen (bewegliche Gegenstände), soweit es dem gegenwärtigen Inhaber bereits von seinen Vorfahren überkommen ist, und die Bestände des Hausarchivs« (Art. 1).[32]

Es ergab sich nun die Frage, was vom »Königlichen« Vermögen als privates Eigentum des königlichen Hauses beansprucht werden dürfe und was als Eigentum des Staates von diesem zu beanspruchen sei.

Durch das Hausgesetz von 1920 versuchten die Hohenzollern ihren Anspruch auf ihr gesamtes bisheriges Vermögen abzusichern. Dazu gehörte die Festsetzung des Termins, an dem das Gesetz in Kraft treten sollte: Der 31. März 1923 war vorgesehen, weil das Staatsgesetz über die Aufhebung der Standesvorrechte des Adels und die Auflösung der Hausvermögen den 1. April 1923 als Termin für die Enteignung festgesetzt hatte. Falls sich an diesem Termin aber etwas ändern sollte, so sollte auch der Termin für die Auflösung des Hausvermögens im Sinne dieses Staatsgesetzes geändert werden, und so wurde der Tag festgelegt, »der dem in dem Staatsgesetz festgesetzten Termin voraufgeht« (Art. 2). Man wollte den staatlichen Zwangsmaßnahmen auf jeden Fall zuvorkommen.

Eine Reihe von Einzelvorschriften betraf die Rechtsstellung dessen, der zur Zeit der Auflösung gem. Art. 2 als Hausgutsinhaber zu gelten hatte (Art. 3), die Rechte der Nacherben (Art. 4) und ihre Aufgaben und Pflichten (Art. 5ff). Die Regelung der innerfamiliären Abfindungen und Apanagen nehmen einen verhältnismäßig breiten Raum ein. Sie dokumentieren das Anliegen einer möglichst umfassenden Existenzsicherung der Angehörigen des königlichen Hauses.

Der II. Abschnitt des Hausgesetzes betrifft die »Sonderfideikommisse«, die Güter also, die sich im Besitz einzelner Prinzen des königlichen Hauses befanden. Ein charakteristisches Beispiel für die Gesamttendenz bieten etwa die in Art. 9, Abs. 4 getroffenen Bestimmungen für das im Besitz des Kronprinzen gewesene »Familienfideikommiß der mit dem Kronlehn Fürstentum Oels in wirtschaftlichem Zusammenhang stehenden Güter«:

> »Das Fideikommiß wird mit dem Inkrafttreten dieses Hausgesetzes aufgehoben und freies Vermögen seines derzeitigen Besitzers. Dasselbe gilt für den eigentlichen Lehnsbesitz, das Kronlehn Fürstentum Oels selbst.« (Art. 9, Abs. 4)[33]

Der III. Abschnitt enthält »Zusatz- und Schlußbestimmungen«, die die Versorgung der Prinzessinnen betreffen (Art. 10), Grundbucheintragungen (Art. 11) u. ä. m.[34]

Familienrechtlich war nach dem Erlass dieses Hausgesetzes geklärt, wer künftig der Eigentümer des früheren fideikommissarisch gebundenen Hausvermögens sein sollte. Nicht geklärt war aber, ob das ganze frühere Hausvermögen oder nur Teile davon und welche Teile dem ehemals regierenden Königshause als Privatbesitz zustehen sollten und welche Ansprüche der Staat auf diese Besitztümer zu erheben berechtigt war. Eine vermögensrechtliche Auseinandersetzung mit dem Staat war also unausbleiblich.

Die Verhandlungen verliefen schleppend. Der Kaiser, der durch das Hausministerium ständig eingeschaltet blieb, fügte seinem Archiv in Doorn einen Aufsatz des Jenaer Verwaltungsrechtlers Prof. Dr. Koellreutter hinzu mit der folgenden, ihm vertrauten Situationsschilderung:

> »Die Frage der finanziellen Auseinandersetzung des Staates mit den bisher regierenden Familien wurde gleich nach der erfolgreichen Durchführung der Novemberrevolution in den deutschen Ländern brennend. Das Reich unterließ es, die Initiative zu einer einheitlichen Regelung zu ergreifen. Weder wagten die damaligen Machthaber eine rein politische Lösung vorzunehmen, noch kam es ihnen in den Sinn, eine einheitliche, sei es gesetzgeberische, sei es gerichtliche Lösung für das ganze Reich in die Wege zu leiten. So waren die vom Reich im Stich gelassenen Länder genötigt, jedes allein diese Auseinandersetzung in die Hand zu nehmen, und zwar auf verschiedene Weise. Teils schloß man durch die Landtage in gesetzgeberischer Form genehmigte ›Verträge‹ mit den ehem. Herrscherhäusern. Wo sich das nicht erreichen ließ,

sammelte man Gutachten, schritt auch zu vorläufigen Beschlagnahmen und prozessierte seitens des Staates und der Fürsten ... Die Früchte dieser Situation sind die kürzlich verhandelten und an den Rechtsausschuß des Reichstags überwiesenen Initiativanträge der demokratischen und kommunistischen Parteien v. 23. und 25. November 1925. Der kommunistische Antrag läuft auf völlige Konfiskation der Vermögensmassen der früheren Fürsten hinaus!«[35]

Der preußische Staat folgte einem solchen radikalen Ansinnen nicht, sondern schlug den Weg einer fairen Erledigung der Auseinandersetzungen ein mit dem Ziel, einen Vergleich herbeizuführen. Das Haus Hohenzollern strebte ebenfalls einen Vergleich an, war aber bemüht, dem Ergebnis den Charakter eines Vertrages zu geben, und es mag zutreffend sein, dass die äußere Vertragsform »aus dynastischen Prestigegründen« angestrebt wurde.[36] Wenn das Problem dann nach dem Scheitern des Volksentscheids zur Fürstenenteignung tatsächlich in der Rechtsform eines vom preußischen Landtag bestätigten Vertrages zum Abschluss gebracht werden konnte, so dokumentierte der preußische Staat auch nach der Abschaffung der Monarchie eine partnerschaftliche Einstellung gegenüber dem ehemaligen Königshaus, mit der er auch einer Erschütterung des allgemeinen Rechtsbewusstseins seiner Bürger entgegenwirken konnte.

Die Auseinandersetzungen müssen also im Zusammenhang der allmählichen Trennung von Staat und König gesehen werden. Das preußische Finanzministerium stellte sich in einer Denkschrift vom Juni 1924[37] auf den Standpunkt, dass der gesamte Besitz des königlichen Hauses auf den Staat übergegangen sei und der König von Preußen demnach nichts mehr sein eigen zu nennen habe. Das Finanzministerium berief sich auf die Bestimmungen des allgemeinen Landrechts aus dem Jahre 1794, zog sich also auf eine Epoche zurück, die den Gegensatz von König und Staat noch gar nicht kannte. Seit 1918 waren allerdings diese Begriffe zu Gegensätzen geworden, und es ging nun tatsächlich darum, welche Güter dem Staat und welche dem König gehörten. Eine Regelung dieser Frage wollte aber das Allgemeine Landrecht im Jahre 1794 sicherlich nicht treffen.

Der Generalbevollmächtigte des Preußischen Königshauses, Hausminister Friedrich von Berg, trat in die Auseinandersetzung ein. Die Stellungnahme von seiten des Hausministeriums wurde in einer Veröffentlichung des Professors für Staatsrecht an der Universität Marburg,

Dr. Johann Victor Bredt, vorgelegt.[38] Hausminister von Berg betont im Vorwort,

> »daß das Königshaus zwar hinsichtlich seines *privaten Grundbesitzes* von seinem Recht nicht abgehen kann, im übrigen aber zu einer gütlichen Verständigung in weitestgehendem Maße bereit ist, insonderheit nach wie vor gewillt ist, alles das dem Staate zu übergeben, was das *öffentliche Interesse* angeht«!

Diese Grundsatzerklärung, die sicher mit dem Kaiser abgesprochen war, signalisiert die Bereitschaft zu partnerschaftlicher Auseinandersetzung.[39] Sie ist auch ein Zeichen für die bereits apostrophierte Loyalität des Staates, der darauf verzichtete, in einem Eilverfahren durch Enteignung eine neue Situation zu schaffen. Vonseiten des Hauses Hohenzollern wurde ein Rückgriff auf die Hausgesetze der Vergangenheit gewagt – im Interesse der Wahrung der Rechtskontinuität. Im Blick auf das Allgemeine Landrecht von 1794 äußerte sich Bredt aber gegen die Meinung des preußischen Finanzministeriums, dass der König mit Bestimmungen des Allgemeinen Landrechts überhaupt auf persönliches Eigentum verzichtet habe:

> »Wenn das wirklich die Absicht des Gesetzes gewesen wäre: glaubt dann jemand im Ernst, daß Friedrich der Große solche Bestimmungen gutgeheißen und Friedrich Wilhelm II. sie unterschrieben hätte? Diese Frage sollte allein schon genügen, um die Haltlosigkeit der Beweisführung des Finanzministeriums zu erkennen.«[40]

Der Begriff »Staat« begann sich in der Zeit der Französischen Revolution durchzusetzen. In Preußen wurde er seit der preußischen Verfassung von 1850 verwendet. Bredt ging es darum, den Begriff »Staat« zu untersuchen in der Bedeutung, die er einstmals hatte, nicht aber in einer, die er erst viel später erhielt. Dagegen legt die Denkschrift des Finanzministeriums dem Wort »Staat« ein Verständnis bei, das es erst nach 1848 bekommen hatte, von dem aber vorangegangene Epochen noch gar nichts wissen konnten. »Auf diesem Trugschluß beruht im Grunde das ganze Fundament des Finanzministeriums«, folgerte Bredt.[41]

In der Denkschrift der Generalverwaltung des Preußischen Königshauses über die »Vermögensauseinandersetzung mit den Hohenzollern«, Berlin 1926, wird daher in der Auseinandersetzung mit dem Finanzministerium klärend festgestellt: Bezüglich der Aufwertung alter Forderungen aus Hypotheken, Pfandbriefen, Sparguthaben, Kriegsanleihen und anderen Anleiheschulden wollen die Hohenzollern

> »ganz genau so behandelt werden wie jeder andere Staatsbürger; sie beanspruchen und erhalten hier keinerlei Vorrecht. In der Auseinandersetzungsfrage hingegen handelt es sich darum, das früher in Händen des Herrschers befindliche Staatseigentum von dem reinen Privateigentum der fürstlichen Familie zu trennen«.[42]

Bredt erläuterte die Situation vor dem historischen Hintergrund so: Nach den Freiheitskriegen wurde deutlich, dass sich von nun an der Übergang vom absoluten Staat zum Verfassungsstaat vollziehen würde und der König nicht mehr »Herr« des Staates sein könne, auch nicht der »erste Diener des Staates«, sondern eine Institution, ein »Organ des Staates«. Das musste Folgen haben für die Einkünfte des Königs, wie sie sich im 19. Jahrhundert auch tatsächlich abzeichneten. Die vermögensrechtliche Regelung der Verhältnisse zwischen König und Staat wurde 1820 in Angriff genommen. Wie die katholische Kirche für die ihr im Verlauf der Säkularisation entzogenen Güter entschädigt worden war, so sollte nach Bredts Vorschlag dieser Vorgang das Modell für Rentenansprüche des Königs aus den Staatsdomänen bilden.

Neben der finanziellen Auseinandersetzung über die Domänenverträge gab es weitere, z. B. um die Schlösser, Parks und anderen Grundbesitz. Bredt forderte eine saubere Trennung der Grundstücke, die durch das Haus Hohenzollern erworben worden waren, von denen, die der Staat als juristische Person erworben hatte. Er billigte dem Staat das Eigentumsrecht an solchen Schlössern zu, die etwa als erobertes Kriegsgut zu gelten hatten, wie z. B. die Schlösser in Hannover, Kurhessen, Nassau und in anderen Gebieten. Hingegen bezeichnete er es im Blick auf die Denkschrift des Finanzministeriums als unerfindlich, »warum auch bei den Berliner Schlössern und den anderen aus altpreußischer Zeit kurzerhand der Vermerk gemacht ist ›staatlich‹«, und er argumentierte:

> »Es ist doch auf den ersten Blick ersichtlich, daß man unmöglich die vom Hause Hohenzollern selbst erbauten Schlösser den vom Staat 1866 annektierten Schlössern ohne weiters gleichstellen kann.«[43]

Bredt konnte seine Auffassung über das Eigentumsrecht an den Berliner Schlössern im Endergebnis nicht ohne Einschränkung durchsetzen. Wichtiger als diese Einzelfrage aber wurde, dass seine Interpretation der Rechtsdokumente und der angetroffenen Gegenwartsituation in die Feststellung einmündet:

> »Seitdem sich König und Staat als getrennte Rechtssubjekte gegenüberstehen, mußten beider Interessen im Zweifelsfalle wahrgenommen werden. Das geschah auf der einen Seite durch das staatliche Finanzministerium, auf der anderen Seite durch das königliche Hausministerium … Der neue Staat wird sich nicht besser befestigen können als durch eine echte, wirkliche Anerkennung des Rechts.«[44]

Für die langwierigen Verhandlungen zwischen dem preußischen Finanzministerium einerseits und der Generalverwaltung des Preußischen Königshauses andererseits nahm die Generalverwaltung »ein weitgehendes Entgegenkommen des Königshauses« in Anspruch, das sich bereit gezeigt habe,

> »der finanziellen Lage und den kulturellen Interessen des Staates sowie der allgemeinen Wirtschaftsnot in jeder nur möglichen Weise und unter Aufopferung großer Teile seines unstreitigen Privatbesitzes Rechnung zu tragen«.[45]

Das Recht, von »unstreitigem Privatbesitz« zu sprechen, war inzwischen durch mehrere gewonnene Prozesse erworben worden. Einig waren sich die Verhandlungspartner darin,

> »daß bei der erforderlichen Trennung des Eigentums organisch Zusammenhängendes nicht nutzlos auseinandergerissen und Werte von überwiegend künstlerischer und historischer Bedeutung unversehrt der Öffentlichkeit erhalten werden sollten«.[46]

Die Generalverwaltung legte in ihrer über die Verhandlung angefertigten Denkschrift klar, dass die in der Öffentlichkeit erhobenen Vorwürfe völlig gegenstandslos seien. So hatte man von »maßlos übertriebenen« Abfindungs- und Aufwertungsforderungen der Hohenzollern gesprochen,

»welche die schwere wirtschaftliche und finanzielle Notlage des deutschen Volkes außer acht ließen«.

Zur Entkräftung derartiger ungeprüft aufgestellter Behauptungen zog die Generalverwaltung aus den Zusammenstellungen der Werte der dem Staat zufallenden Objekte und der Werte der dem Königshaus verbleibenden Objekte folgendes Fazit:

> »Die Aufstellung ergibt, daß das Königshaus … auf sämtlichen strittigen Besitz im Werte von 463,4 Millionen Goldmark ohne Entschädigung zu verzichten bereit ist, ja sogar von seinem unbestreitbaren Privateigentum den weitaus größten Teil, nämlich Werte von insgesamt 307,3 Millionen Goldmark preisgeben will. Die hiergegen vom Staate zu gewährende Entschädigung von 30 Millionen Mark würde also noch nicht 10 v. H. des Vermögenswertes dieses Verzichts betragen!«[47]

Ganz bewusst setzte sich die Generalverwaltung von dem durch das Finanzministerium ins Spiel gebrachten und von der Öffentlichkeit scharf kritisierten Begriff des »standesgemäßen Unterhalts« der königlichen Familie ab und stellte dagegen die Forderung nach einem »angemessenen Unterhalt« auf. Das für den Staat äußerst günstige Ergebnis durch den mit dem Vertrag vom 12. Oktober 1925 zustande gekommenen Vergleich ergab für die Mitglieder des Königshauses, dass diesen »nur höchstens eine angemessene Lebenshaltung ermöglicht« wurde.[48] Aber sie waren bereit, dies zu akzeptieren. Zum Abschluss kamen die Auseinandersetzungen nach verschiedenen Debatten im Parlament. Sie zeigten bis hin zur Forderung nach entschädigungsloser Enteignung des vormals regierenden Königshauses die ganze Breite der Lösungsmöglichkeiten. Sogar ein sozialdemokratisch-kommunistischer Volksentscheid, der die entschädigungslose Enteignung zum Ziel hatte, musste noch am 20. Juni 1926 durchgeführt werden. Er scheiterte. Führende Sozialdemokraten, Minister und Abgeordnete des Deutschen Reichstages äußerten in verschiedenen Verlautbarungen ihr Anliegen, die Rechtsstaatlichkeit auch in der Auseinandersetzung mit den ehemals regierenden Fürstenhäusern unbedingt zu wahren. Sie wiesen für den Sprachgebrauch das Wort »Abfindung« als ein unangemessenes Schlagwort mit großem Nachdruck zurück.

> »Ich möchte aufs nachdrücklichste betonen, daß mit dem Schlagwort ›Abfindung‹ gründlichst aufgeräumt werden muß. Dieses irreführende Schlagwort wird systematisch von denjenigen Parteien, die dem Vergleich abgeneigt sind, in der Presse und der Landesversammlung dazu benutzt, den Vergleich zu diskreditieren. Von einer ›Abfindung‹ kann keine Rede sein«,

erklärte der spätere preußische Justizminister Dr. am Zehnhoff (Zentrum)[49] in einem Schreiben vom 4. September 1920, das dem Rechtsausschuss der Verfassunggebenden Preußischen Landesversammlung vorlag.

> »Es handelt sich weder um ein Geschenk noch um eine Abfindung, sondern lediglich um eine privatrechtliche Auseinandersetzung zwischen dem Preußischen Staat und dem ehemaligen Königshaus über das Vermögen des letzteren«,

äußerte sich der frühere Finanzminister Dr. Südekum (SPD) 1920 in einer Presseverlautbarung. Der demokratische Staatsrechtler und Reichstagsabgeordnete Prof. Dr. Schücking schrieb:

> »Die Demokratische Partei war sich von vornherein darüber klar, daß die Auseinandersetzung allein vom Standpunkt des Rechts aus durchgeführt werden müsse ... Die Hohenzollern haben ein großes, dem Staat gegenüber ganz freies Privatvermögen.«

In der Denkschrift der Generalverwaltung »Vermögensauseinandersetzung mit den Hohenzollern« sind solche Aussagen gesammelt veröffentlicht worden, dazu Reden von Reichstagsabgeordneten vor dem Parlament, die samt und sonders mit starker Akzentsetzung die Volksvertreter dazu aufrufen, die Rechtsstaatlichkeit zu wahren, und in Aussagen münden wie: Vom Rechtsstandpunkt aus kommt

> »lediglich die Forderung in Betracht, daß den Mitgliedern der ehemaligen Fürstenhäuser die Stellung gleichberechtigter Staatsbürger zuerkannt wird«.[50]

Schließlich sind diese Stimmen, zu denen sich die des Staatsrechtlers und Abgeordneten Prof. Dr. Bredt gesellte, dem neuen Staat müsse es um »eine echte, wirkliche Anerkennung des Rechts« gehen, nicht ungehört verhallt.

Am 12. Oktober 1925 wurden diese Verhandlungen durch einen ausgewogenen Vertragsentwurf abgeschlossen, der die Vermögensauseinandersetzungen zu regeln schien. Dieser Vergleichsentwurf wurde vom Landtag jedoch nicht akzeptiert. Erst ein Jahr später, nach dem Scheitern des Volksentscheids vom 20. Juni 1926, wurde ein modifizierter Vergleich akzeptiert. Der Vertragsentwurf vom 12. Oktober 1925 wäre für das Haus Hohenzollern günstiger gewesen.

Der neue Vertrag vom 6. Oktober 1926 wurde in der preußischen Gesetzessammlung von 1926 abgedruckt und erhielt Gesetzeskraft.[51] Für den Staat Preußen wurde er vom preußischen Finanzminister Dr. Hermann Höpker-Aschoff unterzeichnet, für das Haus Hohenzollern vom Wirklichen Geheimen Rat Friedrich von Berg-Markienen als Generalbevollmächtigtem des Kaisers und Vertreter des gesamten Hauses Hohenzollern. Der Vertrag wurde nicht nur mit dem Kaiser, sondern mit allen Hausmitgliedern geschlossen, weil nicht nur das ehemalige Hausvermögen, sondern auch einige Sondervermögen einzelner Familienmitglieder Gegenstand der Vermögensauseinandersetzung waren.

Durch diesen Vertrag wurde festgelegt, welche Teile des früheren Kron-Fideikommisses dem Staat und welche dem vormals regierenden Königshaus jeweils als freies Eigentum verblieben.

Dem Staat fielen die wichtigsten und größten Werte zu, wie das Stadtschloss in Berlin, die Schlösser in Charlottenburg, in Grunewald, in Potsdam, in Oranienburg, in Königsberg, in Oliva, die Marienburg, das Leineschloss in Hannover, Schloss Wilhelmshöhe bei Kassel, Schloss Homburg v. d. H., um nur einige der bekanntesten zu nennen; ferner die Kroninsignien, die ehemals königlichen Opern- und Schauspielhäuser in Berlin, Kassel und Wiesbaden mit ihrem Fundus, die Schackgalerie in München, viele Kunstschätze und eine große Zahl von bebauten und unbebauten Grundstücken.

Dem früheren Königshaus verblieben eine Barsumme von 15 Millionen RM, Landbesitz von etwa 250 000 Morgen, der meist östlich der Elbe lag, das Palais Kaiser Wilhelms I., von dessen berühmtem »historischen Eckfenster« der alte Kaiser die Parade der Wachtruppen abgenommen hatte, sowie das Niederländische Palais in Berlin, Unter den Linden, in dem das königliche Hausministerium untergebracht war. Dort befand sich auch eine Privatwohnung des Kronprinzen Wilhelm. Ferner sind das Schloss

Monbijou zu nennen und das Prinz-Albrecht-Palais in der Wilhelmstraße in Berlin.

Jedem der Söhne des Kaisers wurde seine Villa in Potsdam übereignet. In Ostpreußen behielt das Haus Hohenzollern das Jagdschloss Rominten und das kaiserliche Gut Cadinen, in Kiel das Schloss Hammelseck. Zu den dem kaiserlichen Hause verbliebenen Besitzungen im Westen Deutschlands gehörten auch die Burg Rheinstein, Schloss Reinhardshausen bei Erbach und zwei Drittel der Stammburg Hohenzollern. Dem Kronprinzen blieb sein im Stil eines schottischen Landhauses erbautes Schloss Cecilienhof sowie sein im 16. Jahrhundert erbautes Schloss Oels in Schlesien mit dem dazugehörigen umfangreichen Landbesitz. Prinz Wilhelm, sein ältester Sohn, erhielt das dem Hause Hohenzollern verbliebene, in der Mark Brandenburg gelegene Schloss Schildberg mit dem 22 000 Morgen großen Landbesitz.[52]

Der Vergleich, unter Wahrung der Grundsätze des Rechts und der Gerechtigkeit zustande gekommen, ergab das erwünschte Fundament gesicherter Verhältnisse als Existenzgrundlage der in die bürgerliche Gesellschaft eingegliederten Mitglieder des Hauses Hohenzollern.

Die besondere Situation des Kaisers brachte es mit sich, dass er dem Vertragswerk nicht die ihm gebührende Sympathie entgegenbringen konnte. Eine Rückkehr war für ihn nur vorstellbar als Rückkehr auf den Thron einer wiederhergestellten Monarchie; die Rückgabe der Schlösser und Liegenschaften allein konnte an seiner Situation im Exil nichts ändern.

> »Die Rückgabe erinnerte ihn lediglich an Orte, die er liebte, wohl aber nicht mehr besuchen durfte«.[53]

Anders war die Situation für den Kronprinzen. Sein Biograf Jonas berichtet, der Kronprinz sei wieder in die Lage versetzt worden,

> »standesgemäß zu leben und sich uneingeschränkt ihm zusagende Zerstreuung wie Sport, Reisen und Geselligkeit zu gönnen«.[54]

Die auf dem Boden des geltenden Rechts getroffene Regelung dokumentierte, wie ungebrochen das Ansehen des Hauses Hohenzollern in großen Teilen des deutschen Volkes war. Durch die den Angehörigen des ehemaligen Kaiserhauses verbliebenen, namensrechtlich geschützten Standesbezeichnungen und durch die rechtlich abgesicherten Vermögenswerte, mit denen zugleich die Verantwortung für umfangreiche und unschätzbare kulturgeschichtliche Werte verbunden war, ist die Würde des ehemaligen Herrscherhauses durch den Staat gewahrt worden. Auf diese Weise hatte der preußische Staat auch etwas von der Würde der Volkssouveränität zum Ausdruck gebracht.

Existenzverwirklichung in der Sphäre des bürgerlichen Lebens

Die fortdauernde, von der Aufhebung der Standesvorrechte 1920 unbeeindruckte und somit im Grunde illegitime Geltung der Hausgesetze sicherte die Fortdauer der Familienstruktur des Hauses Hohenzollern. Sie verhinderte den Zerfall in eine Vielzahl privater Einzelfamilien mit bürgerlichem Lebenszuschnitt und ganz individueller, womöglich untereinander stark differierender Art der Existenzverwirklichung. Sie sicherte den Zusammenhalt unter dem pater familias, dem Kaiser als Chef des Hauses Hohenzollern.

Auch im Exil sollte der Kaiser demnach weiterhin der Maßstab der Ausrichtung des eigenen Lebens, moralischer Orientierung und damit auch des eigenen politischen Handelns der Angehörigen des Hauses Hohenzollern sein. So groß die Konflikte beispielsweise zwischen dem Kronprinzen und seinem Vater intern gewesen seien mögen, nach außen war das Bemühen, möglichst geschlossen aufzutreten, vorrangig: Der in Holland lebende Kaiser sollte durch Familienzwist nicht zusätzlich demontiert werden. Er blieb bis zu seinem Tod 1941 die wertbestimmende Instanz.

Wie lebte der Kaiser als »Privatmann«? Wie beurteilte er sich und seine Zeit? Welchen politischen Leitlinien folgte er, nachdem es ihm versagt war, selber politische Leitlinien und Zielsetzungen als Orientierungshilfen für die Öffentlichkeit aufzuzeigen? Das sind Fragen, denen besondere Aufmerksamkeit zu widmen ist, wenn die Haltung der Familienangehörigen des Hauses Hohenzollern in der Sphäre des bürgerlichen Lebens nach dem Ende der Monarchie erkennbar werden soll.

Zu den Voraussetzungen des Sich-Zurechtfindens in der neuen Situation gehörte neben der Klärung von Rechtsfragen auch die Orientierungshilfe, die durch Exponenten der Weimarer Republik gewährt wurde. Sie erwies sich als ein erstaunliches Angebot.

Die Hohenzollern erlebten nach dem Ende der Monarchie in der Weimarer Republik einen Staat, der ihren Problemen fair gegenüberstand und der eines Ausgleichs von Interessen fähig war. So bildeten vor allem das Namensrecht, die Bestätigung des Besitzstandes und die Bereitschaft zu partnerschaftlichem Dialog die Voraussetzungen dafür, dass den Angehörigen des Hauses Hohenzollern die Eingliederung in die durch die Weimarer Verfassung geprägte bürgerliche Gesellschaft möglich wurde. Es war jedoch nicht nur die anonyme Größe »der Staat«, der als Vertragspartner Brücken schlug; vielmehr ist auch von führenden Persönlichkeiten der Republik weitaus mehr Entgegenkommen bewiesen worden, als im Allgemeinen angenommen wird. Grundlage dafür bot die juristisch unbestritten gebliebene Tatsache, dass die Hohenzollern als Bürger des Deutschen Reiches zu gelten hatten und dass sie als solche nicht nur den gleichen Pflichten unterworfen waren, sondern auch die gleichen Rechte und den Schutz des Staates für sich beanspruchen konnten, wie dies für alle anderen Staatsbürger auch der Fall ist. Die Organe des republikanischen Staates bewiesen somit, dass ihnen die Wahrung der Rechtsstaatlichkeit oberstes Gebot war.

Als Zeichen der Konzilianz ist in diesem Zusammenhang zu bemerken, dass dem Kaiser das Wohnrecht im Schloss Homburg v. d. H. eingeräumt wurde. Auch wurde bei der Zuordnung (s. oben S. 41) des Privateigentums des Kronprinzen und der übrigen Prinzen des königlichen Hauses deren persönliche Beziehung zu diesem Eigentum berücksichtigt.[55]

Dem ersten Präsidenten der Weimarer Republik, Reichspräsident Friedrich Ebert, war es wichtig, die Grundsätze der Rechtsstaatlichkeit auch auf die persönlichen Begegnungen mit den Angehörigen des Hauses Hohenzollern anzuwenden. Als dem Kronprinzen die Verbannung auf der Insel Wieringen in Holland unerträglich wurde, schickte er seinen Adjutanten, Major Louis Müldner von Mülnheim, zum Reichspräsidenten Ebert nach Berlin, um dessen Hilfe zu erbitten. Die Kronprinzessin berichtete:

> »Eberts erstes Wort war die Frage nach meines Mannes Ergehen. Vor allem erkundigte er sich eingehend nach den Lebensumständen auf der einsamen Insel … Der Reichspräsident zeigte sofort ein offenes Verständnis für den Wunsch meines Mannes. Er sagte zu Müldner: ›Selbstverständlich ist der Kronprinz deutscher Staatsbürger, und ich fühle mich für das Wohl und Wehe eines jeden deutschen Staatsbürgers verantwortlich. Ich habe nichts gegen seine Rückkehr. Nur habe ich einen Wunsch: daß keinerlei Aufsehen erregt wird.‹«[56]

Dem Politiker Dr. Gustav Stresemann (Deutsche Volkspartei) hatte der Kronprinz die Verwirklichung seines Wunsches nach der Heimkehr zu verdanken. Schon bevor er 1923 das Amt des Reichskanzlers übernahm, hatte sich Stresemann öffentlich und heftig gegen die Forderung der alliierten Siegermächte gewandt, den Kaiser auszuliefern und vor ein internationales Tribunal zu stellen. Stresemann erklärte damals, die Auslieferung Wilhelms II. sei keine Frage, bei der

> »es sich um einen Gegensatz zwischen Monarchisten und Republikanern, sondern bei der es sich um eine Frage der Ehre des deutschen Volkes handelt und um die Aufrechterhaltung des Rechts gegenüber jedermann«, und: »Wenn wir dem zustimmen, daß ein deutscher Bürger in dieser Form vor ein feindliches Gericht gestellt wird, dann verstoßen wir gegen anerkannte, bisher von allen Völkern hochgehaltene Rechtsgrundsätze«.[57]

Zum 60. Geburtstag des Kaisers am 27. Januar 1919 sandte ihm Stresemann ein Glückwunschtelegramm mit folgendem Wortlaut:

> »Euer Majestät sendet die Deutsche Volkspartei zum sechzigsten Geburtstag ehrfurchtsvolle Glückwünsche. Wir würdigen in Dankbarkeit die Arbeit, die Euer Majestät getreu dem Ausspruche ›Kaisertum ist Dienst am Deutschen Volke‹ in mehr als dreißigjähriger Tätigkeit für das Deutsche Reich und das Deutsche Volk geleistet haben. In Erinnerung an die ersten Worte des alten nationalliberalen Parteiprogramms ›Unverbrüchliche Treue zu Kaiser und Reich‹ gedenken wir der großen Zeit, die Deutschland und Preußen unter der Hohenzollernherrschaft durchlebt haben. Wir wünschen Euer Majestät von ganzem Herzen einen friedlichen Lebensabend und bitten, davon überzeugt zu sein, daß Millionen Deutscher mit uns auch unter neuen Verhältnissen und auf neuer Grundlage des staatlichen Lebens stets das Bekenntnis zum monarchischen Gedanken hochhalten und sich gegen jede würdelose Abkehr von den hohen Idealen des deutschen Kaisertums und preußischen Königtums wenden werden.«[58]

Immerhin hatte Stresemann dem Kaiser nicht die Rückkehr auf den Thron gewünscht, sondern einen friedlichen Lebensabend; aber eben darin wird die Anerkennung des Rechts des Kaisers auf seine Existenzverwirklichung unter den gegebenen neuen Vorzeichen zum Ausdruck gebracht.

Noch weit positiver war Stresemanns Einstellung zum Kronprinzen. Als Vorsitzender der Deutschen Volkspartei hatte Dr. Gustav Stresemann bereits im Herbst 1921 dem Kronprinzen einen Besuch in Wieringen abgestattet. Der Wunsch des Kronprinzen nach Rückkehr aus dem Exil war ihm bekannt und sehr verständlich. Ein Erfolg seiner Bemühungen war erst zu verbuchen, nachdem Stresemann am 13. August 1923 mit dem Amt des Reichskanzlers betraut worden war. Schon am 23. Oktober 1923 beschloss sein Kabinett einstimmig, dem Kronprinzen die Heimkehr zu gestatten. Auch der dem Kabinett angehörige sozialdemokratische Minister Dr. Sollmann stimmte dafür. Ein Termin für die Rückkehr war nicht festgesetzt worden; doch sollte die Heimkehr des Kronprinzen spätestens bis zum 15. Dezember 1923 erfolgen. Stresemann teilte dem Kronprinzen den Kabinettsbeschluss am 24. Oktober 1923 mit und schrieb u. a.:

> »Indem ich Ew. Kaiserliche Hoheit von dem Beschluß des Reichskabinetts in Kenntnis setze, möchte ich persönlich meiner Freude darüber Ausdruck geben, daß dieser Beschluß auf meine Befürwortung hin vom Kabinett, und zwar, wie ich hinzufügen darf, ohne Einspruch und Kritik … einmütig gefaßt worden ist … Ew. Kaiserliche Hoheit werden die deutsche Heimat, die Sie in früheren Zeiten in Glanz und Größe als Mitglied des deutschen Herrscherhauses kannten, in einem Zustand heftiger Wirren, in Verarmung und Elend wiedersehen. Aber es bleibt trotzdem doch das deutsche Land und die deutsche Heimat, und mit Ihnen werden sich Millionen Deutscher bei dem Gedanken freuen, daß Sie nach neunjähriger Abwesenheit von diesem deutschen Boden wieder im Kreise Ihrer Familie das deutscheste Fest werden begehen können«.[59]

Auch dieses so persönlich und herzlich abgefasste Schreiben dokumentiert lediglich die Bereitschaft des deutschen Reichskanzlers, dem nächst dem Kaiser wichtigsten Repräsentanten des Hauses Hohenzollern das Leben in der Heimat zu ermöglichen, wie sie sich nun nach dem Ende der Monarchie darstellte.

Stresemann hatte dem Kronprinzen bereits vorher mitgeteilt,

> »er würde es für richtig erachten, wenn Oels von vornherein als Wohnsitz in Betracht gezogen würde, damit den Einwendungen begegnet werden kann, die sich etwa aus einer Wohnsitznahme in Potsdam ergeben würden.«[60]

Es ist verständlich, dass der Kronprinz nicht bis zum Ende der ihm gesetzten Frist am 15. Dezember warten wollte. In diesen Tagen brachten aber die niederländische und die deutsche Presse viele Artikel, die sich mit der Rückkehr des Kronprinzen nach Deutschland in unterschiedlichster Weise beschäftigten. Das hätte leicht die Gegner dieses Planes vorschnell mobilisieren können. Es galt, rasch zu handeln, und so kam es fast einer Flucht gleich, als der Kronprinz am 10. November 1923 Holland verließ und nach einer langwierigen Reise am 13. November 1923 in Oels eintraf.[61]

Ein neuer Anfang als Staatsbürger der Weimarer Republik war nun für den Kronprinzen gegeben. Im Blick auf seine möglichen politischen Ambitionen muss freilich festgehalten werden, dass er sich schriftlich zu politischer Abstinenz verpflichtet hatte und dass sein Name vorerst noch immer auf der Auslieferungsliste der Entente verzeichnet war! Zurückhaltung war für ihn also das Gebot der Stunde. Sich diesem Gebot zu beugen, fiel ihm in der ersten Zeit nach seiner Rückkehr aus dem Exil nicht schwer. Eine Freundin der Kronprinzessin, die sich in jenen Tagen in Schloss Oels aufhielt, hatte den Eindruck, der Kronprinz sei

> »kaum wiederzuerkennen: er war ein gebrochener Mann, der sich einfach nicht mehr in der ihm ungewohnten alten Umgebung zurechtfinden konnte«.[62]

Dass sich Stresemann nicht etwa von persönlicher Sympathie hatte leiten lassen, sondern von den Grundsätzen der Rechtsstaatlichkeit, hatte er bald genug unter Beweis zu stellen: In Europa erhob sich ein Sturm der Entrüstung über die Rückkehr des Kronprinzen; die französische Regierung kündigte aus diesem Grunde sogar neue Sanktionen gegen Deutschland an! In dieser Lage ließ die Reichsregierung durch ihren Geschäftsträger in Paris, den späteren Botschafter Leopold von Hoesch, eine Erklärung abgeben, in der es u. a. hieß:

> »Der frühere Kronprinz hat bereits vor mehreren Wochen bei der deutschen Regierung den Antrag gestellt, ihm die Rückkehr nach Deutschland zu gestatten. Die deutsche Regierung hat bei der Prüfung des Antrags keinen Grund rechtlicher oder tatsächlicher Art erkennen können, der es gerechtfertigt hätte, diesem deutschen Staatsbürger die Heimkehr zu seiner Familie zu verwehren.«[63]

Vor ausländischen Pressevertretern in Berlin sagte er:

> »Ich kenne den Kronprinzen und weiß, daß er für die rechtsradikalen Bestrebungen eher ein Hindernis als eine Förderung bedeutet.«[64]

Bezeichnend ist eine Bemerkung des Kronprinzen in einem Brief an den ehemaligen Kanzler Fürst Bülow, dem er am 3. Mai 1924 zum 75. Geburtstag gratulierte. Dort heißt es u. a.:

> »Der Kampf der Deutschvölkischen mit den Deutschnationalen ist ein ungemein trübes und beklagenswertes Kapitel. Möchte sich ein Mann finden, der die beiden Richtungen wieder vereinigt, sonst sehe ich ziemlich schwarz in die Zukunft.«[65]

Sein ständiger Aufenthaltsort Oels wurde vom Kronprinzen nach seiner Rückkehr keineswegs als ein neues Exil angesehen. Nachdem eine Zeit der Eingewöhnung verstrichen war, begab er sich auf Reisen und schaute sich in der wiedergewonnen Heimat um. Dem gesellschaftlichen Leben versagte er sich nun nicht mehr. Stresemann lud er am 24. Juli 1924 zu einem Diner in Schloss Cecilienhof in Potsdam ein, zusammen mit anderen Persönlichkeiten des öffentlichen Lebens und der Familie des Kronprinzen.[66] Im August 1925 hielt er sich zum ersten Mal seit elf Jahren wieder in Ostpreußen auf. Spätestens hier trat sichtbar in Erscheinung, dass dem in die Heimat zurückgekehrten Kronprinzen ein Leben abseits der Öffentlichkeit gar nicht möglich war. Die Begrüßung, die ihm in Cadinen und auf anderen Gütern zuteilwurde, zeigte dies bereits in aller Deutlichkeit. Der Eindruck des öffentlichen Interesses an ihm verstärkte sich, als Oldenburg-Januschau auf seinen Gütern zum Empfang des Kronprinzen verschiedene vaterländische Vereine hatte antreten lassen. Es war dem Kronprinzen nicht möglich, sich dem Wunsch seines Gastgebers zu versagen, die Front der Kriegsteilnehmer abzuschreiten. Sein Biograf Jonas beurteilt diese Situation zutreffend so:

> »Auf dieser Reise zeigte sich ihm sehr deutlich die Zwangslage, in der er sich seit seiner Rückkehr aus Holland befindet: auf der einen Seite möchte er keinesfalls hervortreten und ist äußerst zurückhaltend, wird aber doch immer wieder von anderen gedrängt, gegen seinen Willen in der Öffentlichkeit aufzutreten.«[67]

Der frühere Reichskanzler Brüning äußerte sich ganz ähnlich in einem Brief an Klaus W. Jonas:

»Nach dem Kriege kam für den Kronprinzen ein schweres Leben der Frustration. Er hielt sich politisch im allgemeinen sehr zurück, während aus politischen Gründen Rechtskreise ihn immer wieder in den Vordergrund schieben wollten. Wenn er sich nach seiner Rückkehr in die Heimat irgendwo zeigte, wurde er auch bejubelt, was sofort schärfste Angriffe der Linkspresse gegen ihn hervorrief.«[68]

Wie prinzipiell unpolitisch die Einstellung und Lebensführung des Kronprinzen war, beleuchtet eine in das Jahr 1929 weisende Schilderung:

»In dieser Zeit führte der Kronprinz das Leben eines wohlhabenden und eleganten Privatmannes ... und seine Passionen aus der Vorkriegszeit – Reiten, Autofahren, Polospielen, schöne Frauen, die Aufzucht von Hunden und Pferden – waren die gleichen geblieben. Große Sportveranstaltungen, Theaterpremieren, gesellschaftliche Veranstaltungen und einige Bars des Berliner Westens zählten ihn zu ihren regelmäßigen Besuchern. Er war im Laufe der Jahre zu einem Bestandteil des Berliner Lebens geworden, wobei er weniger Aufmerksamkeit in seiner Eigenschaft als ›Thronprätendent‹ als wegen seiner blendenden Erscheinung, seiner gewinnenden Liebenswürdigkeit und Urbanität und seiner häufig sehr auffälligen Begleiterinnen erregte. Das einzige ›Vorrecht‹, das er für sich in Anspruch nahm, war das Recht, aus der Lage seines Thronverzichtes, den er wörtlich nahm, die Konsequenzen zu ziehen und nun wirklich nichts mehr vorstellen zu müssen, wirklich Privatmann sein zu dürfen. Die noble Gelassenheit, mit der er alle Schicksalsschläge seines Lebens getragen hatte, verließ ihn nur in gelegentlichen Augenblicken, wenn irgendwelche Menschen oder Gruppen an ihn irgendwelche Anforderungen hinsichtlich seiner Lebensführung und seines Auftretens stellten und diese Forderungen als ›Verpflichtungen‹, für die er durch seine Geburt bestimmt schien, und für die er erzogen worden war, hatte man ihm verweigert – so wollte er auch für sich fortan keine anderen Verpflichtungen mehr gelten lassen, als die, denen das Leben des Durchschnittsmenschen unterliegt.«[69]

Neben Spitzenpolitikern wie Ebert und Stresemann war die Zahl prominenter Persönlichkeiten nicht gering, die dem Hause Hohenzollern Gerechtigkeit widerfahren lassen wollten. Eine Fülle von Publikationen berichtet darüber. Hinzuweisen ist besonders auf die Veröffentlichungen der Kaisertochter Herzogin Viktoria Luise von Braunschweig und Lüneburg.[70]

Auch weite Teile des Volkes bekundeten den Hohenzollern Sympathie. Der Tod der Kaiserin Auguste Viktoria machte das vor aller Öffentlichkeit deutlich: Als die Kaiserin 1921 in Doorn gestorben war, entschloss sich der Kaiser, sie nicht in Doorn, sondern in Deutschland beisetzen zu lassen. Herzogin Viktoria Luise, der Kronprinz und Prinz Adalbert unternahmen den erfolglosen Versuch, den Entschluss des Kaisers rückgängig zu machen. Sigurd von Ilsemann, der als Flügeladjutant das Los des Kaisers teilte, berichtet:

> »Zwar hat die Kaiserin früher einmal geäußert, daß sie in Potsdam beigesetzt zu werden wünsche, hätte sie aber damals geahnt, wie heute die Verhältnisse liegen, so hätte sie sicherlich Doorn als vorläufige Ruhestätte gewünscht … hier kann er (der Kaiser) täglich an ihr Grab, in Potsdam vielleicht nie. Aber fraglos wird das Grab in Potsdam eine Art Wallfahrtsort für viele Deutsche«.[71]

Der Leichnam der Kaiserin wurde in einem Sonderzug von Doorn nach Berlin überführt; auf dem ganzen Weg begegnete er einer außerordentlichen Anteilnahme der Bevölkerung. Über die Beisetzung der Kaiserin im Antiken Tempel im Park von Sanssouci am 19. April 1921 schreibt Herzogin Viktoria Luise:

> »Unübersehbar war die dicht gedrängte Menschenmenge der Trauernden, die den Weg der Toten säumten. Weit mehr als 200 000, fast eine viertel Million, waren zur Beisetzung erschienen. Andächtige Stille lag über der riesigen Menschenmasse, kein lautes Wort, kein Lärm, kein Gedränge.«[72]

Der Vorgang beleuchtet die trotz wirtschaftlicher Not und politischer Verwirrung konstant gebliebene Zuneigung weiter Teile des deutschen Volkes zum kaiserlichen Hause. Auch Ilsemanns Prognose sollte sich bewahrheiten: Das Grab der Kaiserin wurde zu einer Wallfahrtsstätte, die ihre Anziehungskraft bis zum Zusammenbruch des Reiches 1945 behielt.

Ebenso eindeutig war aber auch die unverbrüchliche innere Bindung des Kaisers zum deutschen Volk geblieben. Sein Herz schlug für das Volk seines einstigen Reiches.

Das offenkundige Entgegenkommen des Staates und einer Reihe von Persönlichkeiten des öffentlichen Lebens ist nicht immer und nicht von allen Angehörigen des Hauses Hohenzollern, schon gar nicht vom Kaiser selbst, in der Weise gewürdigt worden, die aus dem zeitlichen Abstand von heute möglich ist. Der Wunsch nach Rückkehr auf den Thron war nur allzu verständlich. Er verband sich mit abwertenden Urteilen über den neuen Staat, die der Tatsache entsprachen, dass die Weimarer Republik weithin als ein ungeliebtes Vaterland empfunden wurde, wie auch die Farben Schwarz-Rot-Gold damals bei vielen auf Ablehnung stießen.

Nicht zutreffend ist das merkwürdige Bild, das Golo Mann vom Kaiser als »Privatmann« in Doorn entwarf: ein Kaiser, von dem keinerlei Wirkung auf die Mitglieder seines Hauses auszugehen scheint.

> »Der Lebensabend (des Kaisers) war lang, so lang wie zwei Drittel seiner Regierungszeit. Er war friedlich trotz der neuen Stürme, die über Europa gingen. Nachdem die Sieger die Auslieferung ›Wilhelms von Hohenzollern‹ verlangt hatten, um ihm den Prozeß ›wegen Verbrechens gegen die internationale Moral und die Heiligkeit der Verträge‹ zu machen, die holländische Regierung die Forderung aber verweigert und der Welt ein beschämendes Schauspiel erspart hatte, wurde es ganz still um den Mann, um den es so lange so laut gewesen war. Es scheint, daß er diese Stille genoß. Die Last der Repräsentation und der Schauspielerei, die furchtbare Last der Entscheidungen war von ihm genommen. Er konnte nun sein, wozu er im Grund am besten taugte: ein kultivierter Landedelmann, der las und schrieb, Holz sägte, seine Gärten pflegte. Die deutsche Republik war weise genug, ihm seine großen Besitztümer zu belassen. Von ihnen zog er Einkünfte, die ihm eine gedämpft-elegante Existenz ermöglichten; treue Diener sorgten dafür, daß ihm ein nun zum geisterhaften Selbstzweck gewordener Hof erhalten blieb. Ein guter Großvater im weißen Vollbart war er geworden, der sich der heranwachsenden Enkel erfreute, mit Besuchern über die Vergangenheit plauderte, ohne an der Gegenwart jedes Interesse zu verlieren«.[73]

Eine große Zahl von Aussagen und Erlebnisberichten der Zeitgenossen des Kaisers aus seiner unmittelbaren Umgebung widerspricht durchaus diesem Bild mit seinen den gemütvollen Zeichnungen Ludwig Richters entlehnten Konturen.

Für das, was den Inhalt des Lebens des Kaisers in Doorn ausmachte, was auf sein Haus ausstrahlte und sich in politischen Orientierungen manifestierte, ist weithin zutreffend, was vonseiten bewusster Gegnerschaft gegen den Kaiser geäußert worden ist. In einer in der ehemaligen DDR entstandenen Untersuchung über »Das Verhältnis der Hohenzollern zum Faschismus« findet sich die Feststellung:

> »Zentrales politisches Ziel der Hohenzollern war seit 1918 ihre Rückkehr auf den Kaiserthron und damit die Wiedereinführung der Monarchie in Deutschland!«[74]

Dieser These soll nicht widersprochen werden, soweit sie auf die Person des Kaisers zielt. Es wäre einerseits ein Zeichen resignierender Schwäche eines »guten Großvaters im weißen Vollbart« (Golo Mann), wenn es anders wäre! Denn die Aktivitäten des Kaisers hinsichtlich der Wiedereinführung der Monarchie in Deutschland und seiner Rückkehr auf den Thron sind in mancher Hinsicht verständlich. Andererseits war aus der menschlichen Situation des Kaisers heraus eine andere Haltung schwer vorstellbar: Bei Kriegsende konnte er bereits auf eine dreißigjährige Regentschaft zurückblicken. Von dem schon Sechzigjährigen konnte realistischerweise keine innere Akzeptanz der neuen Verhältnisse in dem Sinne erwartet werden, dass er die neue Politik aktiv unterstützte. Dem Pauschalurteil der DDR-Publikation, die Rückkehr auf den Thron sei das zentrale politische Ziel »der Hohenzollern« gewesen, muss allerdings widersprochen werden, ebenso auch der den Angehörigen dieses Hauses pauschal unterstellten Haltung:

> »Daraus resultierten ihre prinzipielle Feindschaft gegen die Weimarer Republik und ein ständiges Suchen nach politischen Kräften, die geeignet und bereit waren, dieses Ziel zu verwirklichen.«[75]

Dass dem Kaiser selbst die Suche nach Möglichkeiten und Wegen für eine Rückkehr als die von ihm zu lösende Aufgabe erschien, ist zutreffend.

Für seinen äußeren Lebenszuschnitt hatte der Kaiser auch nach dem Ende der Monarchie die höfischen Formen beibehalten, soweit ihm die Verhältnisse in Doorn dies gestatteten. Der Kronprinz verwahrte sich gegen den vom Kaiser gepflegten Stil. Die Kronprinzessin berichtet darüber:

»Er distanzierte sich von allen Formen die ihm lebensfremd und leer erschienen. Er verstand es auch nicht, daß der Kaiser noch in Doorn gewissermaßen weiter Hof hielt und sein Leben und das seiner Umgebung strengen Regeln unterwarf.«[76]

Problematisch war nicht die Form an sich, sondern der durch die Einhaltung dieser Formen bewirkte Mangel an Unmittelbarkeit des Kaisers gegenüber den Zeichen der Zeit und ihren Zeugen. Dass er sich auch in seiner Regierungszeit nicht anders verhalten hatte, dafür ist der Berliner Theologe Adolf von Harnack Zeuge. Seine Tochter, Agnes von Zahn-Harnack, berichtet:

»Im Laufe der Zeit lernte Harnack bei Hof fast alle deutschen und auch viele außerdeutsche Fürsten kennen und hatte reichlich Gelegenheit, sich Gedanken zu machen über die soziologischen Bedingungen, unter denen ein Fürst aufwächst, und aus denen sich zu lösen so gut wie unmöglich ist. Er sah auch den Kreis von Frauen und Männern, die wie Mauern um Fürstlichkeiten stehen und es mit unübertrefflicher Geschicklichkeit zu verhindern wissen, daß neue Gedanken in den engen Zirkel dringen. Wurde doch der Kaiser einmal unmittelbar nach einem Zusammensein mit Harnack von einem Hofwürdenträger darauf hingewiesen, daß dieser Professor ›selbständig Themata in der Unterhaltung anzuschlagen sich erlaubt habe‹.«

Gespräche unter vier Augen waren so gut wie unmöglich, wie Harnacks Bemerkung zeigt: Wenn er beim Kaiser speise, sei er »jedesmal dann etwa drei Stunden – fast allein, denn es pflegen nur zwei oder drei militärische Statisten noch dabei zu sein – mit ihm zusammen«.[77] Berichte über »militärische Statisten« – Generaladjutanten, Flügeladjutanten, Hausmarschälle –, die den Kaiser in Doorn abschirmten, finden sich zahlreich in den Erinnerungen des letzten »Flügeladjutanten« Kaiser Wilhelms II., Sigurd von Ilsemann. Auch seine zweite Gemahlin, Kaiserin Hermine, war bestrebt, möglichst nur ausgewählte Nachrichten den Kaiser erreichen zu lassen. Ein Gefangener seines höfischen Lebensstils hätte der Kaiser dennoch nicht zu sein brauchen. Als Informationsquelle hätte ihm die gesamte Weltpresse zur Verfügung stehen können.[78] Seine Flügeladjutanten hielten ihm täglich Pressevorträge, die je nach Vortragendem unterschiedlich ausfallen konnten. So weiß man beispielsweise, dass

Ilsemann stets bemüht war, dem Kaiser ein ungeschminktes Bild der Vorgänge in Deutschland zu vermitteln. Im gleichen Sinne versuchte Freiherr von Sell zu wirken. Von seinen Wunschvorstellungen war der Kaiser jedoch nicht abzubringen.

> »Der politische Idiotismus feiert in unserem Vaterland wahre Orgien … Vom Ausland her dies Chaos ansehen zu müssen, ist fürchterlich!«

Der Kaiser formulierte mit dieser Äußerung in einem Brief an seine Tochter Herzogin Viktoria Luise sein Urteil über die Zustände in der Weimarer Republik.[79] Anlass dafür hatte ihm die politische Zerrissenheit im Nachkriegsdeutschland der Weimarer Republik genug gegeben. Tyler Whittle, sein englischer Biograf, urteilt ganz ähnlich,

> »daß Deutschland zwar einen souveränen Reichstag, einen Reichskanzler und einen Reichspräsidenten besaß, aber keine wirklich anerkannte Autorität«.

Whittle findet die schöne, aber sicher zu weit gehende Formulierung: »Das Land wurde nicht regiert, sondern nur verwaltet«.[80] Letztlich zerbrach der Staat nicht an der Feindschaft der Antidemokraten, sondern an seiner politischen Zerrissenheit. Denn bis fast zuletzt waren die republikanischen Parteien zwar in der Mehrheit, konnten sich aber gegen die Extreme von links und rechts nicht zusammenfinden.

Die wirtschaftliche Situation war mehr als beängstigend. Zutreffend berichtet Herzogin Viktoria Luise: »Der Kampf der Millionen um das tägliche Brot führte zu einer bis dahin unbekannten Radikalisierung der Massen.«[81] Das war die Situation im Nachkriegsdeutschland, wie sie der Kaiser aus der Ferne seines Exils in Doorn erlebte. Sie macht eine kritische Äußerung vom 3. September 1924 verständlich: »Es ist mir eine Befriedigung zu sehen, wie in den vergangenen sechs Jahren die Revolution den Deutschen auch nicht einen Führer gebracht hat.«[82]

Eine Beteiligung von Mitgliedern seines Hauses an den politischen Geschehnissen in dieser Republik war ihm unvorstellbar. Die Nachricht von der Ermordung des sozialdemokratischen Politikers und Publizisten Kurt Eisner durch den Grafen Arco im Februar 1919 in München erregten die Kaiserin und ihn besonders, weil es hieß, dass ihr jüngster Sohn Prinz Joachim an dem Attentat beteiligt gewesen sein sollte.[83]

Auch die Rückkehr des Kronprinzen nach Deutschland fand nicht die Zustimmung des Kaisers. Er bezeichnete das Verhalten seines ältesten Sohnes, der die Heimkehr aus dem Exil auf Fluchtwegen getarnt und heimlich durchgeführt hatte, als einen »Dummenjungenstreich« und meinte gegenüber Ilsemann,

> »daß es unmöglich sei, daß er als früherer Kronprinz und Armeeführer, heute im Zylinder unter den Leuten in der Heimat lebt, die ihn seinerzeit hinausgeschmissen haben ... und wie er sich das denkt, zu Hause zu sein, ohne sich mit Politik zu befassen, ist mir schleierhaft. Er wird sich dem gar nicht entziehen können, daß eine Partei ihn für ihre Zwecke ausnützt«.[84]

Der Kaiser hatte damit vorausgesehen, dass politische Aktivitäten von Mitgliedern des kaiserlichen Hauses nur im Zusammenhang mit den Aktivitäten einer der im Reichstag vertretenen Parteien möglich werden würden. Die Identifizierung mit einer Partei, wie sie in den Anfangsphasen der Weimarer Republik in Erscheinung getreten waren, kam für ihn nicht in Betracht. Seiner grundsätzlichen Offenheit für zukünftige Neuorientierungen boten die gegebenen Voraussetzungen keinen realistischen Ansatzpunkt.

Die ablehnende Einstellung des Kaisers zur Weimarer Republik bot die beste Voraussetzung für die von ihm gehegte Erwartung von Möglichkeiten zur Wiedererrichtung der Monarchie. Dem kam die in weiten Teilen des deutschen Volkes feststellbare Unzufriedenheit mit dem damaligen System entgegen. Denn der Regierung gelang es nur unvollkommen, die Erwartungen des Volkes nach endlicher Konsolidierung der wirtschaftlichen Verhältnisse mit den Forderungen der alliierten Siegermächte in Einklang zu bringen, obwohl diese Forderungen nach 1924 schon zurückgeschraubt worden waren.

Unter diesen Umständen waren die konservativen und monarchisch eingestellten Gruppierungen sogar davon überzeugt,

> »es könne nur eine Frage sehr kurzer Zeit sein, bis die Monarchie wieder hergestellt werde. Ungesäumt müsse mit der Propaganda begonnen werden«.

Der aufgrund seiner betont negativen Einstellung zum Kaiser in dieser Frage als unverdächtiger Zeuge hier in Anspruch genommene Graf Ernst zu Reventlow, der dieses Urteil gefällt hatte, sah die politischen Vorstellungen in weiten Kreisen so:

> »Die naivsten Illusionen konnten nicht sterben: so könne es doch nicht weitergehen!, ›im Grunde‹ sei das deutsche Volk doch monarchisch bis auf die Knochen, bald werde es seinen Kaiser und König zurückrufen, auch die Feinde müßten einsehen, daß ein republikanisches Deutschland eine Unmöglichkeit sei – kurz, der Tag werde kommen, da der schwergeprüfte Kaiser wieder mit seinem Volke verbunden sein werde. Das war auch der mehr oder minder ausgesprochene politische Gedanke in der Partei, die sich Deutschnationale Volkspartei nannte.«[85]

Es gab noch mehr Gruppierungen und Organisationen, die ähnlich dachten. Vor allem ist »Der Stahlhelm«, ein »Bund der Frontsoldaten« des Ersten Weltkrieges zu nennen, der im Folgenden noch Berücksichtigung finden wird bei dem Versuch einer Antwort auf die Frage nach der politischen Orientierung der Hohenzollern nach dem Ende der Monarchie.

Erstaunlich für die Breitenwirkung des monarchischen Gedankens im Nachkriegsdeutschland war auch die Einstellung des Reichskanzlers Heinrich Brüning. Brüning war Zentrumspolitiker und überzeugter Katholik. Er strebte für das Deutsche Reich eine Monarchie nach englischem Vorbild an. Aus Brünings Memoiren ergibt sich diese Konzeption:

> »Sein Plan ging davon aus, daß er in absehbarer Zeit auf dem Verhandlungswege Deutschland von den Fesseln des Versailler Vertrages befreit haben werde und die Wirtschaftskrise abgeflaut sei. Dann sollte Hindenburg, nachdem die erforderliche Reichstagsmehrheit sichergestellt, seine Präsidentenschaft in eine Regentschaft für einen der Kronprinzensöhne umwandeln.«[86]

Hier lag aber das eigentliche Problem für den Kaiser. Er wollte nicht »die Hohenzollernmonarchie« wiederhergestellt wissen und nicht »einen der Kronprinzensöhne« auf dem Thron sehen, sondern nur sich selbst als Thronprätendenten gelten lassen. Brüning, der für seine Gedanken sogar schon einflussreiche Sozialdemokraten gewonnen hatte, scheiterte aus diesem Grunde mit seinen Plänen auch bei Hindenburg. Brüning erinnert sich:

»Der Reichspräsident erklärte, er würde niemals einwilligen, daß jemand außer dem Kaiser den Thron besteige. Er betrachte sich als Treuhänder des Kaisers. Er ließ dabei deutlich erkennen, daß er lieber ohne Wiederherstellung der Monarchie aus dem Leben scheiden wollte, als diese Treuhänderschaft zu verletzen.«[87]

War dem Kaiser ausschließlich an einer solchen Zielsetzung politischer Aktivitäten gelegen, die seine Rückkehr auf den Thron zu bewirken gedachten, so wird manches negative Urteil über Vorgänge bei den nationalen Organisationen verständlich, die zwar den monarchischen Gedanken zum Inhalt hatten, nicht aber gezielt der Rückkehr des Kaisers galten. Ilsemann notierte noch am 14. Juni 1929:

»Der Kaiser will keinen anderen Bericht als solchen, der nachweist, daß er, der Kaiser, nach Deutschland auf den Thron zurückkehren muß, und jeder, der das nicht sagt oder schreibt, wird beim Kaiser wenig Glück haben.«[88]

Damit ist die durchgehende Leitlinie politischen Denkens des Kaisers durch die gesamte Zeit seines Lebens im Exil gekennzeichnet. Von daher werden auch zunächst unverständlich scheinende Reaktionen auf entgegenkommende Entscheidungen der Weimarer Republik verständlich. Als dem Kaiser das Wohnrecht in Schloss Homburg v. d. H. angeboten worden war, beschäftigten ihn und seine zweite Gemahlin, Kaiserin Hermine, die Fragen, wer dort zum Hausmarschall zu ernennen sei, wer Kammerherr werden solle und wer wohl Kriegsminister werden könne, bevor sie sich zum Verzicht auf das Angebot entschlossen.[89]

Die Eingangsphase in die Problematik der Begegnung der Hohenzollern mit dem Nationalsozialismus mag damit abgesteckt sein. Der Kaiser erlebte die Ereignisse in Deutschland nur aus der Ferne und lernte sie nur vom Hörensagen kennen. Seine Wunschvorstellung einer Rückkehr auf den Thron ergab für ihn den hermeneutischen Schlüssel für die Deutung aller politischen Vorgänge von der äußersten Linken bis zur äußersten Rechten. Die Söhne des Kaisers aber hatten sich bereitwillig in die bürgerliche Gesellschaft der Weimarer Republik eingliedern lassen. Sie erlebten die politischen Ereignisse als Beteiligte mit; sie hatten teil an allem, wovon das ganze deutsche Volk bewegt wurde. Latente Sehnsüchte nach Veränderung der Situation im Staat und in der Wirtschaft prägten die Stimmung im deutschen Volk und ergaben einen bereiteten Boden für politische Wunschvorstellungen, die nur aus der schwierigen Situation im politischen und wirtschaftlichen Leben erklärbar sind. Die Hohenzollern, deren Sonderstellung im Bereich politischer Entscheidungen aufgrund ihrer Bindung an die Hausgesetze und damit an die Voten des Kaisers nicht übersehen werden darf, nahmen mit wachem Bewusstsein ihr Bürgerrecht in diesem Volk wahr, und auch sie hatten teil an den Sehnsüchten aller.

TEIL II

Die Hohenzollern und die nationalsozialistische Bewegung

Begegnungen – Kontakte – Konflikte

Erste Begegnungen und Reaktionen auf das Aufkommen des Nationalsozialismus

Der aufkommende Nationalsozialismus in Deutschland war für den Kaiser noch keine Wirklichkeit, als ihn Nachrichten über faschistische Umtriebe in Italien erreichten. Dazu äußerte er am 6. November 1922 zu seinem Flügeladjutanten von Ilsemann:

> »Ich glaube, daß der Faschismus auch auf Deutschland übergreifen wird und daß dadurch die Monarchie wiederhergestellt wird.«[1]

Damit war für alle zu erwartenden künftigen Begegnungen des Kaisers mit rechtsextremen Bewegungen ein Leitmotiv angeklungen, das die Erwartungshaltung des Kaisers offenbarte.

Die erste Nachricht über Hitler, die ihn erreichte, belegt eindeutig, dass er nichts von seiner politischen Erwartung mit diesem Namen verknüpfen konnte. Als der Kaiser am 10. November 1923 beim Pressevortrag erfuhr, dass der Hitler-Putsch vom Vortage in München niedergeschlagen sei und Hitler und Ludendorff verhaftet worden seien, quittierte er die Meldung mit Erleichterung:

> »Na, Gott sei Dank, dann hat diese unsinnige Geschichte wenigstens ihr Ende.«[2]

Wann der Kaiser zum ersten Mal auf Hitler aufmerksam wurde, ist unbekannt, aber diese erste nachweisliche Äußerung über den späteren »Führer« und dessen politische Aktion vom 9. November 1923 in München ergab das Urteil einer absoluten Geringschätzung dieses Menschen durch den Kaiser.

Dennoch ging die Diskussion über die Münchner Vorgänge weiter. Sie ergab schon zwei Tage später, am 12. November 1923, eine von Ilsemann festgehaltene interessante Begründung für das negative Urteil des Kaisers.

Während einer langen Debatte äußerte er:

> »Jede Unternehmung von München aus ist deswegen zu verurteilen, weil die Bayern in erster Linie das Ziel haben, gegen Preußen vorzugehen und ihren Kronprinzen als deutschen Kaiser einsetzen wollen.«

Dagegen meinte er, eine Monarchie dürfe nur von Preußen kommen.[3] Vergleichsweise sehr viel später als für den Kaiser durch die Nachrichten über den Hitler-Putsch 1923 in München kam es für den Kronprinzen zu Kontakten, die allerdings gleich mit einer unmittelbar persönlichen Begegnung begannen. Der Besuch, den Hitler dem Kronprinzen 1926 in Schloss Cecilienhof machte, war nach der Erinnerung der Herzogin Viktoria Luise die erste unmittelbare persönliche Begegnung Hitlers mit einem Mitglied des kaiserlichen Hauses überhaupt. Darüber berichtet die Herzogin:

> »Mein Bruder war nicht überrascht, von Hitler zu hören, daß dieser die Wiedererrichtung der Monarchie als das staatspolitische Ziel seiner Arbeit betrachte. Er wußte, daß sich Hitler beim Novemberputsch von 1923 sehr nachdrücklich als Monarchist bekannt hatte.«

Dass der Kronprinz einem Angebot zur Kooperation mit einer solchen Zielsetzung widersprochen habe, wie die Herzogin versichert, kann wohl nur mit den wenig überzeugenden Anfängen der politischen Gehversuche Hitlers erklärt werden. Die Herzogin schildert die Reaktion des Kronprinzen angesichts der Offerte Hitlers so:

> »Gleichwohl zeigte ihm der Kronprinz die kalte Schulter. ›Es stimmt, daß ich einmal Kaiser werden sollte‹, sagte er zu Hitler. ›Aber jetzt bin ich Privatmann und habe nur Verpflichtungen meinem Hause gegenüber. Wie Sie sehen, trage ich einen Tweedanzug mit Knickerbockern.‹«[4]

Der Sohn des Kronprinzen und spätere Chef des Hauses, Prinz Louis Ferdinand, wurde nach seinen eigenen Angaben zum erstenmal Ende 1930 mit der Existenz Hitlers bekannt. Der damals 23-Jährige war von einem längeren Amerikaaufenthalt zurückgekehrt und beschäftigte sich in Berlin mit der Fertigstellung seiner Doktorarbeit. In der Nähe des

Reichskanzlerplatzes mietete er zwei Zimmer von einem Herrenschneider. Er schreibt:

> »Durch ihn erfuhr ich zum ersten Mal von einem gewissen Adolf Hitler und seiner neuen Partei, von der sich mein Zimmerwirt die Rettung versprach.«

Der Standpunkt dieses durch die wirtschaftliche Situation verarmten Mannes entsprach den Erwartungen weiter Teile der deutschen Bürger, die die wirtschaftliche Notlage als eine ausweglose Situation empfanden. Es ist aber ebenso charakteristisch für die Beurteilungsweise des Phänomens Hitlers, was Prinz Louis Ferdinand über die Einstellung seines Doktorvaters, des Professors Ludwig Bernhard, über Hitler zu berichten weiß:

> »Bei meinem nächsten Besuch bei Professor Bernhard fragte ich nach seiner Meinung über diesen Hitler. Bernhard sagte, er sei ein politischer Clown, den niemand erst nähme.«[5]

Diese beiden Äußerungen sind wohl typisch für die Meinung des Kleinbürgertums, das Hitler als Erretter aus der Not ansah, und für die Haltung wesentlicher Teile des Bildungsbürgertums, das Hitler nicht ernst nahm.[5a]

Von Prinz Louis Ferdinand stammt auch eine bemerkenswerte Detailschilderung einer Großveranstaltung der Nationalsozialisten, wie sie in den Jahren vor der Machtergreifung durchgeführt wurden. Er schreibt:

> »Eines Tages teilte mir mein Zimmerwirt voller Aufregung mit, ›der Führer‹ werde im Sportpalast sprechen. Ich kannte den Sportpalast bisher nur von Eishockeyveranstaltungen und ähnlichem. Diesmal fand ich ihn feierlich in Schwarzweißrot dekoriert: man sah auch Hakenkreuzfahnen. doch waren sie damals noch nicht vorherrschend. Die höflichen jungen Leute, die uns zu unseren Plätzen auf dem Balkon geleiteten, schienen Studenten zu sein. Eine fünfzigköpfige Kapelle spielte. Wenn man zur Rednertribüne mit ihren Dekorationen und Blumenarrangements blickte, konnte man sich auf irgendeiner Einweihungsfeier wähnen. Das Hitlersche Thema lautete: ›Preußentum und Nationalsozialismus‹.
>
> Nach dem zeremoniösen Einmarsch mit Badenweiler-Marsch, brausenden Heil-Rufen und ausgestreckten Armen trat er, während alles aufstand, ans

> Rednerpult, nahm die Ovationen genußvoll und selbstgefällig entgegen, gebot mit einer großen Armbewegung Schweigen und begann. Am meisten überraschte mich sein österreichischer Akzent und sein schier unerschöpflicher Vorrat an Fremdwörtern. Im Grunde sagte er dasselbe, was ich fast täglich von meinem Zimmerwirt hörte: Arbeitslosigkeit, wirtschaftliche Krisis, Unfähigkeit der Regierung. Wenn man ihm glauben wollte, war der Nationalsozialismus nichts anderes als die legitime Fortsetzung der staatsmännischen Ideen Friedrichs des Großen.
> Nachher saß ich mit dem Freunde zusammen, der mit mir im Sportpalast gewesen war: Dr. Roberto A. Ramm Doman, einem Deutschargentinier, der mir wichtige Angaben über Argentinien für meine Schrift gemacht und sich nun mit seiner Familie für einige Monate im Tiergartenviertel niedergelassen hatte. Er kannte sich in der deutschen Politik besser aus als ich, der ich so lange draußen gewesen war und nun das alles nur wie ein fernes Gemurmel an mein Ohr schlagen hörte. In seinen politischen Ansichten war er streng konservativ und royalistisch, ein überzeugter Anhänger der Hohenzollern; bei unseren heftigen Diskussionen nannte er mich gelegentlich sogar einen Sozialisten. Wir stellten fest, daß die Hitlerschen Ideen jedenfalls an diesem Abend im Sportpalast gemäßigt geklungen hatten. Manches daran erschien plausibel oder gar konstruktiv. Wir hatten keinen Fanatismus bemerken können; der Juden war nicht mit einem einzigen Wort Erwähnung getan worden. Mein argentinischer Freund faßte unsere Eindrücke zusammen: ›Ich vermute, wir werden noch viel von diesem Mann hören, der aussieht wie Charlie Chaplin und redet wie ein Wiener Portier.‹«[6]

Die Persönlichkeiten der Zeitgeschichte blieben den Angehörigen des kaiserlichen Hauses nicht fremd. Begegnungen, persönliche Fühlungnahmen, auch wechselseitige Informationen waren selbstverständlich. Man wird Herzogin Viktoria Luise beizupflichten haben, wenn sie von ihrer Familie schreibt:

> »Den aufkommenden Nationalsozialismus, der bald gewaltigen Zustrom fand und zur größten Partei anschwoll, sahen wir im großen und ganzen so, wie Millionen andere aus allen Schichten unseres Volkes.«

Sie bezieht sich auf eine Äußerung von Theodor Heuss, der 1932 eine gutgläubige Meinungsäußerung abgegeben hatte:

»Theodor Heuss hat in späteren Jahren, als ihm diese Äußerungen einmal vorgehalten wurden, seine Kritiker mit der Replik abgefertigt, er sei in seinem Vaterhaus so gut erzogen worden, daß er die verbrecherischen Auswüchse, die später der nationalsozialistische Staat gezeitigt hat, überhaupt nicht für möglich gehalten habe. Wie Heuss ging es vielen anderen auch … Die Not unseres Volkes und das Versagen der politischen Ordnung waren die Ursache dafür, daß unsere Familie politisch nicht abseits stehen blieb, sondern sich engagiert hat. Gewiß nahmen wir dabei irgendwie eine Sonderstellung ein, doch wie in jeder anderen Familie gab es auch bei uns unterschiedliche Ansichten.«[7]

Gegenseitige Fühlungnahmen

Inzwischen war die Zeit einer Kontaktaufnahme der Nationalsozialisten mit dem Kaiser herangereift. Sie fand erstmals im Januar 1931 durch einen Besuch Hermann Görings beim Kaiser statt. Ilsemann stellt diese Kontaktaufnahme dar, ohne eindeutig zu klären, wessen Interesse damit eigentlich gedient sein sollte. Er notierte am 8. Januar 1931, »der bekannte Nationalsozialist Göring« sollte demnächst »auf Veranlassung von Kleist« in Doorn empfangen werden.[8] Oberst Leopold von Kleist leitete als Hausminister des Kaisers die Generalverwaltung des Hauses Hohenzollern in Berlin. Wer oder was Kleist veranlasst hatte, diese Begegnung zu arrangieren, bleibt ungewiss. Rätselhaft bleibt weiter die Mitteilung, dass Görings Frau mitkommen und er nicht als »Göring«, sondern als »Dr. Döhring« angemeldet werden solle, »um den Besuch zu verschleiern«. War Kleist besorgt darüber, dass sich der Kaiser mit Göring »in die Haare« geraten könnte, so interessierte Ilsemann die Reaktion der Kaiserin Hermine, die nach seiner Beobachtung über den Besuch Görings sehr erregt gewesen sei, und er vertraute seinem Tagebuch an:

»Diesem eventuellen Schrittmacher zum Thron wird sie mächtig den Hof machen.«[9]

Nachdem der zweitägige Besuch vorüber war, hielt Ilsemann am 19. Januar 1931 folgende Erinnerungen fest:

»Bei den nicht enden wollenden Diskussionen zwischen dem Kaiser und diesem Nationalsozialisten gab es zwar einige Zusammenstöße, aber bei der verhältnismäßigen Reserviertheit des Kaisers wurden alle Klippen geschickt umschifft. Der Kaiser hat sich Mühe gegeben, diesem Mann zu imponieren, und Göring wiederum sonnte sich in seiner Eitelkeit, ist aber anscheinend von der Persönlichkeit des Kaiser sehr beeindruckt gewesen. An beiden Abenden dauerte die Unterhaltung bis elf Uhr, und fand nur durch energisches Eingreifen von I. M. ein Ende. Außerdem war das Ehepaar Göring mit Kleist an zwei Nachmittagen von fünf bis halb acht Uhr bei den Majestäten zum Tee. Meistens wurde über Politik, aber gestern Abend vor allem über Archäologie und kulturmorphologische Fragen gesprochen. Der entscheidende Punkt: die Frage der Monarchie wurde auch berührt und Göring äußerte, daß wohl der Kaiser zurückkehren müsse, aber die anderen deutschen Fürsten dürften nicht mehr auf die Throne zurück! Damit war der Kaiser gar nicht einverstanden. Er trat energisch für seine fürstlichen Kollegen ein und setzte Göring auseinander, daß die Monarchen eine Gilde für sich seien. Nur sie verstünden ihr Handwerk, nur sie könnten das Regierungsamt wieder übernehmen, sie seien dafür geboren und ihr ganzes Leben dazu erzogen.«[10]

Das Ergebnis dieses Besuches ist nicht eindeutig feststellbar. Der Kaiser hatte »aus allen(!) Äußerungen Görings« entnommen, dass er für seine Rückkehr arbeiten werde. Kaiserin Hermine war »sehr stolz auf ihren Erfolg« und sprach von Göring nunmehr nur noch als von »dem treuen und anständigen Menschen«, obwohl sie ihn doch erst jetzt kennengelernt hatte. Eine Stellungnahme Görings ist nicht bekannt, wohl aber die Äußerung eines seiner Freunde, des Prinzen Viktor zu Wied, der unmittelbar nach Göring erschienen war und zu Ilsemann gesagt hatte:

»Die Frage der Staatsform kommt für die führenden Nazisozi erst in zweiter Linie, zunächst kommt es ihnen allein darauf an, daß im Innern Ordnung geschaffen wird.«

Im kaiserlichen Haus ergab der Besuch kleine Rivalitätserscheinungen: Kleist berichtet, Prinz »Auwi« sei wütend gewesen, »dass er es nicht gewesen ist, der Göring nach Doorn gebracht hat«; auch der Kronprinz habe sich geärgert, »er bezeichnet ihn doch als ›seinen Göring‹!« Die wichtige

Frage nach der Stellungnahme Hitlers kann nicht beantwortet werden; Ilsemann wird im Recht sein, wenn er meint:

»Daß Hitler mit diesem Besuch Görings einverstanden ist, dürfte so gut wie sicher sein.«[11]

Im Mai 1932 erschien Göring ein zweites Mal beim Kaiser in Doorn. Ilsemann berichtet:

»Göring sprach mit sehr gesetzten Worten, aber ganz im Ton eines Agitators, der Propaganda- und Wahlreden hält, derartig von sich selbst und seiner Partei überzeugt und voll Optimismus, daß man wirklich staunen mußte. Vom Zentrum würden sie bedingungslose Unterwerfung verlangen usw. Auch S. M. wurde zeitweise sehr lebhaft, so, als er Göring auseinandersetzte, nur der gelernte Monarch könne das deutsche Volk regieren. Von sich selbst sprach der Kaiser nicht.«[12]

Herzogin Viktoria Luise urteilt über Görings zweiten Besuch in Doorn in vornehmer Zurückhaltung:

»Der Vorstoß verlief für ihn enttäuschend. Der Kaiser verhielt sich betont reserviert und zeigte sich außerdem verärgert, weil Göring in seiner reichlich spontanen Art mit den höfischen Umgangsformen kollidierte.«[13]

Was eigentlich geschehen war, wird von Ilsemann in einer Notiz vom 21. Mai 1932 detailliert dargestellt:

»Gestern mittag erschien Herr Göring in Pumphosen zu Tisch, was sich wohl kein anderer Herr in Doorn erlauben würde, aber er hat schnell gemerkt, daß er sich alles erlauben darf. Was Kleist der Kronprinzessin in seinem Brief zum Vorwurf machte, daß sie sich zu aufdringlich Göring gegenüber benähme, das sollte er lieber mündlich seiner Herrin sagen, die gestern abend die Tischordnung veränderte, damit Kleist nicht rechts sondern links von ihr saß und der Halbgott Göring den Platz rechts neben ihr erhielt. Darüber hinaus ließ I. M. Göring durch den Hofmarschall fragen, ob er nicht aus seinem bisherigen Quartier in das des Kronprinzen übersiedeln wolle. Kleist fragte Göring am Abend, wann er am nächsten Morgen das Bad wünsche, wo er Frühstück einnehmen möchte, ob mit ihm im Salon, ob allein oder mit den anderen Herren zusammen. Besonders geehrt wurde Göring auch dadurch, daß er gestern und heute mit den Majestäten allein den Tee nahm. Gestern wie heute saß er mit I. M. von vier bis fünf Uhr im Sommerhäuschen, um fünf Uhr erschien S. M., und von sechs bis sieben Uhr ging der Kaiser mit Göring spazieren. Nicht nur hier, sondern auch auf dem Holzplatz hatte der hohe Herr viel Gelegenheit, mit dem Nazi-Führer unter vier Augen zu sprechen und sein Herz auszuschütten, und das scheint er auch gründlich besorgt zu haben … an der Art, wie S. M. gestern auf dem Holzplatz zwei Stunden mit Göring sprach, konnte man sehen, wie erregt er innerlich war, und welche Bedeutung er diesem Mann beimißt. Schön war es nicht, zu beobachten, wie der alte ehrwürdige Kaiser sich einem solchen Neuling gegenüber aufzäumt. Aber Kleist und I. M. werden nicht versäumt haben, dem alten Herrn klar zu machen, wie wichtig dieser Mann ist, und was von seinem Wohlwollen abhängt. Beim ersten Besuch Görings hielt der Kaiser noch die Distanz, diesmal hat er sie ganz fallen lassen.«

Ilsemann berichtet weiter, dass die Herren der Umgebung des Kaisers empört gewesen seien,

»über das Benehmen Görings am Abend; nicht nur wegen seiner äußerst flegelhaften Manieren, sondern auch wegen der Art, wie er dem Kaiser Fragen vorlegte und in die Unterhaltung eingriff. ›Wie denken Euer Majestät eigentlich über Ludendorff?‹ ›Stehen Euer Majestät heute noch mit ihm in Verbindung?‹ ›Ist es eigentlich wahr, daß Euer Majestät durch sozialdemokratischen Druck gezwungen wurde, Ludendorff 1918 fallen zu lassen?‹ usw.«[14]

Als Ergebnis dieses Besuches verbuchte Kleist, der selbst Zeuge der Gespräche gewesen war, gegenüber Ilsemann, der Kaiser habe

»sein Examen Göring gegenüber bestanden – und ein solches sei es doch gewesen. Auch von I. M. habe der mächtige Herr Göring sehr anerkennend gesprochen (also auch sie hat das Examen zur Kaiserin auf dem Thron angeblich bestanden), Göring sei mit allem sehr zufrieden. Man dürfe nicht vergessen, daß Göring mit Wissen, ja, im Auftrag von Hitler nach Doorn gekommen sei. Hitler selbst nach Doorn zu bekommen, sei nun das nächste Ziel, das nach diesem Besuch Görings hoffentlich auch bald erreicht würde. Die Einzelhei-

> ten dieses Hitler-Besuches sprach Kleist bereits genau durch, vor allem, wie er geheim zu halten sei. Des weiteren meinte Kleist, zunächst sei es nun doch klar, daß Göring für Doorn die Säule sei, auf die man sich stützen könne. Bisher habe der Kaiser nie gewußt, an wen und was er sich positiv klammern könne, jetzt habe er doch in Göring einen Halt, einen Grundstein, auf dem nun aufgebaut werden soll bis zu dem Ziel: Rückkehr auf den Thron.«[15]

Ausländische Kritiker heben betont den Irrtum hervor, dem sich der Kaiser und die Kaiserin Hermine über das Ergebnis der Visiten Görings hingegeben hatten. Alan Palmer, der dem Kaiser 1982 eine Monografie gewidmet hat, hebt auf diesen Irrtum besonders ab. Er wird im Recht sein, wenn er die Einstellung des Kaisers zum Nationalsozialismus als nicht immer ausgewogen (»not always consistent«) charakterisiert. Ganz sicher haben, wie Palmer meint, Görings Besuche den Eindruck des Kaisers verstärkt, dass ein Triumph der Nazis ihn auf den Thron zurückbringen könnte. Dies aber sei der größte Irrtum gewesen, in dem der Kaiser im Exil befangen war (»This was the greatest error of judgement committed by the Kaiser during his years of exile«); denn die Nazis seien radikale Revolutionäre der Rechten gewesen, aber keine Konservativen! Einmal an der Macht, habe Hitler die Monarchisten nicht mehr benötigt![16] Im Blick auf das Ende der Entwicklung scheint es mehr als fraglich, ob Tyler Whittles Auffassung uneingeschränkt Geltung beanspruchen kann, Göring sei eigens darum nach Doorn gekommen, »um dem skeptischen Kaiser zu sagen, es sei Hitlers Ziel, die Monarchie wiederherzustellen«.[17]

Bereits im Februar 1934, als die »nationale Erhebung« von einer breiten Masse des deutschen Volkes noch wie in einem enthusiastisch erlebten Rausch empfunden wurde und wohl auch kritische Geister zu täuschen vermochte, als die in den ersten Monaten nach der Machtübernahme geschaffene Rechtsunsicherheit nur von den Betroffenen wahrgenommen worden war und auch der Röhmputsch, der vielen die Augen öffnen sollte, noch bevorstand, da reklamierte der Kaiser, »in der ganzen Nazi-Frage von Anfang an meine Linie strikt innegehalten« zu haben, nämlich die Ablehnung Hitlers, obwohl andere »auf ihn hereingefallen« seien und auch ihn zu überzeugen versucht hätten. In diesem Zusammenhang fiel der Satz:

> »Die Frauen sind am wildesten für die Nazis, und nicht zu überzeugen, damit muß man sich abfinden.«[18]

Dass er dies im Blick auf seine eigene Frau geäußert hat, kann nicht bezweifelt werden (vgl. S. 109ff.).

Wenn man die schriftlich niedergelegten Erinnerungen an die Begegnungen zwischen Mitgliedern des kaiserlichen Hauses und führenden Nationalsozialisten durchsieht, so lässt sich unschwer feststellen, dass solche Begegnungen nicht sehr häufig zustande kamen und schon gar nicht dem Ziel einer Vertiefung etwa bestehender Kontakte dienten.

Dass auf dem gesellschaftlichen Parkett Begegnungen dieser Art unvermeidlich waren, bedarf keiner Begründung.

An einen planmäßig arrangierten Besuch bei Hitler erinnert sich Prinz Louis Ferdinand:

> »Es war im Sommer 1933, als ›Putzi‹ Hanfstaengel mich anrief und mir mitteilte, er habe für mich eine Audienz bei dem ›Braunauer‹ arrangiert, wie er ihn zu nennen pflegte.«

Der Besuch fand in der alten Reichskanzlei statt, in der Hitlers Arbeitszimmer noch nicht die Dimensionen aufwies wie in der später prunkvoll erbauten Reichskanzlei. Prinz Louis Ferdinand berichtet über den Besuch:

> »Auf den ersten Blick war deutlich, daß hier ein Schüler Mussolinis residierte. Obwohl das Zimmer nur halb so groß war, wie das des Duce, war die Szenerie ganz die gleiche, nur vielleicht damals noch weniger pathetisch, da die Erbschaft der Weimarer republikanischen Klubsessel, die Hitler gewiß verhaßte Atmosphäre von Gemütlichkeit einstweilen noch behauptete. Der ›Führer‹ saß hinter einem großen Mahagonischreibtisch, der nicht halb so gewaltig war, wie der marmorne Mussolinis. Immerhin mußten wir den halben Raum durchschreiten. Dann erhob er sich, wohl um anzudeuten, daß er seinem Besucher auf halbem Wege entgegenkommen wolle. Nach einer kurzen Vorstellung bat er uns mit einer einladenden Handbewegung, in einer Sitzecke Platz zu nehmen. Auch er war in Zivil wie sein südlicher Kollege, aber seine Aufmachung war weniger salopp: marineblauer, zweireihiger Anzug, weißes Hemd, steifer Kragen, dunkelblauer Schlips, schwarze Halbschuhe. Auf seinem Kragen war ein kleiner Blutfleck, wahrscheinlich vom Rasieren. Sein Benehmen war höflich und von österreichischer Leichtigkeit, entschieden weniger theatralisch als das Mussolinis, sein Gesicht blaß, die Haut etwas schlaff, seine

Gestalt mittelgroß und voll, noch ohne den leichten Bauchansatz, den er in späteren Jahren entwickelte. Er sprach mit etwas heiserer Stimme und einem österreichischen Akzent, dem er ohne großen Erfolg eine norddeutsche oder preußische Härte zu geben trachtete. Aus hellblauen Augen blickte er mit einem beinahe verlorenen romantischen Ausdruck mehr in die Weite als auf seinen Gesprächspartner. Anfangs war er bescheiden und fast scheu. Er redete mich einfach mit ›Prinz‹ an. Ich fühlte mich versucht, seine Eitelkeit auf die Probe zu stellen, und titulierte ihn ›Eure Exzellenz‹. Von da an nannte er mich ›Eure Königliche Hoheit‹. Eine richtige Unterhaltung kam nicht zustande. Nachdem ich ihm erzählt hatte, daß ich nach Detroit zurückginge, holte er zu einem gewaltigen Monolog aus, der fast vierzig Minuten währte.
›Sagen Sie Herrn Ford, daß ich ihn bewundere. Ich werde alles tun, seine Ideen auch in Deutschland in die Praxis umzusetzen, wo die Motorisierung noch weit zurück ist. Ich bin zu der Überzeugung gekommen, daß man mit dem Auto nicht die sozialen Unterschiede verschärft, sondern sie im Gegenteil überwinden kann, wie es Herr Ford in Amerika fertiggebracht hat.‹ Anfänglich sprach er in normalem Ton, doch allmählich klang seine Stimme höher und gereizter, und schließlich brüllte er, als habe er nicht mich, sondern eine Sportpalastversammlung zum Publikum. Immerhin war ich überrascht, wie gründlich er das Problem der Motorisierung studiert hatte. Er schien sich nicht nur in der Produktion auszukennen, er beherrschte auch alle Fragen, die mit der Motorisierung und dem modernen Straßenverkehr zusammenhingen. Seine Ansichten darüber klangen vernünftig. Wenn sie nur auf anderen Gebieten auch so gewesen wären! Es wäre nicht aufrichtig, wollte ich nicht zugeben, daß ich von dieser ersten und einzigen, wenn auch recht einseitigen ›Unterredung‹ keinen ganz ungünstigen Eindruck mitnahm. Ich verstehe durchaus, daß so viele Leute und sogar Ausländer ihm verfielen, und daß eine gewisse magnetische Wirkung von ihm auf sie ausging. Allerdings war er damals als Diktator noch in den Kinderschuhen. Er war erst vier Monate im Amt und konnte sich noch nicht als Alleinherrscher betrachten, denn Hindenburg war Reichspräsident. Leute, die ihn später kennenlernten, haben bestätigt, daß er, gemessen an seinem nachmaligen Größenwahn, damals noch einigermaßen anspruchslos genannt werden konnte.«[19]

Herzog Ernst August zu Braunschweig-Lüneburg und seine Gemahlin Herzogin Viktoria, die einzige Tochter des Kaisers, waren 1933 von Hitler zu einem Gespräch nach Berlin eingeladen; worden. Diese Einladung hatte Ribbentrop veranlasst, der zu dieser Zeit zwar noch nicht das Amt des Reichsaußenministers bekleidete, wohl aber als außenpolitischer Berater Hitlers in diesem Bereich über großen Einfluss verfügte. Der außenpolitischen Thematik sollte das von Hitler gewünschte Gespräch dienen: Es ging um das deutsch-englische Verhältnis. Herzogin Viktoria Luise berichtet darüber:

> »Mein Mann hat ihm in längeren Ausführungen seinen Standpunkt dargelegt. Die Quintessenz seiner Darlegungen war, daß er eine Verständigung mit England für das Fundament deutscher Außenpolitik hielte, und daß eine deutsch-englische Annäherung einer sehr sorgfältigen und behutsamen Vorbereitung bedürfe. England müsse von sich aus zu der Überzeugung gelangen, daß ein Zusammengehen mit dem Reich in seinem Interesse liege. Ein Ausgleich mit England sei nicht zuletzt eine psychologische Frage. Die Engländer, sagte mein Mann, seien nüchterne Rechner, Realisten, die sich allein nach ihren Interessen orientierten. Weltanschauliche Sentiments vermöchten sie nicht zu überzeugen, nur ›facta‹, sonst nichts.«[20]

Das äußere Verhalten Hitlers bei diesem Gespräch bezeichnet die Herzogin als »außerordentlich höflich, betont freundlich und sehr korrekt … Der Reichskanzler erwies sich als ein aufmerksamer Zuhörer«. Bei der Verabschiedung bat er den Herzog,

> »seine Möglichkeiten für eine Verständigung mit England einzusetzen«.[21]

Nach Aussagen der Herzogin wurden verwandtschaftliche Bindungen des Welfenhauses mit dem englischen Königshaus von Herzog Ernst August und seiner Gemahlin nach Kräften genutzt, um die Verständigung zwischen Deutschland und England zu fördern. Mit Hitler haben in den folgenden Jahren noch mehrmals Begegnungen stattgefunden, aber »zu einem so ausführlichen Gespräch wie 1933 ist es nicht mehr gekommen«. Dagegen waren die persönlichen Kontakte mit Ribbentrop von da an häufiger. »Er stammte aus Blankenburg und schon daher gab es mancherlei Beziehungen«, vermerkt die Herzogin.[22]

Gelegentlich einer Einladung zu Ribbentrop kam es für den Herzog und die Herzogin auch zu einer ersten persönlichen Begegnung mit Goebbels. Dass sich Goebbels dabei befleißigte, die Voraussetzungen für seine persönliche gesellschaftliche Integration zu schaffen, belegt die kurze Notiz der Herzogin:

> »Goebbels lernte ich als einen Homo novus kennen, der größte Sorgfalt auf eine kultivierte Attitüde und gepflegte Umgangsformen verwandte.«

Noch positiver waren die Eindrücke der Herzogin von Frau Goebbels. Sie war ihr für einen kurzen Zeitraum in dem Sanatorium begegnet, in dem sich Herzog Ernst August aufhalten musste. Die Herzogin erinnert sich:

> »Wir haben oft zusammen gegessen. Ich fand sie recht sympathisch, die Kinder waren entzückend.«

Das Verhalten des Reichspropagandaministers änderte sich ihr gegenüber, als er sich seiner Machtposition bewusst geworden war. Als es später zu einer zufälligen Begegnung in Heiligendamm kam, nahm Goebbels sich die Zeit, der Herzogin und ihrer Familie

> »einen ausführlichen Vortrag über einige aktuelle Fragen zu halten. Was er sagte, war für uns sehr interessant. Er sprach mit einer solchen Hingabe, daß wir hätten meinen können, unsere Unterrichtung sei seine vornehmste Aufgabe.«

Der Wandel von dem um eine kultivierte Attitüde bemühten Homo novus zu einem indoktrinierenden Gesprächspartner ist bemerkenswert. Dass sich die ursprüngliche Position in ihr Gegenteil verwandeln konnte, ist der Herzogin nicht entgangen. Sie bemerkte:

> »Später, als er ironietriefend verkündete, daß Könige und Prinzen in Deutschland nur noch in Operetten vorkämen, fragten wir uns, ob es wirklich ein und dieselbe Person war, die das sagte.«[23]

Rein zufällig kam es auf der gesellschaftlichen Ebene zu einer Begegnung mit Heinrich Himmler. Die Herzogin notierte:

> »Hätte ich nicht gewußt, daß da der oberste Führer der SS neben mir saß, hätte er nicht eine silberbestickte Uniform getragen, ich hätte ihn für einen

Schulmeister aus der alten Zeit gehalten. Ein auf der Nase hochstehender Kneifer ... bekräftigte diesen Eindruck.«

Das Gespräch mit ihm ging um ein Thema, das dem Reichsführer SS ein besonderes Anliegen war und über das er »besserwisserisch dozierte«, wie sich die Herzogin erinnerte:

»Er sprach mit mir über altes bäuerliches Brauchtum und verfügte, wie ich da hörte, über erstaunliche Detailkenntnisse. Ich ergriff die Gelegenheit beim Schopf, ihm zu sagen, wie sehr ich von dem Schicksal jener niedersächsischen Bauern betroffen war, die ihre jahrhundertealten Höfe verlassen sollten, um Platz für die Vergrößerung von Truppenübungsplätzen zu machen. Mein Mann hatte sich damals sehr für die Erhaltung dieser Höfe, die Träger und Zeugen alter bäuerlicher Kultur waren, eingesetzt. Ich dachte, es wäre sinnvoll, Himmler, der sich offiziell der Pflege des Ahnenerbes angenommen hatte, für die Vorfälle in der Lüneburger Heide zu interessieren. Doch er winkte ab; die militärischen Belange seien vorrangig. Da müßten die Höfe weichen.»[24]

Nachdem Hermann Göring mit dem Kaiser in Doorn in Kontakt gekommen war, machte es ihm wenig aus, anderen Mitgliedern des kaiserlichen Hauses mit vertraut scheinender Selbstverständlichkeit zu begegnen. Auf ihrem Landsitz Gmunden besuchte er die Tochter des Kaisers. »Er kam unangemeldet, war einfach da«, berichtet sie. Herzog und Herzogin waren überrascht. Sie konnten die Absicht nicht erkennen, in der es zu diesem Besuch gekommen war, weil Göring sehr viel selbst redete: »Eigentlich bestritt er die Unterhaltung allein!« Diesem Überraschungsbesuch folgten mehrfach Begegnungen an drittem Ort. So wurde Göring bei einem Empfang in der englischen Botschaft erwartet, zu dem auch Herzog Ernst August und seine Gemahlin geladen waren. Die Herzogin konnte an diesem Abend ein längeres Gespräch mit Göring führen. »Dabei ging es um die Auseinandersetzungen mit den evangelischen Kirchen«, berichtet die Herzogin.

»D. Marahrens, der hannoversche Landesbischof, den ich sehr geschätzt habe, hatte mir die Schwierigkeiten geschildert, denen die Kirche begegnete. Ich hatte in Göring einen aufmerksamen Zuhörer. Er war sehr aufgeschlossen und hat sich, wie ich später von Bischof Marahrens erfuhr, auch einiger Punkte, über die ich Klage geführt hatte, angenommen und teilweise auch Abhilfe geschaffen. Ich hatte Göring mit meinem Gespräch sehr lange mit Beschlag belegt, so daß ich es für richtig hielt, den Gastgeber deswegen um Verzeihung zu bitten. Der Botschafter … zeigte Verständnis für die Länge meines Gespräches und meinte, als wisse er, um welche Art Unterhaltung es sich gehandelt hatte, für derartige Erörterungen biete sich der neutrale Boden einer Botschaft von selbst an.«[25]

In der Angelegenheit der hannoverschen Landeskirche konnte Herzogin Viktoria Luise noch ein weiteres Gespräch mit Göring führen.

Auch von der Übernahme immer weiterer Machtfunktionen durch Göring konnte die Herzogin aus eigener Anschauung berichten. Charakteristisch ist ihre Schilderung eines Gartenfestes, zu dem Göring im August 1936 anlässlich der Olympischen Spiele eingeladen hatte:

»Er gab sich ausgelassen, wie ein großer Junge, und genoß es sichtlich, wieviele internationale Prominenz sich bei ihm eingefunden hatte. Frau Göring war charmant und liebenswürdig, wie sie uns übrigens stets außerordentlich zuvorkommend begegnet ist. Überhaupt trug die Familie Göring eine bemerkenswerte Selbständigkeit zur Schau. Görings Bruder war ein ausgesprochener Gegner des Nationalsozialismus. Bezeichnend ist ein Vorgang, der in der Staatsoper seinen Ausgang nahm: Görings Schwester Olga traf mit meiner Schwägerin Cecilie zusammen: sie machte einen tiefen Hofknicks und küßte der Kronprinzessin die Hand. Von dritter Seite darauf angesprochen, entgegnete sie: ›Warum sollte ich mich genieren, in der Öffentlichkeit das zu tun, was ich privat tue.‹ Hitler stellte Göring bereits am nächsten Tag zur Rede und hielt ihm das Verhalten seiner Schwester vor. Göring antwortete: ›Meine Schwester kann tun, was ihr beliebt.‹«[26]

Die NS-Bewegung im Restaurationskonzept des Kaisers

Restaurationsbestrebungen im Gedankengeflecht aufkeimender nationaler Wunschvorstellungen

Im Exil war der Kaiser sehr bemüht, nach außen absolute politische Abstinenz zu üben. Nur mit größter Zurückhaltung wurden allen Stellen, die Kanäle zur Öffentlichkeit bilden konnten, Auskunft über politische Zukunftsperspektiven gegeben. Bezeichnend ist eine Notiz, die der Kaiser am 8. September 1926 an die Presse geben ließ:

> »Seine Majestät der Kaiser und König wird andauernd von deutschen und ausländischen Journalisten bestürmt, sich über die wichtigsten deutschen Lebensfragen und auch über Weltfragen zu äußern. Seine Majestät will sich jeder Politik enthalten zumal hier in Holland, in dem Lande, in dem er Gastfreundschaft genießt. Alle derartigen Anfragen, welcher Richtung sie auch angehören mögen, daher unabhängig von der Person, müssen abgelehnt werden.«[27]

Es war das Jahr, in dem ein Volksentscheid (20. Juni 1926) scheiterte, durch den die vermögensrechtlichen Auseinandersetzungen mithilfe einer »Fürstenenteignung« torpediert werden sollten; es war das Jahr, in dem dem Kaiser ein Wohnsitz in Deutschland, nämlich im Schloss Homburg v. d. Höhe, zugebilligt worden war. Zur Frage einer eventuellen Rückkehr des Kaisers nach Deutschland wurden neue heftige Debatten in der Presse geführt; mehrere Kabinettssitzungen hatten sich damit zu beschäftigen. Ein Bericht der »Vossischen Zeitung« vom 13. Oktober 1926 hatte die heftigen Kontroversen ausgelöst. Es wurde beanstandet, dass Wilhelm II. seiner Unterschrift immer noch das »I. R.« hinzufüge und zwar »nicht nur, wenn er huldvolle Schreiben an Kriegervereine richtet«! Die Vossische Zeitung schrieb:

> »Das ›R.‹ ist preußische Angelegenheit, das ›I.‹ aber deutsche. Und dieses heute noch angemaßte ›I.‹ gibt uns das Recht, die preußische Regierung zu fragen, woher sie die Vollmacht nimmt, einem Mann innerhalb des Deutschen Reiches Wohnrecht und Wohnsitz einzuräumen, der sich in Nichtachtung der im Deutschen Reich zu Recht bestehenden Verfassung und seiner eigenen bei der Abdankung gegebenen Unterschrift als deutscher Kaiser bezeichnet. Sich nicht nur so bezeichnet – auch der spanische König nennt sich König von Jerusalem – sondern in öffentlichen Kundgebungen, auch in allerletzter Zeit, erklärt, daß Deutschland erst dann wieder hochkommen werde, wenn es sich seinen Kaiser wiedergeholt habe. Daß andere abgedankte Souveräne ungestört in Deutschland wohnen, spricht gegen, nicht für Wilhelm II. Nie war individuelle Behandlung angebrachter.«[28]

Hier wird der Konflikt klar angesprochen, den das Restaurationskonzept des Kaisers einerseits und seine Verpflichtung zu politischer Abstinenz andererseits ergeben musste. Wie sollte er seinen Wunsch nach Rückkehr auf den Thron anders zur Geltung bringen als über die Kanäle der öffentlichen Medien! Wie er diesen Konflikt zu meistern suchte, wird im Zusammenhang der Diskussion um seine eventuelle Rückkehr deutlich. Die »Hearst Press« fragte am 16. Oktober 1926 beim Kaiser telegrafisch an:

> »In Anbetracht neuer Welt Controverse über Möglichkeiten Euer Majestät Rückkehr nach Deutschland bitten Newyork American andere Hearst Zeitungen Euer Majestät ihnen eine Erklärung über Absichten diesbezüglich zusenden zu wollen.«

Der Kaiser ließ am 17. Oktober 1926 in einer interessant verschlüsselten Form antworten:

> »Über ein Ereignis, das S. M. der Kaiser dem Willen der Vorsehung anheimgestellt haben, kann selbstverständlich keine Auskunft erteilt werden. Auf Allerhöchsten Befehl. Graf von Schmettow.«[29]

Dieses Telegramm ist durch die gesamte Weltpresse gegangen; gedeutet wurde es in vielfach unterschiedlicher Weise. Aufschlussreich ist der Kommentar des Berliner Chefkorrespondenten der Hearst-Press, Karl von Wiegand:

»Wilhelm II. wird nicht *sofort* eine ›Rückkehr von Elba‹ in Szene setzen. Seine Rückkehr nach Deutschland, die soviel Aufregung in Deutschland und im Auslande hervorgerufen hat, scheint *nicht nahe bevorzustehen*. Der frühere Monarch legt diese Angelegenheit ›in Gottes Hand‹, wie er mir vor zwei Tagen telegraphierte, und scheint es den Kommunisten, Sozialisten und Republikanern in Deutschland sowie den früheren feindlichen Staaten überlassen zu wollen, darüber ›mit Gott zu rechten‹. Auf keinen Fall jedoch ist er geneigt, seinem schleierhaft gehaltenen Telegramm auch nur ein Wort hinzuzufügen, noch dasselbe durch irgendwelche weiteren Äußerungen zu klären. Der eigentliche zentrale Herd all dieser Aufregung über des früheren Kaisers mutmaßlicher Rückkehr von ›Elba‹ ist nicht Doorn, sondern muß anderswo gesucht werden. Sein Telegramm scheint sich folgendermaßen erklären zu lassen: Erstens, einige seiner Worte darin sind charakteristisch für seinen beharrlichen Glauben in die Vorsehung; zweitens, würde er sagen, daß er gern nach Deutschland zurückkehren wollte, so würde dies einerseits einen Sturm unter den deutschen Kommunisten, Sozialisten und Republikanern sowie den früheren Verbündeten entfachen, und, andererseits, würde er äußern, er beabsichtige nicht nach Deutschland zurückzukehren, so würden ihn die deutschen Monarchisten als Landesverräter betrachten. Und aus diesen Gründen überläßt er die Entscheidung der Vorsehung.
Zeitungsberichte über Tätigkeit und Aufregung in und um Doorn sind stark übertrieben; tatsächlich ist es *sehr ruhig dort*. Es wird gesagt, daß Wilhelm II. nicht in bester Laune sei, und daß er wohl schwerlich diesen Moment gewählt haben würde, um nach Deutschland zurückzukehren, auch wenn er gekonnt hätte. Berichte, daß *der frühere Kaiser beabsichtige, mit einigen sensationellen Schritten die Aufrollung der Kriegsschuldfrage zu unterstützen*, finden *keinen Glauben*, und angesichts seines Charakters scheint dies zurzeit auch ebensowenig zutreffend zu sein wie seine baldige Rückkehr nach Deutschland.«[30]

Ausführlich reagierte in der Linkspresse der »Vorwärts«, der in seiner Ausgabe vom 26. Oktober 1926 unter der Überschrift »Die Kaiserkomödie. Falsche Sensation – Unmögliche Rückkehr Wilhelms II.« die »Tägliche Rundschau« zitiert:

»Man weiß, daß Wilhelm II. seine Abdankung nicht als sein letztes Wort betrachtet. Jeder Monarchist, der seine Hoffnung auf Wilhelm II. und nicht auf seine Nachkommen setzt, müßte in diesen Tagen offen erklären, ich wün-

> sche seine Rückkehr als regierender Kaiser, wenn die Stunde geschlagen hat. Die *Wahrheit* ist aber, daß alle Rechtsblätter schweigen und schweigen werden, auch wenn der Anlaß zu einem Ruf nach Wilhelm II. noch dringlicher wird. Es gibt eben fast keinen Monarchisten in Deutschland, der nicht fühlt, daß Wilhelm II. die Krone nicht mehr tragen kann … Wenn die heutigen Ratgeber Wilhelms II. ihn über die Stimmung des deutschen Volkes nicht genügend unterrichten, so muß die Presse dafür sorgen, daß der Kaiser aufgeklärt wird. Wenn Wilhelm II. nach Jahren, in ruhigeren Zeiten, als wirklicher Privatmann heimzukehren wünscht, wird ihm die Heimkehr wohl nicht verwehrt werden. Als Kaiser, der ein Anrecht auf die Krone geltend macht, *will ihn niemand*, der nach einem gekrönten Haupt in Deutschland verlangt. *Keine Stimme* ermutigt die Ratgeber Wilhelms II. das Gegenteil zu glauben.«[31]

Das öffentlich geführte Gespräch ist im Grunde nie verstummt, aber die Pressekampagne gegen den Kaiser ergab bei ihm dann doch die politisch notwendige kluge Zurückhaltung gegenüber der Öffentlichkeit. In einem Dankschreiben des Hofmarschalls Leopold von Schwerin an Frau Melanie von Brockhausen vom 25. Juni 1931 kam es zu einer »im allerhöchsten Auftrage« formulierten Antwort auf die Anfrage nach der »Rückkehr Seiner Majestät nach Deutschland«, die offiziellen Charakter trägt und sich aufgrund des Drängens der Vaterländischen Verbände als notwendig erwiesen hatte:

> »Seine Majestät läßt seine persönlichen Wünsche völlig zurücktreten hinter die Rücksichtnahme auf das Staatswohl. Aus diesem Grunde ist es zur Zeit nicht angebracht, daß die Frage der Rückkehr seiner Majestät als Privatmann nach Deutschland seitens der vaterländischen Verbände angeschnitten wird. – Im übrigen werden es ihre Majestäten dankbar begrüßen, wenn Sie fernerhin mit Ihrem warmen vaterländischen Herzen für das Herrscherhaus und sein Recht eintreten.«[32]

Bitten um Presseinterviews wurden im Interesse der Einhaltung seiner Grundsatzentscheidung wiederholt durch den Kaiser abgelehnt. Ausnahmen wurden nur sehr wenigen amerikanischen und englischen Journalisten gewährt, z. B. George Sylvester Viereck, Bruce Lockhard, Poultney Bigelow, auch Leonard Mosley, der in einem Bericht vom 3. September

1939, mit Fettdruck herausgehoben, vermerkte, der Kaiser habe Schweigen bewahrt:

»›This is no moment for me to break my silence‹, he said. ›I have never talked about politics before, not since 1918, and I am not going to choose this moment in world history to do so‹ ... his personal opinions of Adolf Hitler remain a dark secret – though rumour says he has a low opinion of the Führer and all that can be said is this: He is an admirer of many things which the party has done in Germany.«[33]

Als im »Daily Telegraph« ein Interview erschien, das von dieser Grundsatzentscheidung abwich und eine eindeutig negative Stellungnahme gegen den Nationalsozialismus öffentlich preisgab, erklärte der Kaiser das Interview als Fälschung. Es hat aber trotzdem die entsprechende Reaktion der Nazis ausgelöst, und gerade diese Tatsache lässt auch die Möglichkeit zu, dass die Erklärung, es handle sich um eine Fälschung, nichts als eine Schutzbehauptung war, hinter der die wahre Meinung des Kaisers versteckt hervorlugte. Die Gewalttätigkeit der damaligen Machthaber würde eine solche Schutzbehauptung als Tarnung im Kampf durchaus rechtfertigen.

Grundsätzlich aber blieb der Kaiser im Exil beim Verzicht auf Beteiligung am politischen Leben. Dazu gehörte viel; denn sowohl Missgunst und Haß als auch mit Leidenschaft erklärte Hingabe und verpflichtende Treue begegneten ihm fortdauernd auf den verschiedensten Kanälen in seiner Verbannung.

Charakteristische Aussagen über das Los des Kaisers im Exil machte Dr. Kurt Jagow, Archivrat im Hausministerium, in einem Interview, das er auf Wunsch des Kaisers am 9. November 1928 einem Vertreter der »United Press« gab. Hier führte er aus:

»Sie können versichert sein, daß Seine Majestät das Schicksal der Verbannung unendlich schwer empfindet. Viele Jahre, nachdem auch der letzte deutsche Soldat in die Heimat zurückgekehrt ist, muß Seine Majestät noch in der Fremde weilen, festgebannt als ein Symbol der Schuld Deutschlands am Kriege. Und so gastlich Holland auch den Kaiser aufgenommen hat – die Heimat kann ihm nicht ersetzt werden. Denken sie an jenen Grafen Douglas aus der Schottischen Geschichte, den König Jacob verbannt hatte und den unser Fontane in seiner berühmten Ballade sprechen läßt: ›Ich hab es getragen sieben Jahr – und ich kann es nicht tragen mehr!‹ Und der Kaiser trägt sein Los jetzt bereits zehn Jahre! Gleichwohl sind alle Gerüchte von einer geplanten Rückkehr nach Deutschland oder von einem Wechsel des Aufenthalts in Holland völlig unbegründet … Die Nachricht von einem Domizilwechsel Sr. Majestät geht ziemlich periodisch durch die Weltpresse und ist nicht anders zu werten als die zahllosen anderen Lügen, die über den Kaiser verbreitet werden.«[34]

Hier sind die beiden Punkte aufgezeigt, die dem Kaiser ständig zu schaffen machten: der Vorwurf, persönlich Schuld am Krieg zu tragen, und die z. T. unqualifizierten Anwürfe antimonarchischer Kräfte daheim und draußen.

Die Auseinandersetzung des Kaisers mit dem Vorwurf, in besonderer Weise persönlich Schuld am Ausbruch des Weltkrieges zu tragen, füllen im Archiv des Hauses Doorn zahlreiche Aktenbündel und Faszikel. Sie stehen im Zusammenhang der hier behandelten Thematik nicht zur Debatte. (Eine interessante Analyse liefert Wolfgang J. Mommsen in seinem neuen Buch »War der Kaiser an allem schuld? Wilhelm II. und die preußisch-deutschen Machteliten.«)

Über die persönlichen Anwürfe liegen ebenfalls zahlreiche Berichte vor. Obwohl aus historischem Abstand über unqualifizierbare Hetze getrost zur Tagesordnung übergegangen werden kann, mögen einige Beispiele erläutern, wie Emotionen auf der Seite der Gegner Emotionen des Abscheus und Erkenntnis ohnmächtigen Ausgeliefertseins beim Kaiser weckten. So wurden ihm im Exil immer neue Nadelstiche versetzt, was gelegentlich affektgesteuerte Reaktionen zur unausbleiblichen Folge hatte. Die »Kreuzzeitung« berichtet 1927:

»Das ›Berliner Tageblatt‹ setzt seine gewohnheitsmäßige Hetze gegen den Kaiser und seine Familie fort … Wir hatten, weil die Hohenzollernhetze zu den Alltäglichkeiten des ›Berliner Tageblatts‹ gehört, und weil die von ihm verbreiteten Nachrichten den Stempel der Unwahrheit und albernen Klatsches an der Stirn trugen, zunächst von einer Behandlung der Angelegenheit in unserem Blatte abgesehen.«

Weil aber diesbezüglich kein Ende abzusehen war, veröffentlichte die »Kreuzzeitung« eine Berichtigung durch den Generalbevollmächtigten des königlichen Hauses. Hausminister Leopold von Kleist verwahrte sich als Generalbevollmächtigter gegen den Vorwurf unredlicher Lösungen der Abfindungsfrage. Als das »Berliner Tageblatt« darüber hinaus anprangerte, dass im Palais Kaiser Wilhelms I. für den Bedarf der Kaiserin Hermine ein Badezimmer eingerichtet werden sollte, erwiderte die »Kreuzzeitung«:

> »Wir halten die Republik für stark genug, um selbst zu ertragen, daß das ›Berliner Tageblatt‹ sich immer wieder durch solche Enthüllungen echter oder erlogener republikanischer Herzensängste vor der ganzen Welt lächerlich macht.«[35]

Eine übelwollende Karikatur des Kaisers brachte der »Simplizissimus« als Titelbild seiner Ausgabe vom 4. April 1927. Der Kreisverein der Deutschnationalen Volkspartei München erhob dagegen schärfsten Protest und rief zu einer Protestkundgebung aller monarchisch gesinnten Kreise auf. Darüber berichtete die Vertretung der Reichsregierung in München der Reichskanzlei in Berlin am 8. April 1927:

> »Diese Zeichnung des Simplizissimus, für die ein Ausländer zeichnet, ist das tollste an zersetzender Verhetzung, was diese einst hoch geachtete Wochenschrift seit ihrem bekannten Verlagswechsel bis jetzt gebracht habe«.[36]

Verhöhnung des Kaisers in Wort und Bild erfolgte auch auf der Bühne. In »Rasputin«, einem Bühnenstück, das Erwin Piscator im Theater am Nollendorfplatz in Berlin aufführen ließ, hatte er – übrigens erst nachträglich – die Rolle des Kaisers eingefügt. Die Rechtsbeistände des Kaisers erhoben energischen Protest.[37] Piscator ließ es auf einen Prozess ankommen. Darüber berichtete die »Deutsche Juristen-Zeitung« im 33. Jahrg. 1928, Heft 6:

> »Die Darstellung des vorm. Kaisers Wilhelms II. erfolgte durch den Schauspieler Kriwat, der nicht nur in der äußeren Erscheinung, sondern auch in der Art der Ausdrucksweise genau das Bild des vorm. Kaisers wiedergab, auch besonders körperliche Einzelheiten desselben, so vor allem die Wiedergabe des bekanntlich etwas gekürzten Armes. Die Darstellung mußte in jedem Zuschauer den Eindruck hervorrufen, den vorm. Kaiser nicht nur vor sich zu

> sehen, sondern auch zu hören. Das Werk hat den ausgesprochenen Zweck, den Krieg und die Persönlichkeiten zu schildern, welche auf den Ausbruch und die Führung desselben einen hervorragenden Einfluß ausgeübt haben … Die Tendenz des Stückes ist zweifellos auf eine Apotheose der russischen Revolution gerichtet.«[38]

Im Gegensatz zu den Anwürfen, Schmähungen und Verleumdungen stand die Fülle schriftlicher Bezeugungen unverbrüchlicher Treue und Anhänglichkeit. Dem Kaiser lag in seinen Antworten daran, die Gedanken für die Wiedererrichtung der Hohenzollernmonarchie unter seiner Führung wachzuhalten. So dankte er 1926 den »Deutschen Landsleuten in Chile« für ihr Gedenken und dafür, daß sie sich »in ihrem festen Glauben an die Zukunft nicht irremachen lassen wollen«.[39]

1927 dankte der Kaiser der »Jahresversammlung des Preußenbundes« mit dem Ausdruck des Vertrauens,

> »daß Preußengeist und Preußentreue wieder neu den Weg bahnen werden für Preußens und Deutschlands Größe unter seinem Könige und Kaiser«.[40]

Grüße des Fürsten Stolberg-Roßla zum Jahreswechsel 1929 erwiderte der Kaiser in »ernster Sorge« um die Entwicklung in Deutschland:

> »Hier gibt es nur eine Rettung: Wiederaufrichtung des Kaiserreichs unter seinem angestammten Herrscher und seinen Fürsten!«[41]

Im gleichen Jahr heißt es in einem Danktelegramm des Kaisers an Fürst Albert von Thurn und Taxis:

> »Wollte Gott, es (unleserlich) unserm verblendeten und irregeführten deutschen Volke wieder den Weg zurück zu der alten Kaiserherrlichkeit!«[42]

General von François gratulierte dem Kaiser zum 70. Geburtstag 1929, indem er zum Ausdruck brachte:

> »Millionen deutscher Herzen schlagen in Liebe und alter Treue Euer Majestät entgegen und denken mit Empörung daran, daß unser Kaiser noch immer hinter den Kerkermauern rachsüchtiger Feinde festgehalten wird.«[43]

General Otto von Below verband seine Gratulation zum 70. Geburtstag des Kaisers mit dem Wunsch,

> »daß der von uns so heiß ersehnte Wandel bald eintreten und Eure Majestät uns und dem Vaterland wiedergegeben werden. Das deutsche Volk braucht Eure Majestät.«[44]

1931 übermittelten »1800 Deutschnationale Frauen« aus Bochum ihre Geburtstagswünsche.[45]

In unerwartet großer Vielzahl entstanden in der Zeit der Weimarer Republik vaterländische Verbände, die den Kaiser ihrer Treue versicherten. 1926 erreichte den Kaiser eine Grußadresse der »Deutschnationalen Arbeitergruppe 4 b« in Berlin. Der »Skagerrakclub Kiel« erwies dem Kaiser 1927 seine Reverenz. Auf ein Treuebekenntnis des »Landwirtschaftlichen Vereins Köslin« erwiderte der Kaiser:

> »Ich vertraue, daß die pommerschen Landwirte, wie sie sich stets als treue Hüter der Monarchie erwiesen und zu Mir und Meinem Hause gestanden haben, so auch in Zukunft an der ihnen von Gott gewiesenen Aufgabe festhalten!«

Der »Bund der ehemaligen Zöglinge des Königlichen Großen Militärwaisenhauses zu Potsdam und Schloss Pretsch« sandte 1927 dem Kaiser eine Treuebotschaft.[46] Der Schriftleiter des »Fränkischen Kurier«, Dr. Rudolf Kötter, übersandte 1927 aus Nürnberg Berichte »über die 60-Jahresfeier des Kampfgenossenvereins in Schweinfurt, die dort mit der Hindenburgfeier verbunden war«, und teilte mit:

> »Ich habe in der Festrede die Gelegenheit benutzt, auf das Verdienst hinzuweisen, das S. M. der Kaiser sich durch die Aufrechterhaltung des Friedens innerhalb eines Vierteljahrhunderts erworben hat. Ich habe das Gefühl, daß wir bei stärkerer Betonung dieses Moments in publizistischen und rednerischen Verlautbarungen nicht nur der Erörterung der Kriegsschuldfrage in unserem Sinne dienen können, sondern auch die Angriffe auf S. M. den Kaiser in ihrem Kern treffen.«[47]

Eindrucksvolle Treuebekenntnisse entbot der »Nationalverband Deutscher Offiziere« (NDO) seinem einstigen Obersten Kriegsherrn. Ein für

Inhalt und Stil bezeichnendes Schreiben des Hauptvorstandes an den Kaiser vom 27.November 1926 sei hier als typisches Beispiel im vollen Wortlaut wiedergegeben:

> »Allerdurchlauchtigster Kaiser, Allergnädigster Kaiser, König und Herr! Euerer Kaiserlichen und Königlichen Majestät bitte ich im Namen des Nationalverbandes Deutscher Offiziere durch den Major Schliessmann, welcher Beisitzer des erweiterten Vorstandes ist, alleruntertänigste Huldigungsgrüße ehrfurchtsvoll zu Füßen legen zu dürfen. Mit tiefer Betrübnis hat die Verbandsleitung aus der Presse erfahren, daß Eure Majestät in vergangener Woche nicht unerheblich erkrankt waren und unter heftigen Schmerzen zu leiden hatten. Mit aufrichtigem Dank gegen Gott vernahmen wir aber zu unserer Freude, daß Eure Majestät inzwischen wieder völlig genesen sind. Eure Majestät wollen mir alleruntertänigst gestatten, hierüber der allgemeinen Freude des Nationalverbandes Deutscher Offiziere Ausdruck geben zu dürfen.
> Unentwegt und unerschütterlich treu steht der Nationalverband Deutscher Offiziere im Kampf für die Erlauchte Person Euerer Kaiserlichen und Königlichen Majestät. Eingedenk unseres Treueides, den wir unserem Obersten Kriegsherrn als junge Soldaten geleistet, lassen wir uns trotz aller geistigen Verwirrung im deutschen Volke von unserem als richtig erkannten Weg nicht abbringen. Mit Gottes Hilfe muß sich doch einst die Wahrheit Bahn brechen, dann wird auch das deutsche Volk erkennen, welch' schwerer Untreue es sich an seinem Kaiser und König schuldig gemacht und was es an ihm verloren hat. Euere Majestät wollen sich allergnädigst versichert halten, daß wir in diesem Kampf trotz aller Hindernisse nicht nachlassen bis das Ziel erreicht ist. Dieser Versicherung erneut Ausdruck zu geben, benutze ich freudig und gern als 1. Vorsitzender des Nationalverbandes Deutscher Offiziere die Gelegenheit der Reise des Major Schliessmann nach Holland, um Euerer Majestät erneut die ehrfurchtsvolle Huldigung des Nationalverbandes Deutscher Offiziere zu Füßen zu legen.
> Mit der Versicherung unwandelbar treuester Ergebenheit verharre ich in tiefster Ehrfurcht als Euerer Kaiserlichen und Königlichen Majestät alleruntertänigster gez. v. Schröder, Kaiserlicher Admiral à la suite des Seeoffizierskorps und 1. Vorsitzender des Nationalverbandes Deutscher Offiziere.«[48]

Zur Feier des zehnjährigen Bestehens des NDO sandte der Kaiser am 16. Dezember 1928 ein Glückwunschtelegramm:

> »Mit warmem Danke erkenne ich an, daß der Nationalverband Deutscher Offiziere in diesen schweren zehn Jahren stets treu zu Mir und Meinem königlichen Hause gestanden und unerschrocken und tapfer den Kampf für die Wiederaufrichtung des Vaterlandes aus Schmach und Bedrückung geführt hat.«[49]

An Freifrau Alice von Bissing richtete der Kaiser am 28. Mai 1929 ein Dankschreiben, in dem es u. a. heißt:

> »Ich danke den Frauen und Töchtern der Offiziere meines Regiments der Gardes du Corps für die mir vom Garde du Corps-Tag in Potsdam übersandten treuen Grüße, die Mich sehr erfreuten. Sie bieten mir die Gewähr, daß auch die weiblichen Angehörigen des Offizierskorps unbeirrt festhalten an den alten stolzen Überlieferungen des Regiments, die in vorbildlicher Lebensauffassung altpreußischer Pflichterfüllung und unerschütterlicher Treue zu König und Vaterland gipfeln.«[50]

Nicht nur Angehörige der einstigen preußischen Regimenter huldigten dem Kaiser in Doorn; der Kaiser sah sich auch der Treue ehemaliger Verbände anderer deutscher Länder versichert. So dankte er 1928 dem »Sächsischen Militär-Vereins-Bund« für die

> »so warm zum Ausdruck gebrachte dankbare Gesinnung und Anerkennung dessen, was Ich für Volk und Vaterland, für Heer und Marine zu schaffen bemüht gewesen bin.«[51]

Dass ihn auch etwas dubiose Gruppen und Personen ansprachen, konnte nicht ausbleiben. Dazu zählt z. B. das »Deutschbanner Schwarz-Weiß-Rot«, dessen Bundesführer Hauptmann a. D. Engelbrecht in seinem Nachrichtenblatt vom 1. Juni 1928 ausführte:

> »Mit Gott für Kaiser und Reich! Treu seiner monarchischen Staatsauffassung gedenkt das Deutschbanner am 16. Juni des letzten Trägers der deutschen Kaiserkrone. An diesem Tage jährt sich zum 40. Male der Tag, an dem Kaiser Wilhelm II. den Thron seiner Väter bestieg … Wenn das deutsche Volk und gerade die von der Demokratie und Sozialdemokratie verführten Arbeitermassen dem Kaiser mit Untreue und Verrat gelohnt haben, so haben sie dies heute bitter zu büßen. Nicht eher wird des deutschen Volkes Schicksal sich aus

Unehre und Sklaventum zu freien, lichten Höhen entwickeln, als bis es diese seine schwerste Schuld gesühnt hat … Und so grüßen wir am 16. Juni 1928 unseren in der Verbannung lebenden Kaiser und danken ihm für das, was er nach bestem Wissen und Gewissen ein Menschenalter hindurch für sein Volk und Vaterland geleistet hat.«

Wie zweifelhafte und inhaltsleere, in straffe Formeln gefasste Emotionsausbrüche der Werbung für das »Deutschbanner« dienen sollten, zeigt ein im gleichen Nachrichtenblatt abgedruckter Kommentar zur Wahl, die am 20. Mai stattgefunden hatte. Der Misserfolg wurde zugegeben:

»Es war ein Strafgericht über die Schlappheit und Mittelmäßigkeit der nationalen Parteien und der nationalen Bewegung; aber der Kampf ist nicht zu Ende, weil ein Gefecht verloren ist. Nein er fängt jetzt erst an. Die Kampftruppen sind umzugruppieren. Die nationale, außerparlamentarische Bewegung hat führend den Kampf in die Hand zu nehmen … Kameraden! Nun erst recht: Scharf rechts heran! Aber nicht nur wir, sondern alle. Sonst können wir einpacken und uns begraben lassen. Das ist nicht unsere Art. Unsere Art ist: Kampf!«[52]

Dass die verschiedenartigsten Meinungen an den Kaiser herangetragen wurden, zeigt auch ein Schreiben vom »Rathenaubund« an den Kaiser vom 18. November 1928, das sich in derselben Faszikel der Akten des Hauses Doorn findet. Darin wird mitgeteilt, der Rathenaubund habe eine Eingabe folgenden Inhalts an die Reichsregierung gerichtet:

»Der unterzeichnete Rathenaubund e. V. ist in der Lage, dem vormaligen deutschen Kaiser ein bayerisches Besitztum als Gastwohnsitz anzubieten und ist gewillt, den Kaiser aufzufordern, dorthin überzusiedeln … Wir glauben im Geiste und Sinne Walther Rathenaus zu handeln, wenn wir ihm als Bürger der deutschen Republik die Hand reichen.«

Der Kaiser vermerkte handschriftlich dazu:

»Der Rathenaubund soll mich … lecken! Siehe Götz von Berlichingen!«[53]

Diese Anmerkung zeigt, wie sehr der Kaiser die Abneigung rechter Kreise gegen Rathenau teilte.

Es war sicher nicht leicht für den Kaiser, die teilweise so ganz und gar unterschiedlichen Äußerungen seine Person betreffend richtig einzuschätzen. Zu seinem 70. Geburtstag am 27. Januar 1929 ließ die »Hallesche Zeitung« eine Sonderbeilage erscheinen mit der Großüberschrift:

> »Kaiser Wilhelm II., Menschlichkeiten einer Majestät. Zum 70. Geburtstage unseres ehemaligen Landesvaters am 27. Januar 1929.«

Auf mehreren Seiten wird unter ausschließlich positiver Würdigung die Erinnerung an den Kaiser wachgehalten. Auf der Titelseite des Blattes finden sich die Glückwünsche von Geheimrat Hugenberg für die Deutschnationale Volkspartei (DNVP) und von Graf Westarp für die Deutschnationale Reichstagsfraktion im Wortlaut abgedruckt. Es ist wohl bezeichnend, dass in beiden Telegrammen von einem Wunsch nach Rückkehr des Kaisers auf den Thron keine Rede ist. Hier wird Dankbarkeit bekundet und Trauer bezeugt »über unser vaterländisches Geschick«, aber auch ein

> »sieghafter Glaube an eine durch Gottes Gnade große und freie Zukunft des deutschen Volkes«

zum Ausdruck gebracht.[54]

Als Oberst a. D. Reinhard 1933 zum »Führer« des NDO gewählt worden war mit Übertragung außerordentlicher Vollmachten, meldete er dies unter dem 29. Oktober 1933 dem Kaiser und fügte hinzu:

> »Eure Majestät bitte ich das Gelöbnis zu Füßen legen zu dürfen, daß ich den Verband unter Aufrechterhaltung seiner seit seiner Begründung übernommenen Ziele und Bestrebungen in unerschütterlicher Treue zu Eurer Majestät und dem angestammten Herrscherhause so zu führen entschlossen bin, wie ich es glaube vor Eurer Majestät und meinem Gewissen zum Segen des deutschen Volkes und Vaterlandes verantworten zu können.«[55]

So waren die von monarchischen Tendenzen geprägten Vorstellungen der vaterländischen Verbände für ihre eigene Überzeugung nahtlos in die neue Situation, die sich aus dem Machtwechsel 1933 ergeben hatte, eingepasst worden, und dem Wunsch des Kaisers entsprach die Erwartung, dass nun unbedingt etwas zu geschehen habe. Dem Grafen von der Goltz telegrafierte er mit dem Dank an die »Vereinigten Vaterländischen Verbände Deutschlands«:

»Also vorwärts zur Tat! Der Worte sind genug gewechselt!«[56]

Ärger über infame Angriffe, Freude über Dank und Treuebekundungen und die Erwartung der Wiederherstellung der Monarchie, in der ihm selbst wieder der Thron vorbehalten wäre, bestimmten das Denken und Tun des Kaisers, der alles nur aus der Ferne seines Exils als Unbeteiligter miterleben konnte und es als Unbeteiligter nicht leicht hatte, realitätsgerechte Maßstäbe zu finden. Dass sich unter den in seinem Archiv in Doorn gesichteten Beständen kein Ergebenheits- oder Treuebekenntnis durch den »Stahlhelm« befindet, war ihm selbst eine gelegentlich mit ärgerlichen Worten quittierte Einsicht. Die bereits erwähnten Glückwunschtelegramme der Deutschnationalen Hugenberg und Graf Westarp enthalten nicht einmal die Andeutung eines Wunsches nach seiner Heimkehr. Der Kaiser trug in der Entwicklung seines Restaurationskonzepts diesen Tatsachen Rechnung. Ein auf 1927 datiertes Exposé betrifft den Stellenwert, den er der DNVP in seinem Konzept zuerkannte. Hier heißt es u. a.:

»Als Theodor Wolff nach dem Umsturz 1918 zur Bildung einer Demokratischen Partei aufrief, antwortete eine Anzahl führender Conservativer mit dem Aufruf zur Bildung einer D.N.V.P mit dem Ziel: Wiedergutmachen des schweren Verbrechens vom 9. XI. 1918! … Als die Conservativen mit dem Aufruf zur Bildung einer D.N.V.P. zu antworten sich verleiten ließen, hatte Th. Wolff sie genau auf der Plattform, auf der er sie haben wollte. Sie waren ihm auf den Leim gekrochen.
Schon damals hatte die *Nationale Idee*, bezw. das Bestreben sie zur Verwirklichung zu bringen, total Schiffbruch gelitten. Denn die D.N.V.P. mußte zwangsläufig nun das *Revolutionäre Parlament anerkennen*, d.h. ein parlamentarisches Gebilde in demselben werden, das mit *demokratischen Waffen* zu kämpfen gezwungen war. Es war auch daher vollkommen ungeeignet und unfähig, das *aristokratische Prinzip, Wiederherstellung der Monarchie* auf Grundlage *Deutscher Wiedergeburt*, zu verfechten oder zu erreichen.
Dem Aufruf Th. Wolff's war nur dadurch zu begegnen, daß man den *parlamentarischen* Boden a limine *ablehnte*, auf die Bildung einer ›*Partei*‹ gänzlich

verzichtete; daß man dagegen eine *Nationale Bewegung* entfachte, die in sich vor allem anderen die heilige Idee des Vaterlandes trug, die sie mit ganzer brennender Glut mit Einsatz von Leib und Leben zum Austrag zu bringen entschlossen war. Das geschah *nicht*! Daß es nicht geschah, ist der Kern aller Mißerfolge und Niederlagen der D.N.V.P. und wird auch fernerhin das *Scheitern* sämtlicher parteipolitischen D.N.V.P. Bestrebungen sein.

Es liegt unzweifelhaft in diesem Geschehen eine tiefe Tragik! Denn es haben eine große Anzahl von reinstem und heiligstem Wollen erfüllte Männer dem Vaterlande zu dienen vermeint, indem sie in die D.N.V.P. eintraten.

So ist auch die Person des Grf. Westarp inclusive aller Fehler, die er sich zu Schulden kommen ließ, und obwohl er de facto durch die Verlängerung des Republik-Schutzgesetzes meine Person *glatt verraten* hat, gewissermaßen eine tragische Figur, denn er hat wohl zweifellos den Verrat *gewollt* …

So bleibt uns nur noch eins übrig: Mit ganzer Leidenschaft, mit schärfster Logik, mit klarstem Zielbewußtsein *Entfachung der großen Nationalen Bewegung* mit dem Ziel der Wiederherstellung der Monarchie, und uns auf diese Weise ein *neues Deutsches Reich unter mir* erobern. Und das *losgelöst* von jeder Partei, Parteipolitik, Parteiorganisation für das Parlament bestimmt. Also *gegen* jedweden *Parlamentarismus* in jedweder Form. Er ist vollkommen westländisch, daher *ungermanisch, undeutsch,* und fristet nur noch sein innerlich durch und durch *verlogenes* Dasein.

Bis dahin ist – nach der nun einmal stattgefundenen Entwicklung der Dinge – noch ein *gewisser* parlamentarischer Kampf erforderlich …

Ich lehne es ab, mich auf eine ›*Partei*‹ überhaupt zu stützen, sicherlich aber *nicht* auf die D.N.V.P. die auf Grund ihrer inneren völligen Unwahrhaftigkeit rettungslos dem Verfall und dem Untergang entgegentreibt.« (Hervorhebungen im Original unterstrichen)[57]

Diese deutliche Äußerung des Kaisers ist bis jetzt noch nicht bekannt geworden und bedarf noch einer näheren Analyse. Es liegt eine tiefe Tragik darin, dass sich der Kaiser von den wirklich tragenden Kräften der DNVP und der großen vaterländischen Verbände selber nicht unterstützt wissen wollte und dass er andererseits den ihm wohlmeinenden demokratischen Kräften, die doch die fortgehende Existenz der Hohenzollern als Bürger des Deutschen Reiches rechtlich verankert hatten, keine Sympathie entgegenbringen konnte. Ein bemerkenswerter Berührungspunkt mit den nationalsozialistischen Bestrebungen findet sich in der Forderung einer nationalen Bewegung und in der Ablehnung des Parlamentarismus. Das Dokument zeigt weiterhin, wie illusionär die Idee einer Restauration der Monarchie gewesen ist, da dem Kaiser die Monarchie englischen Typs (parlamentarische Monarchie) fremd war. Dass die Reform vom Oktober 1918 diese Auslegung hätte bekommen können, war mit Wilhelm II. nicht denkbar.

Den negativen Tendenzen in seiner Haltung gegenüber der DNVP entsprachen seine negativen Tendenzen gegenüber den demokratisch gesinnten Politikern. Das kam in dem Aufsatz »Das Geschlecht der Völker« zum Ausdruck, den er 1928 in der Zeitschrift »Der Aufrechte« erscheinen ließ. Hier heißt es u. a.:

> »Deutschland schreit fortwährend nach Führern. Leider aber ist das organische Wachstum durch gewaltsame Störungen unterbrochen worden, so daß der Staatskörper jetzt unfähig ist, Führerpersönlichkeiten hervorzubringen. Das hat zur Folge, daß mittelmäßige, unvorbereitete Leute durch die Stimmen der Massen und Klassen in die staatlichen Führerstellungen hinaufgehoben, d. h. hineingezwungen werden. Die Fürsten, obgleich zur Führerschaft erzogen und vorgebildet, sind verschwunden. Das Prinzip eines besonderen Berufsstandes für Staatsführerschaft ist über Bord geworfen worden. Daher jetzt ein gähnender Abgrund – unfähig, einen Führer hervorzubringen! Dieser Stand der Dinge erfüllt denkende Deutsche mit unaussprechlicher Bangigkeit und Sorge … Unser eigener Goethe sagt: ›Ich bin kein Feind der Massen; aber wenn sie in Not und Drangsal sind, suchen sie stets den Teufel auszutreiben, indem sie erst die Hilfe von Schelmen, dann die von Tyrannen anrufen.‹«[58]

Mit solchen Äußerungen begab sich der Kaiser in eine gefährliche Nähe zu dem von der NS-Ideologie besetzten Bereich politischen Denkens. Von 1931 an ist denn auch ein Miteinander und Durcheinander deutschnationaler und nationalsozialistischer Vorstellungen zu beobachten – und das nicht nur beim Kaiser, sondern überhaupt bei national oder vaterländisch gesinnten Deutschen.

Im Januar 1931 war Hermann Göring beim Kaiser in Doorn erschienen (siehe S. 58), wobei nicht geklärt ist, ob aus eigenem Antrieb oder von anderen Nationalsozialisten zur Kontaktaufnahme mit dem Kaiser ermuntert. Jedenfalls erreichten ihn telegrafische Geburtstagswünsche am 28. Januar 1931 aus Hamburg mit folgendem Wortlaut:

»Aus unserem Bezirk Uhlenhorst-Harvestehude wünschen Eurer Majestät 42 000 Nationalsozialisten ein gesundes und frohes Geburtstagsfest.«

Es gab also auch innerhalb der nationalsozialistischen Bewegung viele Monarchisten. Der Absender bemerkte noch in einem anschließenden kurzen Schreiben vom 8. Februar 1931:

»Wir sind keine Stahlhelmer, wir sind keine Agrarier, wir sind nur deutsche Arbeiter, die Eure Majestät immer sehr geliebt und geachtet haben.«[59]

Das konnte nicht unbemerkt bleiben und ist auch vom Kaiser mit einem herzlichen Danktelegramm beantwortet worden.

Wenn der Kaiser in dieser Weise mit dem Gedanken einer politisch straffen Staatsführung konfrontiert wurde, so konnte er sich die Verwirklichung nur in einer Führung durch ihn selbst vorstellen. Bestärkt wurde er darin durch Kundgebungen der »Monarchistischen Deutschen Arbeiterpartei«, wie sie am 16. und am 19. Januar 1931 in Pirmasens und in Rodalben durchgeführt wurden. Dem Kaiser war über die dort gehaltenen Reden berichtet worden:

»Die Partei hat sich zum Ziel gesetzt, den monarchistischen und Wehrgedanken in die breite Masse des Volkes hineinzutragen. Der Redner brachte zum Ausdruck, daß die Parteien am Aufbau des Staates versagt hätten und daß nur eine starke erbliche Monarchie aus dem Hause Hohenzollern das Schicksal des deutschen Volkes meistern könne.«

Der Redner der Veranstaltung vom 19. Januar 1931 führte aus, dass seine Parteikameraden als deutsche Männer kämen, um

»für den zukünftigen deutschen Staat, der nur ein Kaiserreich sein könne vorzuarbeiten, denn der heutige Staat war nicht in der Lage, die Lebensinteressen des Landes und Volkes zu wahren«.[60]

Es bestärkten ihn die Geburtstagsgrüße vom »Deutschnationalen Arbeiterbund«, von der »Deutsch-völkischen Freiheitsbewegung«, vom »Luisenbund«, außerdem ein Brieftelegramm der »Deutschen Adelsgenossenschaft« vom 23. Oktober 1931, in dem es heißt:

> »Eingedenk der Pflicht unseres Standes zu freudigem Einsatz für das Wohl und die Größe des Vaterlandes geloben wir erneut, zu kämpfen um die Gesundung unseres Volkes und seiner Rückkehr zu Thron und Altar, um die Wiedererlangung deutscher Wehr und Ehr, deutscher Freiheit und Achtung in der Welt.«[61]

Glückwünsche des Kaisers wie solche, die er zum 50-jährigen Stiftungsfest ihrer Fahne an die Deutschnationale Volkspartei Ortsgruppe Berlin-Mitte richtete oder wie sein Grußtelegramm an die »Kaisertreue Jugend beim Hauptverein der Konservativen« in Berlin-Charlottenburg, betonten in ihren inhaltlichen Aussagen die Wünsche des Kaisers nach »Treue zum angestammten Herrscherhaus« und nach der »Wiederaufrichtung des Kaiserreiches«, die »über die eigenen Interessen« hinauszugehen habe:

> »Vorwärts mit Gott für König und Vaterland!« »Nicht warten – wirken!«[62]

Das Jahr 1931 brachte die erste Besprechung Hitlers mit Hindenburg, die am 10. Oktober 1931 stattfand, und den am nächsten Tage folgenden Zusammenschluss der nationalen Gruppierungen – DNVP, Stahlhelm und NSDAP – zur »Harzburger Front«. Über die politische Lage erreichte den Kaiser ein Bericht des Kreisvorsitzenden der DNVP von Griesheim aus Falkenburg, in dem es hieß:

> »Zwischen dem Stahlhelm und den SA-Trupps besteht ein durchaus kameradschaftliches Verhältnis. Zu dem letzten hiesigen Kreisstahlhelmtage hatten die Nazis eine Gruppe mit Fahne als Deputation gesandt. Bisher lag die vaterländische Bewegung ganz in den Händen der DNVP. Diese Partei vermag aber leider nicht den Fanatismus aufzubringen, mit dem die Nazis so erfolgreich arbeiten, und damit auch das Volk in den untersten Schichten hinzureißen verstehen. Die Jugend wendet sich daher in ihrem erfreulichen Tatendrang immer mehr dem Nationalsozialismus zu, dem die älteren Generationen besonders wegen des von ihnen mißtrauten Wirtschaftsprogramms meist ablehnend gegenüberstehen. Hugenbergs klare starke Linie hat sich bisher immer noch den Vorsprung gesichert. Kürzlich fand hier in Falkenburg eine große Nazi-Kundgebung statt, wobei in den beiden größten überfüllten Sälen der Stadt der Prinz August Wilhelm von Preußen zusammen mit einem der Nationalsozialistischen Partei angehörenden Stettiner Bäckergesellen sprach. Beide sprachen für dasselbe Ziel; es war aber außerordentlich interessant zu

> vergleichen, wie sich beide von ihrem Milieu aus gaben. Beide sprachen unter großem Beifall, wobei der Königliche Prinz die freudige Zustimmung der Zuhörer aber auch dadurch erntete, daß er keinen Augenblick in Ausdruck und Bewegung den Königlichen Prinzen vermissen ließ … Vor 14 Tagen besuchte ich den Deutschnationalen Reichsparteitag in Stettin, wo bei der Hauptversammlung in den Messehallen wohl an 12 000 Menschen versammelt waren, auch der Prinz Oskar von Preußen und der Feldmarschall von Mackensen waren anwesend, die beide stürmisch begrüßt wurden. Es war mir eine Herzensstärkung bei dieser Gelegenheit so viele deutsche Männer zusammen zu sehen und sprechen zu hören, die in dieser furchtbaren Notzeit mitkämpfen wollen für die Gründung des ›Dritten Reiches‹! Hugenbergs in seiner klaren Sachlichkeit vorgetragenen Richtlinien für die baldige Rechtsregierung fanden daher allseitige Zustimmung. Besonders symptomatisch stand über dem Parteitage als Fanal die Betonung des monarchischen Gedankens! Das Bekenntnis zu Thron und Altar!«[63]

Ilsemanns Beobachtung, am 25. Dezember 1931 aufgezeichnet, dürfte zutreffen:

> »In Doorn hört man seit Monaten nur noch, daß die Nationalsozialisten den Kaiser auf den Thron zurückbringen würden; alles Hoffen, alles Denken, Sprechen und Schreiben gründet sich auf diese Überzeugung.«[64]

Es liegt kein Hinweis vor, dass sich der Kaiser dem Nationalsozialismus angeschlossen hätte; sicher ist aber, dass er von nun an deutlicher als bis dahin den Nationalsozialismus in sein Restaurationskonzept einzubauen versuchte. Namen und Stichworte in dem Bericht von Griesheims lösten Impulse aus, die in diese Richtung wiesen.

Hier zeichnet sich auch bereits deutlich das besondere Problem der Angehörigen des Hauses Hohenzollern ab, das sich aus ihrer Hausobservanz ergab. Durch die Hausobservanz waren sie zu absolutem Gehorsam dem Kaiser als Chef des Hauses gegenüber verpflichtet. Aber Wilhelm II. lebte fernab, und erlebte die Vorgänge um das heraufziehende Dritte Reich gefiltert im Exil, die Kaisersöhne und -enkel hingegen nahmen an den Entwicklungen in Deutschland direkt teil und waren immer wieder in der Situation, Position zu politischen Fragen beziehen zu müssen, ohne sich dabei in Gegensatz zum Chef des Hauses zu bringen.

Die Schwierigkeiten wurden für alle Beteiligten dadurch noch besonders verstärkt, dass die Stellungnahmen und Weisungen aus Haus Doorn einen Mangel an Eindeutigkeit aufwiesen. So wenig sich der Kaiser von den Nazis vereinnahmen lassen wollte und allein vom Gedanken seiner Rückkehr auf den Thron beherrscht war, so war bei der Gemahlin des Kaisers eine eindeutig positive Einstellung zum Nationalsozialismus erkennbar. Die für die Fragestellung nach dem Verhältnis der Hohenzollern zum Dritten Reich entscheidende Zeit brach mit den politischen Ereignissen des Jahres 1932 an.

Auf dem Weg zur Machtübernahme durch den Nationalsozialismus

Die kritische Frage »nach dem Inhalt, den konkreten Formen und den Motiven der Kollaboration von Mitgliedern des Hohenzollernhauses mit dem Nazifaschismus 1932/33« ist in diesem Wortlaut in einer in der ehemaligen DDR erschienenen Publikation über das Thema »Das Verhältnis der Hohenzollern zum Faschismus« gestellt worden.[65] Die Autoren behaupten, Äußerungen von Mitgliedern des Hauses Hohenzollern gäben – sowohl in Antworten auf Befragungen als auch in schriftlich aufgezeichneten Memoiren – keine eindeutigen Urteile: »Dazu ist das nachträgliche Interesse der Beteiligten, sich von Hitler zu distanzieren, viel zu offensichtlich«! Sie konstatieren ferner, auch in »bürgerlichen« Veröffentlichungen sei dieses Problem »nur am Rande untersucht« und im Grunde »kaum berührt« worden. Mit ungeprüfter Selbstverständlichkeit wird »Kollaboration« unterstellt, und sie verkünden auch ihre Erkenntnis über die Motive für das Defizit in der vorhandenen Literatur: Sie lägen

> »in dem Bemühen, einerseits die auf eine Wiedereinrichtung der Monarchie zielende Kollaboration der Hohenzollern mit den faschistischen Führern zu verschleiern, andererseits den Faschismus nicht als eine Interessenvertretung der reaktionärsten und aggressivsten Gruppen der herrschenden Klassen erscheinen zu lassen«.[66]

Es erscheint mir gerade aufgrund solcher ideologisch motivierter, aber mit wissenschaftlichem Anspruch auftretender Unterstellung angezeigt, als eines der jüngeren Mitglieder dieses Hauses – unter Verzicht auf Apologetik und Polemik –, eine Antwort aus dem Archivmaterial zu suchen. Positiv ist an der DDR-Publikation lediglich die Veröffentlichung von Dokumenten zu werten, die der westlichen Forschungsarbeit vor 1989 nicht zugänglich waren, weil sie sich »in den 1945 in Schloß Zabor, einer früheren Besitzung Hermines in Schlesien, gefundenen Nachlaßresten der zweiten Frau Wilhelms II., in der Wojewodschaftsbibliothek sowie im Wojewodschaftsarchiv Zielona Gora und Beständen des Zentralen Staatsarchives der DDR in Merseburg« befinden.

Im Interesse einer möglichst sorgfältig ausgeleuchteten Begleitung der Hohenzollern durch die Zeit der Ereignisse, die zur Machtübernahme durch den Nationalsozialismus führten, werden die aus diesen Archiven stammenden Dokumente, wie sie in der genannten Publikation veröffentlicht worden sind, in der gleichen kritischen Distanz ausgewertet werden wie das in westlichen Archiven zugängliche Material.

Zwei Komplexe ragen heraus: 1932 lief Hindenburgs Amtszeit als Reichspräsident ab. Die Neuwahlen mit ihrer politischen Begleitmusik und den unvermeidbaren Misstönen bestimmten das politische Klima der ersten Monate des Jahres. Die Reichspräsidentenwahl, die in zwei Wahlgängen im März und im April 1932 erfolgte, zeitigte auch einen hausinternen Konflikt im Hause Hohenzollern. Die Gedanken des Kaisers über die Restauration der Hohenzollernmonarchie und die nationalen Wunschvorstellungen vieler Deutscher standen unter ungleichen Zielvorstellungen. Der Kaiser wollte sich selbst wieder auf dem Thron sehen, während starke nationale Kräfte den Kronprinzen mit dem höchsten Amt des Staates betraut wissen wollten und eine Kandidatur des Kronprinzen für das Amt des Reichspräsidenten favorisierten. Das ergab ein Rivalitätsdenken zwischen dem Kaiser und dem Kronprinzen. Der Kronprinz konnte sich der Gunst großer Teile des Volkes erfreuen; aber eben diese führte zum Vater-Sohn-Konflikt.

Der andere mit Problemen reichlich belastete Komplex betraf die Reichstagswahlen. 1932 wurden die Bürger zweimal, am 31. Juli und am 6. November, zu den Wahlurnen gerufen, um die Abgeordneten des Deutschen Reichstages zu wählen. Zu den Wahlvorbereitungen gehörten die Bemühungen der NSDAP, den Hohenzollernprinzen August Wilhelm als Kandidaten aufzustellen, was ohne das Einverständnis des Kaisers nicht möglich gewesen wäre. Die Hausgesetze erwiesen in beiden Fällen ihre ungebrochene Kraft, die Kandidatur wurde durch den innerfamiliären Einspruch des Kaisers verhindert.

Eine Einigung auf die Wiederwahl Hindenburgs scheiterte an den nationalen Gruppierungen in der politischen Szene. Brüning und die hinter ihm stehenden Parteien nominierten Hindenburg; die DNVP und der Stahlhelm stellten den Stahlhelmführer Duesterberg als Kandidaten auf; für die NSDAP kam nur die Kandidatur Hitlers infrage. Zum Problem wurde die Reichspräsidentenwahl, als der erste Wahlgang am 13. März ergebnislos verlief, weil keiner der Kandidaten die erforderliche Stimmenzahl erhalten hatte.

Die politischen Hoffnungen des Kaisers waren jetzt auf Hitler gerichtet. Das erfuhr seine Tochter, Herzogin Viktoria Luise, die sich in jenen Tagen gerade bei ihrem Vater in Doorn aufhielt, wo auch Prinz Oskar kurzfristig anwesend war. Über die Meinungsäußerung des Kaisers sprach sie am noch vor dem ersten Wahlgang am 11. März mit Ilsemann, der am 8. März 1932 das Ergebnis seines Gesprächs mit der Herzogin notierte:

> »Mit dem Kaiser habe sie diesmal über Politik gar nicht gesprochen, aber sie – ebenso ihr Bruder Oskar – habe den Eindruck, der Papa setze seine ganze Hoffnung auf Hitler, der, wenn er die Wahl zum Reichspräsidenten gewinnt, ihn zurückrufen werde!«

Die Herzogin kommentierte diese Auffassung als eine Fehlinterpretation und meinte, sie müsse zu einer »schrecklichen Enttäuschung« für ihn führen; »denn die Nazis dächten gar nicht daran, den Kaiser zu rufen«. Resignierend, aber die Situation realistisch einschätzend, fügte sie hinzu: »Niemand würde ihn rufen!« In dieser Lage bewahrte sie die Hoffnung, dass Hindenburg wiedergewählt werde, weil sich der Kaiser dann an den Gedanken klammern würde, dass sich nach Hindenburgs Tod die Lage zu seinen Gunsten ändern könne.[67]

In die illusionären Vorstellungen des Kaisers platzte die Nachricht von dem Plan einer Kandidatur des Kronprinzen. Sie erreichte den Kaiser durch die schriftliche Anfrage des Kronprinzen vom 29. März 1932, ob er sich der deutschen Republik als Kandidat für das Amt des Reichspräsidenten zur Verfügung stellen dürfe. Das Hausgesetz erwies sich als die Macht, die einer selbstständig zu fassenden eigenen Entscheidung entgegenstand.

Wie war dieser Plan zustande gekommen? Hitler selbst ist es gewesen, der den Kronprinzen in jenen Tagen aufgesucht und ihm nahegelegt hatte, sich als Kandidat für das Amt des Reichspräsidenten aufstellen zu lassen, und zwar als Gegenkandidat zu Hindenburg![68]

Über die Hintergründe, wie sie sich dem Kronprinzen darstellten, äußerte er sich gegenüber dem Reichskanzler Brüning, der ebenfalls kurz vor der Reichspräsidentenwahl eine Aussprache mit dem Kronprinzen gesucht hatte. Sie kam durch eine Einladung des Kronprinzen zu einem Essen bei General von Schleicher zustande; Schleicher hatte auch Reichskanzler Brüning eingeladen und das Gespräch ermöglicht.[69] Brüning hielt seine Erinnerungen an die Begegnung in einem Brief an Jonas fest, dem er schrieb:

> »Der Kronprinz hat damals völlig klar gesehen, daß Hitler ihn nur aufstellen wollte, um die Kandidatur Hindenburgs unmöglich zu machen, so daß die Taktik Hitlers scheiterte.«[70]

Nachträglich fragt man sich, warum der Kronprinz den Kaiser dann überhaupt um die Erlaubnis zur Kandidatur bat.

Der Plan einer Kronprinzenkandidatur blieb der Öffentlichkeit nicht verborgen und erreichte bei seinem Bekanntwerden ein ungeahnt großes Maß an Zustimmung. Sie wäre nicht erreichbar gewesen ohne die unbezweifelbare Beliebtheit, der sich der Kronprinz in breiten Teilen der Bevölkerung erfreuen konnte. Als in der Presse öffentlich sondiert wurde, ob der Kronprinz als geeigneter Kandidat für die Wahl akzeptabel sei, erreichte die steil ansteigende Popularitätskurve des Kronprinzen ihren Höhepunkt. Die in Berlin in großer Auflagenzahl verbreitete Wochenzeitschrift »Fridericus« war am 20. März 1932 mit einem Leitartikel erschienen, der in großer Aufmachung die Überschrift trug: »Unser Reichspräsident Kronprinz Wilhelm«.

Die Reaktion des Kaisers auf die beabsichtigte Kandidatur des Kronprinzen für das Amt des Reichspräsidenten lässt sich nur aus dem erwähnten Konkurrenzdenken zwischen Vater und Sohn erklären. Ilsemann hielt sich gerade für ein paar Wochen in Berlin auf, als der Brief in Doorn eintraf, mit dem der Kronprinz die Genehmigung des Kaisers erbeten hatte, sich als Kandidat für die Wahl zum Reichspräsidenten aufstellen zu lassen. Nach seiner Rückkehr aus Berlin am 13. April 1932 hielt Ilsemann in seinem Tagebuch fest:

»Das hat das Blut des Kaisers und noch mehr das I. M. zum Kochen gebracht!«[71]

Seinen Zorn richtete der Kaiser auch gegen die Kronprinzessin, die er als »Russin und Dänin« bezeichnete, die »nichts für Preußen oder Deutschland fühle«! Ihr Ziel sei allein der Thron. Um dies Ziel zu erreichen, habe sie

»den Kronprinzen so fürchterlich schlecht beraten, als er sich zum Präsidentschaftskandidaten zur Verfügung stellen wollte«.[72]

Der Kronprinz, der schon vor dem entscheidenden zweiten Wahlgang die Absicht durchschaut hatte, die seiner Nominierung zugrunde lag, konterte mit einer öffentlichen Erklärung, die sowohl dem allgemeinen Trend entsprach als auch der Stimmung in Doorn, über die Ilsemann seinem Tagebuch am 25. Dezember 1931 die Sätze anvertraut hatte:

»In Doorn hört man seit Monaten nur noch, daß die Nationalsozialisten den Kaiser auf den Thron zurückbringen würden; alles Hoffen, alles Denken, Sprechen und Schreiben gründet sich auf diese Überzeugung.«[73]

Vielleicht meinte der Kronprinz, im Sinne dieser »Überzeugung« zu handeln, als er am 3. April 1932 in der »Schlesischen Zeitung« die folgende Erklärung für Hitler abgab:

»Wahlenthaltung im zweiten Wahlgang der Reichspräsidentenwahlen ist unvereinbar mit dem Gedanken der Harzburger Front. Da ich eine geschlossene nationale Front für unbedingt notwendig halte, werde ich im zweiten Wahlgang Adolf Hitler wählen.«[74]

Der Kronprinz hatte damit wohl tatsächlich dem entsprochen, was das Denken des Kaisers zu jenem Zeitpunkt bestimmte. Konzipierte der Kaiser doch wenige Tage später einen Brief an Prinz Oskar, in dem er forderte, die Deutschnationalen und der »Stahlhelm« sollten sich an den Nationalsozialisten ein Beispiel nehmen: »Die Deutschnationalen sprächen zwar von der Monarchie, und von dem monarchischen Gedanken, doch nicht von dem legitimen Kaiser!« Der Brief trägt den Klang der Entrüstung sowohl über Prinz Oskar, vor allem aber über den Kronprinzen und seine Kandidatur: »Bildet Ihr Herren Söhne Euch etwa ein, daß einer von Euch dazu in der Lage ist, diese Aufgabe zu übernehmen«, fragte der Kaiser voller Zorn und dekretierte:

> »Deutschland regieren kann man nur, wenn man, wie ich, jahrelang darauf geschult ist und seine Erfahrungen gesammelt hat.«

Damit war das Urteil über den Schritt des Kronprinzen vorbereitet, das nunmehr erging:

> »Falls noch einmal einer von Euch es wagen sollte, solche Sachen zu unternehmen, wie jetzt der Kronprinz, so schließe ich Euch als Familienchef einfach aus unserem Familienverband aus!«[75]

Diese Haltung des Kaisers stand in diametralem Gegensatz zur Stimmung in Deutschland, über die Ilsemann nach seiner Rückkehr aus Berlin nach der Rücknahme der Kandidatur durch den Kronprinzen am 17. April 1932 notierte:

> »Viele Menschen in Berlin sprachen jetzt davon, daß Prinz Oskar auf den Thron kommen soll. Wie Schulenburg mir sagte: ›Der monarchische Gedanke macht fraglos Fortschritte, scheitert aber an dem Mangel eines Kandidaten, da das Haus Hohenzollern versagt.‹«[76]

Von nun an wurde jeder Schritt des Kronprinzen in Berlin vom Kaiser im fernen Exil mit Argwohn begleitet:

»Die Stimmung gegen den ältesten Sohn ist schlimmer denn je«, notierte Ilsemann am 6. Mai 1932 – dem 50. Geburtstag des Kronprinzen! Kein Wunder: Die Missstimmung war durch einen Bericht des Hausministers von Kleist, der zwei Tage zuvor aus Berlin eingetroffen war, noch erheblich verschärft worden. Kleist hatte mitgeteilt, der Kronprinz und die Kronprinzessin seien am 13. April 1932 von zwei bis sechs Uhr nachmittags Gäste Görings gewesen; etwas später als das Kronprinzenpaar sei auch Hitler erschienen. Der Kronprinz habe Hitler und Göring in einem längeren Gespräch auseinandergesetzt, durch den 9. November 1918 sei die Legitimität erledigt!

> »Als Göring daraufhin erwiderte, daß die Monarchie nur auf dem Wege der Legitimität wieder einzuführen sei, habe der Kronprinz ihm auseinandergesetzt, daß sein Vater ungeeignet sei, die Zügel der Regierung noch einmal zu ergreifen. Der Weg zur Monarchie führe nur über den Präsidentenstuhl, das sei der für ihn vorgeschriebene Gang. Auch wenn er nicht die geschichtliche Stellung als ehemaliger Kronprinz hätte, wäre er der geeignete Mann für die Nachfolge Hindenburgs.«

Eine Gelegenheit zu unmittelbarer Einflussnahme schien sich aus dem zur gleichen Stunde unmittelbar bevorstehenden Verbot der SA zu ergeben. Der Kronprinz versuchte, in Gegenwart Hitlers und Görings telefonisch mit den Generälen von Schleicher und Groener in Verbindung zu treten, um über sie das Verbot in letzter Minute noch verhindern zu können; er konnte aber keinen der Herren erreichen. Kleist versäumte nicht, seinem Bericht die Mitteilung hinzuzufügen, Hitler habe ihm selbst »klar gesagt, daß sein Ziel die Hohenzollernmonarchie sei«.[77]

Als Göring bald darauf, am 20. Mai 1932, in Doorn eintraf, hatte der Kaiser endlich Gelegenheit zu eigener persönlicher Fühlungnahme mit einer wichtigen Persönlichkeit aus den Reihen der Nationalsozialisten. Ein Ergebnis brachten die Gespräche aber nicht.

Im Interesse der Reduzierung der Spannungen, die aufgrund seiner zwar bereits zurückgezogenen Kandidatur immer noch zwischen Vater und Sohn herrschten, erschien der Kronprinz am 15. Juli 1932 bei Wilhelm II. in Doorn. Der Kronprinz erklärte dem Kaiser,

> »daß er ihn nicht verdrängen wolle, daß er sich bei seinen Zielen und Bestrebungen von dem Gedanken leiten lasse, nur als Platzhalter für den Vater zu dienen, also gewissermaßen als Reichsverweser auftreten wolle«.

Ilsemann gegenüber äußerte er: »Mit Papa sind politische Dinge gar nicht zu besprechen, er will die Dinge nicht sehen.« Dem Konteradmiral von Levetzow gegenüber machte er sich Luft und sagte,

> »er habe erneut feststellen müssen, wie sehr I. M. den Papa belüge. Sie mache ihm vor, daß Hitler sich für die Rückkehr des Kaisers als Monarch einsetze, ihm, dem Kronprinz, habe der Naziführer gesagt, daß davon keine Rede sein könne«.[78]

Dabei übersah der Kronprinz offensichtlich, dass Hitler auch ihn nicht wieder als Monarchen einsetzen wollte. Was sich aus der Sicht des Kaisers aus dem Gespräch mit dem Kronprinzen ergeben hat, wurde von ihm in einer Notiz festgehalten:

> »Wenn Du diesen Posten übernimmst, so mußt Du den Eid auf die Republik schwören. Tust Du das und hältst ihn, so bist Du für mich erledigt. Ich enterbe Dich und schmeiße Dich aus meinem Haus heraus. Schwörst Du nur, um den Eid bei Gelegenheit zu brechen, so wirst Du meineidig, bist kein Gentleman mehr und für mich auch erledigt. Hohenzollern brechen ihren Eid nicht. Es ist ein Ding der Unmöglichkeit, daß die Hohenzollern über den republikanischen roten Ebertschen Präsidentenstuhl wieder zur Macht gelangen.«[79]

Der andere Konflikt, der 1932 die Autorität des Kaisers herausforderte, war mit dem politischen Engagement des Prinzen August Wilhelm gegeben. Den Nationalsozialisten ging es um den Einsatz aller Mittel, mit denen der Weg an die Macht gebahnt werden konnte: Die Integration eines Hohenzollernprinzen würde vielen Menschen konservativer Grundeinstellung den Entschluss erleichtern, die NSDAP zu wählen. Jetzt schien die Zeit reif, Prinz Auwi, wie der vierte Sohn des Kaisers im Propagandajargon genannt wurde, mit einem Reichstagsmandat zu versehen.

Der Hausobservanz entsprechend, fiel die Entscheidung nicht dem betroffenen Prinzen selber zu, sondern dem Kaiser als Chef des Hauses. Zu Anfang des Jahres 1932 erbat daher Prinz August Wilhelm von seinem Vater die Erlaubnis, sich als Reichstagskandidat der NSDAP aufstellen zu lassen. Nachdem er bereits 1928 die Erlaubnis erhalten hatte, Mitglied der SA zu werden, konnte mit der weitergehenden Zustimmung des Kaisers gerechnet werden.

Dem war zunächst aber nicht so. Der Kaiser nutzte vielmehr die sich bietende Gelegenheit zur Kontaktaufnahme mit Hitler. Zu diesem Zweck beauftragte er den Hausminister von Kleist, mit Hitler persönlich in Verbindung zu treten, um von Hitler zu erfahren, ob es im Interesse der Sache wirklich nötig sei, dass sein Sohn Prinz August Wilhelm für den Reichstag kandidiere. Die Begegnung kam zustande, bei der sich Hitler lebhaft für die Beteiligung des Prinzen aussprach. Aus der Retrospektive klingt es wie blanker Hohn, was Hitler dem Kaiser ausrichten ließ:

»Wie im Kriege, so gehörten auch jetzt die Kaisersöhne in die vorderste Kampflinie!«

Das blieb nicht ohne Eindruck auf den Kaiser. Am 12. Februar 1932 erteilte er die Genehmigung zur Kandidatur des Prinzen August Wilhelm für den Reichstag.

»Ah, guten Tag, Herr Volksredner«, so begrüßte er ihn, als der Prinz ihn am 3. Mai 1932 in Doorn besuchte.

Dass die Prinz August Wilhelm erteilte Erlaubnis zur Entfaltung politischer Aktivitäten in den Reihen der Nationalsozialisten in dem Restaurationskonzept des Kaisers eine Rolle spielte, findet seine Bestätigung in einem Schreiben des Kaiserlichen Hausministers von Dommes, der am 5. September 1932 dem ehemaligen Kaiserlichen Gesandten Dr. Kracker von Schwartzenfeld mitteilte:

»Es ist bekannt, daß Seine Majestät der Kaiser Sich jeder politischen Betätigung enthält, daß Seine Majestät gleichwohl die Vorgänge in der Heimat mit gespanntester Aufmerksamkeit verfolgt, ist selbstverständlich. Da ist es nur folgerichtig, daß Er der Entwicklung der machtvollen nationalsozialistischen Freiheitsbewegung das größte Interesse entgegenbringt, und es begrüßt, daß durch sie Millionen dem Marxismus entrissen sind. Aus diesem Grunde hat Seine Majestät auch den *Eintritt S. K. H. des Prinzen August Wilhelm in die nationalsozialistische Partei genehmigt. Der Prinz kämpft in ihr mit Leidenschaft für die Krone.* Ob und wie weit er sich durchsetzen kann, muß der Zukunft vorbehalten bleiben.«[80]

Als politische Orientierungshilfe von äußerst zweifelhaftem Wert hatte Kleists Besuch bei Hitler noch einen weiteren »Ertrag« erbracht. Kleist informierte darüber den Hofmarschall Graf Schwerin, der seinerseits Ilsemann ins Vertrauen zog. Dessen Tagebuchnotiz lautet:

»Kleist hat von Hitler einen guten Eindruck gehabt. Er sei bescheiden und vernünftig gewesen, vor allem habe sich Hitler für die Monarchie ausgesprochen, ja sogar für die Legitimität, soweit sie das Haus Hohenzollern betreffe. Auf Schwierigkeiten sei Kleist erst gestoßen, als er den Kaiser und den Kronprinzen nannte. Als Monarchen habe Hitler gegen beide Bedenken, da sie von der Masse abgelehnt würden. Im Ganzen aber ist der Hausminister sehr zufrieden mit dem Erreichten und betonte, das erste Ziel, den Einsatz der Nazis für die Monarchie, habe er schon vor längerer Zeit erreicht; das zweite, Anerkennung der Legitimität, sei jetzt gelungen; und nun werde er mit allen Segeln auf das dritte lossteuern: den Kaiser als Monarch! Allerdings habe Hitler auch betont, daß er keine absolute Gewalt über seine Anhänger habe. Er sei aber guten Mutes«. Der Kaiser und seine Gemahlin wurden durch Kleist in diesem Sinne orientiert – »wenn auch nicht restlos, vor allem wahrscheinlich nicht über die Bedenken der Nazis über die Person des Kaisers«! Der Irrtum, den diese politische Orientierung auslöste, bestand in neuen Aktivitäten der Kaiserin Hermine, die den Kaiser sich »nicht an dieses bequeme Leben und die Ruhe gewöhnen« lassen wollte; denn »es könne ja jetzt jeden Augenblick kommen, daß er nach Berlin zurückgerufen würde.«[81]

Der Ethnologe Professor Leo Frobenius hatte dem Kaiser im Frühjahr 1932 geschrieben:

»Mit erbarmungsloser Konsequenz vollzieht sich just in dieser Zeit das Schicksal der Völker. Vor unseren Augen zerfließt der starre Zerstörungswille von Versailles und der stolzen Institution von Genf wird der Untergang in Komik zuteil. Das Weltgeschehen hat Riesendimensionen angenommen, und wie in jedem bedeutungsvollen Drama wird der Szenenwechsel gegen Ende immer schneller.«[82]

Das waren prophetische Worte, die jetzt mit den Ereignissen in Deutschland ihre Bestätigung fanden. Am 30. Mai wurde das Kabinett Brüning gestürzt, Hindenburg ernannte am 1. Juni von Papen zum Reichskanzler. Am 14. Juni wurde das SA-Verbot aufgehoben. Am 20. Juli wurde die preußische Regierung Braun abgesetzt und Reichskanzler von Papen zum Reichskommissar ernannt.

»Preußens endgültige Zerschlagung durch den Nationalsozialismus begann am 20. Juli 1932, als der Reichskanzler v. Papen durch einen Staatsstreich die amtierende preußische Regierung von dannen jagte und sich zum Reichskommissar ernannte.«[83]

Wie in rauschhafter politischer Benommenheit erlebten weite Teile des deutschen Volkes diesen Weg; viele gaben sich der Hoffnung auf die Erfüllung eigener Wünsche hin. Das tat auch der Kaiser. Am 23. Juli 1932 besuchte ihn Admiral von Levetzow in Doorn, auch Hausminister von Kleist kam aus Berlin dazu. Beide Herren wollten, so war es jedenfalls Ilsemanns Eindruck, »den Kaiser in seinem Glauben an die Nazis weiter bestärken«. Ilsemann notierte:

> »Zum Grafen Schwerin hat Kleist sich heute über eine Rückkehr des Kaisers auf den Thron optimistischer denn je ausgesprochen. Hitler würde Ende August zum Kaiser kommen, um mit ihm über diese Fragen zu verhandeln. Hitler arbeite bereits an der Wiederaufstellung des Heeres und hat an aktiven, sofort aufzustellenden Truppen vierhunderttausend Mann vorgesehen. Die einzige Bedingung, die Hitler stelle, sei, daß er die Macht zunächst gänzlich in seine Hand bekomme. Auch Fragen wie Apanage des Kaisers als regierender Monarch usw. sind anscheinend zwischen Hitler und Kleist schon besprochen. Schwerin sagte: ›Nun weiß ich selber nicht mehr, was los ist. Ist das alles nur Spielerei oder ist es Ernst? Bei Kleist ist es jedenfalls bitterer Ernst.‹«[84]

Nicht nur Schwerin ging es so. Viele kannten sich nicht mehr aus und ließen sich beeindrucken; so viele, dass die NSDAP aus der Reichstagswahl am 31. Juli 1932 als stärkste Partei hervorging. Sie erhielt 13,7 Millionen Stimmen, während die DNVP nur 2,2 Millionen, die SPD 7,9 Millionen und die KPD 5,4 Millionen Stimmen zu verbuchen hatten.

Solange der Kaiser sich der Realisierung seines Wunsches nach Wiederherstellung der Hohenzollernmonarchie durch die Nationalsozialisten nahe sah, brachte er Hitler Sympathie entgegen. Mit dem Zerbrechen dieser Illusion wandelte sich das temporäre Wohlwollen in Reserviertheit und Gegnerschaft. Diese Entwicklung lässt sich an den nachfolgenden politischen Ereignissen verdeutlichen:

- Am 13. August 1932 verhandelte Hitler vergeblich mit Hindenburg wegen der Übernahme des Reichskanzleramtes. Hindenburg konnte Hitler jedoch nur das Amt des Vizekanzlers antragen, was dieser zurückwies.
- Am 12. September 1932 wurde der Reichstag wieder aufgelöst.
- Am 6. November 1932 wurde die fällige Reichstagswahl durchgeführt, bei der die NSDAP 34 Mandate verlor.
- Am 17. November 1932 trat Reichskanzler von Papen von seinem Amt zurück.

- Am 3. Dezember 1932 übernahm der bisherige Reichswehrminister General von Schleicher das Amt des Reichskanzlers und das des Reichskommissars für Preußen; das Amt des Reichswehrministers behielt er bei.
- Am 28. Januar 1933 wurde Schleicher als Reichskanzler gestürzt.
- Am 30. Januar 1933 beauftragte Hindenburg Hitler mit der Regierungsneubildung. Die Machtübernahme durch Hitler, die mit dem »Tag von Potsdam« am 21. März ihren Höhepunkt und mit dem Ermächtigungsgesetz des Reichstages für Hitler am 24. März ihren Abschluss erreichte, begann mit tumultuarischen Kundgebungen der NS-Formationen.

Den ersten vergeblich gebliebenen Versuch Hitlers, am 13. August 1932 an die Macht zu kommen, quittierte der Kaiser mit der Kritik, Hitler

> »hätte mit fünfzigtausend Nazis auf Berlin marschieren sollen, Hindenburg nach Hause schicken, und sich selbst die von ihm und den Nazis gewünschte Macht nehmen sollen. Die Reichswehr wäre demgegenüber machtlos gewesen. Jetzt laufe er Gefahr, daß sich seine Partei spalte, und viele zu den Kommunisten überlaufen. Wenn er statt dessen die Macht ergriffen und die Monarchie auf seine Fahnen geschrieben hätte, dann wäre er ein großer Mann!«

Für Hugenberg gelte das Gleiche: Wenn er die Monarchie als Parole für seine Partei ausgeben würde, dann hätte er den gewünschten Erfolg – »alles würde ihm zulaufen«.[85]

Die eine gewisse Distanzierung von Hitler verratende Kritik des Kaisers könnte, wie Ilsemann vermutet, auf den Einfluss des Referenten im Berliner Hausministerium Ulrich Frhr. von Sell zurückgehen. Er war nach Hitlers vergeblichem Versuch für drei Tage nach Doorn gekommen,

> »um den Kaiser vor den Nazis etwas zu warnen und auf Hugenberg hinzuweisen«.[86]

Damit sind die in ihrem politischen Urteil stark differierenden Kräfte benannt, von denen der Kaiser in die jeweils andere Richtung zu denken beeinflusst wurde: von Kleist und andere wiesen in pronazistische Bahnen, von Sell und andere in die antinazistische Richtung. Dazwischen stand Kaiserin Hermine, die von der Theorie nicht abzubringen war, die Restaurationswünsche seien am sichersten mit den Nazis, nicht gegen sie, zu verwirklichen. Ihre Versuche, Sell beim Kaiser zu verdächtigen, scheiterten. In diesem Fall ließ es der Kaiser sogar »zu einer recht scharfen Kontroverse« mit seiner Gemahlin kommen:

> »Der Kaiser verbat sich (am 26. August 1932) in scharfen Worten, daß sie Sell und seine anderen Herren immer wieder verdächtige. Sell sei einer seiner Besten und genieße sein volles Vertrauen.«[87]

Daraus ergibt sich eindeutig, dass sich der Kaiser keinesfalls den politischen Gedanken und Zielen Hitlers zu verschreiben gedachte, sondern auch in der für ihn verführerischen Situation, dem offenbar erfolgreich der Macht zustrebenden Hitler als Wegbahner zum Thron zu folgen, auf die Bewahrung nüchterner Kritik Wert legte.

Die politisch veränderte Situation nach der Auflösung des Reichstages, in der die Nazis an öffentlichem Ansehen Einbußen erlitten, hat auch dem Kaiser zu denken gegeben. Hofmarschall Graf Schwerin stellte am 28. September 1932 fest, der hohe Herr sei »jetzt ganz anders gegen die Nazis eingestellt«. Also machten sich von Kleist und Graf Schwerin auf den Weg nach Doorn, »um aufzuklären und den Kaiser umzustimmen«. Charakteristisch für die Haltung des Kaisers dürfte das Resultat der Gespräche bei Schwerin gewesen sein: Der war

> »entsetzt, wie schnell der Kaiser seine politischen Ansichten wechseln kann, und bedauerte die früheren Minister und Ratgeber«.[88]

Wie verändert die Einstellung des Kaisers zum Nationalsozialismus geworden war, dokumentiert am eindrucksvollsten ein Brief, den er am 17. September 1932 aus Zandvoort dem Kronprinzen schrieb.[89]

> »Zandvoort, 17. IX. 32.
>
> Mein lieber Junge!
> Von Herzen Dank für Deinen lieben eingehenden Brief über die Ereignisse im Vaterlande in den letzten vier Wochen, deren klare, verständige Beurteilung sich ganz mit der meinigen deckt.
> Peccatur intra et extra muros! Bei der Besprechung mit H. (Hitler) am 13.VIII. hat der F. M. (Feldmarschall) den unglaublichen Fehler gemacht ihm zu erklären: ›Er könne mit seinem Gewissen es nicht vereinigen, den Nazis die ganze

Macht anzuvertrauen!‹ Das war eine Beleidigung. Demgegenüber war zu antworten: ›Euerer Exzellenz Gewissen gestattete Ihnen, die ganze Macht viele Jahre lang dem Reichs- und Hohenzollernfeindlichen mit Roten Socis, Radikalen, Juden und Bolschewiki verbündeten Centrum frei zu überlassen und es zu dulden, daß diese Verbrecher das Land in Grund und Boden ruinierten und jede nationale Regung erstickten oder bekämpften. Nunmehr kann wohl Ihr Gewissen sich der Nationalen Bewegung zuwenden! Die ja siegreich aus den Wahlen hervorging!‹
Die Vorgänge im Reichstage waren erstens unwürdig, zweitens lächerlich, drittens absolut revolutionär! Ebenso die weiteren politischen Tänze des ehemaligen Reichstagspräsidenten!

(In einer Fußnote fügte der Kaiser die Bemerkung hinzu: »Nehring hat in D. Z. [Deutsche Zeitung] einen prachtvollen Artikel geschrieben.«)[90]

Es erfüllt mich mit tiefer Betrübnis und Sorge, mit welcher bodenlosen Gewissenlosigkeit die demagogischen Führer der Nazis dabei sind, das in ihrer nationalen Bewegung gesammelte Kapital nationaler Energien sinnlos zu verwirtschaften!
Es kommt vor allem darauf an heute mit allen Mitteln die nationale Bewegung zu fördern. Es müssen gerade die auch heute noch in der Nazi-Partei vorhandenen starken nationalen Kräfte aus einem ganz unverantwortlichen demagogischen Getriebe einiger Führer und Redner herausgerettet und hinter die nationale Regierung geführt werden. Die Weigerung Hitlers[91] war ein furchtbarer Bock, den er schoß, und eine schwere Enttäuschung für die national denkenden Kreise im Volk. Er hat nicht den geringsten politischen ›flaire‹ noch Geschichtskenntnis; sonst müßte er wissen: ›Wer Preussen hat, hat das Reich! Erst Preussen sauber und in Recht, Ordnung, Gehorsam und Disziplin und Wehrhaftigkeit bringen, dann das Reich!‹ Also das ihm gemachte Angebot befähigte ihn nach einigen Monaten durch seine Stellung in Preussen den Ausschlag im Reich zu geben! Er ist kein Staatsmann, darum unterliegt er dem Druck der Extremisten in seinem Gefolge, und verpaßte den Augenblick.[92] Diesem Augenblickdemagogentum muß unser Haus eine feste, geschlossene Einheitsfront gegenüberstellen, die sich nach außen hin klar und unmißverständlich dokumentiert; an sie können sich dann die eventuell unsicher oder ratlos gewordenen nationalen Elemente aus allen Kreisen ralliieren.[93] Daher freue ich mich, daß Deine Ansichten mit den meinen übereinstimmen.

Die gute Madame Herrlot hat mir auf ihrer Yacht einen afternoontea gegeben, dazu den Tisch mit Kornblumen geschmückt: ›Car c'est la fleur de L'Empire!‹ Zum Hirsch in Rominten Waidmannsheil! Grüß mir mein liebes Rominten und die Förster! Sei vorsichtig, schieß keine Zukunftshirsche und nichts zu Holz.
Grüße an Alle, beste Glückwünsche an Cecilie.
Dein treuer Papa
(gez.) Wilhelm«[94]

Dieser Brief des Kaisers an den Kronprinzen vom 17. September 1932 geriet in die Hände Görings. Die Information, die Ilsemann darüber am 1. Oktober 1932 telefonisch aus Berlin erhielt, wurde von Graf Schwerin eingeleitet mit dem Ausruf: »Hier ist der Deiwel los«! Göring habe sich, so erfuhr Ilsemann, »aufs hohe Roß« gesetzt und erklärt, »er habe jetzt gerade die Absicht gehabt, zu Hitler zu fahren, um mit diesem die Frage der Monarchie im Interesse des Kaisers zu klären; das käme nun nicht mehr in Frage«. In der Umgebung des Kaisers und besonders bei seiner Gemahlin herrschte helle Aufregung.

Der Versuch, den Kaiser zu einem erklärenden Schreiben an den Kronprinzen zu bewegen, schlug fehl. »I stick to my letter«, lautete dessen entschlossene Antwort.[95] Damit war ein hausinterner heftiger Konflikt ausgelöst worden, der bis zur Entlassung Kleists aus den kaiserlichen Diensten führte.

Bevor es dazu kam, wurde der Kaiser mit einem Schreiben des Kronprinzen vom 1. Oktober 1932 über einen Briefwechsel unterrichtet, den der Kronprinz Ende September mit Hitler geführt hatte. Die Dokumente, die den Herausgebern der bereits angeführten DDR-Publikation nicht zugänglich gewesen waren, haben folgenden Wortlaut:

»Potsdam, Cecilienhof, den 1. Oktober 1932.

Lieber Papa!
Anbei erlaube ich mir Dir die Abschrift eines Briefwechsels zwischen mir und dem Führer der N.S.D.A.P. Herrn Adolf Hitler zu übersenden, da ich annehme, daß derselbe Dich interessieren wird. Ich war, wie Du aus dem Inhalt meines Briefes ersehen wirst, bestrebt, noch in letzter Stunde irgendeinen Ausgleich zwischen der Regierung und der N.S.D.A.P. herbeizuführen. Wenn derselbe auch augenblicklich gescheitert ist, so gebe ich dennoch die Hoff-

nung nicht auf, daß zu irgendeinem Zeitpunkt die Fäden wieder geknüpft werden können und der unheilvollen Zerklüftung im nationalen Lager damit ein Ende bereitet wird. – Der arme Oskar scheint wieder eine recht unangenehme Herzattacke gehabt zu haben, die sich aber nach meinen letzten Nachrichten wieder gebessert haben soll. – Cecil ist mit Hubertus in Gelbensande. Ich schoß beim Fürsten Solms in Klitschdorf 4 gute Hirsche. 1 kapitalen Hirsch, den der Fürst extra für mich reserviert hatte, erlegte mein dicker Bruder Fritz. Ich gönne ihn ihm aber von Herzen.
Heute abend werde ich von Deiner gütigen Erlaubnis Gebrauch machend nach Rominten abfahren und Dir dann anschließend über meine Eindrücke dort berichten.
In der Hoffnung, daß Du dort dasselbe schöne Wetter jetzt genießen kannst wie wir in den letzten Tagen hier, bin ich mit den herzlichsten Grüßen auch an Hermo
Dein stets getreuer Sohn
Wilhelm«

»Potsdam-Cecilienhof, den 25. IX. 1932.

Lieber Herr Hitler!
Sie haben es als eine Kränkung und Ungerechtigkeit empfunden, daß der Herr Reichspräsident Ihnen nicht den Kanzlerposten angeboten hat. Sie haben das Amt des Vizekanzlers verbunden mit dem Posten des Preussischen Ministerpräsidenten abgelehnt. Über diese Fragen zu diskutieren, ist nicht die Absicht dieser Zeilen. Sie wissen, wie ich persönlich Sie verehre. Das habe ich auch bei der Reichspräsidentenwahl öffentlich durch meine Kundgebung bezeugt. Sie wissen auch, daß ich stets an einer Verständigung zwischen N.S.D.A.P., Stahlhelm und D.N.V.P. energisch mitgearbeitet habe. So glaube ich, lieber Herr Hitler, nicht nur das Recht, sondern auch die Pflicht zu haben, sagen zu müssen, daß die Entwicklung der Dinge in der letzten Zeit mich mit schwerer Sorge für unser Volk und Vaterland erfüllt. Die immer schärfer werdende Oppositionsstellung, in welche die N.S.D.A.P. sich gegen die Regierung begibt, muß zu einer weiteren Zerklüftung und Verhetzung unseres armen Volkes führen. Letzten Endes haben die Gegner Ihrer Bewegung davon den Vorteil und Nutzen. Gerade in diesen Tagen sind mir so sehr viele Zuschriften aus den Kreisen zugegangen, die nicht nur Ihrer Bewegung sympathisch gegenüberstehen, sondern auch von denen, die bei den letzten Wahlen Ihrer Partei die Stimme gegeben haben; sie sind erschüttert und verzweifelt über den Lauf

der Dinge. Ich werde geradezu beschworen, vermittelnd zu wirken, damit dieser unheilvollen Entwicklung ein Ende bereitet wird. Ich brauche nicht zu betonen, daß es sich keineswegs um parteipolitische Einflüsse handelt, sondern daß es die Sorge von Persönlichkeiten ist, die nach dem Vorbild unseres Großen Königs in erster Linie unserem Volk und Vaterlande dienen wollen.
Und so möchte ich nach einem Ausweg und nach einer Verständigung suchen helfen, damit sie Ihre so wundervolle Bewegung aus der unfruchtbaren Oppositionsstellung wieder herausbringen. Daß von den maßgebenden Regierungsstellen eine solche Verständigung begrüßt werden würde, glaube ich sagen zu können. Vielleicht ist eine solche Verständigung möglich auf dem Wege, daß Sie zunächst einen Appell an die N.S.D.A.P. richten in dem zum Ausdruck käme, daß Sie zwar die Regierung Papen aus bestimmten sachlichen Gründen bekämpfen, daß Sie und Ihre N.S.D.A.P. aber geschlossen hinter den nationalen Forderungen der Gleichberechtigung und des Rechts auf eigene Rüstung ständen. Dem Auslande gegenüber würde das einen ungeheuren Eindruck machen und der Regierung gegenüber wäre eine Brücke geschlagen und der Weg für neue Verhandlungen geebnet.
Lieber Herr Hitler! Lassen Sie die vielen Menschen, die Ihre Bewegung aus tiefstem Herzen begrüßen und unterstützen, nicht wankend und irre werden an dem Glauben, daß Sie und Ihre Bewegung sich als oberstes Ziel gesetzt haben: Alles für das Vaterland! Stellen Sie bitte persönliche Empfindungen zurück und führen Sie diese herrliche nationale Bewegung hinein in fruchtbringende Arbeit! Irgendwelche parteipolitische taktische Gründe können und dürfen dem nicht entgegenstehen. Sie wissen, daß ich immer ehrlich und aufrichtig meine Meinung vertreten habe. Bitte lassen Sie sich meine Gedanken einmal durch den Kopf gehen und schreiben Sie mir Ihre Ansicht darüber. Sollte Ihnen aber auch dieser Weg zur Verständigung nicht gangbar erscheinen, so bitte ich Sie im Interesse unserer nationalen Sache wenigstens darum, der SA und SS nicht zu gestatten, sich mit dem Stahlhelm in eine Fehde einzulassen. SA, SS und Stahlhelm sind die Träger des Wehrgedankens und als solche dürfen sie sich nicht bekämpfen zur Freude von Reichsbanner und Rotmord.
Mich mit Ihnen eins wissend in dem Bestreben, nur und allein dem Deutschen Volke dienen und helfen zu wollen schließe ich mit den herzlichsten Grüßen und den Worten:
›Ich bin geboren, deutsch zu fühlen,
Bin ganz auf deutsches Denken eingestellt,

Erst kommt mein Volk, dann all die andern Vielen,
Erst meine Heimat, dann die Welt!!‹
In alter Gesinnung
Ihr ergebener
gez. Wilhelm«

»Adolf Hitler München, den 28. 9. 1932.
Braunes Haus

Euere Kaiserliche Hoheit!
Für den Brief, den Euere Kaiserliche Hoheit geruhten, unterm 25. 9. an mich zu richten, möchte ich gleich eingangs meiner Beantwortung den aufrichtigsten Dank aussprechen. Ich weiß, daß Euere Kaiserliche Hoheit ebenfalls von tiefster Sorge für das Schicksal und die Zukunft unseres deutschen Volkes erfüllt sind. Der Brief selbst ist ja nur ein Beweis dafür. Dieselbe Sorge und Besorgtheit hat auch mich seit meiner Jugend in meinem ganzen Denken und Handeln beherrscht. Die schwersten Entschlüsse meines Lebens entstammen ihr. Ich darf daher Euerer Kaiserlichen Hoheit versichern, daß es in meinem politischen Handeln persönliche Kränkungen oder das Gefühl einer mir persönlich widerfahrenen Ungerechtigkeit als Grund für irgendeinen Entschluß oder eine Handlung überhaupt nicht geben kann. Der Herr Reichspräsident von Hindenburg kann mich persönlich weder kränken noch ungerecht behandeln. Ich habe mir mein ganzes Leben selbst gebaut und alles, was ich bin und besitze, selbst erarbeitet. Als ich 17 Jahre zählte, wäre es mir möglich gewesen, durch Inanspruchnahme eines Stipendiums meinen Studien zu obliegen. Es hätten auch sehr wohl Verwandte für mich gesorgt. Ich war aber viel zu stolz, um jemals eine solche Hilfe in Anspruch zu nehmen. Ich zog es damals vor, mir in 13- und 14-stündiger Arbeitszeit auf dem Bau als gewöhnlicher Arbeiter lieber die Hände blutig zu schinden, als daß ich jemandes Gnade oder Hilfe in Anspruch genommen hätte. Die Verdienste des Generalfeldmarschalls um Deutschland sind mir bekannt. Sie liegen in der Vergangenheit. Der Abschluß dieser Vergangenheit aber war die Revolution. Ich selbst bin der Führer der nationalsozialistischen Bewegung. Daß diese Bewegung besteht, ist ausschließlich mein Verdienst. Welche Verdienste sich die Bewegung in der Zukunft um Deutschland erwerben wird, kann nicht durch Herrn von Hindenburg beurteilt oder gar entschieden werden! Welche Stellung ich einmal einnehme, desgleichen nicht! Denn daß ich nicht irgendeine Stellung in meinem Leben durch irgendeine Förderung von Seiten des Herrn General-

feldmarschalls erreicht habe, kann wohl nicht bestritten werden. Was ich heute bin, bin ich durch mich und was ich in der Zukunft sein werde, desgleichen. Ich habe einst meine Arbeit begonnen in der Zeit, da der Generalfeldmarschall von der Bühne seines Wirkens abgetreten war. In diesen 13 Jahren Kampf ist mir nie etwas von irgendeiner Förderung seitens des Generalfeldmarschalls oder seitens seiner Kreise bekanntgeworden. Im Gegenteil, ich habe alles gegen die von ihm beschirmte Politik bitter schwer genug erkämpfen müssen. Herr von Hindenburg kann mich daher auch heute nicht kränken, wenn er seine mir bekannte politische Linie weiter fortsetzt. Euere Kaiserliche Hoheit, ich habe daher das Angebot, an einer Regierung Papen teilzunehmen, nicht zurückgewiesen, weil ich das Nichtantragen des Reichskanzlerpostens als eine Kränkung oder Ungerechtigkeit empfunden hätte, sondern weil die nationalsozialistische Partei entweder die Verantwortung für irgendeinen Vorgang übernehmen kann oder eben nicht kann. Wenn Herr von Hindenburg überzeugt ist oder zur Überzeugung gebracht worden war, daß der Nationalsozialismus und in Sonderheit ich zur Regierung nicht fähig sind, dann ist das natürlich seine persönliche Angelegenheit, die er mit seinem Gewissen und seiner Einsicht abzumachen hat. Ebenso ist es aber auch Angelegenheit meiner Einsicht und meines Gewissens, zu prüfen, ob die Herren der derzeitigen Reichsregierung zu regieren fähig seien. Und ich beantworte diese Frage mit einem glatten Nein. Ich darf Euerer Kaiserlichen Hoheit folgende Versicherung geben: Wenn dieses Kabinett Papen auch nur 6 Monate in Deutschland weiterregiert, wird der Marxismus wieder als restlos saniert angesehen werden können. Ich habe nun nicht 13 Jahre gearbeitet, um einen in meinen Augen verbrecherischen Wahnsinn zu unterstützen, sondern um den Wahnsinn aus Deutschland auszurotten. Ich gehöre dabei nicht zu jenen Menschen, die in solchen Dingen Halbheiten begehen, sondern zu denen, die eine einmal erkannte Gefahr rücksichtslos und unbarmherzig bekämpfen. Es ist dabei ohne jeden Einfluss die Erwägung, ob man es nicht vielleicht im Falle eines Kompromisses leichter haben könnte, als wenn man den klaren Weg des Kampfes wählt. Ich ziehe es vor, wenn notwendig 5 und wenn notwendig 10 Jahre mit dem Blick in die Zukunft zu fechten, als auch nur einmal wider meine Ansicht zu handeln, nur um durch einen momentanen Kompromiss Ruhe oder Frieden zu bekommen. Solche Erwägungen sind für mich umso belangloser, als mein Leben ja ohnehin ganz in den Händen der Vorsehung liegt und bei der Art meines Kampfes und bei dem Grade der Verhetzung meiner haßerfüllten Feinde ich an sich jede Stunde mit meinem Ende rechnen muss!

Weshalb ich die Regierung Papen für das unheilvollste Verhängnis ansehe, werde ich in einer Anzahl größerer Publikationen der Öffentlichkeit gegenüber vertreten. Ich will mir dann in Ergebenheit erlauben, Euerer Kaiserlichen Hoheit diese Schriften zuzusenden.
Euere Kaiserliche Hoheit bemühen sich, einen Weg zu suchen und zu finden, der zwischen der Regierung Papen und mir eine Verständigung ermöglichen könnte, um die Bewegung aus ihrer unfruchtbaren Opposition zu erlösen. Euere Kaiserliche Hoheit, wenn ein schlechtes Regiment regiert, dann war zu allen Zeiten das Fruchtbarste, was getan werden konnte, zu diesen Männern in Opposition zu treten. Ich selbst setze ja nur fort, was ich 13 Jahre lang getan habe, genau so wie die Regierung Papen auch nur fortsetzt, was 13 Jahre lang vor ihr geschah: nämlich jene Politik der Halbheit und der Schwäche, der Unentschlossenheit, vor allem aber die Politik der Unkenntnis darüber, daß ohne das Fundament einer neuen tragenden Weltauffassung jegliche Regiererei eines Tages ihr Ende findet in der Gedankenwelt, die als Marxismus anstelle der heutigen bürgerlichen Zerfahrenheit wieder ein weltanschauliches System setzt. Allerdings ein System, dessen verderbliche Auswirkungen für unser Volk Euere Kaiserliche Hoheit genau so beurteilen wie ich selbst. So sehr ich daher den besten Willen Euerer Kaiserlichen Hoheit, hier zu helfen, anerkenne, so sehr gebietet mir meine Einsicht, den Kampf gegen dieses politische Husarenstück ohne jede Einschränkung und ohne jedes Zögern und ohne jede Halbheit durchzuführen. Würde ich anders handeln, wäre am Tage des Zusammenbruchs dieses lächerlichen Interims der Marxismus ausschließlicher Sieger. Da ich selbst mit meiner Organisation diesen Wahnsinn aber nicht mitmache, werden, so Gott will, dann wir die Sieger sein. Die Zeit spielt, wie ich dabei schon betonte, keine Rolle. Immer noch besser, heute den Entschluss, der in 10 Jahren die sichere Rettung verbürgt, als ein Kompromiß, das in drei Jahren in der sicheren Vernichtung endet!
Außenpolitisch braucht die nationalsozialistische Bewegung nicht hinter die Reichsregierung zu treten. Es wäre ja überhaupt deren gesamtes außenpolitisches Programm nicht einmal in der Aufstellung denkbar, wenn es keine nationalsozialistische Bewegung gäbe. Hier konnte also bloß die Regierung hinter unsere Forderung treten bzw. sie sich zu eigen machen. Die Art der taktischen Behandlung dieser Probleme könnte einen allerdings vor Zorn und Empörung über soviel Dilettantismus zum Himmel aufschreien lassen. Auch hier wird ein nationales Kapital von Männern vertan, die es wahrhaftigen Gotts nicht geschaffen haben. Gerade aus außenpolitischen Erwägungen

heraus sehe ich keine Möglichkeit, die nationalsozialistische Bewegung mit einer Regierung zu identifizieren, die Deutschland in fliegender Eile in eine neue Weltisolierung hineinsteuert. Ich bin daher, so leid es mir auch im Innern sein mag, gezwungen, im Interesse der Zukunft dessen, für das wir seit 13 Jahren gefochten haben, gegen die Regierung von Papen Stellung zu nehmen. Ich bedauere dabei aufrichtigst, daß gerade der Stahlhelm durch seine Unterstützung dieser Regierung eine Handlung vollzog, die seinen leitenden Männern heute wohl als der höchsten politischen Weisheit tiefster Ausdruck erscheinen mag, die aber in sehr kurzer Zeit als Wahnsinn offenbar sein wird. Gerne bin ich bereit, Euere Kaiserliche Hoheit, alles zu tun, um eine Fehde mit dem Stahlhelm zu vermeiden, fürchte aber, da nun einmal die Deutschnationale Volkspartei und der Stahlhelm das Kriegsbeil gegen mich ausgegraben haben, dass ein solcher Versuch an der Härte der Tatsachen scheitern wird. Ich habe das so kommen sehen, ich habe genügend davor gewarnt, ich kann aber nun allein nicht die Folgen verhindern. Euerer Kaiserlichen Hoheit in immer gleicher Ergebenheit und tiefster Verehrung

gez. Adolf Hitler«[96]

Als der Kaiser diese Schriftstücke am 4. Oktober 1932 eingesehen hatte, teilte er den bei ihm diensttuenden Herren mit, Hitler habe auf einen sehr ernsten Brief des Kronprinzen »in unerhörter Weise« geantwortet. »Daraus sei zu erkennen«, so kommentierte der Kaiser das Schreiben Hitlers,

»daß Hitler nur an sich selbst denke, daß er vom Größenwahn befallen und geistig, ähnlich wie Ludendorff überspannt sei. Das Wort ›Monarchie‹ habe er überhaupt nicht erwähnt.«

Der Kaiser ließ sich nun »in sehr scharfer Form« über Hitler und die Nazis aus und bat die Herren in das Turmzimmer, wo er ihnen beide Briefe vorlas. Ilsemann berichtet:

»Als der Kaiser geendet hatte, sagte er: ›Und nun meine Herren, möchte ich Ihre Ansicht zu diesen Briefen hören.‹ Er fragte einen nach dem anderen von uns, aber das, was er hören wollte, sprach niemand aus, nämlich, daß nur er noch jetzt in der Lage sei, die Zügel der Regierung zu ergreifen, um das Vaterland zu retten. Allerdings äußerte er dabei, daß es eine fast unmögliche Aufgabe sei, diese verworrenen Zustände zu Hause wieder in Ordnung zu bringen. Die fast einstündige Zusammenkunft wurde damit beschlossen, daß S. M. sagte: ›Hugenberg müsse diesen Augenblick benutzen, um das Kaiserpanier aufzupflanzen, jetzt oder nie wäre seine Stunde gekommen. Er würde jetzt allen Menschen, die bisher für Hitler ihre Stimme abgegeben haben, sagen, daß sie deutschnational wählen müßten.‹«

Ilsemann meinte dazu:

»Das, was einmal eintreten mußte, ist nun geschehen: der Kaiser hat erkannt, daß er bei den Nazis auf das falsche Pferd gesetzt hat, daß Kleist, Levetzow und Grancy ihn falsch beraten haben. Er ist um eine Enttäuschung reicher.«[97]

Wie es schien, hatte auch aufseiten der Nazis die Konfrontation einen vorher möglicherweise erkennbaren Willen zur Kooperation mit den Hohenzollern besiegt. Nach dem Bekanntwerden der negativen Einstellung des Kaisers zu den Nationalsozialisten aus seinem Brief an den Kronprinzen vom 17. September 1932 war an die Verwirklichung der Restaurationsbestrebungen des Kaisers mit Hitlers Hilfe nicht mehr zu denken.

Zunächst aber galt es, hausinterne scharfe Auseinandersetzungen auszutragen. Freilich ist die Frage, auf welche Weise der Brief des Kaisers an Göring gelangen konnte, bis heute nicht geklärt. Zwischen den pro- und antinazistisch eingestellten Gruppierungen in der Umgebung des Kaisers wurde von nun an ein Machtkampf ausgetragen.

Aktivitäten der Gemahlin des Kaisers zur Eingliederung der Hohenzollern in die vom Nationalsozialismus bestimmte Gesellschaft

Nach dem frühen Tod der Kaiserin Auguste Viktoria wurde die zweite Gemahlin Wilhelms II. durch ihre Einflussnahme auf die Meinungsbildung des Kaisers zu einer wichtigen Schlüsselfigur. »Kaiserin Hermine«, wie die aus dem Fürstenhause Reuß stammende Witwe des Prinzen Johann Georg von Schönaich-Carolath-Beuthen nach ihrer Verehelichung mit dem Kaiser am 5. November 1922 genannt wurde, sprach mit unüberhörbarer Bewunderung von den Nationalsozialisten. Das tat sie bereits zu einer Zeit, als der Kaiser das Scheitern des Hitler-Putsches in München noch mit einem verächtlichen Satz quittierte.

Bereits in der Kampfzeit der nationalsozialistischen Bewegung trat sie mit Hitler in persönlichen Kontakt. Sie erschien uneingeladen beim Reichsparteitag in Nürnberg im Februar 1929. Prinz August Wilhelm war bekannt, dass sie bei dieser Gelegenheit Hitler die Frage gestellt hatte, ob er den Kaiser und sie wieder nach Deutschland bringen könne. Der Prinz wusste auch, dass Hitler ihre Frage verneint hatte![98]

Kaiserin Hermine bekundete bald ein lebhaftes politisches Interesse. Sie war in der Lage, den Kaiser eingehend zu unterrichten, und dies um so besser, als sie sich für längere Zeit in Berlin aufhalten konnte. Sie wohnte dort im Kaiser-Wilhelm-Palais und unterhielt Kontakte zu Literaten und Journalisten sowie zu Persönlichkeiten aus Politik und Wirtschaft.[99]

Mit dem Schriftsteller Rudolf Presber unterhielt sie besonders gute Beziehungen. Presber, geboren 1868 in Frankfurt am Main als Sohn eines Lehrers, hatte nach dem Studium der Philosophie, Literatur- und Kunstgeschichte seinen Weg als Redakteur des »Frankfurter Generalanzeigers« begonnen. Von 1898 an lebte er in Berlin, wo er als Schriftleiter der »Lustigen Blätter« und dann als Chefredakteur von »Über Land und Meer« tätig war. Als Kaiserin Hermine mit ihm in Verbindung trat, galt er als national gesinnter Schriftsteller, der sich mit zumeist humorvollen Novellen, Romanen und Lustspielen einen Namen gemacht hatte. Schon im ersten unter den im Hausarchiv aufbewahrten Briefen an Presber, geschrieben in Haus Doorn am 5. März 1932, nahm Kaiserin Hermine auf ein Bühnenwerk Bezug, das Presber zusammen mit Leo Walther Stein verfasst hatte: »Die Ballerina des Königs«. Ihr zustimmendes Urteil kleidete sie in den Wunschgedanken: »Wie schön wäre es, wenn Ihre ›Ballerina‹ durch ganz Deutschland ziehen würde!« Sie teilte ihm mit, sie werde dieser Tage nach Berlin fahren und hoffe sehr, ihn dort zu sehen: Ich »wäre für einen literarischen Presber-Abend im Palais sehr dankbar. Wollen Sie aus Ihren Werken, ernst und heiter, vorlesen, alles Nähere mit Mueldner besprechen. Ich dachte Sie für einen Abend zum Essen und die Gäste für später zu bitten.«[100] Ein halbes Jahr später, am 28. Oktober 1932, lobte sie »das erschütternde Buch« von Dwinger, »Wir rufen Deutschland!« Sie habe, schrieb sie Presber, »dieses fabelhaft inhaltsreiche, auch wertvolle Buch« soeben gelesen. Auch Sudermanns Briefwechsel erwähnte sie in diesem Zusammenhang.[101]

Rudolf Presber unterhielt auch mit Prinz August Wilhelm Kontakte (siehe S. 169). Das dürfte Kaiserin Hermine nicht unbekannt geblieben sein. Jedenfalls hielt sie ihm gegenüber mit ihrer politischen Meinung nicht hinter dem Berg. Vor der Machtübernahme Hitlers klagte sie im Brief vom 5. März 1932 über die Regierung der Weimarer Republik:

> »Man kann doch wahrhaftig dieses System nicht länger stützen … Die ganze Lage ist einfach entsetzlich!«

Nach der Machtübernahme wollte sie Presber unverblümt auf ihre Linie einschwören und schrieb ihm am 19. Mai 1933:

> »Es würde mich sehr interessieren zu erfahren, wie Sie zu der heutigen Regierung stehen, der ersten nationalen Regierung seit 18, eigentlich brauchte ich ja wohl diese Frage gar nicht zu stellen?«[102]

Aus dem Jahre 1932 liegt ein Zeugnis vor, durch das ihre Anhängerschaft zu Hitler und zur NS-Bewegung schon vor der Machtübernahme Hitlers bestätigt wird: Oberst Eberhard von Selasen-Selasinsky war vom Kronprinzen gebeten worden, dem Kaiser einen Brief im Zusammenhang mit den Plänen seiner Reichspräsidentschaftskandidatur 1932 zu überbringen. Kaiserin Hermine verweigerte ihm den Zutritt zum Kaiser und verlangte die Aushändigung des Schreibens des Kronprinzen an sie. Der Oberst fertigte über seine gescheiterte Mission eine Niederschrift an, in der es u. a. heißt:

> »Eines aber war mir während der langen, erregten Auseinandersetzung erschreckend klar geworden, daß die Kaiserin Hermine in Hitler die Zukunft Deutschlands sah und vollstens ihm vertraute. Sie schien fest davon überzeugt, daß, wenn er die Macht in Deutschland in Händen habe, es nur eine Frage kurzer Zeit sei, ihren Gemahl auf den angestammten Platz zurückkehren zu sehen. Gleichfalls … hatte ich den Eindruck gewonnen, in ihr eine überzeugte Anhängerin des Nationalsozialismus vor mir zu haben.«[103]

Von einem ihrer Aufenthalte in Berlin 1933 zurückgekehrt, vertrat sie die Überzeugung, dass die monarchische Bewegung große Fortschritte mache. Sie war sehr davon beeindruckt, dass man ihr in Berlin sogar eine besondere Polizei-Abteilung zur Verfügung gestellt hatte.[104] Gespräche mit Franz von Papen und mit mehreren anderen politischen Führern in Berlin vermittelten ihr neue Orientierungshilfen. Am 5. April 1933 gab sie Ilsemann unter vier Augen ihre Eindrücke wieder, der diese so festhielt:

> »Hitler sei ein verständiger, ruhiger Mann, den seine Partei selber gerne zum Kaiser krönen möchte, aber er wolle das nicht und er dächte nur an den Kaiser als Monarchen … Der Naziführer Röhm habe zu Grancy gesagt, daß wir im Herbst die Monarchie haben würden. Das scheint die Hoffnung von I. M. am meisten geschürt zu haben!«[105]

Dass Kaiserin Hermine durch Grancy mit dem SA-Stabsschef Röhm eine Sonderpolitik treibe, äußerte Sell, der Referent des Hausministeriums in Berlin, gegenüber dem Kaiser.[106] Wenige Wochen später konnte Ilsemann feststellen, dass sie den Kaiser für Hitler und die Nationalsozialisten zu gewinnen begann. Ilsemann meinte:

> »I. M. hat den Kaiser seit ihrer Rückkehr ganz zu Hitler und den Nazis bekehrt, das merkt man täglich an seinen Äußerungen, besonders erfreut ist der Kaiser daß der Stahlhelm jetzt Hitler unterstellt würde.«[107]

In der Umgebung des Kaisers wurde beobachtet, dass solche Gedanken tatsächlich aufkamen und dass sie auf Kaiserin Hermines Einfluss zurückzuführen waren. Der Flügeladjutant und Referent im Hausministerium in Berlin, Major Ulrich Freiherr von Sell, verschwieg sein Bedauern darüber nicht. »Ganz traurig über die politischen Äußerungen des Kaisers«, meditierte er über die von ihm für unwahrscheinlich gehaltene Möglichkeit der Rückkehr des Kaisers auf den Thron mit der Einschränkung,

> »der Kaiser könne aber nur regieren, wenn er eine ganz starke Persönlichkeit neben sich habe, die auch in der Lage sei, die Machenschaften von I. M. auszuschalten«.[108]

Bald erkannte auch der Kaiser die Problematik der politischen Aktivitäten seiner Frau, wie eine Äußerung vom 29. Mai 1933 belegt:

> »Das Wetterglas bei meiner Frau steht mal wieder auf Sturm! Sie ist in einem Zustand, der ganz unerträglich ist! Politisch meint sie es ja gut, es kann ihr

nicht schnell genug gehen, daß ich auf den Thron zurückkomme, aber auf ihrem Weg erreichen wir es nicht. Sie läuft den Nazis nach und macht alle möglichen Dinge in Berlin und von hier aus schriftlich, die eher schaden als nutzen … Ja es ist schon traurig, daß I. M. mir das Leben hier so schwer macht. Ich habe doch wirklich schon genug Sorgen!«[109]

Sie lief in der Tat den Nazis buchstäblich nach, immer mit dem Ziel im Auge, auf dem Weg über Hitler die Rückkehr des Kaisers auf den Thron zu erreichen. Bezeichnend ist die von ihr inaugurierte Anregung an die Herrn der persönlichen Umgebung des Kaisers:

»Alle Herrn müssen es vermeiden, dem hohen Herrn Ungünstiges über die Nazis zu berichten.«[110]

Kaiserin Hermine fand Unterstützung ihrer Bemühungen, den Kaiser für die Nazis günstig zu stimmen, bei Alexander Freiherr von Senarclans-Grancy, dem Flügeladjutanten des Kaisers, aber auch bei Oberst Leopold von Kleist, dem kaiserlichen Hausminister in Berlin, und bei dem Admiral a. D. Magnus von Levetzow. Grancy verfasste Denkschriften im Auftrage der Kaiserin Hermine, in denen er dazu aufforderte, der Kaiser müsse dahingehend beeinflusst werden, zu erkennen, dass er nur über Hitler auf den Thron zurückkehren könne. Deshalb sollte er »Hitler insgeheim einen Vertrauensbeweis zukommen« lassen. In einer anderen Denkschrift ging es ihm darum, dem Kaiser einsichtig zu machen, »das S. M. sich nicht so scharf über die NSDAP und deren Führer äußern dürfe«. Den Kaiser konnten alle diese Versuche nicht umstimmen. Er äußerte gegenüber Ilsemann,

»daß Grancy alles, was die Nazis jetzt täten, verteidige und selbst für alle ihre vielen Fehler Entschuldigungen hätte. Man könne daraus sehen, daß er dann doch nicht preußisch fühlen und denken könne«.[111]

Den Gedanken, Hitler einen Vertrauensbeweis des Kaisers durch einen Herrn seiner Umgebung persönlich überbringen zu lassen, äußerte Kaiserin Hermine auch weiterhin mehrmals. Sie erreichte im Grunde nichts beim Kaiser. Seine Geringschätzung des »Führers« beleuchtete das folgende Erlebnis des Generalleutnants Karl Graf von der Goltz, der, feierlich angesagt, im November 1933 in Doorn erschien: »Na, Karlchen, wie geht's denn, und was hast du mir zu berichten?«, begrüßte ihn der hohe Herr. »Sehr Unangenehmes für mich, Euer Majestät«, antwortete der General. »Ich bin von monarchischen Kreisen ersucht worden, bei Euer Majestät vorstellig zu werden, ob Majestät nicht Fühlung mit Hitler aufnehmen möchten?« »Weiter ist es nichts?«, sagte lachend S. M. »Na, dann wollen wir man erst mal frühstücken«, und schob den Grafen ins Esszimmer.[112] Wenn man bedenkt, dass diese Art der Geringschätzung den von Millionen Deutschen gespendeten frenetischen Beifall zur Machtübernahme Hitlers 1933 begleitete, dann ist damit deutlich genug erwiesen, dass die Einwirkungen der Kaiserin Hermine auf ihren Gemahl nicht so weit reichten, auch ihn auf die Nazigrößen in Deutschland einzuschwören. Ihren Misserfolg hinsichtlich ihrer Einwirkungsmöglichkeiten auf die politische Einstellung des Kaisers beklagte sie im Sommer 1933 vor Ilsemann, der bezeugte:

> »Mir sagt die hohe Frau, wie unglücklich sie darüber sei, daß der Kaiser so scharf gegen die Nazis eingestellt sei.«[113]

Wie weit die Verkennung der Situation bei Kaiserin Hermine ging, dokumentiert ihre Äußerung vom Herbst 1933, Hitler habe ihr persönlich versichert, »daß sie die einzige aus dem Hause Hohenzollern sei, zu der er Vertrauen gefaßt habe«.[114] Kein Wunder, dass der Kaiser zu dem Urteil kam:

> »I. M. betrachtet ja jeden als ihren Feind, der über die Nazis nicht ebenso denkt, wie sie selbst.«[115]

Aufgrund ihrer politischen Einstellung dürfte der Kaiser das Urteil gebildet haben, das er am 7. Februar 1934 fällte:

> »Die Frauen sind am wildesten für die Nazis und nicht zu überzeugen, damit muß man sich abfinden!«[116]

1934 war ein Jahr dramatischer Ereignisse, zu denen der »Röhm-Putsch« mit all seinen brutalen Konsequenzen, die Ermordung des österreichischen Bundeskanzlers Dollfuß und der Tod Hindenburgs gehörten. Im

Zuge der »Gleichschaltung« kam es zur Auflösung der vaterländischen Verbände, die den monarchischen Gedanken bis zuletzt aufrechterhalten hatten. Das war eine klare Absage der Nationalsozialisten an die Wiederherstellung der Monarchie in Deutschland. Trotzdem bekundete Kaiserin Hermine wiederholt ihre Hinneigung zu Hitler.

Es ist dies um so erstaunlicher, als ihr auch negative Eindrücke durchaus nicht erspart geblieben sind. Am 6. März 1934 wollte sie eigentlich eine Reise nach Berlin antreten. Vorsichtshalber ließ sie durch General Graf Finck von Finckenstein Erkundigungen einholen, ob ein Aufenthalt in Berlin jetzt nicht gefährlich für sie sein könne. Die Nachrichten, die Finckenstein ihr aus Berlin überbrachte, veranlassten sie, den Reiseplan aufzugeben. Seine Warnungen gipfelten in der Ankündigung, Kaiserin Hermine müsse darauf gefasst sein, in Berlin von der SA festgenommen zu werden. Ilsemann kommentierte den Vorgang am 28. Februar 1934 so:

> »wahrscheinlich sind die Nazis dahinter gekommen, wie sie dort Politik treibt und sich in alles einmischt. Etwas grotesk ist es ja, wenn man denkt, daß sie unter der November-Regierung in Berlin jahrelang ihr Unwesen treiben konnte, und die von ihr gefeierten Nazis ihr jetzt einen Strich durch die Rechnung machten.«[117]

Auch nach dem »Röhm-Putsch« am 30. Juni 1934 änderte sie ihre Meinung nicht, sodass der Biograf des Kronprinzen, Jonas, aufgrund der Einsicht in das Bigelow-Archiv zu dem Ergebnis gelangen konnte:

> »Nur ein Mitglied der Familie ist nach wie vor leidenschaftliche Anhängerin des Führers, die Kaiserin Hermine in Doorn.«[118]

Ilsemann wusste sogar zu berichten, dass Kaiserin Hermine die »mustergültige Energie und Tatkraft« gerühmt hat, mit der Hitler die Röhm-Revolte niederschlug, ja, dass sie sogar die Erschießung von Frau von Schleicher gebilligt und dabei dem Kaiser Folgendes gesagt habe:

> »Der ›Anstreicher‹ Hitler hat mit mustergültiger Energie und Tatkraft eingegriffen und viele Offiziere hätten sich – vor allem Hindenburg – bei ihrem Verhalten am 9. November 1918 ein Beispiel an ihm nehmen können!«[119]

Nach einem Deutschlandbesuch, der im August 1934 stattfinden konnte, setzte sich Kaiserin Hermine dann erneut für die Nationalsozialisten ein, trotz aller Negativerfahrungen. Restlos eingenommen war sie für Hitler und Blomberg; mit weniger Begeisterung für Göring. Von Goebbels wollte sie nichts wissen.[120] Ihre Einstellung zum Nationalsozialismus blieb trotz ihrer differenzierten Haltung zu einzelnen Parteigrößen prinzipiell entschieden positiv.

Am 27. Juni 1934 schrieb sie an Poultney Bigelow nach Amerika:

> »Es ist so schade, daß es Ihnen nicht möglich war, den großen Führer zu treffen, dessen Persönlichkeit Ihnen den richtigen Eindruck von ihm gegeben hätte, den niemand anders Ihnen vermitteln kann.«[121]

Im Oktober 1934 gab sie Bigelow einen geradezu enthusiastischen Bericht und schrieb ihm:

> »Ich halte es für sehr gut, daß Louis Ferdinand in die Vereinigten Staaten geschickt wurde und hoffe, daß er Erfolg hatte. Hoffentlich wird er und wird die Welt allmählich mehr und mehr Hitlers wundervolle Werke verstehen und anerkennen.«[122]

Den Kaiser, ihren Gemahl, konnte sie nie anders für ihre Überzeugung gewinnen, als es in seiner Überlegung für die Vorbereitungen auf seine Rückkehr auf den Thron zum Ausdruck kam:

> »Der Nazi-Schwung muß mitbenutzt werden.«[123]

Die Entwicklung in Nazi-Deutschland aber machte ihn vorsichtig, sogar gegenüber seiner Frau. Als er im April 1935 mit seinem Flügeladjutanten Major Ulrich Freiherr von Sell ein offenes Gespräch führte, äußerte er:

> »Bei meiner Frau muß ich jedes Wort auf die Waagschale legen und überlegen, darf ich dies auch sagen, und jenes nicht verschweigen?«[124]

Verächtlich äußerte er sich über Hitler, als er dem Kronprinzen gegenüber bemängelte, dass Hitler kein Deutscher sei.[125]

Die Einstellung blieb bei beiden auch in den kommenden Jahren unverändert gleich. Dagegen spricht auch nicht das Glückwunschtelegramm des Kaisers an Hitler anlässlich der Eroberung von Paris im Zweiten Weltkrieg. Er dürfte es auf Veranlassung der Kaiserin Hermine abgefasst haben, der auch dann »noch immer fanatischen Anhängerin von Hitler«[126]

Nach dem Tode Wilhelms II. kehrte Kaiserin Hermine auf ihre schlesischen Güter zurück. Als die Russen kamen, wurde sie von russischer Militärpolizei verhaftet. Von sowjetischem Militär bewacht, lebte sie in einem Haus am Stadtrand von Frankfurt a. d. Oder, bis sie im August 1947 »einem plötzlichen Herzschlag« erlag.[127]

Im Rückblick auf ihr Leben unter der seelischen Anspannung unerfüllt gebliebener Wünsche dürfte die Interpretation ihrer politischen Aktivitäten Zustimmung verdienen, die von einem ihrer alten Freunde, General von Stephany, gegeben wurde. Ihn hatte sie, als er im April 1937 zu Besuch in Doorn weilte, »mit krassester Anti-Nazi-Literatur« versorgt und ihm außerdem auch entsprechende Zeitungsausschnitte zugänglich gemacht. Als Ilsemann fragte,

> »wie es nur möglich sei, daß I. M. jetzt plötzlich so gegen die Nazis eingestellt sei, meinte Stephany, die hohe Frau sei in Wirklichkeit niemals Nazi gewesen; sie habe sich ihrer nur bedient, solange sie das für ihre Zwecke für nützlich erachtete«.[128]

Nicht nur ihr waren in jenen Jahren politische Aktivitäten als angemessenes Mittel erschienen, um ehrgeizige Ziele zu erreichen …

Das Scheitern des Restaurationskonzepts des Kaisers

In seinem Brief vom 17. September 1932 an den Kronprinzen (siehe S. 100f.) hatte der Kaiser seine deutlich negative Einstellung zum Nationalsozialismus klar zu erkennen gegeben. Der Brief ist Göring zugespielt worden. Wie und durch wen das geschehen konnte, ist niemals geklärt worden. An eine Verwirklichung der Restaurationsbestrebungen des Kaisers mithilfe der Nazis war wahrscheinlich nie, von diesem Zeitpunkt an aber keineswegs mehr zu denken. Einem vorher möglicherweise erkennbar gewordenen Willen wenigstens einzelner Funktionsträger der

NSDAP zur Kooperation mit den Hohenzollern wich die Tendenz zur Konfrontation. Schon vor der Machtübernahme durch Hitler war das Scheitern des Restaurationskonzeptes des Kaisers programmiert.

Nun kann nicht übersehen werden, dass der inneren Ablehnung des Nationalsozialismus durch den Kaiser eine innere Ablehnung des Kaisers durch viele Nationalsozialisten entsprach. Weihnachten 1931, als in Doorn bereits »seit Monaten« nur noch davon geredet worden war, »daß die Nationalsozialisten den Kaiser auf den Thron zurückbringen würden«, hatte Ilsemann bei einem Besuch in Berlin darüber einige Eindrücke sammeln können, die ihn zu der gerade entgegengesetzten Überzeugung brachten:

> »Ich habe den Eindruck gewonnen, daß etwa 50% aller Nazis die Monarchie als solche prinzipiell nicht wollen; 25% sie jetzt und in nächster Zukunft nicht wollen, und daß, wenn der Rest gefragt würde, wen sie denn als Monarchen haben wollten, die Ansichten sehr geteilt wären. Nur ein verschwindend kleiner Prozentsatz würde wohl bereit sein, sich für den Kaiser in Doorn zu entscheiden.«[129]

Dem Kaiser sind solche Eindrücke allerdings nicht übermittelt worden. Wenn er zunächst nicht ohne Hoffnung blieb, so lag das neben diesem Informationsdefizit auch daran, wie Kaiserin Hermine ihm die Vorgänge in Deutschland schilderte. Sich selber etwa einzureihen in die »Bewegung«, kam ihm nie in den Sinn; aber den Aufbruch des deutschen Volkes in ein neues Nationalbewusstsein für seine Konzeption zu nutzen, war ihm ein naheliegender Gedanke.

Presse und Rundfunk hatten über die Fackelzüge und Aufmärsche, über die anfeuernden Reden und die jubelnde Begeisterung der Massen ausführlich berichtet.

In Doorn waren die Ereignisse des 30. Januar 1933 in Berlin nicht unbeachtet geblieben.

> »Durch die Regierungsbildung in Deutschland und durch sensationelle Zeitungsgerüchte ist die Frage der Rückkehr des Kaisers auf den Thron wieder in den Vordergrund getreten«,

notierte Ilsemann am 1. Februar 1933.

»Von allen Seiten wird in Doorn angefragt, ob und wann der Kaiser nach Deutschland zurückkehre. Es sind sogar mehrere französische, englische und amerikanische Presseleute in Doorn erschienen, um festzustellen, was in Doorn vor sich geht.«

Nichts ging vor sich, und Ilsemann meinte über die neugierigen Journalisten: »Sie werden enttäuscht sein!«[130] Doch was de facto nicht geschah, wurde als Möglichkeit für die Zukunft prophezeit. Bis zum 25. Februar 1933 hatte Mr. Viereck, ein amerikanischer Journalist, dem Kaiser »eine Menge amerikanischer Zeitungen geschickt mit Abbildungen des Kaisers und Artikeln, in denen als sicher angesprochen wird, daß der Kaiser Anfang März auf den Thron zurückkehren wird«.[131]

Anzeichen für ein positives Zusammenwirken der neuen Machthaber mit den Hohenzollern waren vorhanden. Auf den Glückwunsch des Kronprinzen antwortete Hitler am 4. Februar 1933:

»Euer kaiserliche Hoheit! Für das gütige Glückwunschschreiben bitte ich, meinen ehrerbietigsten Dank entgegennehmen zu wollen. Ich bin glücklich, daß es mir vergönnt ist, in dieser Weise mitzuhelfen an dem Wiederaufbau eines großen und starken Deutschen Reiches. In tiefer Verehrung gez. Adolf Hitler«[132]

Der Verein »Kaiserdank« hielt am 11. April 1933 im Berliner Dom eine Gedenkfeier für die verstorbene Kaiserin und lud Hitler zur Teilnahme ein. Er musste absagen, war aber um einen Vertreter bemüht. Als Vizekanzler von Papen ebenfalls absagen musste, entsandte Hitler Reichswehrminister von Blomberg als seinen Vertreter.[133]

Natürlich war die Erwartungshaltung des Kaisers durch diese verschiedenen Anzeichen außerordentlich angespannt. Die Reichstagswahl am 5. März 1933, bei der die NSDAP 44 Prozent aller Stimmen auf sich vereinen konnte, wertete er positiv für seine Pläne: »Der Kaiser macht einen recht befriedigten Eindruck«, notierte Ilsemann am darauffolgenden Tag und vertraute dem Tagebuch seine eigenen Zweifel an:

»Hofft der hohe Herr wirklich, daß die Nazis ihn auf den Thron bringen werden? Ich persönlich bekomme meine Auffassung, daß es mit der Monarchie noch lange Weile hat, durch dieses Wahlergebnis nur bestätigt; denn die einzige

Partei, die die Forderung nach der Monarchie auf ihre Fahnen geschrieben hat, die Deutschnationalen, haben keine Erfolge errungen trotz der so günstigen Konstellation. Und die Nazis wollen, soviel ich sehe, bis auf weiteres von einer Monarchie nichts wissen. Eigentlich müßte der Kaiser aus dem gestrigen Tage den Schluß ziehen, daß die Monarchie zunächst nicht wiederkehren wird.«[134]

Am »Tag von Potsdam«, dem 21. März 1933, äußerte der Kaiser morgens, nun sei es an der Zeit, dass er eingreife, »vor allem auch um zu verhindern, daß ein Nazi-Staat kommt«! Nachdem in Deutschland alles parteipolitisch »abgestempelt« sein müsse, wie er bereits zu diesem Zeitpunkt richtig erkannt hatte, war seine Auffassung im Blick auf seine eigene Situation:

»Ich bin der einzige Unparteiische, deshalb muß meine Rückkehr jetzt energisch betrieben werden. Ich will das nicht ohne die Nazis erreichen; der Nazi-Schwung muß mitbenutzt werden!«[135]

Das hatte er also am Morgen des Tages geäußert, der nationale Emotionen in einem ungeahnten Ausmaß freigab. Nachdem aber bis zum Abend außer dem telegrafischen Treuebekenntnis des Kronprinzen insgesamt nur noch elf weitere Telegramme aus Deutschland in Doorn eingetroffen waren, äußerte der Kaiser zu seinem Flügeladjutanten Ulrich Freiherr von Sell, man habe ihn in Deutschland lebendig begraben! Ilsemanns Resümee der Ereignisse des »Tages von Potsdam« in Doorn lautete:

»Morgens so – und abends so, da ist es wirklich schwer festzustellen, wie der hohe Herr nun in Wahrheit seine Chancen für eine Rückkehr auf den Thron beurteilt.«[136]

Am 24. März beschloss der Reichstag mit mehr als zwei Drittel aller Stimmen das Ermächtigungsgesetz für Hitler. In seiner mit diesem Ziel abgegebenen Regierungserklärung hob Hitler die »Beseitigung des Kommunismus in Deutschland« als besonders vordringliche Aufgabe hervor und bezog Stellung zur Frage der Monarchie:

»Die Regierung der nationalen Revolution sieht es grundsätzlich als ihre Pflicht an, entsprechend dem Sinne des ihr gegebenen Vertrauensvotums des Volkes diejenigen Elemente von der Einflußnahme auf die Gestaltung des

> Lebens der Nation fernzuhalten, die bewußt und mit Absicht dieses Leben negieren … Die Nationale Regierung trifft dabei ihre Maßnahmen unter keinem anderen Gesichtspunkt als dem, das deutsche Volk und insbesondere die Millionenmassen seiner arbeitenden Menschen vor namenlosem Elend zu bewahren. Sie sieht daher die Frage einer monarchischen Restauration schon aus dem Grunde des Vorhandenseins dieser Zustände jetzt als undiskutabel an. Sie würde jeden Versuch, dieses Problem auf eigene Faust in einzelnen Ländern zu lösen, als *Angriff gegen die Reichseinheit* ansehen müssen und demgemäß ihr Verhalten einrichten.«

Damit war vor allem Bayern gemeint.[137]

Am folgenden Tag, dem 25. März 1933, erlebte Ilsemann die Reaktion des Kaisers auf diese Erklärung Hitlers. Die desillusionierende Wirkung auf den Kaiser entbehrt nicht tragischer Züge. Ilsemann schreibt:

> »Ich berichtete, daß Hitler im Reichstag erklärt habe, daß die Regierung die Frage einer monarchischen Restauration jetzt als indiskutabel ansehe. Das saß wie ein Blattschuß. Ich beobachtete den hohen Herrn ganz genau, seine Züge strafften sich, die Augen wurden ganz groß, mehr als das eine Wort ›So!‹ brachte er nicht über seine Lippen. Wie er das sagte, klang es wie die Bestätigung eines Verurteilten, der seinen Urteilsspruch vernimmt. Und das dürfte es für ihn auch sein.«[138]

Wie anders hatte doch seine Frau reagiert! Kaiserin Hermine meinte, Hitlers Rede im Reichstag sei ›ohne Bedeutung, da er in der Situation gar nicht anders habe sprechen können!‹[139] An Hitlers Geburtstag, am 20. April 1933, gewann Ilsemann den Eindruck, sie habe den Kaiser inzwischen ganz zu Hitler und den Nazis bekehrt:

> »Das merkt man täglich an seinen Äußerungen; besonders erfreut ist er darüber, daß der Stahlhelm jetzt Hitler unterstellt würde und immer wieder geht es über den Schnapsfabrikanten Seldte her.«[140]

Der Ungewissheit hinsichtlich der Frage einer Wiedererrichtung der Monarchie suchte Hindenburg zu begegnen. Auf seinen Wunsch und durch seine Vermittlung kam es am 9. Mai 1933 zu einer Unterredung zwischen Hausminister Friedrich von Berg-Markienen und Reichskanzler

Adolf Hitler. Reichswehrminister Werner von Blomberg war bei dieser Aussprache, die über eine Stunde gedauert hat, anwesend. Eine Niederschrift wurde am 15. Mai 1933 von Wilhelm von Dommes angefertigt. Dommes schreibt, Exz. v. Berg habe ihm den Inhalt der Unterredung wie folgt wiedergegeben:

»Hitler habe ausgeführt:
1. Als Abschluss seiner Arbeit sehe er die Monarchie.
2. Für ihn gebe es nur eine deutsche Monarchie; Monarchien in den Bundesstaaten (Ländern) lehne er ab.
3. Für die Monarchie komme nur das Haus Hohenzollern in Betracht.
4. Der Augenblick für die Wiedererrichtung der Monarchie sei noch nicht gekommen:
a) würde man dem monarchischen Gedanken einen ›Bärendienst‹ erweisen, wenn man ihn z. Zt. verwirklichen wollte!
b) würde die Wiedererrichtung der Monarchie gegenwärtig die nationalsozialistische Aufbauarbeit stören;
c) würde sie große außenpolitische Schwierigkeiten herbeiführen.
5. Hitler sei – so sagte Blomberg – in erster Linie Soldat. Als solcher halte er es für unmöglich, daß die Monarchie durch ein Plebiszit od. dgl. wiederkommen könne. Nur die Armee könne nach einem siegreichen Kriege den Kaiser wieder auf den Thron bringen.
Darauf habe ich erwidert:
zu 2. Es scheint mir einen Verzicht auf wertvolle Kräfte im deutschen Volke, wenn man die geschichtlich gewordenen Stämme gering achte und an ihre Stelle einen Einheitsbrei setze.
zu 4a) Es sei ein grundlegender Irrtum, wenn man glaube, die Krone zum Dekorationsstück degradieren zu können. Wenn das Herrscherhaus sich quasi in ein fertiges Bett lege, statt an der Befreiung und Auferstehung des Volkes aktiv mitzuarbeiten, werde es nie im Volke verwurzelt sein;
zu 4b) Hier scheine mir ebenfalls ein grundlegender Irrtum vorzuwalten. Die Sehnsucht des Volkes nach der Krone beruhe doch nicht auf dynastischen Gründen, sondern darauf, daß das Volk in ihr seine Rettung sieht. Ein weitblickender Staatsmann müsse sich sagen, daß er für seine Arbeit eine Stetigkeit des Staatsgebäudes brauche, wie es nur die Krone geben kann. Auch der unumschränkte, allmächtige Diktator müsse doch das Bestreben haben, sein Werk über seinen Tod hinaus zu sichern, wenn es nicht zerfallen solle.

zu 4c) Ernste Außenpolitische Verwirklichungen schienen mir unwahrscheinlich.
zu 5. Wenn man in unserer Lage die Frage von einem siegreichen Kriege abhängig mache, so bedeutet das ein Hinausschieben auf unabsehbare Zeit. Dann wolle man sie scheinbar nicht in positivem Sinne lösen.«

Etwas mehr Farbe erhält dieses Ergebnisprotokoll durch eine handschriftlich hinzugefügte Notiz:

»Am 31. V. 33 von Exz. v. Berg bestätigt. Er fügte hinzu: Hitler habe im Gespräch gesagt, Monarchen hätten vielfach nur für ihr Haus gesorgt; das habe er (Berg) für unser Königshaus sofort zurückgewiesen.«[141]

Zwei Jahre später, im Mai 1935, äußerte sich von Berg über diese Begegnung mit Hitler zu Ilsemann. Erinnerlich sei ihm geblieben, Blomberg habe bei dieser Aussprache so gut wie nichts und er selber habe nur wenig sagen können:

»Meistens habe Hitler ihn angeschrien. Eine Monarchie für das Reich lehne er nicht absolut ab, aber so lange er lebe, sei nicht daran zu denken, weil das Volk nur ihn, Hitler, und niemand anderen haben wolle! Außerdem hätten die Monarchen auf Kosten des Volkes doch stets ihre eigene Politik getrieben und vor allem ihre Günstlinge auf wichtige Posten gebracht, das wolle er nicht. Zum Schluß habe Hitler dann noch eine unfreundliche Bemerkung über den Kaiser gemacht.«[142]

Die Hoffnung, den Kaiser über die Nazis auf den Thron zurückzubringen, wurde sogar über Hindenburg weiter erwogen und bis zu diesem Zeitpunkt auch genährt. Erschien sie der Kaiserin als realitätsgerecht, so erhielt der noch verbliebene Hoffnungsschimmer für den Kaiser immer stärker realitätsferne, illusionäre Konturen. Am 2. Juni 1933 äußerte er:

»Wenn sie (die Nazis) nicht mehr ein und aus wissen und nach mir schreien, gemeinsam mit den übrigen Deutschen, dann ist die Stunde gekommen!«[143]

Was als ein Durcheinander, ein Nicht-mehr-ein-und-aus-Wissen gedeutet wurde, waren die sich überstürzenden Ereignisse der Gleichschaltung.

Es mag den Kaiser berührt haben, dass der »Bund Königin Luise« diesem Schicksal zum Opfer fiel. Am 13. Mai 1933 fand die große Bundestagung in Potsdam statt, bei der der Bund Adolf Hitler unterstellt wurde. Der »Völkische Beobachter« brachte einen ausführlichen Bericht, in dem eine Ansprache der Schirmherrin des Bundes, Kronprinzessin Cecilie, wiedergegeben und u. a. folgende Sätze aus ihrer Rede zitiert wurden:

> »Wenn wir den heutigen Tag in freudiger und zuversichtlicher Stimmung begehen dürfen, so bringen wir nationalen Frauen, die sich von nun an in breiter Front zusammengeschlossen haben, unserem Reichskanzler Adolf Hitler unseren von Herzen kommenden Dank dafür, daß wir unter seinem Schutz unsere vaterländischen Aufgaben ungehemmt erfüllen dürfen.«

Der Journalist beschloss seinen Bericht mit dem Satz:

> »Unter der Hakenkreuzfahne marschieren nun auch die Frauen und Mädchen des Bundes ›Königin Luise‹ mit ihren blauweißen Wimpeln!«[144]

Am 28. Juni 1933 wurde die Deutschnationale Volkspartei aufgelöst, was den Kaiser zu dem Ausruf veranlasste:

> »Die Zustände zu Hause werden immer wahnsinniger!«

Er scheute sich auch nicht, in Gegenwart der Diener zu sagen, in Deutschland herrsche jetzt »mehr Nationalbolschewismus als Sozialismus«, und Ilsemann gegenüber äußerte Kaiserin Hermine bedauernd, »wie unglücklich sie darüber sei, daß der Kaiser so scharf gegen die Nazis eingestellt sei.«[145]

Als auch der National-Verband Deutscher Offiziere (NDO) gleichgeschaltet wurde, war der Kaiser »weniger empört als vielmehr richtig traurig«, weil nun auch »seine alten Offiziere« zu Hitler schwenkten: »Jetzt habe er niemanden mehr, auf den er sich stützen könne!« Die Gleichschaltungen und die Vereinigung aller Offiziersverbände zu einem Soldatenbund verstand der Kaiser als »Maßnahme gegen ihn, gegen die Hohenzollern und die Monarchie gerichtet. Der NDO hatte zwischen Hitler und mir zu entscheiden, er hat sich für Hitler entschieden, ich bin Nebensache!« Als er hinzufügte, nun müsse man gegen die Gleichschaltung des Johanniterordens kämpfen, äußerte er resigniert:

> »Es bleibt ja nichts mehr für mich, alles wendet sich der neuen Macht zu!«[146]

Zu Hause in Deutschland lebendig begraben zu sein, wie er sich am »Tag von Potsdam« geäußert hatte, war der Eindruck, der sich allmählich beim Kaiser verfestigte. Nach den großen Feiern zur Erinnerung an die Schlacht bei Tannenberg, bei denen Hindenburg die zentrale Rolle spielte, äußerte der Kaiser am 3. September 1933: »Sie behandeln mich zu Hause wie einen Toten.«[147] Das stellte er wenige Tage später am 7. September 1933 erneut fest, als ihm die Berichte über den Reichsparteitag in Nürnberg vorgelegt wurden, »der alten Stadt der Burggrafen von Hohenzollern«, in der sich niemand seiner erinnert hatte. Unter diesem Eindruck kam es zu jenem, dieser Untersuchung als Motto vorangestellten visionären Ausblick des Kaisers, den er in die Worte kleidete:

> »Die Führer der nationalsozialistischen Republik unterscheiden sich von den bisherigen dadurch, daß sie noch radikaler sind als die Novembermänner, nur haben sie sich den Mantel Friedrichs des Großen umgehängt. Alles wird von den Leuten ja beseitigt: die Fürsten, der Adel, die Offiziere, die Stände usw.; aber das wird sich rächen, man wird die einzige Fahne, die sie noch übriggelassen haben, die mit dem Hakenkreuz, noch einmal verfluchen, und die Deutschen selber werden sie eines Tages verbrennen.«[148]

Die Hoffnung, mithilfe der Nazis wieder auf den Thron zu gelangen, war für den Kaiser dahin. Der Gedanke, der »Nazi-Schwung muß mitbenutzt werden«, wie er ihn noch am »Tag von Potsdam« geäußert hatte, wurde nicht wieder laut. Jahrelang hatten Hausminister Leopold von Kleist, Admiral von Levetzow, sein Flügeladjutant Alexander Frhr. von Grancy und nicht zuletzt seine eigene Frau Hoffnungen in ihm genährt. Lange genug hatte der Kaiser mehr oder weniger zögernd daran geglaubt, vom »Nazi-Schwung« mitgetragen werden zu können. Der Traum war ausgeträumt. Das war dem Kaiser nun klar. Seiner Frau und der mit ihr Illusionen nachhängenden Umgebung wurde es bald sehr drastisch klargemacht. Ilsemann setzt als Termin des Endes aller realen Voraussetzungen für die Verwirklichung des Wunschtraumes nach Rückkehr auf den Thron den 1. Oktober 1933 an. Unter diesem Datum notierte er:

»Die große Frage für die Bewohner des Hauses Doorn, ob der Kaiser noch einmal seinen Thron besteigen wird, hat für Sehende eine nicht mißzuverstehende Klärung erhalten.«

Sie wurde eingeleitet mit der dem Kaiser zugespielten Mitteilung,

»Hindenburg beabsichtige sehr bald als Reichspräsident zurückzutreten und einen Reichsverweser einzusetzen. Hierfür würden mehrere Personen genannt, vor allem der Prinz von Hessen, Reichsstatthalter in Kassel«.

Seinen Hausminister von Dommes entsandte der Kaiser daraufhin nach Neudeck zu einer Rücksprache mit Hindenburg. Der Reichspräsident stellte klar, dass die an den Kaiser gelangte Mitteilung falsch sei. Über seine Auffassung zu einer Rückkehr des Kaisers auf den Thron befragt, erklärte Hindenburg,

»daß er persönlich sehr für die Regierungsübernahme durch den Kaiser sei, aber weder das deutsche Volk noch die ganzen Verhältnisse in der Heimat seien so weit, daß der Kaiser den Thron wieder besteigen könne«!

Nachdem diese Mission gescheitert war, sondierte Dommes das ihm übertragene Problem bei Staatssekretär Dr. Lammers, dem Chef der Reichskanzlei. Für die Besprechung hatte sich der Hausminister auf der Grundlage seiner folgenden Notizen vorbereitet:

»Ich bin der Leiter der Gen. Verw. des Kgl. Hauses. Ich bin Ihnen unbekannt. Gleichwohl bitte ich um eine vertrauliche Aussprache mit Ihnen. Bei dem, was ich vorzubringen habe, handelt es sich letzthin um die Stellung des Kgl. Hauses im heutigen Staate. Es erübrigt sich wohl zu sagen, daß ich das Amt, das ich bekleide, nicht übernommen haben würde, wäre ich nicht durchdrungen von dem tragenden Gedanken der Krone. Nur unter der über allen Parteien stehenden Krone vermag ich mir in unserem Vaterlande stabile Verhältnisse vorzustellen. Auch der Reichskanzler hat ja immer erklärt, daß er in der Krone die Krönung seines Werkes sehe. Wenn er in seiner Reichstagsrede vom 22. März gesagt hat, über die Staatsform könne es z. Zt. keinerlei Diskussionen geben, so dürfte das m. E. mit seinen Grundgedanken nicht in Widerspruch stehen; der Reichskanzler wird

Gründe haben, aus denen ihm z. Zt. die Erörterung dieser Frage unerwünscht ist.
S. M. der Kaiser und mit ihm das ganze Kgl. Haus hat die Schaffung der nationalen Regierung mit warmer Freude begrüßt. Um so mehr liegt uns daran, mit der Regierung im Einklang zu stehen. Lehnt sonach das Kgl. Haus jede laute Propaganda für sich ab, so glaubt es doch sich mit den Richtlinien der NSDAP nicht in Widerspruch zu setzen, wenn es sich für die – auch vom Reichskanzler oft betonte – Tradition einsetzt. Auf diesem Gebiet erheben sich neuerdings Zweifel.
Militär-, Jugend-, Sport- pp. Verbände haben sich seit der Revolution stets angelegen sein lassen, Prinzen des Kgl. Hauses zu ihren Veranstaltungen einzuladen. Die Kgl. Prinzen sind diesen Einladungen gefolgt, soweit es bei der großen Inanspruchnahme durch dergleichen möglich war. Die Aufgabe war oft nicht einfach und erforderte immer viel Takt. In letzter Zeit sind Erscheinungen aufgetreten, die – wenigstens eine Klärung wünschenswert machen, ob das Auftreten der Kgl. Prinzen von Regierungsseite gern gesehen wird. Krassestes Beispiel: Tschammer – Sportfahnenweihe im Dom am 5. d. M. Im Zusammenhang damit fällt es auf, daß die Presse bisweilen unfreundliche Bemerkungen über S. M. den Kaiser und das Kgl. Haus bringt (Völk. Beobachter vom 8. d. M. – Tangermünde –; Bemerkung in der Frankfurter Ztg. über Stahlhelm-Prinzen; immer wiederkehrende Bemerkung, Se. Maj. sei Freimaurer u. Judenfreund; Ufa: Fortlassung der Gedenkworte Hindenburg's an Se. Maj. bei der Tannenberg-Feier; Rede Kube's im Verein Deutscher Studenten pp.) Man sagt sich, daß bei der straffen Handhabung der Presse ein Wink von oben genügen würde, um dergl. unmöglich zu machen ... Wenn ich das erwähne, so liegt es mir fern, Beschwerde zu führen. Ich möchte nur eine Klärung herbeiführen, um unliebsamen Vorkommnissen vorzubeugen: möchte es auch, um auf die seitens der monarchischen Verbände an uns gerichteten Fragen Antwort geben zu können. Daher mein Wunsch, mich über diese Fragen mit einer kompetenten Stelle auszusprechen.
In diesem Zusammenhang darf ich vielleicht noch 2 Dinge erwähnen, die zwar bereinigt sind, die aber doch in diesen Fragenkomplex gehören:
Hakenkreuzfahne auf dem Rheinsberger Schloss – Landgabe für Siedlungszwecke, nachdem durch die Auseinandersetzung zwischen Staat und Krone bereits über die Hälfte des alten Grundbesitzes entschädigungslos enteignet worden ist (Loslösung des Kgl. Hauses von der Scholle – Stellungnahme Göring's im Sommer 1932).«[149]

Über den Verlauf des Gesprächs mit Lammers am 26. September 1933 legte von Dommes folgendes Gedächtnisprotokoll an:

»Ich leitete die Unterredung so ein, wie ich sie in den beigefügten Notizen entworfen hatte. Herr Lammers äußerte sich wie folgt:
1. Die schriftlich oder mündlich ausgesprochenen Unfreundlichkeiten gegen das Kgl. Haus dürften nicht als im Sinne der Reichsregierung liegend gewertet werden. Sie seien Einzelerscheinungen, wie sie in bewegten Zeiten immer vorkämen. Man dürfe ihnen kein Gewicht beilegen. – – – Immerhin empfehle er für das Kgl. Haus weitgehende Zurückhaltung, keine Propaganda. (Hier warf ich lebhaft ein, daß das Kgl. Haus keine »Propaganda« triebe, eine solche weit unter seiner Würde liege.) Zwar eine Beteiligung Sr. Kaiserl. Hoheit des Kronprinzen und der Kgl. Prinzen, wie in Hannover, ›schade nichts‹. – wörtlich ›schade nichts‹ – (nicht etwa ›werde gern gesehen‹).
2. Gewiß, der Reichskanzler sei Monarchist – aber nicht Legitimist. Ich sagte, das begriffe ich nicht. Die Segnungen der Monarchie lägen doch in der Legitimität, die allein sie unabhängig mache pp. Herr Lammers antwortete: ich wolle doch nicht etwa Schwarzburg-Sondershausen wiederherstellen. Ich entgegnete, uns könnten in diesem Zusammenhange nur die Krone des Reiches und Preussens interessieren. Herr Lammers fuhr fort, die deutschen Länder beständen doch noch. Ihr Vorhandensein sei für den Reichskanzler der erste Grund, weshalb man noch nicht zu einer Monarchie kommen könne.
Der zweite Grund sei das Fehlen eines Kronprätendenten; sogar im Kgl. Hause beständen in dieser Hinsicht Zweifel. Ich erwiderte, daß ich diesen Einwand nicht begriffe und für das Kgl. Haus völlig ablehnen müsse. Der Chef des Hauses sei in unseren Augen der König.
Der dritte Grund sei, daß das deutsche Volk für die Krone nicht reif sei; der Reichskanzler sei der Ansicht, daß noch jahrelange Vorbereitungen erforderlich wären. Ich warf ein, daß ich das nicht glaube – daß dem ja aber leicht abzuhelfen sei.
3. Von den Fragen: Landabgabe für Siedlungszwecke und Beflaggung von Rheinsberg mit der Hakenkreuzfahne nahm Herr Lammers Kenntnis, ohne sich weiter zu äußern. Er sagte lediglich, er könne mir nur den Rat geben, bei großen Feiern auch Hakenkreuzfahne zu setzen. Ich erwiderte, wir täten alles, um den Verdacht zu vermeiden, als ob wir bei Seite ständen. Ich wisse allerdings, daß es Leute gäbe, die in der Berufung eines hoffnungslosen Deutschnationalen (wie ich es sei) eine einseitige Stellungnahme Seiner Majestät se-

hen wollten: das sei abwegig. Herr Lammers versicherte, daß das an maßgebender Stelle nicht angenommen würde.
Zum Schluß regte ich an, ob es nicht zweckmäßig wäre, wenn ich Gelegenheit erhielte, über diese Dinge mal mit dem Herrn Reichskanzler zu sprechen, Herr Lammers ging darauf ein und sagte, er werde dem Herrn Reichskanzler einen entsprechenden Vorschlag machen.«[150]

Es gelang Dommes tatsächlich, am 24. Oktober 1933 auch bei Hitler vorstellig zu werden. Über das Ergebnis seines Gespräches mit Hitler fertigte er das folgende Gedächtnisprotokoll an

»Ich leitete die Unterredung damit ein, daß ich sagte: der Herr Reichskanzler würde mir hoffentlich nicht zutrauen, daß ich die Gelegenheit benutze, indiskrete Fragen zu stellen. Immerhin würde ich gern einige Punkte berühren, deren Klärung mir am Herzen läge. Es sei wohl überflüssig zu bemerken, daß Seine Majestät u. die Prinzen des Königl. Hauses den nationalen Aufschwung des deutschen Volkes warm begrüßt hätten; die Kgl. Prinzen hätten an ihm aktiv mitgearbeitet. Die letzten außenpolitischen Entschlüsse der Regierung hätten einem längst gehegten Wunsche Sr. Maj. entsprochen. – Überflüssig sei es ferner zu erwähnen, daß Se. Maj. u. das Kgl. Haus alles, was auch nur den Schein einer Propaganda erwecken könne, als ihrer unwürdig ablehnten.
Aber an die Kgl. Prinzen wie an mich träten häufig Fragen heran, die sich auf die Stellung des Kgl. Hauses im heutigen Staate bezögen. Ich hätte auf diese Fragen immer geantwortet: Der Reichskanzler Hitler kann in seinem Inneren nur Monarchist sein. Wenn er sein Werk stabilisieren, wenn er das von ihm stets betonte geheiligte Führerprinzip hineinbauen – vor allen Dingen wenn er es über seinen Tod hinaus sichern will, dann braucht er ja die Krone. Bei dem ausgesprochenen Traditionsgefühl des Herrn Reichskanzlers für die Krone kann nur das Preuss. Königshaus in Frage kommen. – Wer auf diesem Boden steht, der kann aber nicht zulassen, daß das Kgl. Haus im Volke untergeht. Es muß sowohl ideell wie materiell seine Sonderstellung behalten.
Mit solcher Auffassung sei es nicht in Einklang zu bringen, wenn z. B. der Reichsjugendführer vor 14 Tagen in einer Rede in Frankfurt …
Hier unterbrach der Reichskanzler mich leidenschaftlich: In dieser Sache handle es sich um eine ganz unrichtige Zeitungs-Berichterstattung; Schirach habe die ihm untergeschobenen Sätze gar nicht gesprochen; das würde durch die Presse richtig gestellt werden. – Im übrigen müsse man berücksichtigen,

daß in der Jugend der NSDAP rund 3/4 Kommunisten seien; diese müßten systematisch erst einmal national gemacht werden. Das koste Zeit; wie diese Arbeit geleistet werde, müsse man der NSDAP überlassen.
Was die Staatsform betreffe, so wolle er sich vorläufig ganz zurückhalten. Wenn die Vorsehung ihn s. Zt. an Hindenburg's Platz stellen würde, so wolle er sich nicht Reichspräsident nennen, sondern Reichskanzler bleiben. Natürlich wisse er, daß ein System nicht auf 2 Augen ruhen könne, sondern in einem Hause begründet sein müsse. Er habe keine Familie; sein Name sei in Deutschlands Geschichte eingetragen; in wenig Jahren würde er dort für alle Zeiten verankert sein. Er habe keinen weiteren Ehrgeiz, als die Lösung der Aufgaben, die er sich gestellt habe: vor allem Rettung Deutschlands vor dem Bolschewismus und Befreiung von der Judenherrschaft. Das sei auch genug. Aber diese Aufgaben seien noch nicht gelöst; der Kommunismus sei zwar niedergeschlagen, aber nicht vernichtet. Möglicherweise ständen uns noch blutige Kämpfe bevor. Es sei ihm fraglich, ob ein Monarch hart genug sein könne, um sie auf sich zu nehmen. Er wisse auch nicht, ob z. B. der Kronprinz, der dann doch wohl in erster Linie in Frage käme, diese Härte aufbringen würde. In der Judenfrage würde er von den wenigsten Menschen verstanden … Nun wurde Hitler leidenschaftlich: er legte eingehend dar, daß und weshalb die Juden das Unglück Deutschlands geworden seien – die Revolution gemacht hätten pp. Die Juden müßten deshalb ausgeschaltet werden. Das sei von jeher sein Ziel gewesen. Davon lasse er sich nicht abbringen … – Da ich den Eindruck hatte, daß H. indirekt gegen Seine Majestät den Vorwurf der Judenfreundlichkeit erheben wollte, unterbrach ich ihn u. erzählte ihm eine Äußerung, die Se. Maj. im Jahre 1911 nach einem Frühstück bei Admiral Hollmann zu mir gemacht hat. ›Der Souverain habe die Pflicht, alle in einem Volke vorhandenen Kräfte nutzbar zu machen. Wenn man den Juden Armee und Beamtenlaufbahn verschlösse, so müsse man ihnen ein Ventil geben, durch das sie ihre Intelligenz und ihr Kapital zum Besten des Volkes verwerten könnten; das seien Wissenschaft, Kunst und Wohltätigkeit.‹ Der Reichskanzler nahm den Faden wieder auf: Niederwerfung von Kommunismus u. Judentum seien die Aufgaben, die er sich gesteckt habe u. die er lösen müsse. Er wisse nicht, wie viel Zeit ihm dazu gelassen sei. Wie er fanatische Anhänger habe, so auch fanatische Feinde. In keiner Versammlung sei er sicher.
Ich bestritt, daß die Monarchie zur Lösung der skizzierten Aufgaben nicht geeignet sei und fragte schließlich direkt, ob Hitler der von mir ausgeführten Interpretation seiner Auffassung zustimme. Auf diese Frage ging er nicht ein,

sondern kam wieder auf die Judenfrage zurück. Dann beendete er plötzlich die Unterredung.
Ich sagte noch: wir hätten zuweilen Schwierigkeiten im Lande – z. T. sicherlich auf Grund von Mißverständnissen. An welche Stelle ich mich in solchen Fällen am besten wende? Hitler stellte sich sehr freundlich selbst zur Verfügung u. verwies mich sonst an Hess.«[151]

In seinem Bericht an den Kaiser gab von Dommes das folgende Resümee seiner Aussprache:

»1. Hitler steht Euer Majestät und dem Hause E. M. nicht ablehnend gegenüber. 2. Hitler glaubt, seine Macht vorläufig nicht aus den Händen geben zu können. Er will das nur tun, wenn die politische Lage ihn dazu drängt … 3. Für diesen Augenblick müssen wir vorbereitet sein, d. h., wir müssen scharf beobachten und Fühlung mit den maßgebenden Stellen halten … 4. Bei Hindenburgs Tod wird Hitler in irgendeiner Form der Nachfolger. Dabei bleibt er aber gleichzeitig Kanzler.«[152]

Dommes hatte in seinem Gespräch mit Hitler versucht, auf eine Rede zu sprechen zu kommen, die der Reichsjugendführer Baldur von Schirach gehalten hatte. Das war die Stelle, an der ihm Hitler einfach ins Wort gefallen war. Diese Rede hatte die Aussage enthalten, dass die einstigen Fürsten und das Haus Hohenzollern für die heutige Generation nicht mehr infrage kämen, da sie total versagt hätten. Hitler versuchte, Dommes dafür empfänglich zu machen, dass diese Rede in der Presse falsch wiedergegeben worden sei. Seine Zusage, dass dies richtiggestellt werden würde, ist nicht erfüllt worden. Mehr als deutlich zeichnen sich die Erklärungen gegenüber Dommes als Ausflüchte ab vor einem Hintergrund, auf dem für eine Monarchie kein Platz freigehalten wurde. Die Rede Schirachs gelegentlich der Gebietsführertagung in Frankfurt/Oder, über die die »Frankfurter Oderzeitung« vom 6. Oktober 1933 ausführlich berichtete, nahm der Adelsmarschall Fürst zu Bentheim zum Anlass, sich namens der Deutschen Adelsgenossenschaft unter dem 18. Oktober 1933 schriftlich an den Reichskanzler zu wenden. Er trug ihm vor, dass Schirach gesagt habe,

»die Dynastie der Hohenzollern habe in der entscheidenden Stunde des Weltkrieges versagt. Wenn sie nun plötzlich heraufstiegen und wollten, daß der

Einsatz der Hitler-Jugend ihretwegen geschehen sei, so antwortet die Hitler-Jugend: ›Ihr seid dieser Führung nicht wert und wir geben sie Euch nicht.‹ Herr v. Schirach erklärte weiter: ›Zwei Millionen Menschen sind nicht dafür gefallen, daß einer zurückgeholt wird oder zurückkommen darf, der sein Volk verließ.‹ Ich möchte in keiner Weise Stellung zur monarchischen Frage an sich nehmen und begrüße es aufrichtig, wenn Herr v. Schirach die Herzen der Kinder auf Ihre Persönlichkeit hinlenkt. Ich kann aber zu diesem Angriff gegen das Haus Hohenzollern nicht schweigen. Es hat wohl kaum ein Herrschergeschlecht gegeben, das in 500jähriger Geschichte sich für seinen Staat so unvergängliche Verdienste erworben hat. Man kann mit Recht fragen, ob das heutige Deutsche Reich entstanden wäre ohne die zähe, aufopferungsvolle und schöpferische Tätigkeit der Hohenzollern. Es dürfte daher außerordentlich bedenklich sein, wenn der Reichsjugendführer die noch zu keinem Urteil befähigte Jugend zu einer Kritik über das Verhalten des Herrscherhauses während der schwierigen Vorgänge am Ende des Weltkrieges aufruft, statt in ihnen das Gefühl der Dankbarkeit zu erwecken und sie vor einem voreiligen Urteil zu warnen.«[153]

Im Auftrage des Reichskanzlers antwortete Staatssekretär Dr. Lammers am 28. Oktober 1933, der Reichskanzler habe ihn beauftragt,

»zum Ausdruck zu bringen, daß die von Ihnen angeführten Äußerungen aus dem Zusammenhang herausgenommen und dadurch entstellt worden sind«.[154]

An dem von Ilsemann konstatierten Ergebnis war seit den Unterredungen des kaiserlichen Hausministers mit Hindenburg, Lammers und mit Hitler nicht mehr zu zweifeln: Der Traum von der Rückkehr der Hohenzollern auf den Thron war ausgeträumt!

Dass der Kaiser selbst daran nicht mehr zweifelte, ergaben die Differenzen mit solchen Familienangehörigen, denen diese Tatsache noch nicht klar war. Dazu gehörte in erster Linie der Kronprinz. Bei einem Besuch in Doorn am 26. November 1933 ergaben die Unterschiede in der Auffassung eine ernste Auseinandersetzung. Der Kronprinz

»konnte es nicht fassen, daß der Kaiser auf dem Standpunkt steht, daß man sich dem neuen System restlos feindlich gegenüberstellen müsse, daß man

Hitler auch nicht helfen dürfe, sondern daß man abwarten müsse, bis die Nazis kaputt seien, um dann den Thron wieder zu besteigen«.

Am nächsten Tag äußerte der Kronprinz,

»der Kaiser sei nicht davon zu überzeugen, daß die Krone nur mit Hitler zurückzugewinnen sei, daß man mit den Nazis paktieren und sie geschickt nehmen müsse«.

Der Kronprinz schied von Doorn mit dem Eindruck, wenn der Kaiser auf Deutschland zu sprechen komme, »sei es mit seiner Weisheit zu Ende«.[155]

Dass das nicht der Fall war, zeigen die Vorgänge um den 75. Geburtstag des Kaisers am 27. Januar 1934 mit antimonarchistischen Störungen aus Anlass dieses Geburtstages, wie sie bis dahin im nationalsozialistischen Staat noch nie in Erscheinung getreten waren. Wie ein Vorspiel auf das, was zu erwarten war, muten die kurz vorher durch die Presse veröffentlichten scharfen Äußerungen von Staatsrat Görlitzer, Gauleiter Grohe und Ernährungsminister Darré gegen die Monarchie an. Nach dem Bericht der Potsdamer Tageszeitung hatte Darré u. a. gesagt:

»Zweimal in der Geschichte ist unser Bauerntum von deutschen Kaisern verraten worden. Zum ersten haben die Hohenstaufenkaiser die Lebensgesetze ihrer Bauern mißachtet und durch ihre Mittelmeerpolitik, ihren unnatürlichen Drang über die Grenzen der deutschen Heimat hinaus, den deutschen Bauern diesem Expansionswahn geopfert. Während die Hohenstaufen ihr Glück überall, nur nicht in der Heimat der Deutschen suchten, wüteten in den deutschen Gauen Kirchenfürsten und territoriales Fürstentum in ungehemmtem Eigennutz zuungunsten der geknechteten und ihrer Rechte beraubten Bauern. Der letzte Staufer Konradin mußte die unsinnige Politik seiner Väter büßen. Er wurde unter der südlichen Sonne Italiens hingerichtet. Der Traum eines römischen Reiches deutscher Nation scheiterte an der nüchternen Tatsache, daß ein Reich nur bestehen kann, welches sich auf die urgesunden Kräfte seines Volkstums beschränkt. Zum anderen trägt der letzte Hohenzollernkaiser Schuld am Niedergang der völkischen Grundlagen unseres Vaterlandes. Ebenso wie die Staufen, suchte die liberale Weltwirtschaftspolitik dieses Hohenzollern außerhalb der deutschen Grenzen in einer imaginären Weltwirtschaft Glück und Heil. Die Bedeutung eines gesunden Bauerntums war vergessen. Der Bauer verlor im politischen Leben an Einfluß und Bedeutung. Nichts wahrhaft Entscheidendes wurde getan, um die immer trostloser werdende Lage der Bauern zu bessern. Ein artfremdes römisches Recht tat zudem das Seinige, um den Bauern in Abhängigkeit der jüdischen Börse und der jüdischen Bodenspekulation zu verknechten. Die Einführung des Bürgerlichen Gesetz-Buches im Jahre 1900 war die Krönung der Herrschaft des artfremden Rechtes. Erst die nationalsozialistische Revolution Adolf Hitlers hat den Bauern für alle Zeiten mit seiner Scholle wieder verwurzelt und ihn aus den Fesseln einer unseren Lebensgesetzen unerträglichen liberalistisch-kapitalistischen Wirtschaftsordnung befreit.«[156]

Was Darré sich geleistet hatte, machte von Dommes zum Gegenstand einer schriftlichen Eingabe an Hitler, datiert vom 2. Februar 1934. Hier heißt es:

»Ich versage es mir, auf die mir ganz unverständliche plötzliche Schärfe einzugehen, mit der in Wort und Schrift der monarchische Gedanke bekämpft wird. Ich unterstreiche demgegenüber lediglich noch einmal, was ich mir erlaubte, mündlich zu betonen: daß nämlich seine Majestät der Kaiser und das Königliche Haus eine jede Propaganda als ihrer nicht würdig ablehnen.
Man muß – glaube ich – klar unterscheiden zwischen dem Gebiet der Politik und dem der persönlichen Ehre. In jenem mag lediglich die politische Zweckmäßigkeit herrschen, unter Zurückstellung ethischer Gesichtspunkte irgendwelcher Art. Fragen der persönlichen Ehre sind anders zu behandeln. M. E. gibt es keinen schlimmeren Angriff auf die Ehre als den Vorwurf des Verrats, noch dazu am eigenen Volke. Er wiegt um so schwerer, je höher der Betreffende steht.
Der Herr Reichsernährungsminister Darré hat in einem durch die Presse verbreiteten Aufsatz, von dem ich einen Abdruck beifüge, Seiner Majestät dem Kaiser vorgeworfen, er habe ›das deutsche Bauerntum verraten.‹ In seiner Rede auf dem Reichsbauerntage in Weimar am 21. v. Mts., von der ich ebenfalls einen Abdruck beifüge, hat der Herr Reichsernährungsminister sinngemäß gesagt: Konradin habe die falsche Bauernpolitik der Hohenstaufen durch das Schwert des Henkers gebüßt – der Kaiser sei diesem Ende durch seine Verbannung aus der Heimat entgangen.
Bei Ihrem bekannten Gerechtigkeitsgefühl und soldatischem Ehrgefühl, sehr geehrter Herr Reichskanzler, bin ich gewiß, daß Sie diese unwahren Angriffe verurteilen.

Seine Majestät der Kaiser steht zu hoch, um von ihnen getroffen zu werden. Sie werden mir aber darin zustimmen, daß ich als sein hiesiger Sachwalter es nicht dulden kann, daß der Vorwurf des Verrats unwidersprochen bleibt. – Als alter Soldat bedauere ich es, daß es mir nicht möglich ist, für die Ehre meines angegriffenen Herrn mit der Waffe einzutreten. Aber es wäre für mich ein unerträglicher Vorwurf, wenn die in der breitesten Öffentlichkeit angegriffene Ehre Seiner Majestät nicht wiederhergestellt würde. Ich würde es deshalb dankbar empfinden, wenn Sie mich in dieser Frage kurz empfangen wollten; ich würde dann Vorschläge machen, die allen berechtigten Interessen entsprächen.«[157]

Der Kaiser wusste von den schwer verletzenden Anwürfen. Er war auch darüber orientiert, dass eine ihm zu Ehren geplante Feier im Berliner Zoo aufgelöst worden war. Er wusste, dass die Kaiser-Geburtstagsfeier des Garde-Kavallerie-Clubs verboten und dass die Berliner Bevölkerung gewarnt worden war, am 27. Januar zu flaggen. Der Kaiser quittierte diese Nachrichten mit den Worten:

»Damit haben die Nazis die Maske fallen lassen, sie haben gezeigt, daß sie eine sozialistische Partei sind, die sich zum Bauernfang den Mantel Friedrichs des Großen umgehängt hat, worauf auch prompt alle hereingefallen sind!«[158]

Der Kaiser erfuhr bald darauf Einzelheiten über das Vorgehen des Polizeipräsidenten von Dortmund gegen die vom Dortmunder NDO beabsichtigt gewesene Kaiser-Geburtstagsfeier. Major a. D. Heider, »Führer des NDO in Dortmund«, hatte die Erlaubnis zur Durchführung der Feier beantragt und das Konzept der von ihm beabsichtigten Rede eingereicht, wozu er verpflichtet worden war! Der erste Teil dieser Rede enthält folgende Passagen:

»Wir wissen wohl, daß die Stunde der Wiederherstellung der Monarchie noch nicht gekommen ist. Die Krone muß sich das Volk, das diese Krone leichtfertig preisgab, erst wieder verdienen. Aber wir können zu unseren heutigen Führern, den alten und jungen Soldaten des großen Krieges, Vertrauen haben, daß sie dem tausendjährigen Sehnen der Deutschen nach der deutschen Kaiserkrone Erfüllung geben werden. An das Tor der deutschen Zukunft wollen wir Kameraden uns als treue Gralshüter dieser deutschen Kaiserkrone stellen in Dankbarkeit und Gefolgschaftstreue zu Hitler, dem Erwecker Deutschlands, in Anhänglichkeit und Verehrung zugleich zu dem letzten Träger der deutschen Kaiserkrone.«

Der Polizeipräsident verbot aufgrund dieses Redemanuskripts die Durchführung der beabsichtigten Feier. Er begründete das Verbot u. a. mit folgenden Argumenten:

»Der Führer hat wiederholt erklärt, daß die Frage der Staatsform zur Zeit unwichtig sei und daß Diskussionen hierüber lediglich unerwünschte Gegensätze im Volke aufreißen würden. Der Polizeipräsident kann deshalb die Propagierung des Kaisergedankens nicht dulden. Es geht nicht an, zu versuchen, dem Führer in dieser Frage die Entscheidung sozusagen vorwegzunehmen. Bei der Gelegenheit erwähne ich, daß der Gebrauch des Wortes ›Führer‹, wie er von dem Vorsitzenden auf seiner Einladung für sich in Anspruch genommen wird, ausdrücklich verboten ist. Diese Ehrenbezeichnung steht nur dem alleinigen Führer Adolf Hitler zu. Verstöße in dieser Hinsicht werden in Zukunft mit aller Schärfe geahndet. Der Polizeipräsident gez. Schepmann.«

Als der Kaiser am 7. Februar den Wortlaut des Redemanuskripts Heiders und der Polizeiverfügung erhielt, war er sehr erregt und äußerte u. a.:

»Diese antimonarchische Tendenz hat von Beginn an in den Nazis dringesteckt. Ich freue mich nur, daß ich in der ganzen Nazi-Frage von Anfang an meine Linie strikt innegehalten habe, obwohl andere immer wieder versucht haben, mich davon zu überzeugen, daß Hitler und seine Leute monarchistisch sind. Sie sind eben auf ihn hereingefallen. Die Frauen sind am wildesten für die Nazis und nicht zu überzeugen, damit muß man sich abfinden!«[159]

Der 75. Geburtstag des Kaisers war so mit ihn kränkenden Vorspielen und ihn verletzenden Nachspielen vorübergegangen. Alle Familienangehörigen waren nach Doorn gekommen. Ilsemanns Tagebuchnotizen geben seinen Eindruck von der politischen Gespaltenheit der Familie wieder. Die Kronprinzessin und die Brüder des Kronprinzen, Prinz Eitel Friedrich und Prinz Oskar, erkannte er als »sehr scharfe« Gegner des Nationalsozialismus, Prinz August Wilhelm und seinen Sohn als Befürworter dieser Bewegung. So verwundert es nicht, dass Prinz August Wilhelm bis zu diesem Zeitpunkt – der »Röhm-Putsch« folgte erst Ende Juni 1934! – noch nicht über die klare Einsicht verfügte, die seinem Vater, dem Kaiser, bescheinigt werden muss. Prinz August Wilhelm sah die Schuld an den aufgetretenen Problemen bei der Hohenzollern-Familie, nicht aber bei den Nazis. Darüber sprach er mit Ilsemann, bei dem er sich darüber beklagte, dass die wenigsten innerhalb der Familie ihn verstünden und seiner Ansicht nach die ganze Lage nicht begriffen und sich auf falschem Wege befänden. Er habe

> »alles so schön vorbereitet gehabt. Hitler hätte schriftlich gratulieren wollen, ebenso das preußische Kabinett, das aber hätten wilde Monarchisten zerschlagen. Zudem habe Hitler ein Brief des Kaisers vorgelegen, in dem er schrieb, er müsse wieder auf den Thron und von Beseitigung der Bundesstaaten und einzelnen Fürstentümern dürfe keine Rede sein. Dabei habe Hitler von Beginn an konsequent die Beseitigung von Deutschlands Vielstaaterei betrieben und werde sich damit auch durchsetzen. Auf die einzelnen Fürsten könnte dabei keine Rücksicht genommen werden. Ganz gewiß sei vieles noch nicht so wie es sein müßte, aber jetzt könnten Führer – wie Goebbels und Schirach – noch nicht ausgebootet werden, das würde der ganzen Sache zu sehr schaden. Dafür sei später noch Zeit. – Der Kronprinz schade durch sein Verhalten und schwankendes Benehmen. Oskar sei stur. I. M. diene der monarchischen Sache durch ihr Auftreten in Berlin auch nicht, sie hätte sich dem nie aussetzen dürfen, daß so viele prominente Persönlichkeiten das letzte Mal ihr einen Korb gaben.«[160]

Die Zurückweisung von öffentlichen Feiern anlässlich seines 75. Geburtstages durch die neuen Machthaber war für den Kaiser besonders bitter, weil die Nationalsozialisten den ersten Jahrestag ihrer Machtübernahme drei Tage nach dem Kaisergeburtstag mit großem Pomp feierten und keinerlei Störung oder Beeinträchtigung ihrer Selbstdarstellung duldeten.

Nach festlichen Empfängen der Reichsregierung beim Reichskanzler und des Reichskanzlers beim Reichspräsidenten trat am Nachmittag des 30. Januar 1934 der Reichstag zur Entgegennahme einer Regierungserklärung zusammen.

Hitler hielt in dieser Erklärung einen Rückblick mit dem üblichen Selbstlob. Dann wandte er sich kritisch gegen die Kirche, besonders gegen die evangelischen Landeskirchen, denen er den Zusammenschluss zu einer einheitlichen »deutschen evangelischen Reichskirche« dringend nahelegte, um sich schließlich entschlossen gegen monarchistische Restaurationsbestrebungen zu wenden. Die betreffenden Passagen lauteten:

»Ein Volk sind wir und in einem Reiche wollen wir leben. Und was sich früher in der deutschen Geschichte so oft dagegen versündigte, konnte seine Berufung nicht auf Gottes gnädigen Willen beziehen, sondern, wie die Geschichte lehrt, leider nur zu häufig auf die zweckdienliche Schuld und Förderung schlimmster Feinde. Wir haben daher in diesem Jahre bewußt die Autorität des Reiches und die Autorität der Regierung jenen gegenüber durchgesetzt, die als schwächliche Nachfahren und Erben der Politik der Vergangenheit glaubten, auch dem nationalsozialistischen Staat ihren traditionellen Widerstand ansagen zu können ... Bei aller Würdigung der Werte der Monarchie, bei aller Ehrerbietung vor den wirklich großen Kaisern und Königen unserer deutschen Geschichte, steht die Frage der endgültigen Gestaltung der Staatsform des Deutschen Reiches heute außer jeder Diskussion. Wie immer aber auch die Nation und ihre Führer dereinst die Entscheidung treffen mögen, eines sollen sie nie vergessen: Wer Deutschlands letzte Spitze verkörpert, erhält seine Berufung durch das deutsche Volk und ist ihm ausschließlich verpflichtet.«

Hitler wandte sich sodann gegen innenpolitische Feinde, insbesondere gegen den Kommunismus, der sich »eines Untermenschentums bedient, das den Begriff der politischen Freiheit verwechselt mit dem Ausleben verbrecherischer Instinkte«, um noch einmal einen Hieb gegen monarchische Restaurationsgedanken auszuteilen:

»Zu diesen Feinden des neuen Regiments möchte ich auch die kleine Clique jener unverbesserlichen Rückwärtsschauer rechnen, in deren Augen die Völker nichts anderes sind als besitzlose Faktoreien, die nur auf einen Herrn warten, um unter solch gottesgnädiger Führung dann die einzig mögliche innere Befriedigung zu finden.«[161]

Im Anschluss an Hitlers Rede beschloss der Reichstag einstimmig ein Gesetz, mit dem die Volksvertretung der Länder aufgehoben, die Hoheitsrechte der Länder auf das Reich übertragen und die Länderregierungen der Reichsregierung unterstellt wurden. Um dem antimonarchistischen

Passus seiner Reichstagsrede Nachdruck zu verleihen, ließ Hitler am 3. Februar 1934 sämtliche monarchistischen Verbände auflösen und verbieten. Göring hatte diesen Schritt bereits vor dem Reichstag sogleich im Anschluss an die Rede Hitlers in Vorschlag gebracht.

Einem Schriftsatz, der dem Kaiser über diese Vorfälle von seinem Hausminister Wilhelm von Dommes aus Berlin gesandt worden war, fügte Wilhelm II. schriftlich die Randbemerkung hinzu:

> »Wie in der Mostrich-Republik![162] Der Feind steht Rechts! Kriegserklärung an das Haus Hohenzollern und das deutsche Kaisertum! Die monarchistischen Kaisertreuen auf eine Linie mit den Bolschewiken gestellt! Nationalbolschewismus angesagt durch einen Pour-le-mérite-Ritter, der zweimal die Ehre genoß, hier mein Gast zu sein.«

Die Kaiserin las ihm Teile aus der Rede Hitlers vor und ließ ihre Umgebung wissen, »der arme hohe Herr leide seitdem ganz unsagbar«.[163]

Es verwundert nicht, dass die Hitlerjugend in ihrem amtlichen Organ »Die Fanfare« sehr viel drastischer als andere Organe der Nazis ihrem Unmut Luft machte. Im Blick auf den 75. Geburtstag des Kaisers erschien ein Leitartikel mit der in großen Lettern gedruckten Überschrift: »›Heil Kaiser Dir!‹ Wir sahen Dich durch den Schlachtendonner reiten (auf Ansichtskarten und im Lesebuch).« Es heißt hier u. a.:

> »Achtet auf jenes degenerierte Geschwätz, das ausklingt in den Ruf: ›Unser oberster Kriegsherr, Seine Majestät, unser Allergnädigster Kaiser und König, Hurra! Hurra! Hurra!‹ Die Reaktion ist wieder am Werk! ›Sie nagen – wie unser Dr. Goebbels sagte – gleich Wühlmäusen am Bau unseres Reiches!‹ Wir haben nicht Opfer über Opfer gebracht, um eine versunkene Zeit mit ihrer Dogmatik Auferstehung feiern zu lassen. Wir – die jungen Soldaten eines sozialistischen Volksstaates – erklären jenen Vertretern eines Gottesgnadentums: Ihr, die ihr heute den donnernden Gesang von ›Heil Kaiser Dir‹ anstimmt, seid es doch auch, die durch eure jämmerliche feige Haltung den Zusammenbruch der Monarchie auf dem Gewissen habt! Heute redet ihr mit einer geradezu naiven Unverfrorenheit von ›Eurem Kaiser‹, den ihr doch in der Stunde der Gefahr verlassen habt. Zählt doch die Namen derer auf, die sich für Kaiser und Reich auf den Barrikaden opferten! Wird die Geschichte über euch und euer Tun einst zu Gericht sitzen – das Urteil wird ein vernich-

tendes sein! In all den Jahren, da dem Bekenntnis zur Monarchie die Prügel der Novembergarde auf dem Fuß folgte, bliebt ihr dem Volke unsichtbar. Heute, da das November-Regiment von einem jungen Geschlecht hinweggefegt worden ist, haltet ihr eure Stunde wieder für gekommen. Wir Jungen haben jenen Mann in Doorn, der einstmals fast Jahrzehnte hindurch überschwenglich gefeiert wurde, haben ihn und seine Zeit nicht mehr kennengelernt. Wir stehen diesem Manne, seiner Zeit mit ihrer Staatsform fremd gegenüber. Uns kommen die Lobhymnen, die man in den Tagen, die man die ›Wilhelminischen‹ nennt, auf ›Ihn‹ – den Kaiser – anstimmte, in ihrer devoten Verlogenheit fast wie ein Operettenschwank vor. Uns fehlt jedes Verständnis für die Lobpreisungen ›Seines herrlichen Geistes; Seiner Güte und Seiner Frömmigkeit‹ … Wir sind weit davon entfernt, über den letzten tragischen Vertreter eines Gottesgnadentums ein Urteil zu fällen – das überlassen wir der Geschichte. Wir wünschen aber, daß jene, die den Erfolg der nationalsozialistischen Revolution benutzen, um ihren vergreisten Geburtstagsgefühlen recht laut Ausdruck zu verleihen, dies doch lieber unterlassen. Denn wir haben für die Zukunft und nicht für die Vergangenheit gekämpft!«[164]

Der Adelsmarschall Fürst zu Bentheim beschwerte sich mit einer Eingabe vom 24. Februar 1934 beim Reichskanzler über diese Auslassungen und bat Hitler, »solchen Entgleisungen in Zukunft vorbeugen zu wollen«. In der Antwort aus dem Staatssekretariat der Reichskanzlei vom 6. März 1934 wird versichert:

»Der Herr Reichskanzler hat sofort das Erforderliche veranlaßt, um ähnlichen Artikeln in der Zukunft vorzubeugen.«[165]

Eine Klärung aller Vorgänge rund um den 75. Geburtstag des Kaisers versuchte Hausminister von Dommes an höchster Stelle zu erreichen. Sein Versuch, eine Unterredung mit Hitler sogleich in den ersten Februartagen zu erreichen, schlug fehl; aber am 27. April 1934 empfing ihn Hitler zu einer Besprechung in der Reichskanzlei, die in Gegenwart von Staatssekretär Dr. Lammers geführt wurde. In der von Dommes selbst darüber angefertigten Niederschrift hielt er fest, er habe dem Reichskanzler gesagt:

»Ich käme weder mit einer Bitte, noch mit einer Klage; ich wolle nur sein Gerechtigkeitsgefühl anrufen. Ich hätte diesen Empfang Anfang Februar beantragt wegen der beleidigenden Angriffe, die gegen die Person Seiner Majestät gerichtet wurden.«

Dommes ging zunächst kurz auf die Ausführungen ein, die Reichsernährungsminister Darré gelegentlich des Weimarer Reichsbauerntages in Weimar am 21. Januar gemacht hatte, und nannte diese »das Ehrverletzendste«, was an Übergriffen geschehen sei. Dazu überreichte er Hitler eine schriftliche Erklärung.

Dommes kam dann zu seinem eigentlichen Anliegen, als er ausführte:

»Weit schlimmer sei die nicht wegzuleugnende Tendenz, daß der Angriff auf den monarchischen Gedanken nach wie vor unsauber geführt werde durch persönliche Herabsetzung des letzten Trägers der Krone u. seines Hauses. Ich sei überzeugt davon, daß H. diese Art des Kampfes genau so verurteile wie ich. Da es nur eines Wortes von ihm bedürfe, hoffe ich, daß diese wahrheitswidrigen Kampfmethoden verschwinden würden. Hitler antwortete (sichtlich vorbereitet): Nicht er und seine Anhänger hätten die Novemberrevolution gemacht. Sie hätten sie vielmehr auf das äußerste bekämpft. Gegen die deutschen Fürsten müsse er aber den Vorwurf erheben, daß sie sich ihr unterworfen hätten.
Er habe im alten Deutschland die Monarchie für die beste Staatsform gehalten. Er habe nichts gegen die Monarchie, insonderheit nichts gegen das Haus Hohenzollern. Aber er habe es bitter empfunden, daß Bürgertum, Intelligenz und Fürsten für seinen Kampf kein Verständnis aufgebracht hätten – z. T. hätten Fürsten ihn beschimpft – z. B. der Kronprinz von Bayern, der seine Bewegung als ›unreife Lausejungens‹ bezeichnet habe. Da die Fürsten versagten, habe er kleiner Mann mit kleinen Leuten Deutschland retten müssen.
Seine Ziele seien: die Rettung Deutschlands vom Bolschewismus, die Ausrottung der Verbrecher der November-Revolution, die innere Reinigung, die Ausgestaltung der Reichswehr, um Deutschland auch nach außen wieder Ansehen zu verschaffen. Dazu brauche er Zeit – schätzungsweise 12 bis 15 Jahre. Während dieser Zeit dürfe er nicht gestört werden, er werde aber gestört auch gerade von den deutschen Fürsten. Immer wieder kämen Beschwerden an den alten Feldmarschall: dadurch würde seine Arbeit gelähmt.
Er habe nichts gegen den Kaiser. Gewiß habe er Fehler gemacht. Welcher Mensch sei davon frei?
Aber der Kaiser bringe ihm kein Verständnis entgegen. Seit er politisch denke, habe er die deutsche Kleinstaaterei verurteilt. Stets hätten die Fürsten dynasti-

sche Hauspolitik getrieben. Er – und über seinen Tod hinaus seine Bewegung würden dafür sorgen, daß diese Fürsten niemals wiederkämen. (Nun wurde er leidenschaftlich:) In dieser Frage sei er unerbittlich und fanatisch. Deshalb hätte er das Telegramm ›Deutschland könne nur unter seinem Kaiser und seinen Bundesfürsten wieder glücklich werden‹, als eine Herausforderung empfunden. (Ich warf ein, daß ich zu dieser Frage noch Stellung nehmen würde.) – Dieses Telegramm hätte in den monarchie-freundlichen Kreisen der NSDAP eine Schwenkung um 90 Grad zur Folge gehabt. Die in die Zeit dieser Erregung gelegten Feiern wären als unverhüllte Provokation empfunden worden. Darüber könne man sich doch nicht wundern.

Er (Hitler) werde nie heiraten, nie Kinder haben. Er erstrebe für sich nicht etwas wie einen Thron. Er werde auch nach dem Tode Hindenburg's nicht etwa Reichspräsident werden, sondern Reichskanzler bleiben. Das könne er aber erklären: Wenn Deutschland je wieder Monarchie würde, so müsse diese Monarchie im Volke wurzeln – und sie müsse in der Partei wurzeln, die das Volk sei. Und niemals würde Deutschland wieder ein Bundesstaat werden. Er betrachte es als eine seiner größten Leistungen, daß er das alte Sehnen nach dem Einheitsstaat erfüllt habe.

Ich antwortete ich sei dankbar für die eingehenden Darlegungen. Ich glaube nicht, daß es einen national empfindenden Deutschen gäbe, der die großen Ziele, die H. sich gesteckt, nicht begrüße. Viele von ihnen seien identisch mit den Zielen, die Seine Majestät der Kaiser sich gesteckt hatte; das erkenne der Kaiser unumwunden an. Es sei möglich, daß H. eine oder die andere kritische Äußerung des Kaisers zugetragen sei. Man müsse bedenken, daß der Kaiser von Holland aus heißen Herzens die Entwicklung in der Heimat verfolge und das selbstverständliche Recht eigenen Urteils habe. Wenn H. sich über das Telegramm an den NDO München errege, so sei zunächst festzustellen, daß seine große Reichstagsrede für den Einheitsstaat Ende Januar gehalten sei, während das Telegramm aus dem November stamme und im NDO-Blatt vom 15. Dez. veröffentlicht sei. Von einer Herausforderung könne schon deshalb nicht die Rede sein. – Ich dächte selbstverständlich nicht daran, eine Auslassung Seiner Majestät auch nur im kleinsten abschwächen zu wollen. Aber man müsse doch die Entstehungsgeschichte des Telegramms berücksichtigen. Es sei die Antwort auf eine Huldigungsadresse bayerischer Offiziere: z. T. seien die gleichen Worte gebraucht. Dem Kaiser würde Treulosigkeit gegen die Bundesfürsten vorgeworfen wenn er eine andere Stellung einnähme. Man würde gesagt haben: ›Wenn der Reichskanzler H. ihm die Krone des Reiches

hinhalte, verließe er sofort die anderen Fürsten.‹ M. E. hätte der Kaiser eine andere Stellung nicht einnehmen können.
Für eine spätere Wiederaufrichtung des Kaiserreiches sehe ich hier aber kein Hindernis. Hitler warf ein: er sehe nicht ein, weshalb im Jahre 1934/35 für das Haus Hohenzollern auf einmal etwas als ›heilig gelte‹, was es früher gar nicht gewesen wäre. (Er spielte offenbar auf 1866 an.)
Ich fuhr fort: wenn H. vorher von ›Festen‹ gesprochen hätte: Seitens des Kgl. Hauses seien Feste nicht veranstaltet. Übrigens – er erkläre, daß die Frage der Staatsform für ihn zur Zeit nicht diskutabel sei – Seine Majestät u. das Königl. Haus lehnten jede Propaganda als ihrer nicht würdig ab. Ich könne also keinerlei Reibungsfläche sehen.
Außerdem: wenn die Frage der Staatsform vorläufig offen bleiben solle, H. aber auch nicht gegen das Kgl. Haus Stellung nehme, so bleibe doch beiderseits diese Zukunftshoffnung bestehen. Das könne ich doch feststellen – selbstverständlich ohne ihn festlegen zu wollen. (H. sagte, dagegen hätte er nichts einzuwenden.) Dann sei aber doch die Folge, daß man das Haus nicht herabwürdigen dürfe und ihm seine Stellung lassen müsse. Angriffe wie der Darrésche täten das Gegenteil. Hitler sagte: er mißbillige diese Art von Angriffen auch. Er fügte eine Bemerkung hinzu, aus der ich entnahm, daß er in Zukunft solche Angriffe unterbinden werde. Wenn das Telegramm nicht gekommen wäre, so würde er sogar dem Kaiser zum 75. Geburtstag telegrafiert haben. Aber man müsse doch seiner Bewegung Verständnis entgegenbringen.
Ich antwortete: ich könne nur feststellen, daß die ganze jüngere Generation des Kgl. Hauses sich in die Bewegung eingegliedert habe.
Da Hitler schon mehrmals Anstalten gemacht hatte aufzustehen, sagte ich nur noch: ich hätte mich wieder an ihn wenden müssen, da ich den Minister Hess noch nicht hätte erreichen können.
Ich sagte dann noch: ich hätte gehört, der Kronprinz habe ihn vor seiner Abreise nach Rom gerne noch sprechen wollen. Daraus sei nichts geworden. Ich wollte nur sagen, daß der Kronprinz lediglich hätte fragen wollen, ob er bei einer möglichen Zusammenkunft mit Mussolini irgendwie nützen könnte. Hitler nahm diese Mitteilung mit leichtem Kopfnicken aber betonter Kälte entgegen, ohne ein Wort zu sagen.
Damit endete die Unterredung. Sie wurde in freundlicher Form geführt.

v. Dommes 27. IV. 34«[166]

Das Telegramm, das Hitler als Begründung für eine »Schwenkung um 90 Grad« in der Frage der Restauration der Hohenzollernmonarchie angeführt hatte, war die Antwort des Kaisers auf ein Huldigungstelegramm der Ortsgruppe München des NDO mit dem Bekenntnis »zum bisherigen politischen Hochziel, dem föderativen Wiederaufbau des Reiches auf monarchischer Grundlage«. Die Antwort des Kaisers, aufgegeben am 22. November 1933 in Doorn, hatte folgenden Wortlaut:

> »Ich habe die mir vorgelegte Entschließung der Ortsgruppe München des Nationalverbandes Deutscher Offiziere gern zur Kenntnis genommen und bin überzeugt, daß jeder der alten Offiziere alles daransetzen wird, sein Treuebekenntnis zur Monarchie durch mannhafte Tat zu bekräftigen. Nur unter seinem Kaiser und den deutschen Bundesfürsten kann das Reich auf die Dauer gefestigt werden und zu seiner alten Macht und Herrlichkeit gelangen! Darum vorwärts mit Gott für König und Vaterland, für Kaiser und Reich!«[167]

Am 15. Dezember 1933 wurde das Telegramm des Kaisers in der Zeitschrift »Deutsche Treue« veröffentlicht, sehr zum Ärger des Hofmarschalls Graf Schwerin, der dieses Telegramm aufgesetzt hatte.[168] Dommes bemängelte in einer Aktennotiz, dass man das Telegramm wochenlang auf sich habe beruhen lassen,

> »um es erst im Januar 1934 zu gelegener Stunde herauszuholen. Plötzlich nahm man schwersten Anstoß daran und sagte, daß die von Seiner Majestät hier zum Ausdruck gebrachte Auffassung der amtlichen Reichspolitik widerspräche, und daß darin der absichtliche Widerspruch Seiner Majestät gegen den heutigen Staat zum Ausdruck käme.
> Diese Auffassung ist falsch, schon allein weil eine amtliche Stellungnahme in der Richtung des Einheitsstaates erst in der Reichstagssitzung vom 30. Januar 1934 erfolgte und bis dahin die Einrichtung der Statthalter im Gegenteil hatte darauf schließen lassen, daß man die Länder nicht zerschlagen wollte. Im übrigen muß man die von Seiner Majestät hier zum Ausdruck gebrachte Auffassung sachlich betrachten: Die Ortsgruppe des N.D.O. aus der Hauptstadt des nächst Preußen größten deutschen Bundesstaates hatte Seiner Majestät gegenüber das Bekenntnis zu einer föderativen monarchischen Gestaltung des Reiches und ihren Willen bekundet, sich dafür einzusetzen. Seine Majestät hat dem in der Antwort Rechnung getragen.«[169]

Für die Abweisung des monarchischen Gedankens bot das Telegramm des Kaisers jedenfalls willkommenes Material. Wie es auch immer gemeint war, die Interpretation durch Hitler und seine Propagandisten diente als sicheres Argument gegen die Restaurationspläne des Kaisers.

In seinem Schreiben an den Reichskanzler Hitler vom 2. Februar 1934 hatte v. Dommes auf die ihm »ganz unverständliche plötzliche Schärfe« hingewiesen, »mit der in Wort und Schrift der monarchische Gedanke bekämpft wird« (s. S. 130). Bei der Unterredung mit Hitler am 27. April 1934 war er auch darauf wieder zu sprechen gekommen. Zur Illustration des Gemeinten sandte er Hitler am 20. Juni 1934 den Text der Rede des in die Reichspropagandaleitung berufenen Gaupropagandaleiters Walter Tießler vom 23. Mai 1934 in Merseburg unter der Überschrift: »Kampf der Reaktion« und die Rede, die Reichsernährungsminister Darré am 27. Mai 1934 in Altenesch auf der Stadinggen-Gedenkfeier »Gegen alle Feinde des Bauerntums« gehalten hatte.

Tießler benannte als »Reaktionäre« die Monarchisten, die Kirchenchristen, die Freimaurer, die Auch-»Wirtschaftsführer«, den NS-Frontkämpferbund, die Meckerer und Kritikaster und die Parteigenossen, die nicht Nationalsozialisten sind – eine interessante Auflistung der Personen und Gruppen, die als Gegner eingestuft wurden, nachdem jede offene Opposition verboten worden war! Den Monarchisten sagte er nach, sie wollten einen Kaiser haben, »weil sie eine Strohpuppe an der Spitze des Volkes sehen möchten.« Auf Kaiser Wilhelm II. bezogen, äußerte er:

> »Die Novembertage von 1918 bedeuteten für ihn einen Scheideweg: Willst du für dein Volk kämpfen, leben und sterben, oder willst du ein nettes, sorgenfreies Leben mit allen nur denkbaren Bequemlichkeiten führen? Wilhelm II. hat sich damals für das angenehme Leben und für das Schloß entschieden. Wir kennen die Meinung des deutschen Volkes über diesen Kaiser. Wir alle wissen, daß ein Unrecht an ihm wieder gutgemacht werden muß. Aber die Form des Wiedergutmachens besteht darin, daß er sofort nach seiner Rückkehr nach Deutschland als Deserteur vor ein Kriegsgericht gestellt wird. Man stelle sich diesen Wilhelm II. als Kaiser von Deutschland vor. Nicht Wilhelm II., sondern die staatsfeindliche Clique würde in Deutschland herrschen. Sie schreien Monarchie, und sie wollen doch nicht die Herrschaft eines Führers, eines einzelnen, sondern sie wollen ihre eigene Herrschaft, nämlich die ihres Geldbeutels.«

Die Rede Darrés enthält eine drastische »Warnung an monarchistische Kreise«: Sie glauben nämlich, »auf den Willen des deutschen Bauerntums verweisen zu können, welches wieder die Rückkehr seiner Territorialfürsten wünsche«. Dem sei aber nicht so; denn wenn im Verlauf der deutschen Geschichte dieser oder jener Territorialfürst und auch Kirchenfürst die bauernfeindliche Politik seiner Standesgenossen nicht mitgemacht habe,

> »so steht dennoch die geschichtliche Tatsache fest, daß die gesamten Kirchen- und Territorialfürsten, die deutsche Entwicklung als Ganzes genommen, das Bauerntum nur immer tiefer in Abhängigkeit gebracht haben, auch von Jahrhundert zu Jahrhundert es immer tiefer in Unfreiheit verstrickten … Wir Bauern haben nicht das geringste Interesse mehr, unser Blut für irgendeine dynastische Sonderpolitik herzugeben … Dazu kommt dann noch die eine Tatsache, daß wir mit dem besten Willen nicht einsehen, warum wir uns Leute zurückholen sollen, die uns im Augenblick unserer größten Gefahr verlassen haben! … Wer in einer der schwersten Stunden unseres Bauerntums uns einfach verließ und uns Juden und Schiebern auslieferte, der hat damit bewiesen, daß er weder ein Herz für uns Bauern hat, noch daß er ein guter Führer ist. Denn wenn die Fürsten 1918 die Behauptung aufstellten, daß ihr Zurückweichen Schlimmstes verhütet habe, so mag das für *ihre* Person vielleicht zutreffen. Wir *Bauern* sind aber in den darauf folgenden Jahren um ein Haar an diesem Experiment gestorben. Daß wir trotzdem nicht starben, verdanken wir nicht der Eigensüchtelei derjenigen Herren, die uns 1918 verließen, sondern verdanken wir nur dem Bauernsproß Adolf Hitler, der den Mut hatte, unser Panier zu ergreifen und uns wieder Lebensmöglichkeiten zu verschaffen.«

Dommes legte diese Veröffentlichungen Hitler vor und strich die hier zitierten Stellen eigens an, um Hitlers Aufmerksamkeit darauf zu lenken.[170] Dass die antimonarchistischen Tendenzen keine Einzelerscheinungen waren, sondern einer Generallinie der Innenpolitik Hitlers entsprachen, sollte sich bald zeigen.

Die Vorgänge beim sogenannten Röhm-Putsch verdeutlichten die herrschenden Tendenzen: In Berlin wurde der Adjutant des Kronprinzen und Referent im Hausministerium, Major von Müldner, verhaftet. Vom 1. bis 26. Juli 1934 saß er im Polizeigefängnis in Berlin-Tempelhof, dann kam er für 24 Stunden in das Konzentrationslager Lichtenstein bei Torgau.

Vorgeworfen wurde ihm der freundschaftliche Verkehr mit General von Schleicher. Entlassen wurde er mit der Ermahnung, »er habe sich regierungsfeindlicher Akte und monarchistischer Umtriebe zu enthalten«.[171] Eineinhalb Jahre waren vergangen, seitdem der Kaiser gemeint hatte: »Der Nazi-Schwung muß mitbenutzt werden.« Jetzt galten restaurative Tendenzen im Interesse des Kaisers als »monarchistische Umtriebe«, die geahndet wurden und auch zu Verhaftungen führen sollten.

Dennoch trieben den Kaiser weiterhin illusionäre Wunschbilder um. Vier Wochen später – inzwischen war der Tod Hindenburgs eingetreten und die Reichswehr auf Hitler vereidigt worden – schüttete er dem General von Unruh sein Herz aus.

> »Der Kaiser, meinte Unruh, schneidet alles – selbst die wichtigsten politischen Fragen – auf seine eigene Person zu, er verurteilt alle und alles, und niemand bleibt mehr, auf den er sich stützen kann. Dabei redet er immer wieder davon, was er tun will, wenn er demnächst in Deutschland die Zügel der Regierung wieder ergriffen hat.«[172]

Anzeichen innerer Vereinsamung mehrten sich. Als sein Flügeladjutant Frhr. von Sell im April 1935 aus Berlin nach Doorn kam, offenbarte ihm der Kaiser, dass er sich freue, mit Sell offen reden zu können. Er gestand:

> »Bei meiner Frau muß ich jedes Wort auf die Waagschale legen und überlegen, darf ich dies auch sagen, muß ich jenes nicht verschweigen. Man weiß schließlich gar nicht mehr, was man sagen soll!«

Entsprechend reagierte er auf die Anregung, eine »Walküre«-Aufführung in Amsterdam anzusehen:

> »Stellen Sie sich nur einmal vor, was man zu Hause sagen würde, wenn man hörte, der Kaiser geht in ein holländisches Theater! Nein, so lange das deutsche Volk die Schmach nicht reingewaschen hat, ihren eigenen Kaiser als letzten Kriegsgefangenen in der Verbannung zu lassen, solange betrete ich kein Theater!«

Als gar das neue Flaggengesetz erlassen war, äußerte er in bitterster Resignation, »jetzt gäbe es für eine Rückkehr keine Hoffnung mehr, nun wolle er in Doorn begraben sein«.[173]

Das Flaggengesetz, das auf dem Nürnberger Reichsparteitag am 15. September 1935 verkündet wurde, versetzte dem Kaiser einen tiefen Schock. Die schwarz-weiß-rote Fahne war abgeschafft worden zugunsten der Hakenkreuzfahne. Dass sich keiner der alten Offiziere, die unter der schwarz-weiß-roten Fahne gekämpft hatten, dagegen zur Wehr setzte, verbitterte ihn außerordentlich. Er äußerte:

> »Jetzt ziehe ich einen Strich unter das Vergangene. Nachdem dies möglich war, ist es natürlich ausgeschlossen, daß ich noch einmal zurückgerufen werde.«

Freiherr von Sell bemerkte, dass der Kaiser zweimal zu schluchzen anfing, als er von dem neuen Flaggengesetz sprach; Sell äußerte zu Ilsemann: »Ich habe den Kaiser schon öfter erschüttert gesehen, aber einen solchen Zusammenbruch habe ich doch noch nicht erlebt.«[174]

Inneren Halt bot ihm sein Glaube, den auch die größten Erschütterungen nicht wankend machen konnten. Wie er sich stets in aller Eindeutigkeit zum christlichen Glauben bekannte – es sei daran erinnert, dass er sein Amt als Summus Episcopus der evangelischen Kirche in seinem Königreich Preußen immer sehr ernst genommen hatte –, so jetzt erst recht, als er aus der Ferne seines Exils den Kirchenkampf in Deutschland zur Kenntnis nehmen musste.

Das nationalsozialistische Ziel der »Gleichschaltung« aller Institutionen hatte auch vor der evangelischen Kirche nicht haltgemacht und ein »Neuheidentum« ergeben, dem nichts ärgerlicher war, als die historische Verflochtenheit des christlichen Glaubens mit der jüdischen Religion.

Seit 1934 trat die Bekennende Kirche der nationalsozialistisch bestimmten Haltung der Deutschen Evangelischen Kirche entgegen. Hervorgegangen war sie aus dem von Martin Niemöller 1933 gegründeten Pfarrernotbund, der verfolgte Geistliche unterstützte. Mittels der Barmer Theologischen Erklärung wurde der Macht- und Rechtsanspruch der Reichskirche verneint. Anhänger der Bekennenden Kirche, die sich gegen die Gewalttaten des Nationalsozialismus wandten, wurden verfolgt, inhaftiert und in Konzentrationslager interniert.

Das Zentrum der von Berlin-Dahlem ausgegangenen Bekennenden Kirche befand sich in Preußen! Mit dem Kaiser traten die führenden Männer der Bekennenden Kirche jedoch nicht in Verbindung; aber der Kaiser stand persönlich als Christ entschlossen auf ihrer Seite.

Ein Telegramm, mit dem er seinen Enkel Prinz Wilhelm Karl von Preußen am 22. März 1937 anlässlich dessen Konfirmation zur Glaubenstreue mahnte, gibt seiner eigenen Glaubensüberzeugung Ausdruck und bekräftigt zugleich seine Abgrenzung gegen alle neu-heidnischen Versuche der Umformung des Christentums zu einer »artgemäßen« Religion, für die die NS-Ideologie die Maßstäbe setzte. Dies sind seine Worte an den jungen Konfirmanden:

> »Zu Deiner Einsegnung meine innigsten Segenswünsche! Halte Dich durch Dein Leben hindurch an Deinen Heiland, unseren Erlöser. Seine Gebote seien Dir Richtschnur für Dein Denken und Handeln! In ernste Zeit fällt Dein Eintritt in unsere Kirche! Unser evangelischer Glaube wird von allen Seiten angegriffen. Man leugnet den Herrn als Gottessohn und seinen Erlösertod für unsere Sünden. Das Neuheidentum macht sich breit. Laß Dich durch nichts beirren oder in Deinem Glauben wankend machen. ›Unser Glaube ist der Sieg, der die Welt überwunden hat. Jesus Christus gestern und heute und derselbe in Ewigkeit!‹ Gott mit Dir! Dein treuer Großpapa«[174a]

Die Worte des 78-jährigen Kaisers an seinen Enkel bestätigen ein Urteil seines einstigen Oberhofpredigers Ernst von Dryander, der in seinen 1926 in vierter Auflage erschienenen »Erinnerungen« schreibt:

> »In den 46 Jahren, die ich den Kaiser kenne, ist er mir durchweg als ein bewußter, klarer, schlicht evangelischer Christ entgegengetreten, in dessen Frömmigkeit ich nie etwas Unnüchternes, Schwärmerisches oder gar Frömmelndes wahrgenommen habe.«[174b]

Die Frömmigkeit aus einer gefestigten Glaubenshaltung verließ den Kaiser auch nicht, als nun das Ende seiner Erdentage herannahte. Am 18. März 1938 traten erste Anzeichen einer Angina pectoris bei ihm auf. Ende März spürte er eine Besserung; aber nun lag ihm daran, seinen Nachlass zu regeln.

Am 24. November 1938 versammelte er alle seine Söhne um sich zu einer gemeinsamen Besprechung über die Verwaltung des Vermögens nach seinem Tod.

So nahte sein 80. Geburtstag. Stärker noch als beim 75. Geburtstag des Kaisers wurde jetzt dafür gesorgt, dass dieser Geburtstag von der Öffentlichkeit ignoriert wurde.

Das Oberkommando der Wehrmacht gab bereits am 21. Dezember 1938 den folgenden Erlass heraus:

»Betr.: Verbot der Beteiligung von Wehrmachtangehörigen an Veranstaltungen oder Glückwunschadressen aus Anlaß des 80. Geburtstages des ehemaligen Deutschen Kaisers am 27. Januar 1939.
An den Herrn Oberbefehlshaber des Heeres,
den Herrn Oberbefehlshaber der Kriegsmarine,
den Herrn Reichsminister der Luftfahrt und Oberbefehlshaber der Luftwaffe.
Aus Anlaß des bevorstehenden Geburtstages des ehemaligen Deutschen Kaisers wird auf folgendes hingewiesen:
Sämtlichen Wehrmachtangehörigen ist die Teilnahme an Veranstaltungen irgendwelcher Art aus Anlaß des 80. Geburtstages des ehemaligen Deutschen Kaisers am 27. Januar 1939 verboten – auch, wenn diese Veranstaltungen zeitlich vor oder nach dem 27. Januar 1939 liegen.
Ebenso ist die Beteiligung von Wehrmachtangehörigen an Glückwunschadressen jeglicher Art oder sonstigen Kundgebungen sowie die Absendung persönlicher Glückwünsche aus diesem Anlaß verboten.
Wird bei Veranstaltungen, an denen Wehrmachtangehörige teilnehmen, irgendwie – etwa in einer Rede, einem Trinkspruch oder durch eine sonstige Ehrung – dieses Tages gedacht, so haben die Wehrmachtangehörigen unverzüglich die Veranstaltung zu verlassen und spätestens bis Ablauf des folgenden Tages ihrem nächsten Disciplinarvorgesetzten sowie dem Standortältesten Meldung hierüber zu erstatten. Beabsichtigen Wehrmachtangehörige in der nächsten Zeit an Veranstaltungen teilzunehmen, so müssen sie sich vorher die Sicherheit verschaffen, daß sie nicht in eine peinliche Lage versetzt werden. Ist diese Sicherheit nicht gegeben, so haben sie solchen Veranstaltungen fern zu bleiben.
Der Chef des Oberkommandos der Wehrmacht
Keitel

Vorstehende Verfügung ist allen Wehrmachtangehörigen (Soldaten und Beamten) beschleunigt bekanntzugeben.
Etwaige Meldungen gemäß letztem Absatz obiger Verfügung sind dem Oberkommando des Heeres auf dem Dienstwege vorzulegen.
Die Traditionsverbandsführer und, soweit noch vorhanden, auch die Führer der Offiziersvereine der alten Armee sind durch die Traditionstruppenteile

(nur der ehemalig reichsdeutschen Armee) in geeigneter Form zu benachrichtigen.
I. A. Keitel.«[175]

An alle im NS-Kyffhäuserbund zusammengeschlossenen Offiziers- und Soldatenvereine erging folgender Erlass:

»Aus außen- und innenpolitischen Erwägungen muß die öffentliche Erwähnung des 80. Geburtstages des Kaisers unterbleiben. Bei Angehörigen von Regimentern, bei denen der Kaiser früher eine Chefstelle innehatte, ist gegen schriftliches Glückwunschgedenken nichts einzuwenden. Die Form muß natürlich den heutigen Verhältnissen angemessen sein.«[176]

Der 80. Geburtstag verlief dann in der Tat ohne jegliche öffentliche Anteilnahme. Generalfeldmarschall von Mackensen erschien in Doorn, und außer den Familienangehörigen kamen als Gratulanten Abordnungen vom adeligen Frauenclub in Münster und vom Johanniterorden in Deutschland und in Holland. Das war der Rahmen einer ganz und gar geschlossenen Gesellschaft.

Am 14. Mai 1940, kurz vor 8 Uhr morgens, standen die ersten deutschen Soldaten am Torgebäude von Haus Doorn. Sie wurden sofort eingelassen. Der Regimentskommandeur des I. R. 322, Oberst Neidtholdt, mit fünf Offizieren seines Stabes meldete dem Kaiser, dass die Spitze seines Regimentes soeben durch den Ort marschiere und dass ein Generalstabsoffizier mit einer Botschaft von Hitler an den Kaiser unterwegs sei. Der angekündigte Generalstabsoffizier, Oberstleutnant von Zitzewitz, traf bereits eine Stunde später ein und verlas eine Botschaft von Hitler, »nach welcher der Kaiser den Schutz der deutschen Wehrmacht genießt und das zum Hause gehörende Grundstück sowie die Gebäude von deutschen Truppen nicht belegt werden dürfen«. Eine »Erklärung des Führers und Obersten Befehlshabers der Wehrmacht gegenüber dem ehemaligen Deutschen Kaiser« wurde sofort von Zitzewitz diktiert. Sie hat folgenden Wortlaut:

»1. Der ehemalige Kaiser und sein gesamter Hausstand genießt den Schutz der deutschen Wehrmacht in dem gleichen Maße wie jeder andere deutsche Staatsangehörige.

2. Schloß Doorn und seine nähere Umgebung wird von deutschen Truppen nicht belegt und gestört werden.
3. Die Geheime Feldpolizei wird den Schutz und die Sicherheit des Hauses Doorn und der gesamten Hofhaltung bis auf weiteres übernehmen. Bis zu ihrem Eintreffen wird die Wehrmacht für die Absperrung sorgen.«

Von den durch von Zitzewitz und von Dommes unterschriebenen Exemplaren wurde eines dem Hausminister von Dommes ausgehändigt, ein weiteres direkt an Hitler gesandt. Die Sicherung von Haus Doorn übernahm sofort Leutnant von Braunschweig mit einem Unteroffizier und 16 Mann, bis sie von der Geheimen Feldpolizei abgelöst wurden.[177]

Die vorläufige Beendigung des deutschen Blitzkrieges im Westen veranlasste den Kaiser zu einem unerwarteten Glückwunsch an Hitler. Damit erfüllte er einen schon lange gehegten Wunsch seiner Gemahlin. Schon Monate zuvor hatte ein Adjutant des Feldmarschalls von Mackensen im Gespräch mit einem Adjutanten Hitlers »einwandfrei« herausgebracht: Der Führer ärgert sich darüber, »daß der Kaiser ihm zu keinem seiner Erfolge gratuliert hat!«. Am 28. März 1939 erschien ganz unerwartet der Hausminister von Dommes aus Berlin in Doorn mit der Mitteilung:

»Er halte es für seine Pflicht, den Kaiser darauf aufmerksam zu machen, daß in Berlin immer wieder danach gefragt würde, warum der Kaiser öffentlich keinerlei Stellung zu den großen Erfolgen für Deutschland nähme.«

Er bat den Kaiser, Hitler zu seinen Erfolgen zu gratulieren oder

»wenigstens seiner Freude darüber Ausdruck zu verleihen, daß die Fesseln von Versailles langsam aber sicher gesprengt würden.«[178]

Dommes sah sich wegen des Vorwurfs der Teilnahmslosigkeit des Kaisers am deutschen Geschick zu offiziellen Schritten veranlasst. Am 6. Mai 1939 suchte er den Reichskabinettsrat von Stutterheim auf mit der Bitte, ihm einen Empfang beim Reichsminister Dr. Lammers zu erwirken. Bei dieser Gelegenheit legte er ihm dar, was er Lammers vorzutragen gedachte, und fertigte darüber am 7. Mai 1939 eine Aktennotiz an, aus der sich ergibt, dass sich von Dommes zunächst bemüht hatte, ein in der amerikanischen Presse erschienenes Interview mit dem Kaiser als Fälschung zu erklären.

Das Interview, einem Journalisten mit Namen W. Burckhardt in den Mund gelegt und darum »Burckhardt-Interview« genannt, war Anfang Dezember 1938 in verschiedenen amerikanischen Zeitungen erschienen und auch von der englischen Presse übernommen worden. Als erste hatte es der »Daily Telegraph« veröffentlicht. Unter der Überschrift »The Kaiser on Hitler« sind zwei Fotos vom Kaiser und von Hitler nebeneinandergestellt mit der unterlegten Zeile: »What does the ex-Kaiser Wilhelm think of the ex-house painter Hitler? ›Nichts!‹« Im Text des Interviews wird dazu u. a. Folgendes ausgeführt:

»… Suddenly, sensing a chance, I may never have again, I pose the question: ›And yourself, Sire, what do you think of him?‹ ›Nichts!‹ This ›nothing‹ is spoken in an (explosive) tone and the Emperor turns his back on me to begin pacing up and down the room. But I'm careful not to interrupt the ensuing silence, and he goes on as if only for his own benefit: ›There's a man alone, without family, without children, without God. Why should he be human? Oh, without a doubt, he's sincere: but this very excessive sincerity keeps him apart, out of touch, with men and realities … He builds legions, but he doesn't build a nation. A nation is created by families, a religion, traditions: it is made up out of the hearts of mothers, the wisdom of fathers, the joy and the exuberance of children … Over there‹ (here the good arm rose, pointing over Holland toward the Third Reich) ›an all-swallowing State, disdainful of human dignities and the ancient structure of our race, sets itself up in place of everything else. And the man who, alone, incorporates in himself this whole State, has neither a God to honor nor a dynasty to conserve nor a past to consult …‹
And the circle of those surrounding him?
›For a few months I was inclined to believe in National Socialism. I thought of it as a necessary fever. And I was gratified to see that there were, associated with it for a time, some of the wisest and most outstanding Germans. But these, one by one, he has got rid of, or even killed … Papen, Schleicher, Neurath and even Blomberg. He has nothing left but a bunch of shirted gangsters!‹
The Emperor held his silence for a long moment before resuming his monologue:
›This man could bring home victories to our people each year, without bringing them either glory or (danger). But of our Germany, which was a nation of

> poets and musicians, of artists and soldiers, he has made a nation of hysterics and hermits, engulfed in a mob and led by a thousand liars or fanatics … ‹ The room darkens with the deepening twilight into the semblance of a dark grey backdrop against which, as bright points, stand out the white bearded head of Wilhelm II.«[178a]

War das Interview wirklich eine Fälschung? Hausminister von Dommes war bemüht, es als Fälschung zu deklarieren. Das sollte auf dem Rechtswege geschehen. In der Information, die er dem Reichskabinettsrat von Stutterheim zukommen ließ, ging er davon aus, dass »in Amerika eine derartige Klage bekanntlich aussichtslos ist«. Also habe er dem »Daily Telegraph« mit einer Klage gedroht. Über das Verfahren berichtet von Dommes wie folgt:

> »Der ›Daily Telegraph‹ habe daraufhin erklärt: er habe sich davon überzeugt, daß es sich um eine Fälschung handele, er bitte Seine Majestät um Entschuldigung; er sei zu einer notwendigen dementsprechenden Erklärung in seinem Blatt bereit; er wolle die entstehenden Kosten übernehmen. Unter diesen Umständen war die Durchführung der Klage zwecklos. – Abschriften des Schreibens des ›Daily Telegraph‹ und die Antwort unseres Rechtsbeistands werde ich folgen lassen.«

Auf eine Klage hatte der Hausminister also verzichtet, und die von ihm angekündigten Abschriften sind im Archivmaterial nicht zu finden, wohl aber die begeisterte und dankbare Zustimmung von »Schwager's American International Information Bureau«!

Dennoch musste sich der Hausminister mit allem Eifer darum bemühen, das »Burckhardt-Interview« als Fälschung zu erklären. Er legte von Stutterheim dar:

> »Der Grund dafür, daß derart plumpe Fälschungen immerhin Glauben finden können, liegt darin, daß es für uns unmöglich ist, Unrichtigkeiten in der Öffentlichkeit richtig zu stellen. Deshalb können manche Gerüchte, die vielleicht von irgendwem lanciert werden, sich festsetzen. Dazu gehört u. a. das Gerede, Seine Majestät der Kaiser stehe dem großen Geschehen in Deutschland fremd, wenn nicht gar ablehnend gegenüber. Das Gegenteil ist wahr. Der Kaiser nimmt an allem, was in Deutschland geschieht, wärmsten Anteil. Er ist glück-

lich über alles, was zur Erstarkung unseres Vaterlandes erfolgt. Das kommt bei jeder Gelegenheit zum Ausdruck – so gerade jetzt wieder bei der großen Reichstagsrede des Führers. Ich war an dem Tage in Doorn und bin Zeuge des Widerhalls gewesen, den die Ausführungen des Führers beim Kaiser gefunden haben. Daß Seine Kaiserliche Hoheit der Kronprinz und die anderen Glieder des Königlichen Hauses ebenso denken, brauche ich nicht zu sagen; alle wehrfähigen Königlichen Prinzen bestätigen diese Auffassung im Dienst der Wehrmacht.«[179]

Allen Bemühungen zum Trotz hatte der Kaiser den Wunsch seines Hausministers von Dommes, an den Erfolgen Hitlers öffentliche Teilnahme zu bekunden, diskussionslos abgelehnt. Damit bewahrheitete sich der Eindruck, den Ilsemann schon lange vom Kaiser gewonnen hatte und den er unter dem 22. April 1936 so beschrieb:

»Nie wird der Kaiser mit Hitler und seinem System zu versöhnen sein! Ganz gleichgültig, wer auch der Führer des deutschen Volkes sein möge, der Kaiser wird den Betreffenden niemals anerkennen, sondern ihn für seinen persönlichen Feind halten. Der Kaiser schwankt in vielem, er wechselt oft von heute auf morgen seine Absicht, hier aber wird er sich niemals ändern.«[180]

Unter diesem Eindruck dürfte das Telegramm des Kaisers an Hitler nach der Kapitulation Frankreichs nicht als Kapitulation des Kaisers gegenüber Hitler anzusehen sein. Es lautet:

»Doorn, den 17. Juni 1940

Unter dem tiefgreifenden Eindruck der Waffenstreckung Frankreichs beglückwünsche ich Sie und die gesamte deutsche Wehrmacht zu dem von Gott geschenkten gewaltigen Sieg mit den Worten Kaiser Wilhelms des Großen: Welch eine Wendung durch Gottes Fügung. In allen deutschen Herzen erklingt der Choral von Leuthen, den die Sieger von Leuthen des großen Königs anstimmten: Nun danket alle Gott. Wilhelm I. R.«

Hitler antwortete dem Kaiser:

»Euer Majestät danke ich für die anläßlich der Kapitulation Frankreichs der deutschen Wehrmacht und mir persönlich ausgesprochenen Glückwünsche.

> Ich hoffe, daß dieser Sieg bald eine Krönung findet, die dem großdeutschen Reich die Möglichkeit der vollen Entfaltung aller Kräfte der deutschen Nation sichert. Adolf Hitler.«[181]

Das Telegramm des Kaiser hat Verwunderung ergeben angesichts seiner bis dahin überaus konsequenten Haltung in der Ablehnung Hitlers. Gerechtfertigt wurde es durch von Dommes, über dessen Urteil ein Brief der Vermögensverwaltung des Hauses Brandenburg-Preußen in Nörten-Hardenberg an Ilsemann vom 22. Dezember 1947 Auskunft gibt. Hier heißt es:

> »Mochte man den Hitler-Krieg noch so scharf verurteilen – Deutschland stand im Kampf auf Tod und Leben. Das wußte jeder. Die deutsche Wehrmacht hatte unter großen Opfern gewaltige Erfolge errungen. Von allen Seiten kamen Anfragen: Was sagt der Kaiser dazu? Antwort: Er begleitet die tapfere Truppe mit warmen Wünschen. – Weitere Frage: Und hat er für seine alten Soldaten kein Wort der Anerkennung, keinen Gruß? – Ein solcher Gruß konnte nur an den Oberbefehlshaber gerichtet werden, gleichgültig ob er Hitler hieß oder anders. Aus diesem Grunde hat der Kaiser sich zu dem Telegramm an Hitler entschlossen – sehr ungern, aber geleitet von der Rücksicht auf seine alten Soldaten. Wer aus dem Telegramm den Ausdruck guter Beziehungen des Kaisers zu Hitler ableiten will, dem sei gesagt, daß die Anordnungen Hitler's für das über Doorn angesetzte Armeekorps denkbar unfreundlich gegen den Kaiser waren. Auch das hat den Kaiser von seinem anerkennenden Telegramm für seine alten Soldaten nicht abgehalten.«[182]

Neben dem Glückwunsch an Hitler zur Kapitulation Frankreichs gab es auch die völlig unverständliche Freude des Kaisers über die deutsche Invasion in Holland, das ihm seit 1918 freundschaftlich Exil bot. Christian Graf von Krockow fragt in seiner 1999 erschienenen Kaiser Wilhelm II.-Biografie berechtigt:

> »War denn völlig vergessen, was die Königin Wilhelmina und die niederländische Regierung für den Kaiser getan hatten? Oder jede Erinnerung an die langen und guten Beziehungen zwischen dem Hause Oranien und dem Hause Hohenzollern, zwischen den Niederlanden und Brandenburg-Preußen ausgelöscht?«

Und letztendlich hat auch Wilhelm II. die deutschen Besatzer in seinen letzten Lebensmonaten von einer weniger freundlichen Seite kennenlernen müssen.

An die Stelle der Soldaten, die zum Schutz des Kaisers Haus Doorn bewachten, trat die SS, die den Zugang sperrte und aus Haus Doorn eine Art Internierungslager für den Kaiser machte. Die Befugnisse des Militärbefehlshabers von Holland und Belgien, General von Falkenhausen, gingen an den Reichskommissar Seyß-Inquart als Parteifunktionär über. General von Falkenhausen hat berichtet:

> »Streng untersagt war es, von Kaiser Wilhelm II. in Doorn irgendwie Notiz zu nehmen. Ich bekam aber den Befehl, ihm den Tod seines ältesten Enkels, des Prinzen Wilhelm, der in Frankreich gefallen war, mitzuteilen. Ich sollte aber nicht selbst nach Doorn fahren und ausdrücklich war angeordnet, daß die Nachricht nur einem Herrn des Gefolges, keinesfalls dem Kaiser selbst mitzuteilen sei. Ich schickte General Streccius, der es nicht verhindern konnte, dem Kaiser beim Verlassen des Schlosses auf dem Korridor zu begegnen und ihm so selbst sein Beileid aussprechen konnte …«[183]

Dass dem internierten Kaiser keinerlei Chance für eine Rückkehr auf den Thron geblieben war, darüber konnte es keine Zweifel mehr geben. Von einem Ohnmachtsanfall am 1. März 1941 erholte sich Wilhelm II. nicht mehr. Am 29. Mai 1941 übermittelte Dommes dem Chef der Reichskanzlei, Reichsminister Dr. Lammers, schriftlich den letztwillig verfügten Wunsch des Kaisers,

> »daß in der jetzigen Zeit gegebenenfalls seine Beisetzung in aller Stille in Doorn erfolgen solle«.[184]

Dr. Lammers ordnete sofort, noch am 29. Mai, aus dem Führerhauptquartier an:

> 1.) Reichskommissar Seyß-Inquart teilte heute telephonisch mit, daß der ehemalige Kaiser schwer erkrankt sei und daß stündlich mit seinem Ableben gerechnet werden könne. Er bat um Verhaltungsmaßnahmen für den Fall des Todes des Kaisers.

> 2.) Ich habe die Angelegenheit heute dem Führer im Beisein von Generalfeldmarschall Keitel vorgetragen. Der Führer hat folgende Entscheidungen getroffen: Die Beisetzung soll im Hinblick auf die Kriegszeit im einfachsten Rahmen in Doorn erfolgen, wodurch eine spätere Überführung der sterblichen Überreste des Kaisers nach Deutschland nach dem Ende des Krieges nicht ausgeschlossen werden soll. Der Reichskommissar Seyß-Inquart soll als Vertreter des Führers an der Beisetzung teilnehmen und einen Kranz des Führers niederlegen. Die Wehrmacht soll sich in kleinem Rahmen vertreten lassen: je ein Vertreter des Oberkommandos der Wehrmacht, des Oberbefehlshabers des Heeres, des Oberbefehlshabers der Kriegsmarine und des Oberbefehlshabers der Luftwaffe.
> Eine militärische Ehrenformation soll gestellt werden, dagegen keine Ehrenformation der Partei und ihrer Gliederungen. Die Zureise nach Holland zur Beisetzung soll nur in beschränktem Umfange erteilt werden. Die Erlaubnis zur Einreise soll erteilt werden für Militärpersonen, einschließlich der verabschiedeten Offiziere, durch den Chef des Oberkommandos der Wehrmacht, für Zivilpersonen durch den Reichsminister und Chef der Reichskanzlei.
> 3.) Reichskommissar Seyß-Inquart ist von mir durch Ferngespräch verständigt.
> 4.) Herrn MinR. Dr. Ficker ergebenst im Anschluß an das heute eingegangene Telegramm des Generals Dommes sowie unter Bezugnahme auf unsere Besprechung.«[185]

Das Oberkommando der Wehrmacht ordnet in einem Geheimbefehl vom 31. Mai 1941 an:

> »Auf Grund des Gesundheitszustandes des ehem. deutschen Kaisers muß mit seinem Ableben gerechnet werden. Vorläufige Beisetzung in Doorn. Für diesen Fall wird nach Weisung des Führers und Obersten Befehlshabers der Wehrmacht befohlen:
> 1.) Die Wehrmacht stellt zur Erweisung der letzten soldatischen Ehren ein Bataillon (je 1 Kompanie Heer, Kriegsmarine, Luftwaffe) mit Musikkorps und Spielleuten unter Führung eines Stabsoffiziers (Heer). Außerdem 1 Kompanie Heer zur Abgabe der Salven.
> Durchführung wird dem Wehrmachtsbefehlshaber in den Niederlanden übertragen.

> 2.) Als Vertreter des Führers und des Reiches wird der Reichskommissar für die besetzten niederländischen Gebiete, Reichsminister Dr. Seyß-Inquart, einen Kranz niederlegen.
> Als Vertreter der Wehrmacht legen 4 Generale (Admirale) die Kränze der Oberbefehlshaber der Wehrmachtteile und des Chefs des Oberkommandos der Wehrmacht nieder.
> 3.) Die Teilnahme von näherstehenden Angehörigen der alten Armee (bis zu etwa 30 Persönlichkeiten) soll ermöglicht werden. (Sonderzug). Durchführung durch OKH/P A.
> 4.) Einreisegenehmigungen erteilt für den militärischen Bereich (einschl. alte Armee) OKW/Zentralstelle für Passierscheine, Grossadmiral-Prinz-Heinrichstr. 1/3, Telefon: 218191 App. 63327.«[186]

So waren alle protokollarischen Vorbereitungen getroffen, als die Nachricht vom Ableben des Kaisers am 4. Juni 1941 um 11.30 Uhr bekannt wurde; Trauerfeier und Beisetzung wurden auf Montag, den 9. Juni 1941, 11 Uhr festgesetzt.

Der im »Völkischen Beobachter« erschienene Bericht über »Die Beisetzung Wilhelms II.« hat folgenden Wortlaut:

> »Doorn, 9. Juni
> Am Montagmittag wurde der ehemalige Kaiser Wilhelm II. im Park des Schlosses Doorn mit militärischen Ehren beigesetzt. Als Vertreter des Führers nahm der Reichskommissar für die Niederlande, Reichsminister Dr. Seyß-Inquart, an der Beisetzung teil, der auch den Kranz des Führers niederlegte. Die militärischen Ehren erwies ein aus den drei Wehrmachtteilen zusammengesetztes Ehrenbataillon.
> Die Bevölkerung von Doorn säumte die Straßen des kleinen Ortes, deutsche Polizei regelte den ungewöhnlichen Verkehr. Das Ehrenbataillon der deutschen Wehrmacht marschierte unter dem Kommando des Obersten von Gersdorff vor Schloß Doorn auf. Wenig später traf als Vertreter des Führers der Reichskommissar für die Niederlande, Reichsminister Dr. Seyß-Inquart, ein. Unter den Trauergästen sah man zahlreiche Generale des Weltkrieges, Generalfeldmarschall von Mackensen, weiter den Führer des Reichskriegerbundes, General der Infanterie Reinhardt, sowie höhere ausländische Militärs. Als der Sarg nach der Trauerfeier am Mittelportal des Schlosses erschien, präsentierte unter Trommelwirbel das Ehrenbataillon.

Dem Trauerzug wurden die Kränze des Führers, der Gemahlin des Kaisers und des Kronprinzen, der übrigen Angehörigen und Verwandten, der Oberbefehlshaber der drei Wehrmachtteile und des Chefs des Oberkommandos der Wehrmacht vorangetragen. An der Spitze des Trauergefolges schritt die Witwe des Kaisers mit dem Kronprinzen und den engeren Familienangehörigen. An Reichsminister Dr. Seyß-Inquart, der von dem deutschen Gesandten Dr. Bone und Generalleutnant Rauter begleitet wurde, schlossen sich Generalfeldmarschall von Mackensen und hinter ihm die Vertreter der Oberbefehlshaber der Wehrmachtteile an, und zwar General der Flieger Christiansen für den Reichsmarschall und Oberbefehlshaber der Luftwaffe, Admiral Densch für den Oberbefehlshaber der Kriegsmarine, Generaloberst Haase für den Oberbefehlshaber des Heeres und Admiral Canaris für den Chef des Oberkommandos der Wehrmacht.
Unter Trommelwirbel und der Retraite wurde der Sarg in der Gruft beigesetzt. Nach den Ehrensalven und unter den Klängen des Yorkschen Marsches verließ das Ehrenbataillon die Trauerstätte.«[187]

Nicht erwähnt wurde die kirchliche Bestattung. Sie wurde durch Hofprediger D. Doehring zelebriert, der im Verlauf der gottesdienstlichen Handlung eine goldene Schale, gefüllt mit deutscher Erde, über dem Sarg leerte.

Unter den Nachrufen der führenden Presseorgane, denen samt und sonders durch ein geheimes Rundschreiben vom 5. Juni 1941 des Reichspropagandaamtes Berlin sowohl positive als auch negative Urteile über das Wirken des Kaisers untersagt worden waren,[188] verdient der Beitrag der »Frankfurter Zeitung« hervorgehoben zu werden mit seiner ausgewogenen historischen Würdigung und dem Eingeständnis des Mangels an Gegenwartsbedeutung des Kaisers:

»Solange Wilhelm II. regierte, waren um ihn der funkelnde Glanz und die laute Pracht, die seiner Persönlichkeit nicht weniger als seiner fürstlichen Stellung gemäß waren; als nun sein Leben in der Stille eines holländischen Landhauses verlosch, geschah es nach über zwei Jahrzehnten der Einsamkeit und des Vergessens. In dieser Zeit ist der letzte Kaiser den Blicken des Volkes ferner und ferner gerückt; immer größer wird die Schar derjenigen, die ihn kaum anders als aus Büchern und Erzählungen kennen.«

Das traf bereits damals mit Sicherheit zu und kann an sich schon als Indiz für die Unvermeidbarkeit des Scheiterns der monarchischen Restaurationspläne des Kaisers gewertet werden. Das Scheitern wird in vornehmer Umschreibung gegen Ende des Beitrags in der »Frankfurter Zeitung« noch einmal festgestellt:

> »Als er die Grenze (nach Holland) überschritt, nahm er den Mythos des Kaiserreiches mit sich hinüber. An diesem Tage zerbrach etwas in Deutschland, das nicht wieder neu zu bauen ist.«[189]

Die Hohenzollern in der Einflusssphäre des Nationalsozialismus

Prinzen des königlichen Hauses traten seit 1929 als Mitglieder des »Stahlhelm, Bund der Frontsoldaten« in Erscheinung. Am Stahlhelm-Tag in München im Juni 1929 nahmen fünf Söhne des Kaisers teil. Ein dem Kaiser zugetragener Kommentar ergab:

> »Die Münchner Kundgebung des Stahlhelm hat den hoffnungsfreudigen Auftakt zu einer großen Wehrbewegung gegeben.«[190]

Herzogin Viktoria Luise sah Anlass und Auftakt so:

> »Die Not der Zeit (gemeint ist die Zeit um 1930 mit ihrer wirtschaftlichen Rezession) hatte auch meine Brüder auf den Plan gerufen. Eitel Fritz, August Wilhelm und Oskar schlossen sich, wie auch der ältere Sohn meines Bruders Wilhelm, dem ›Stahlhelm‹ an. Dieser Frontsoldatenbund, dessen Angehörige Ordnung und Disziplin als ihr Lebenselement verstanden, griff in zunehmendem Maß in das politische Geschehen ein. Meine Brüder traten als einfache ›Stahlhelm‹-Männer bei, marschierten in Reih und Glied, Eitel Fritz unterstand eine Zeitlang seinem früheren Flügelmann vom 1. Garderegiment. Auch mein Bruder Wilhelm wandte sich dem ›Stahlhelm‹ zu, wenn er sich auch längere Zeit zurückhielt. Er hatte Stresemann zugesagt, sich nicht politisch zu betätigen. Mit dessen Tod fühlte er sich dieses Versprechens entbunden.«[191]

Klaus W. Jonas bestätigt die Auffassung der Herzogin Viktoria Luise mit der Feststellung:

> »Ein paar Monate nach dem Tode Stresemanns wird der Kronprinz immer stärker von rechtsradikalen Kreisen gedrängt, nun auch selber hervorzutreten und an öffentlichen Veranstaltungen teilzunehmen.«[192]

Der Kaiser setzte große Hoffnungen auf diese Bewegung und bedauerte nur ihren Mangel an Aktionsbereitschaft. Er äußerte am 22. Juni 1929:

> »Duesterberg und Seldte sitzen bis oben hin voll Angst vor der Regierung ... 500 000 Stahlhelmer waren in München. Wenn sie sich nun zusammentun und einfach auf Berlin marschieren, na, was soll die Regierung dann machen? ... Es muß eine Parole geben und die heißt ›Kampf der Kriegsschuldlüge!‹, daran muß ich mitarbeiten! Ich habe dies alles meinen Söhnen und den Führern in Deutschland geschrieben, damit sie einmal wissen, was sie zu tun haben.«[193]

Sie wussten es durchaus. Jonas schildert, wie der Kronprinz am 31. Mai 1930, dem Jahrestag der Schlacht von Skagerrak, in Breslau bei einer großen Stahlhelmparade den Vorbeimarsch von 120 000 Mann abnahm, gemeinsam mit bekannten Vertretern der Generalität wie von Mackensen, von Seeckt, dem Herzog von Coburg und den Generalen Heye, von Hutier und von Lüttwitz.

Ohne mit dem Kaiser unmittelbar in näheren Kontakt zu treten, lag es den Stahlhelmführern dennoch fern, ihn zu ignorieren. Seldte und Duesterberg sandten ihm am 13. Frontsoldatentag im September 1932 ein Ergebenheitstelegramm.

Die in »Reih und Glied« eingetretenen Prinzen blieben von den durch die großen Stahlhelmtage ausgelösten Emotionen nicht unberührt. Begeistert schrieb Prinz August Wilhelm seiner Schwester Viktoria Luise:

> »Die Stahlhelmtage waren herrlich. Solche Erhebung! Hatte reizende Einquartierung, 15 Mann. Nacht und Morgenkaffee. Waren 2 Stunden marschierend, 9 stehend am Sonntag unterwegs. Alexander (Sohn des Prinzen August Wilhelm) stand 4 Stunden im Stadion beim prachtvollen Zapfenstreich, 2200 Fahnen, etwa 100 000 Zuschauer und 7 Stunden am Sonntag ohne Verpflegung! Die Bevölkerung war auch zu nett in ihrer Begeisterung.«[194]

Nach der Machtergreifung durch Hitler bemängelte der Kaiser im April 1933, dass der Kronprinz zwar das Stahlhelmabzeichen trage, aber mit dem Hitlergruß grüße. Der Kaiser ging bereits im April 1933 davon aus, dass sich der Stahlhelm mitten in der Auflösung befinde, weil die Mitglieder in großer Zahl zu den Nationalsozialisten überliefen. Kaiserin Hermine glaubte, diese Auflösungstendenz bemerkt zu haben. Sie äußerte,

> »Prinz Oskar schäme sich über diese Blamage so, daß er es nicht gewagt habe, sie in Berlin aufzusuchen. Auch über Eitel schimpfte sie und machte sich über dessen Tätigkeit als Stahlhelmer lustig.«[195]

Der Kaiser bat seinen Sohn Oskar im Juni 1933 um Informationen über die damalige Einstellung des Stahlhelms. Die Antwort empfand er als »inhaltslos, voller Bedenken und Zweifel«. Er bedauerte,

> »statt, daß seine Söhne Führer im Stahlhelm seien, träten sie in Reih und Glied, und das sei ganz und gar nicht das richtige«.[196]

Dem Kaiser bedeutete es einen harten Schlag, dass, wie ihm Prinz Eitel Friedrich schrieb, bis zum 28. Februar 1934 jeder Stahlhelmer schriftlich mit eigenhändiger Unterschrift Hitler die unbedingte Gefolgschaft zu geloben habe. Hier nun zeigte sich, wie stark der politische Druck war, dem sich mit allen Bürgern des Deutschen Reiches auch die Prinzen des Kaiserhauses ausgesetzt sahen. Prinz Eitel Friedrich verschwieg dem Vater nicht,

> »daß ein Nichtunterschreiben als Opposition ausgelegt werden würde und er mit seinen Brüdern und der Familie dann mit Ausweisung und Konfiskation des Vermögens rechnen müsse. Außerdem habe er, ebenso wie sein Bruder Oskar einen großen Anhang im Stahlhelm, und diese Kameraden würden dasselbe wie die Prinzen tun, im Weigerungsfalle also würden so und so viele Familien stellungs- oder brotlos werden.«[197]

Die geforderte Treueerklärung unterschrieben die Prinzen Eitel Friedrich und Oskar mit dem Zusatz, dass sie sich dadurch niemals zu Handlungen zwingen ließen, die dem Interesse ihres kaiserlichen Vaters und dem Hause Hohenzollern schaden könnten.[198]

1935 erfolgte die Auflösung und Gleichschaltung des Stahlhelms. Prinz Eitel Friedrich äußerte bei einem Besuch in Doorn bereits im Januar 1935 schlimme Befürchtungen. Er meinte,

> »in den Augen der Nazis gibt es jetzt zwei Aussätzige: die Familie Hohenzollern und den Stahlhelm.«

Am 7. November 1935 wurde der Stahlhelm aufgelöst.[199]

Die Angehörigen des kaiserlichen Hauses standen hinsichtlich ihrer politischen Entscheidungen unter stark divergierenden Einflüssen. Der Kaiser als Chef des Hauses Hohenzollern wollte nicht nur seine Söhne, sondern überhaupt die männlichen Angehörigen der preußischen Königsfamilie auf seine eigene, entschlossen konservative Richtung einschwören. Kaiserin Hermine versuchte ihrerseits, die Herzen für die NS-Bewegung zu erwärmen. Darüber hinaus darf die in weitesten Kreisen des deutschen Volkes damals anzutreffende Stimmung nicht übersehen werden, die auf ein nationales Wiedererstarken des Deutschen Reiches zielte. Um die vielfach verschiedenen Motivationen von damals zu verstehen, kann man nicht bei den Erkenntnissen einsetzen, die das schreckliche Ende des Deutschen Reiches über deren Anfänge vermittelt. Es gilt vielmehr, die Kräfte der Zeit des Aufbruchs abzuschätzen, deren Wirkungen sich auch auf die Prinzen des Preußischen Königshauses erstreckten.

Als Stimmungsbild, das allerdings auf historischen Gegebenheiten basiert, hat Erzherzogin Viktoria Luise einige der Motive zusammengestellt, die zu einer Anfangssympathie mit dem Nationalsozialismus führten – auch bei vielen jener Persönlichkeiten, die ihre Namen wegen ihres Widerstandes gegen Hitler in das Buch der Geschichte eingeschrieben haben. Die Herzogin zählt dazu Theodor Heuss, auf den sie sich mit einer Äußerung von 1932 beruft, aber auch die Männer des 20. Juli 1944:

> »Auch sie hatten einst die nationalsozialistische Bewegung anders gesehen und beurteilt als zu der Zeit, als sie ihr Leben in die Schanze schlugen, um ihr Vaterland durch die Beseitigung Hitlers zu retten. Kein Geringerer als Generaloberst Beck war es, der den Wahlsieg der NSDAP vom 14. September 1930 im Manöverquartier begeistert gefeiert hat. Von Generalmajor Henning von Treskow ist überliefert, daß er sich 1929 als Leutnant im Potsdamer Infanterieregiment 9 bei einem Vortrag nachdrücklich für nationalsozialistische Programmforderungen einsetzte. Als 1930 die Leutnants Scheringer, Ludin und Wendt wegen ihrer Beziehungen zur NSDAP vor dem Reichsgericht standen, schrieb der nachmalige Generalmajor Stieff: ›Was sie sagen, kann man leider nur unterschreiben.‹ Er hoffe auf die ›nicht aufzuhaltende wahre nationale Bewegung‹ und vermerkte: ›Jedenfalls ist die Erbitterung hier riesengroß.‹ Oberst Graf Stauffenberg hat zu der Zeit, da er bei den Bamberger Reitern stand im Nationalsozialismus eine ›echte Volkserhebung‹ gesehen, die er mit den Befreiungskriegen verglich. Begeistert setzte er sich 1933 in Uniform an

> die Spitze eines Umzuges, mit dem die Bevölkerung der Stadt die Machtübernahme feierte. Wie damals der Nationalsozialismus aufgefaßt wurde, dafür stehen auch Ausführungen, die Vizeadmiral Heye, der als Wehrbeauftragter des Bundestages weithin bekannt wurde, ein Sohn des Generalobersten Heye, in einem Brief an General von Schleicher schrieb: ›Ich bin weit entfernt, mir von einem Nazi-Staat alles Heil des Landes zu versprechen, ich glaube aber, daß das Hinneigen gerade vielleicht von jüngeren Offizieren, die noch größere Ideale als den Kampf um den Brotkorb haben …, daß diese Offiziere nicht um des Programms willen zu den Nazis hinneigen, sondern weil sie hier eine aktive Kraft zu erkennen glauben, die sich einem Niedergang des Reiches entgegenstemmt.‹ Die Not unseres Volkes und das Versagen der politischen Ordnung waren die Ursache dafür, daß unsere Familie politisch nicht abseits stehenblieb, sondern sich engagiert hat.«[200]

In der Rückbesinnung auf den 75. Geburtstag des Kaisers, der mit einer großen Zahl von Familienmitgliedern am 27. Januar 1934 in Doorn festlich begangen wurde, und als Fazit aller persönlichen Begegnungen und dort geführten Gespräche vertraute Ilsemann seinem Tagebuch am 30. Januar 1934 an, er habe den Eindruck,

> »daß es zwei ausgesprochene Lager gibt: die einen sind ganz für die Nazis, die anderen sehr scharf dagegen. Zu letzteren gehören vor allem: die Kronprinzessin mit ihren Söhnen, die Prinzen Eitel und Oskar … Sehr ›pro‹ sind: August Wilhelm mit Sohn.«[201]

Der folgende Versuch einer Analyse der politischen Einstellungen der Prinzen kann eine derart eindeutige Qualifizierung nicht vorbehaltlos übernehmen. Die vorliegende Arbeit beschränkt sich auf die Söhne des Kaisers, die mit ihrem Eintritt in den »Stahlhelm« eine politische Entscheidung getroffen hatten. Ilsemann berichtet, es seien fünf Söhne des Kaisers gewesen. (Anm.: Der jüngste Sohn des Kaisers, Prinz Joachim, hatte 1920 Selbstmord begangen). In den nachfolgenden Betrachtungen werden lediglich vier Kaisersöhne näher behandelt. Der dritte Sohn des Kaisers, Prinz Adalbert, war in den Jahren nach der Revolution politisch nicht hervorgetreten und hatte schließlich zu Beginn der Dreißigerjahre seinen ständigen Wohnsitz in die Schweiz verlegt. Eine öffentliche Anteilnahme des Prinzen an den Geschehnissen in Deutschland ist nicht dokumentiert.

Prinz August Wilhelm

Mit seinem vierten Sohn, Prinz August Wilhelm, »Auwi« genannt, verband den Kaiser kein besonders enges Verhältnis. Er war kein Soldat wie seine Brüder; doch bekleidete er immerhin den Rang eines Oberst. Herzogin Viktoria Luise berichtet, er habe, der Tradition des Hauses folgend, zwar auch gedient, sein Interesse aber doch nicht militärischen Aufgaben zugewandt. Sie schreibt:

> »Er fand hierfür Verständnis bei seinem Vater und konnte in Bonn und Straßburg Rechts- und Staatswissenschaft studieren, legte seine Examina ab, promovierte zum Dr. rer. pol. und trat als Regierungs-Assessor in den Verwaltungsdienst ein.«

Interessant ist die Charakterisierung seiner Persönlichkeit: Sie nennt ihn den »Künstler« in der Familie, der Antiquitäten, Porzellane und Stiche sammelte, Freude am Malen hatte und sich besonders für Musik interessierte.

> »Neben der Kunst liebte er die Natur. Auch er war ein begeisterter Gärtner.«[202]

Als er seinen Vater im Oktober 1924 in Doorn besuchte – Prinz August Wilhelm war damals 37 Jahre alt –, waren zweieinhalb Jahre seit dem letzten Wiedersehen vergangen. Die briefliche Verbindung hatte wenig Kontakte ergeben. So erschien er jetzt in einem anderen Licht, als er seiner Schwester Viktoria Luise in Erinnerung geblieben war. Der Generaladjutant und Hausminister des Kaisers, Wilhelm von Dommes, beurteilte ihn als

> »unerhört dickfellig, schrecklich oberflächlich und weich.«[203]

Beim Stahlhelmtag 1929 waren fünf Söhne des Kaisers dabei, auch Prinz Adalbert, der dann Anfang der Dreißigerjahre Deutschland den Rücken kehrte und in der Schweiz seinen Wohnsitz nahm; hier wird auch der Name des Prinzen August Wilhelm in Verbindung mit dem Stahlhelm genannt. Seine Schwester, die Herzogin Viktoria Luise, betont die Überraschung darüber, dass der Prinz

> »der eigentlich der Zivilist unter den Brüdern, der keine Natur war, die Freude am Marschieren empfand, sich der Politik zuwandte und in ihr aufging, wie er den schwärmerischen Idealismus, den wir von jeher an ihm kannten, für sie einsetzte, und selbst die oft recht rauhen Manieren seiner Kameraden ertrug …«

Fasziniert von dem Volksgemeinschaftsgedanken, wandte sich August Wilhelm dem nationalsozialistischen Gedankengut zu.[204]

Das Jahr 1930 brachte für die NSDAP einen großen Aufschwung. Die Ermordung des SA-Sturmführers Horst Wessel am 27. Februar 1930 hatte den Märtyrer ergeben, dessen Kult nicht ohne Wirkung blieb. Die Mitgliederzahl der Partei wuchs erheblich. Bevor noch die Reichstagswahl vom 14. September das überraschende Ergebnis erreicht hatte, durch das den Nazis 104 Sitze im Reichstag zufielen, war Prinz August Wilhelm am 1. April 1930 in die Partei eingetreten. Ihrem prominenten neuen Parteigenossen gab die Partei die Mitgliedsnummer 24.

Die Nachricht, die den Kaiser im Mai 1930 erreichte, erregte ihn außerordentlich, weil Prinz August Wilhelm seinen Vater weder gefragt noch überhaupt informiert hatte.

> »Das hat den Kaiser sehr geärgert. Sell (Flügeladjutant des Kaisers) hat nun einen Brief entworfen, in dem der Vater zwar nicht den sofortigen Wiederaustritt aus der Partei verlangt, weil das zuviel Staub aufwirbeln würde, aber sich vorbehält, weitere Schritte zu unternehmen, wenn aus der Handlungsweise des Prinzen unangenehme Folgen entstehen sollten.«[205]

Der Vorgang beleuchtet den Wunsch des Kaisers, eine politische Willensbildung seines Hauses unter seiner Direktive in der Hand zu behalten, zum anderen aber auch den verständlichen Wunsch der Prinzen nach freier eigener Entscheidung, ohne Behinderung durch die Hausobservanz.

Kontroversen innerhalb der Familie blieben nicht aus. Wie Prinz August Wilhelm darüber dachte, teilte er seiner Schwester Viktoria Luise in einem Brief mit:

> »Du weißt, daß ich ›Pikagen und Nachtragen‹ immer albern gefunden habe und über Politik nach unserem Übereinkommen vor Jahren auch nie mit

Euch streite, da wir bei unseren verschiedenen Auffassungen uns doch nur auseinanderstreiten würden, was ich, da ich immer und jetzt erst recht alles daransetze. die Familie zusammenzuhalten, für ebenso zwecklos wie übler Folgen schwer halte. Wir wollen Geschwister bleiben in einer Zeit, wo tausend Kräfte am Werke sind, um Trennungsmauern aufzurichten. Da mache ich auf jeden Fall nicht mit!«[206]

Die Situation des Prinzen August Wilhelm innerhalb der Familie wird auch durch eine Begegnung erhellt, die der Prinz mit dem Schriftsteller Dr. Rudolf Presber am 1. September 1930 in Potsdam hatte. Presber berichtet in seinem Gedächtnisprotokoll, dass Prinz August Wilhelm sich in starkem Gegensatz zur Familie sähe, besonders zum Kronprinzen, aber auch zum Kaiser. August Wilhelm hielte es nicht für ausgeschlossen, dass ihm sein Vater eines Tages den Befehl erteilen würde, aus der Partei wieder auszutreten.

»Aber sein Entschluß sei gefaßt. Er bleibt. Der Kaiser kann da nichts machen als ihn aus der Familie auszustoßen. Das wäre sehr töricht, denn mit diesem Augenblick würde er bewußter Prätendent der Partei.«[207]

Der Kronprinz habe ziemlich verspielt, meinte August Wilhelm, da er zu viele Dummheiten mache; er aber habe die Partei hinter sich. Im Übrigen gehe auch sein Sohn Alexander in der Partei auf. Die Nachfolge sei also gesichert.

Presber berichtet weiter, Prinz August Wilhelm habe ihm versichert, dass es ihm anlässlich seines Geburtstages mit Rücksicht auf die geladenen Parteigenossen nicht möglich gewesen wäre, auch seinen Bruder, den Kronprinzen, einzuladen. Als dieser sich am Tage des Geburtstages dennoch telefonisch ansagte, bedeutete Auwi seinem Bruder:

»Das geht nicht, es würde eine ganze Reihe von Eingeladenen, wenn Du kommst, sofort die Villa verlassen!«[208]

Der Kronprinz habe hierauf mit einem mokanten Brief reagiert.

Prinz August Wilhelm habe sich auch über die Kaiserin Hermine lustig gemacht, die sich zu den Hitler-Tagen in München aufgehalten habe. Dabei habe sie auch den Vorbeimarsch der NS-Organisation beobachten können und vergeblich auf Ovationen gewartet. Während eines Gespräches mit Hitler am folgenden Tage habe sie diesen gefragt, ob er bereit sei, den Kaiser wieder zurückzuholen. Die Antwort sei ein klares Nein gewesen.

Den Führer der nationalsozialistischen Bewegung charakterisierte Prinz August Wilhelm folgendermaßen:

> »Zielbewußt, ruhig, einfach, bescheiden. In Gesellschaft verschwindet er völlig. Wenn er redet, wird er leidenschaftlich. Als Debatter ist er glänzend.«[209]

Im Übrigen, so meinte Prinz August Wilhelm, führe Hitler in München ein einfaches Junggesellendasein. Presber vermerkte in seinem Gedächtnisprotokoll vom 1. September 1930 ferner, dass Prinz August Wilhelm im Zusammenhang mit Hitler stets von »Adolf« sprach.

Die NSDAP kämpfte mit einem großen Propagandaaufwand um die Macht. Auch Prinz August Wilhelm wurde bei großen öffentlichen Kundgebungen als Parteiredner eingesetzt. In Königsberg geriet er am 20. März 1931 in ein bei solchen Gelegenheiten schon unvermeidlich gewordenes Handgemenge. Die Polizei griff ein. Unversehens hatte auch der Prinz einen Hieb mit dem Gummiknüppel abbekommen. Der Kaiser war auf das tiefste entrüstet, als ihn die Nachricht hierüber erreichte. Die Ambivalenz seiner Haltung belegt seine Spontanäußerung:

> »Mein Sohn wird dadurch zu einem Märtyrer! Zu Tausenden werden die Leute zu den Nazis übertreten, und die Herren Severing und Braun werden wütend sein. Ich habe dem Auwi sofort gratuliert.«

Andererseits empörte es ihn,

> »daß einer meiner Söhne durch die republikanische Polizei öffentlich verprügelt wird! Es ist eine Schande!«[210]

Die Königsberger Ereignisse im März 1931 hatten auch ein gerichtliches Nachspiel.[211] Ein zunächst eingeleitetes Verfahren gegen den verantwortlichen Polizeimajor wurde durch Beschluss des Oberstaatsanwalts am Landgericht Königsberg vom 22. Februar 1931 eingestellt. Gegen diesen Beschluss ließ Prinz August Wilhelm beim Generalstaatsanwalt in Königsberg Beschwerde einlegen. Daraufhin wurde am 14. November 1933 ein Hauptverhandlungstermin wegen Körperverletzung im Amt vor der großen Strafkammer des Landgerichts Königsberg anberaumt. Verlauf und Ausgang dieses Verfahrens lassen sich nicht mehr verfolgen. In seinem »SA-Führer-Fragebogen«, am 17. Oktober 1934 von Prinz August Wilhelm handschriftlich selbst ausgefüllt, notierte er unter der Rubrik »Verwundungen für die Bewegung«:

> »Verlust des Gehörs auf dem linken Ohr durch Polizei-Gummiknüppel in Königsberg i. Pr., Bahnhof, 1931«.[212]

Wie Prinz August Wilhelm selbst die Königsberger Ereignisse einschätzte, verdeutlicht eine nationalsozialistische Versammlung in Stuttgart im September 1931. Prinz August Wilhelm vertrat die Meinung, »daß Deutschland kein Staat mehr sei, da ihm die Souveränität fehle«; auch gäbe es kein Volk mehr, sondern lediglich einen »Interessenhaufen.« Seit 1918 befinde sich Deutschland im Bürgerkrieg.

> »Damals habe man seinem Vater geraten, nach Holland zu gehen, um den Bürgerkrieg zu vermeiden. Der Erfolg sei der gewesen, daß seit dieser Zeit Deutschland den Bürgerkrieg am laufenden Band habe ... Die Prügel mit dem Gummiknüppel, die er in Königsberg erhalten habe, hätten ihn nicht aus der nationalsozialistischen Bewegung heraus, sondern nur noch stärker in sie hineingetrieben.«[213]

In diesem Bericht aus der »Hartungschen Zeitung« in Königsberg heißt es dann abschließend, dass es nicht schaden könne, wenn die Nationalsozialisten einmal die Maske fallen ließen und ihre – zuweilen aus taktischen Gründen verleugneten – monarchistischen Untergründe sichtbar würden. Man wisse dann wenigstens, woran man sei.

Die »Königsberger Prügel« des Prinzen August Wilhelm erregten öffentliches Aufsehen und beschäftigten auch den Preußischen Landtag. Die DNVP stellte sich vor den Prinzen mit dem Argument, dass es allein die Sache der DNVP sein könne, den Prinzen zu vertreten, ohne Rücksicht auf dessen Parteizugehörigkeit. Andererseits wollte man etwaigen Aktionen der Nationalsozialisten zuvorkommen.

Der Initiator dieses Eintretens für den Prinzen August Wilhelm, Hauptmann a. D. Rittershaus, DNVP-Mitglied und Mitglied des Preußischen

Landtages, schildert in einem Brief an General Dommes die Schwierigkeiten, die er in seiner Fraktion, diese Angelegenheit betreffend, gehabt habe.

> »Daran ist aber nicht ein Mangel an moralischem Empfinden in unserer Fraktion, sondern doch leider die Tatsache schuld, daß sich der Prinz doch zu parteipolitisch = nationalsozialistisch exponiert und es uns wirklich sehr schwer macht, den königlichen Prinzen über den nationalsozialistischen Parteikämpfer zu stellen.«[214]

Wäre der Prinz im Rahmen einer Parteiversammlung oder in ähnlich engem Zusammenhang mit den Nationalsozialisten in eine derartige Lage gekommen, so wäre das Eintreten für ihn völlig unterblieben. Es wäre daher dringend zu empfehlen,

> »daß der Prinz in öffentlichen Parteiversammlungen künftig nicht mehr als Redner auftritt und daß er sich auch bezüglich prononcierter nationalsozialistischer Äußerlichkeiten wieder eine größere Reserve auferlegt«.

Sicherlich könne man dem Prinzen den reinen Idealismus nicht absprechen, der ihn glauben lässt, sich ohne persönliche Rücksicht in vorderster Linie einsetzen zu müssen. Rittershaus fährt fort:

> »Die politische Basis jedoch, auf der dies geschieht, ist meines Erachtens für die nationale Bewegung schädlicher als nützlich, weil sie den Prinzen im Gegensatz zu dem Empfinden sehr weiter Kreise parteipolitisch abstempelt und ihn von der Weltanschauung abdrängt, die der unmittelbare Träger des monarchischen Gedankens ist«[215]

Rittershaus vertritt die Meinung, dass ein Mitglied des Königshauses nicht in eine Partei hineingehört, die sich in ihrem Programm ausdrücklich »gegen die Wiederaufrichtung versunkener Monarchien« ausspricht. Im Übrigen, meint Rittershaus, gäbe es genügend andere Möglichkeiten der aktiven Betätigung,

> »daß der Prinz es nicht nötig hat, sich als roter Prinz parteipolitisch herausstellen zu lassen«.[216]

In seinem Antwortschreiben aus Doorn übermittelt General von Dommes den Dank des Kaisers für die Initiative der DNVP. Die Anregungen Rittershausens im Blick auf den Prinzen August Wilhelm werden durch Dommes nicht direkt aufgenommen. Er schlägt vielmehr eine mündliche Aussprache vor und schließt seinen Brief:

»Sie wissen, daß man in Dingen der Überzeugung und der Weltanschauung nicht mit Befehlen arbeiten kann. Diesem alten Grundsatz wird in vorliegendem Falle besonders Rechnung getragen werden müssen.«

Inzwischen war Prinz August Wilhelm erneut als Parteiredner aufgetreten, und zwar am 26. März 1931 in Gotha. Der Text dieser Rede wurde dem Kaiser in Doorn am 17. April 1931 vorgelegt:

»Deutsche Volksgenossen und Volksgenossinnen!
Meine hiesigen Parteigenossen, vor allem Parteigenosse Triebel, mit dem ich immer schon öfters Schulter an Schulter in großen Versammlungen stand, rufen mich her, um vor Ihnen für unsere große Idee des Nationalsozialismus Zeugnis abzulegen.
Es ist lange her, seit ich in glücklichen Friedenstagen bei der Regierungsergreifung Ihres früheren Herzogs zum ersten Mal herkam und dann so oft hier weilen durfte. Dann kam die Zeit, wo wir nach der Revolution im nahen Oberhof eine Bleibe suchten, da die Regierung der Volksbeauftragten mein Palais in der Wilhelmstraße in Berlin beschlagnahmte, meine Habe von dem polnischen Soldatenrat in Posen zurückgehalten wurde. Der Herzog bot mir sein Jagdschloß an – aber siehe da, Herr Loewengard, der Herr Volksbeauftragte von Gotha, belegte es mit Beschlag. Doch zog er nicht herein, denn er und seine Freundin fanden es zu kümmerlich als Absteigequartier – einst hatte meine Mutter mit uns Kindern dort wochenlang gewohnt, aber was für eine Kaiserin genügt hatte und was das Herzogpaar mit Gästen und Kindern jedes Jahr ausreichend fand, entsprach natürlich nicht den Bedürfnissen eines Volksbeauftragten jüdischer Rasse. Damals las ich auch eine Anzeige aus dem alten Schlosse Friedenstein, wo sich ein plötzlich rot gewordener Fliegerhauptmann einquartiert hatte, der mit seiner Gattin die Geburt von Zwillingen anzeigte genannt ›Rosa und Carl‹ mit dem Bemerken, daß der einzige Schatten, der auf diesen glücklichen Tag fiel, die Ermordung von Rosa Luxemburg und Carl Liebknecht sei. Das war das damalige Gotha, und in Oberhof

tanzte man verbotener Weise unter den Augen des zu diesem Zweck unter Alkohol gesetzten Arbeiter- und Soldatenrats von Ohrdruff, der dann willig ein Auge zudrückte, aber in gehobener Stimmung sich der Damen aus der Gesellschaft annahm – es waren einige auch aus der alten Berliner Gesellschaft dabei –, um mit ihnen zu tanzen, was sie taten, um ein Tanzverbot zu vermeiden. Auch Erzberger, der so gerne trank und lachte, wenn er seine Sach' (es fragt sich nur welche und wie) gemacht hatte, erschien zum ersten Kostümfest, was natürlich auch verboten war, von der Nationalversammlung aus. – Das war der Anfang des Lebens in ›Freiheit, Schönheit und Würde‹, während in den Zügen schlagsige Jünglinge in Uniform sich herumlümmelten und stolz erzählten, wo sie desertiert seien. – Warum ich dies alles schildere? Nun, es sind Erinnerungen, die mir heute hier wieder kamen, und die lehrreich sind, um einen Vergleich mit dem heutigen Thüringen ziehen zu können, in dem der Nationalsozialismus seine Deutsche Aufbau-Arbeit begonnen hat. Aus dem Gegensatz können Sie auch verstehen, warum Thüringen mit solchem Haß von den Mächten verfolgt wird, die aus jenen Weimarer Tagen ihre Machtbefugnisse ableiten.

Das Volk soll eben nicht sehen, daß selbst in der Jetztzeit andere Arbeit geleistet werden kann, wenn man zu alten, einfachen, sparsamen, christlichen und rein-deutschen Regierungsmethoden zurückkehrt.

Das Volk soll eben nicht sehen, daß wir zwar zu arm sind, ein Leben in Schönheit zu führen, aber doch trotz aller Not nicht unsere nationale Würde aufgeben brauchen, und daß die ›Freiheit und das Himmelreich‹ keine Halben erringen.

Ihnen hier brauchte man eigentlich wirklich nicht über das Wesen des Nationalsozialismus zu sprechen, Sie haben es ja greifbar vor Augen, und hier ist es ja viel leichter als anderwärts, sich zum Mitkämpfen zu entschließen. – Sie müßten verstehen, wie nur unsere große Volksgemeinschaft die nötige Kampffront gegen innere und äußere Feinde abgeben kann. Aber immer wieder begegne ich Bedenken und Zweifel, die mir unverständlich scheinen: ›Wie können gerade Sie sich neben frühere SPD- und KPD-Leute stellen, die so gegen die Fürsten gewettert haben?‹ Da möchte ich zur Antwort geben: ›Sollen wir alle nicht durch die Not etwas gelernt haben? Sollen wir nicht Vorurteile überwinden und bekämpfen? Wie sollen wir denn sonst zueinander kommen?‹ Allerdings, das heutige Leben in Deutschland ist mit seiner Not, die durch den Wahnsinn der Erfüllungspolitik stets wächst, an sich dazu angetan, daß jeder sich nur um seinen eigenen Kampf ums Dasein kümmert. Wenn nicht *eine*

große Idee sich darbietet, die imstande ist, die Menschen aus ihrer Verzweiflung und Lethargie herauszureißen. Diese Idee fand unser Führer im Nationalsozialismus. Ist man von ihr gepackt, so begreift man, daß nur, wenn der ›Gemeinnutz‹ gesetzt wird, es wieder besser werden kann im Vaterland.
Es liegt ein gewaltiger Trost in diesem gemeinsamen Tragen von Volksnot und Leid, und das schweißt die Menschen zusammen, wie es einst im Kriege schon einmal war, und wodurch wir unbesiegbar geblieben wären, wenn nicht Verrat bewußt diese Volksgemeinschaft gesprengt hätte.
Jetzt ist man schon wieder dabei: Provocateure werden bezahlt, um in die Reihen der besten Freiheitskämpfer-Schar Sprengkörper zu werfen. Mit nie dagewesenem Terror werden alle staatlichen Machtmittel gegen uns losgelassen. Ich konnte mich davon in Königsberg überzeugen, wo das neu-deutsche beliebteste Spiel ›Knüppel aus dem Sack‹ recht fühlbar vorgeführt wurde.
Denen, die das veranlaßten, möchte ich zurufen: Mit diesen neuen Radiergummi-Methoden könnt ihr nicht den Nationalsozialismus aus dem Buche der Deutschen Geschichte ausradieren! Uns schlagt ihr nicht den Glauben aus unseren Herzen, aber Tausend prügelt ihr damit unsere Lehre in die bisher gleichgültigen Gehirne! Sie sehen das aus dem offenen Brief an Hindenburg des Dr. Grimm (›Volk ohne Raum‹), der unserer Bewegung nicht nahe steht. Er hatte den Mut, das auszusprechen, was weder die Machthaber wahr haben, noch ewige Vogelstrauße merken wollen, daß wir nämlich schon mitten im Bürgerkrieg sind. Unser kleiner Dr. Goebbels sagte, nachdem wir endlich unseren Zug bestiegen hatten: ›verbannt im eigenen Vaterland‹. – Soll dieser Zustand bleiben, daß der beste Teil des Volkes, der sich endlich zusammenschloß, um nicht mit Lammsgeduld alle schmählichen Versklavungsmaßnahmen beutelüsterner Feinde länger zu ertragen, weiter wie Aussätzige behandelt wird? Jeder Rechtlich-Denkende, der sich noch Deutscher nennt, und wirklich deutsches Blut in den Adern hat, müßte sich dagegen auflehnen. Als Einzelhandlung oder Wunschvorstellung nutzt dies aber nichts, Zusammenschluß ist das einzige wirksame Abhülfsmittel, wodurch die Gemeinschaft immer stärker wird.
Kommen auch Sie, die Sie noch fernstehen, her in unsere Reihen. Wenn Sie den Schritt gewagt haben, wird Ihnen erst die beglückende Tatsache klar, wie viele es in Deutschland gibt, die genau so denken und fühlen wie Sie! Vielleicht wohnen Sie in gleichem Hause, und Sie sind nur gleichgültig oder feindlich an einander vorüber gelaufen.
Wenn ich Ihnen ein kleines Erlebnis erzählen darf. – Als ich aus Königsberg und anschließend aus dem Hannöverschen zurückkam, riefen unsere ver-

wundeten SA-Jungens aus unserem Lazarett an, ich sollte doch mal wieder rüberkommen nach Berlin. Als ich eintrat bei ihnen, zeigten sie mir ein leeres Bett und sagten: ›Das haben wir für Sie reserviert, es wäre so fein, wenn Sie mang uns liegen würden‹. Sehen Sie, diese Jungens, die mich nur flüchtig zum Teil kannten, fühlen ganz deutlich, was uns unlöslich verbindet, ob Arbeiter oder Prinz, danach fragen sie nicht. Wir sind ja eine große Opfer-Gemeinschaft und Jeder hilft dem Anderen, so gut es geht.
Und die Anderen?: Die Kommunisten bilden systematisch Wegelagerer aus; im Mittelalter waren die Landstraßen nicht so unsicher, wie jetzt die der Großstädte. Und das sollen wir immer weiter ertragen?! Warum, wenn es doch gebessert werden könnte, wie man hier sieht in Thüringen?!
Sie haben hier die besondere Verpflichtung, unseren Leuten das Durchhalten zu erleichtern, die Welt schaut auf Thüringen. Lassen Sie diesen Kampf- und Werbeabend auch wieder einen Markstein auf dem Wege bergan sein, den unser Führer Adolf Hitler, allen Gewalten zum Trotz, uns führen will.
Ihnen aber, meine lieben Parteigenossen, gebe ich die Versicherung treuester Kampfverbundenheit. Ich weiß, Sie denken alle wie ich, daß wir bis zuletzt durchhalten werden, selbst wenn von uns das schwerste Opfer verlangt wird. Unser Führer Adolf Hitler soll uns bereit finden! Ich schließe mit den Versen eines unserer Dichter aus der Bewegung:
›Ihr zwingt uns nicht, Verbot zwingt keinen Geist, Wir sind die Jungen, und wir sind die Kraft.
Wir sind die Zukunft, unser ist der Sieg!
Ihr zwingt uns nicht, die Flamme lodert hell, Die Großen der Nation erweckten uns,
Und die Geschichte stellt uns an die Front.
Ihr zwingt uns nicht, der Morgen dämmert auf,
Der Tag der Freiheit brennt in seiner Glut,
Wir ziehen singend in den Freiheitskampf!
Die Ketten brechen, Volk erhebt die Faust,
Die Doppelfesseln, die uns angelegt,
Zerschmelzen in der Leidenschaft der Tat.
Es kreist der Ring, Empörung wächst,
Die Reihen schließen sich, die Zeichen stehn auf Sturm,
Das Banner weht, der Tag der Taten reift!‹
August Wilhelm
Prinz von Preußen«[217]

Wie Prinz August Wilhelm von der NSDAP in den Dienst der Propaganda gestellt wurde, das erlebte die Öffentlichkeit, als die Partei den Prinzen bei der Kundgebung der NSDAP am 1. Mai 1931 im Zirkus Krone in München als Redner vor ca. 10 000 Teilnehmern sprechen ließ. Der »Völkische Beobachter« berichtete darüber in seinen Ausgaben vom 3. und 4. Mai 1931 in großer Aufmachung. Der Bericht veranschaulicht die emotionsgeladene Atmosphäre der Massenveranstaltung, die die erstaunlich inhaltsarme Rede des Prinzen dennoch große Wirkung auf die Massen erlangen ließ. Schon auf der Titelseite findet sich in großen Lettern die Überschrift:

> »Unser 1. Mai: Arbeiter und Prinz folgen der Führung Adolf Hitlers. Eine erhebende Bekundung der deutschen Volksgemeinschaft gegen die zersetzende Internationale.«

Die Berichterstattung setzt mit einer Abgrenzung gegen die von Gewerkschaften und Linksparteien begangenen und von der Polizei mithilfe des Gummiknüppels in Schrecken gehaltenen Maifeiern ein.

> »Während in den heutigen Morgenstunden die Vertreter der zweiten Internationale mit ihren Genossen von der dritten in den Straßen Münchens sich herumrauften und damit am besten für die Parole von der Vereinigung aller Arbeiter der Welt Propaganda machten, und als dritter im Bunde der Gummiknüppel des Systems den roten Völkerverbrüderern auf ihren Köpfen vom Leben in Freiheit, Schönheit und Würde erzählte, leuchteten in der aufgehenden Sonne unsere Plakate und kündeten: Prinz und Arbeiter sprechen diesen Abend im größten Saale Münchens unter dem Banner des Hakenkreuzes.«

Die Großkundgebung der NSDAP lief nach dem in dieser Partei bereits üblich gewordenen Ritual ab. Im Bericht heißt es:

> »Brausend hallte der Ruf von den Toren, eilte von Mund zu Mund und schwoll an zum Orkan zehntausendfältigen Heils, als der nationalsozialistische Prinz und der nationalsozialistische Arbeiter zur Rednertribüne schritten. Eine Mauer stand von Menschenleibern und ihre Arme streckten sich zum Himmel und Heilrufe ohne Zahl grüßten die Fahnen und Standarten, die unbekannten SA-Männer, die im Marschschritt des ewigen Soldaten durch die Menge zogen, da die Straße ihnen verboten war.

Die Körper gestrafft und die Sehnen, die Augen voll Feuer in Glaubens- und Hoffnungszuversicht und die Beine im Takt der Musik und des Herzens, ob der Magen knurrte vor Hunger, oder die Seele weinen mochte vor Not und Elend zu Hause, so wuchteten sie vorüber und tauchten ihre Blicke in die Augen des Prinzen und des Schlossers. Und sie standen still und suchten ihre Kameraden und waren eines mit ihnen in Sinn, Geist und Ziel.
Augenblicke der tiefsten Weihe, aber auch des beseligendsten Glücksgefühls waren es und vielleicht die Krönung unseres siegreichen Kampfes um die Schaffung der Volksgemeinschaft als Voraussetzung des Gelingens unseres gigantischen Werkes, als sie Seite an Seite standen im Braunhemd unserer Kämpfer, Hohenzollernprinz und Arbeiter als Trommler des Weges zur Freiheit und Erlösung.«

Hatte schon die groß aufgemachte Information auf der ersten Seite dem eiligen Zeitungsleser das Entscheidende werbewirksam vermittelt, so folgte nun auf der zweiten Seite ein Bericht der Einzelheiten:

»Prinz August Wilhelm und Pg. Dreher sprechen in München. Hitler, der Felsblock im Chaos. Der Prinz des alten Preußens bekennt sich zum Sozialismus des erwachenden Deutschlands.
Der Gauführer von München und Oberbayern, Pg. Adolf Wagner M. d. L. eröffnete die Riesenversammlung …
›Ich begrüße unseren Pg. Prinz August Wilhelm in unseren Reihen (stürmischer Beifall). Wenn in München gestern und heute die Plakate verkündeten: heute abend spricht im Zirkus Krone der Prinz und der Schlosser, so ist damit der tiefere Sinn unserer Bewegung kundgetan.‹ Wagner erinnerte daran, daß nicht nur der nationalsozialistische Arbeiter, der nationalsozialistische Dichter und genau so der nationalsozialistische Prinz den Gummiknüppel der Republik zu kosten bekommt. ›Die Zusammenhäufung dieser Menschen und aller Stände wird Deutschland die Befreiung bringen.‹ (starker Beifall)
Pg. Franz Dreher, M. d. R. führte unter anderem aus: ›Prinz und Proletarier sind nicht Begriffe von Persönlichkeiten, sondern von zwei Auffassungen, zwei Welten, die sich seit Jahrzehnten in schärfstem Kampf gegenüberstanden. Welche von beiden Welten hat ihr Ziel erreicht? Wo ist euer Nationalstaat von rechts? Wo ist euer sozialistischer Staat von links? Der Geldsack hat die Macht angetreten …‹

Totenstille herrschte als der Versammlungsleiter dem Pg. Prinzen August Wilhelm von Preußen das Wort gab, der, mit einem donnernden Heil begrüßt vortrat und sichtlich bewegt, begann:
›Liebe deutsche Volksgenossen, Nationalsozialisten!
Bewegt trete ich vor Sie hin, und es ist eine große Stunde für mich, daß ich in der Geburtsstadt der Bewegung zum erstenmal zu Ihnen sprechen darf, in diesem Raum, wo Ihr Führer so oft gesprochen hat, hier, wo jetzt die Millionenbewegung niemals auch nur in Vertretung Platz hätte. So ist es für mich eine Herzenspflicht, von dieser Stelle aus, wo ich meinen Führer zweimal sprechen hörte, zunächst seiner in Dankbarkeit zu gedenken dafür, daß er eine Idee gefunden hat, die das ermöglicht, was Ihnen in plastischer Weise vorgeführt wird dadurch, daß hier der Vertreter des Arbeiterstandes und ich nebeneinander stehen und zu den gleichen Themen sprechen dürfen. Mein Dank geht aber besonders dahin, daß Adolf Hitler mit seiner Bewegung auch mich geweckt hat, der ich stets, wie Sie alle, die diese braune Farbe tragen, mitkämpfen werde um dieses Volk, das wir alle gleichermaßen heiß lieben.
Man hat mir berichtet, die Maifeier hätte damit begonnen, daß die SPD und KPD sich gegenseitig geschlagen haben. Das ist die moderne Form der Feier des 1. Mai. Wir feiern ihn nicht, wir haben einen Arbeitstag, wie jeden anderen, zur Erweckung dieses Volkes, das in großen Teilen noch immer schläft. Denn von Feiern, das weiß Gott, haben wir in den letzten 12 Jahren genug gehabt, obwohl wir nicht auf dem Standpunkt stehen, daß die Zeiten wahrhaftig nicht zum Feiern angetan gewesen sind. In der Reichshauptstadt, aus der ich komme, ist kein Anlaß zu klein und zu groß, um nicht daraus ein Fest zu machen, sei es der Einzug eines Negerfürsten oder eines französischen Kino-Schauspielers (stürmischer Beifall). Sei es das Sechstagerennen oder ein Boxkampf. Wie das untergehende Rom dem Volke Spiele gab, wenn das Brot nicht reichte, so ist es auch heute! Aber wir haben der Feiern genug – wir wollen arbeiten!
Ich stehe hier, und das müßte heute doch dem Blindesten einleuchten: wenn das möglich ist, daß hier in München ich – man mag mir abstreiten was man will, nur das eine wird man mir lassen, daß ich ein Stück des alten Preußentums darstelle (stürmischer Beifall), wenn ich am ersten Mai sprechen darf, so zeigt das, was unsere Bewegung bedeutet. Bei uns wird nicht gefragt: wo kommst du her, bist du Preuße oder Bayer, Sachse oder Württemberger, zu welcher Konfession du dich bekennst, bist du Republikaner oder Monarchist, hast du Geld oder keins. Nein, es wird nur gefragt: wann bist du bereit,

dich einzusetzen, was bist du bereit, zu leisten für die Bewegung? (stürmischer Beifall).

Ich bin nicht allein gekommen, hinter mir stehen die vom Sturmbann Horst Wessel (der Sturmbann erhebt sich – donnernde Heilrufe begrüßen ihn), die unseren Ehrennamen da oben tragen, die Männer, die ganz anders wie wir Tag für Tag im Kampfe stehen, die aus den schlimmsten Vierteln Berlins stammen. Was hat unser Führer Adolf Hitler damit sagen wollen? Wir kennen keine Landesgrenzen mehr, wir sind nur Nationalsozialisten. Und darum kamen sie zu Ihnen und beziehen die Ehrenwache in seinem Hause!

Man hat zu viel geschwafelt vom Überbrücken der Gegensätze im Volke. Ein Schützengraben ist durch das Volk gezogen – schon vor dem Kriege, und hinterher erst ist klar geworden, wer ihn gezogen hat. Was hat das Bürgertum getan – bitte entschuldigen Sie sich nicht, ich nehme mich nicht aus: wir sind mitschuldig, daß dem Arbeiter nicht der Platz an der Sonne verschafft worden ist. Mit seiner Handarbeit ist der Staat groß geworden, aber man hat dem Arbeiter nur eine soziale Geste hingeworfen, wenn sie auch größer war als die anderer Nationen – mein alter Urgroßvater ist mit dieser sozialen Gesetzgebung vorausgegangen – es war nicht das, was der Arbeiter fordern konnte. Er wollte dafür, daß er arbeitete, auch seinen Platz an der Sonne, wollte teilhaben an diesem Staat. Und da der Jude das erkannte, daß das die Schwäche des Bürgertums war, hat er hier den Hebel angesetzt und den Arbeiter aufgehetzt, gegen den anderen.

Nun kommen die Arbeiter und fragen: was machst du Prinz in dieser Arbeiterbewegung? Da möchte ich erwidern: wen geht das überhaupt etwas an außer meinem Führer und meinen braunen Kameraden? Die anderen haben da nichts mitzureden. (stürmischer Beifall)

Ich möchte denen aus der Arbeiterschaft auf der anderen Seite, die noch nicht verstanden haben, daß ich auch dafür Verständnis habe, sagen: Wenn so lange gegen einzelne Menschen gehetzt worden ist, wie gegen uns das alte Offizierkorps, dann ist es kein Wunder, daß der Jude auch da immer weiter hetzt, weil er die große Gefahr für sich selbst darin sieht, wenn nicht nur dieser Schützengraben überbrückt, sondern auch eingestampft und eingeebnet wird. Und wenn ich heute mit meinem Freund Dreher hier stehe, so ist das ein Schlag ins Gesicht dieser Leute. Ich richte mich nach dem Führer Adolf Hitler, der gesagt hat: Wenn man gesprochen hat und am anderen Tag nicht von der Judenpresse heruntergezogen wird, dann hat man seine Pflicht nicht voll erfüllt. (Stürmischer Beifall) Ich habe viele freundliche Ermahnungen bekommen,

daß es empörend sei, sich mit früheren Kommunisten und SPD-Leuten jetzt auf eine Bühne zu stellen, was ihr nationales und traditionelles Gefühl erschüttert habe. Ich habe ihnen gesagt: Hat einer eurer Führer fertiggebracht, daß er diese Volksgemeinschaft geschaffen hat, hat einer eurer Führer diese Millionen-Bewegung hervorgebracht, wie Adolf Hitler? Deshalb glaube ich an diesen Führer und bin zu ihm gegangen. Ich habe die Galerie der deutschen Führer erlebt seit 12 Jahren: kein einziger hat seinen Kurs so gerade gesteuert wie Adolf Hitler. Er hat keinem Kabinett Chancen gegeben, auch wenn sie Kabinette von Frontsoldaten waren. Er hat sich nicht ein bißchen nach links oder rechts koaliert. Er ist in seiner Einsamkeit geblieben. Und das deutsche Volk hat ihm in seinem besten Teil am 14. September 1930 recht gegeben.‹
Prinz August Wilhelm kommt auf die Vorgänge in Königsberg zu sprechen: ›Mein Vater, der unsere große Bewegung nur vom Hörensagen kannte, hat an mich geschrieben: ›Du kannst stolz sein, daß Du zum Märtyrer dieser großen Bewegung werden durftest!‹ (Stürmischer Beifall) Ich glaube, nach diesem Urteil werden die ewig Gestrigen sich vielleicht überlegen, ob sie die Bewegung weiter als eine so verächtliche ansehen wollen, daß sie zu feig und vornehm sind, bei uns einzutreten.‹
Beim Volksbegehren in Preußen schrieb sich der Prinz ein unter dem Titel: ›Arbeiter der Stirne‹. Man sagte ihm: Tun Sie das lieber nicht, schreiben Sie Oberst a. D. Mein Oberstentitel ist eine schöne Erinnerung, aber kein Lebensberuf. Arbeiter der Stirne dieser Bewegung zu sein, das ist mein Beruf. Und wenn mein Führer mir das Vertrauen schenkt, daß ich hier zu Hunderten und Tausenden sprechen darf, werde ich dankbar meine Pflicht erfüllen.‹
Der Redner erzählt, wie der große Umschwung bei ihm kam. Es war nach dem Tage von Nürnberg, als rotes Mordgesindel einen jungen SA-Mann aus Lorsch erschoß. Er telephonierte an Adolf Hitler, ob er erlaube, daß er zur Beerdigung käme. ›Er erlaubte es mir und wir zogen, ich noch im Stahlhelm, zur Kirche in Lorsch. Die Kirchentüre war verschlossen. Dann zogen wir zum Gottesacker, in den man den Sarg schnell und heimlich gebracht hatte. Unser Führer fragte: wo bleibt der Priester? Er ist nicht gekommen. Da trat Adolf Hitler vor und sagte: Junger deutscher Held! Du hast mit deinem Blut dir selbst dein Grab geweiht. Aber wir schwören an deiner Grabstätte, daß es eine Zeit geben wird, wo zu diesem Grabe gepilgert wird wie zu den Gräbern der Kriegsgefallenen! Und dann werden wir oder unsere Nachkommen Tränen darüber vergießen, daß es Deutsche gab, die dich erschlugen, aber auch daß es deutsche Priester gab, die diesem gefallenen Helden den Segen verweigert haben!

In der Stunde, als Adolf Hitler mir die Hand gab, ist der große Wandel in mir vorgegangen. Ich habe mir gesagt: diese Leute stehen einsam und allein, ausgestoßen aus ihrem Volke, und du gehörst zu ihnen, du mußt versuchen, in eine Lücke einzuspringen und ihnen helfen, denn sie kämpfen um Deutschland und das deutsche Volk – und seitdem gehörte ich innerlich dazu, bis der letzte Schritt vollzogen wurde.

Als neulich mit dem modernen Regierungsgegenstand oben in Königsberg der Dr. Goebbels und ich bearbeitet worden waren und wir nachher im Zuge saßen, sagte Goebbels: sehen Sie, Prinz, verbannt im eigenen Volke, das sind wir. Wir haben hier kein Vaterland. Aber für unsere Bewegung schuf Adolf Hitler das Braune Haus, zu dem wir beigetragen haben: dort ist unsere Heimat in Deutschland. Das ist das große Symbol für das, was es einmal mit unserer Hilfe aufrichten will. Wie dieses Haus auf schweren Opfern aufgebaut wurde, so ist es einmal mit dem Dritten Reich, in dem wir alle Platz haben sollen, und für das wir alle bereit sind, die letzten Opfer zu bringen. Mehr hat auch Christus nicht verlangt, als daß wir das Leben lassen für die Brüder.

Schon 1919 hat es Adolf Hitler fertiggebracht, daß *ein Felsblock im Chaos* sich bildete, der wie ein Magnet die Besten anzieht. So war es bei den Freiheitskriegen, an deren Stelle jetzt unsere Bewegung tritt. Man hat von Verzweiflungswahlen vom 14. September gesprochen, aber bei uns steht das hoffende Deutschland, nicht das verzweifelte, und deswegen waren diese Wahlen der Aufbruch des Volkes. Man versucht das Volksbegehren hinauszuzögern, weil man weiß: die nationalsozialistische Welle wird steigen zu einem Meer, das diese Thronsessel hinwegspülen wird. Und die Angst um die vielen kleinen Thrönchen, seitdem es keinen Kaiser und keinen König mehr gibt, ist noch größer geworden.

Wir fordern den ganzen Menschen, den ganzen Mann, die ganze Frau, den ganzen Jungen und das ganze Mädchen. Wir haben schwere Kämpfe vor uns, aber wir betteln nicht um Sie. Doch kann die Zeit kommen, wo Sie als Vater und Mutter einem jungen Geschlecht gegenüberstehen, das Sie frägt: Warst Du auch dabei, als um die Freiheit des Vaterlandes gekämpft wurde? Sie wollen sich nicht schämen vor Ihren eigenen Nachkommen! Wir sind sehr nahe dem Abgrund, wir werden kämpfen, auch wenn Sie nicht kommen, aber der Kampf würde leichter und es würde schneller gehen, wenn Sie zu uns kommen.

Hätten wir so weitergelebt wie früher, diese Volksgemeinschaft wäre nicht herausgekommen.‹ Der Prinz erzählt eine Episode aus einer Versammlung, wo ein Arbeiter nach seiner Rede zu dem anderen sagte: ›Seht euch den Prinzen an, was hat man uns vorgelogen! Wenn man ihn so ansieht, *er ist genauso anständig wie ein Arbeiter!*‹ (Große Heiterkeit) Ich habe innerlich gejauchzt, denn ich wußte, dieser Mann hatte den Gedanken Adolf Hitlers absolut verstanden. Wie ich begreife, daß jeder andere auf seine Abkunft stolz ist, so setze ich voraus, daß jeder andere anerkennt, daß ich stolz auf meine Vergangenheit bin. Ich bin es, der in aller Augen der verbonzte Prinz gewesen ist, auch der andere sagt, daß er der Arbeiter gewesen ist. Trotzdem ist hier die Linie, wo wir zusammenstehen können. Diese Volksgemeinschaft ist das einzige Erfreuliche, Aufrichtende in diesem arm gewordenen Lande. (Stürmischer Beifall) Die Zeit drängt und die Feinde ringsum mehren ihre Rüstung. Wir aber leisten uns den Luxus, in viele nationale Parteien aufgelöst zu sein. Dazu ist keine Zeit mehr. Sie müssen aus dieser Not heraus zu dem Entschluß kommen: endlich klare Fronten! Es gibt nur eines: hie *Bolschewismus*, hie *Nationalsozialismus*!

Beides sind Ideen, nur die Idee der Erfüllung ist keine Idee, sie stammt nicht von uns, sondern von den Feinden, deshalb haben die Erfüllungspolitiker nicht mehr mitzusprechen.

Wir sind mitten im Bürgerkrieg. All der Terror beweist, daß sie eine furchtbare Angst haben vor uns. Sonst würden sie sich nicht so viele Mühe machen und große Kosten aufwenden, z. B. zur Bespitzelung der Telephone! Mit dem modernen Radiergummi werden sie den Nationalsozialismus nicht aus den Geschichtsbüchern Deutschlands ausradieren. Uns prügeln sie nicht die Gesinnung aus dem Herzen, den anderen aber prügeln sie die Gesinnung in den Kopf hinein. Das ist das Große dieser Bewegung, daß sie das kleine Ich zermalmt und der große Gedanke voranmarschiert. Die Ketten müssen gebrochen werden – und sie werden gebrochen!‹ (Stürmischer Beifall)

Adolf Wagner schließt die erste Maikundgebung der nationalsozialistischen Bewegung mit dem Ruf: Tod dem Marxismus, Kampfansage dem heutigen System und den Gegnern des Nationalsozialismus, unser Führer Adolf Hitler Heil! Brausend stimmt die Menge ein. Prinz August Wilhelm verläßt unter begeisternden Kundgebungen der Menge, die ihm von allen Seiten die Hände entgegenstreckt, durch die Doppelkette der SS den Zirkus.«[218]

Prinz August Wilhelm hat in dieser Rede Aufschluss gegeben über Motive für seinen Eintritt in die NSDAP. Typisch ist die Szene am Grab eines jungen, von politischen Gegnern »ermordeten« SA-Mannes: Der Führer und der Hohenzollernprinz wurden eins am Grabe eines Märtyrers.

»Als Adolf Hitler mir die Hand gab, ist der große Wandel in mir vorgegangen«,

bekannte Prinz August Wilhelm und nennt neben diesem Anlass als verbindendes Motiv:

»Sie (die Nationalsozialisten) kämpfen um Deutschland und das deutsche Volk!«[218a]

Das Urteil seiner Schwester über seine Persönlichkeitsmerkmale (s. S. 163) scheint damit bestätigt zu sein!

Es liegt ein internationales Zeugnis eines der NSDAP fernstehenden Versammlungsteilnehmers über die Art und Wirkung der Reden des Prinzen August Wilhelm auf die Hörer vor. Der Journalist Franz Sontag bemerkte in einem Brief von 22. Mai 1931 an Prinz Oskar:

»Am 14. d. M. hatte ich Gelegenheit, den Prinzen August Wilhelm hier in Elberfeld in einer überfüllten nationalsozialistischen Versammlung zu hören. Die Zuhörerschaft setzte sich überwiegend aus bürgerlichen Elementen zusammen. Der Prinz sprach sehr schlicht und eindrucksvoll; sein Auftreten übte zweifellos eine starke Wirkung. Ähnliches wird mir über seine Versammlungen in Barmen und Essen berichtet.«[219]

Die Reden wiesen ein erstaunliches Maß an Schlichtheit der Gedankenführung auf, waren aber aufgrund ihres Pathos in der Lage, die Hörer zu emotionalisieren. Als immerwährendes Leitmotiv erscheint das Bekenntnis zur Solidarität des königlichen Prinzen mit jedem »Volksgenossen«, welchen Standes und Berufes auch immer. Das hat auf die »bürgerlichen Elemente« der Zuhörermassen seine Wirkung ebensowenig verfehlt wie der äußere Eindruck der imponierenden großen Gestalt des Prinzen August Wilhelm, die in der ordensgeschmückten SA-Uniform besonders zur Geltung gelangte und ihm den Anschein eines soldatisch-kämpferischen Habitus verlieh.

Das Werben des Prinzen August Wilhelm für den Nationalsozialismus hatte also nicht nur bei den breiten Massen, sondern auch in ganz anderen Kreisen Erfolg. Dies wird zum Beispiel bestätigt durch Ernst (»Putzi«) Hanfstaengl. Der für ihn entscheidende Anstoß, schließlich im August 1931 in die Partei einzutreten, sei durch Begegnungen mit dem Prinzen

August Wilhelm erfolgt. Der Umstand, dass sich ein Mitglied des ehemaligen Kaiserhauses für die nationalsozialistische Bewegung einsetzte, habe ihn, Hanfstaengl, in der Überzeugung bestärkt, dass es um die Sache Adolf Hitlers doch nicht so schlecht bestellt sein könnte.[220] Prinz August Wilhelm war damit der ihm von der nationalsozialistischen Propaganda zugedachten Rolle als Aushängeschild voll gerecht geworden.

Das starke, kämpferische nationale Element blieb auch nicht ohne Eindruck auf den Kaiser. Positiv und gut begründet erläuterte er in einem Brief vom 23. Februar 1932 an seinen Enkel Prinz Louis Ferdinand seine Einstellung zum Nationalsozialismus: In Hitler sähe er den Führer einer starken nationalen Bewegung, die die nationale Energie verkörpert. Er behaupte zwar nicht, dass ihm die Bewegung in allen Einzelheiten gefalle, »aber sei fest davon überzeugt, daß nur nationale Energien die Deutschen wieder aufwärts führen werden«. Aus diesem Grunde habe er seinen beiden Söhnen, den Prinzen August Wilhelm und Oskar, die Betätigung innerhalb der nationalen Bewegung, der NSDAP und der Deutsch-Nationalen-Volkspartei, erlaubt.[221]

Der Wahlkampf ging jetzt erst recht weiter. Nachdem er einige Tage im Rheinland Wahlreden gehalten hatte, besuchte Prinz August Wilhelm am 3. Mai 1932 seinen Vater in Doorn, der ihn mit den Worten begrüßte: »Ah, guten Tag, Herr Volksredner!« Die Gespräche mit seinem Vater kreisten um die Erwägungen einer Kandidatur des Kronprinzen für das Reichspräsidentenamt. Dabei wurden auch Möglichkeiten und Chancen anderer Familienmitglieder erwogen. Wie Prinz August Wilhelm seine eigene Situation beurteilte, hat Ilsemann aus dem Gedächtnis festgehalten:

> »Von seiner eigenen Tätigkeit sprach er – muß ich sagen – mit großer Sachlichkeit, Begeisterung und Bescheidenheit. Er selber habe noch hart zu kämpfen, um sich seine Stellung innerhalb des Nationalsozialismus zu erobern. Leicht sei die Aufgabe nicht. Bei seinen Geschwistern habe er oft den Eindruck, daß ihnen die Mentalität des Volkes ganz fremd sei. Auch ihm sei wiederholt eine Kandidatur als Reichspräsident angetragen worden, aber so etwas käme für ihn nicht in Betracht, er wolle zunächst nichts anderes, als für Hitler und seine Partei und den Wiederaufbau des Vaterlandes arbeiten.«[222]

Dazu fand er hinreichend Gelegenheit nach der Machtergreifung Hitlers. Am Tag von Potsdam, dem 21. März 1933, nahm er mit Genehmigung des

Kaisers in der Uniform eines SA-Brigadeführers teil, nicht, wie Jonas berichtet, in der Gruppenführer-Uniform. Am 21. März 1933 war er noch SA-Brigadeführer; zum SA-Gruppenführer wurde er erst am 1. September 1933 befördert.[223] Mit dem hohen Rang dokumentierte die Partei den hohen Stellenwert, den sie dem kaiserlichen Prinzen in ihren Reihen beimaß.

Wie hoch in den Augen der Nationalsozialisten die Bedeutung des Prinzen August Wilhelm anzusetzen war, belegte die Berichterstattung anlässlich des »Tages von Potsdam.« An hervorgehobener Stelle schrieb der »Völkische Beobachter« am 22. März 1933 unter der Überschrift

»›Der Geist von Potsdam‹ Ein Interview mit Pg. August Wilhelm Prinz von Preußen:
Mit einem Riesenschlüssel in der Hand und einem breiten Lächeln auf dem Gesicht naht der Zerberus und öffnet die schwere Pforte. Lang und breit spannt sich eine Allee mit hohen alten Bäumen. Darüber flattert unsere Hakenkreuzfahne. Hier wohnt August Wilhelm Prinz von Preußen. Der Naziprinz.
Wir kennen ihn alle! Irgendwann und irgendwo, erst in den letzten Tagen sprach er zu uns in einer der unzähligen Massenversammlungen, vordem in den vielen Versammlungen des erbitterten Wahlkampfes um Deutschland und um Deutschlands Freiheit. Unermüdlich setzte er sich ein und wurde zum Mittler der Tat. Trägt den Nationalsozialismus ins Volk, da er selber tief von der Idee dieser herrlichen Weltanschauung durchdrungen ist.
›Sie müssen meinen Vater noch fünf Minuten entschuldigen. Aber wir können inzwischen mal das Platzkonzert einschalten. Ich glaube, es ist Königsberg.‹
SA-Mann Alexander Prinz von Preußen dreht den kleinen Knopf. Marschmusik erklingt. ›Die Straße frei den braunen Bataillonen. SA marschiert …‹ Es braust durch den Raum und zieht durch das offene Fenster über die Krone der Bäume und schwingt weiter. Jetzt steht man auf den Plätzen in Königsberg, in Danzig, in Ost-Oberschlesien, im Hessenland, im Saarland, in den unerlösten deutschen Gebieten und es ist uns in dieser Stunde alles so nahe gerückt und doch ist es wieder der Geist von Potsdam, dieses einzige Erlebnis, das alle Herzen höher schlagen läßt.
Jetzt ist es still im Zimmer, Erinnerung spannt sich über die alten bemalten Schränke der Villa Liegnitz. Der Blick schweift über die Wände. Preußische Geschichte wird lebendig. Bilder aus großer Vergangenheit reden eine ein-

dringliche Sprache. Es ist, als müßten sie heute aus dem Rahmen steigen und zu uns treten, die großen Hohenzollern. Allen voran der Heldenkönig Friedrich der Einzige.
Die Tür öffnet sich: ›Heil Hitler!‹ August Wilhelm Prinz von Preußen ist erschienen. Ein kurzer Händedruck, wir reden von vergangenen Tagen, wir schweigen von dem erhebenden Heute. Das werden wir erleben, draußen mit den Menschen, mit den deutschen Volksgenossen. Und wenn der Mann aus der Reihe der Hohenzollern, der uns und unserer Bewegung so nahe gekommen ist, auf ein abgerissenes Blatt einige Worte wirft, dann will er weiter nichts als das Empfinden ausdrücken, das heute Millionen in seinen Bann schlägt.
›Sie fragen, wie ich den Tag von Potsdam sehe? Hier, bitte, ist meine Antwort.‹
Wie ein Fanfarenstoß erschallt dieser Weckruf durch alle deutschen Gaue.
›Potsdam zur weltgeschichtlichen Bedeutung aufgerückt, durch die einzigartige Persönlichkeit eines Friedrich, wurde zum Inbegriff aller preußischen Tugenden und Kräfte, auf dem die Einigkeit des Reiches erbaut worden ist.
Der Spott übermütiger Feinde über die ›Potsdamer Wachtparade‹ konnte ebensowenig diesen Begriff ersticken in früheren Zeiten, wie der fanatische Haß gegen den ›Geist von Potsdam‹.
In den Tagen neuer Reichsschaffung, nach Schmach und Schande, sollen die Glocken der Garnisonskirche das Erwachen unseres Geistes einläuten. Hier geboren und aufgewachsen, untrennbar mit Preußen verbunden, rufe ich in dieser feierlichen Stunde dem Erwecker altpreußischen Geistes und Einiger des deutschen Volkes die Worte seines großen Ahnherrn Friedrich zu:
›Zwei Triebfedern sind es, die mein Handeln bestimmen, die eine ist das Ehrgefühl, und die andere das Wohl des Staates, den der Himmel uns zum Regieren gegeben hat. Dieses schreiben mir zwei Gebote vor: Einmal, nie etwas zu tun, worüber ich zu erröten hätte, wenn ich meinem Volke Rede stehen müßte und sodann für meines Vaterlandes Heil und Freiheit den letzten Tropfen meines Blutes hinzugeben.‹«[223a]

Aber auch der Prinz wahrte die Rolle eines Paladins von Adolf Hitler, der nach dem Zeugnis »Putzi« Hanfstaengls »eine gewisse Zuneigung« zu Prinz August Wilhelm empfand.[224] Nachdem er 1932 als Abgeordneter in den Preußischen Landtag eingezogen war, wurde der Prinz 1933 in den Reichstag gewählt und am 22. Juli 1933 in den neugegründeten Preußischen Staatsrat berufen.

In dem großen Gesprächskreis anlässlich der Feier zum 75. Geburtstag des Kaisers am 27. Januar 1934 in Doorn ließ er sich auch durch dort anwesende Gegner des Hitler-Regimes nicht irremachen. Ilsemann berichtet:

> »Sehr sympathisch sprach Auwi von Hitler. Es ist kein Zweifel, daß der Prinz mit dem Führer ausgezeichnet steht.«

Auf enge Kontakte des Prinzen August Wilhelm mit Hitler lassen Gesprächsbeiträge schließen, in denen er Hitlers Überzeugung wiedergab, dass er eines Tages durch ein Attentat fallen würde. Mit Interesse hörte man in Doorn von ihm, dass Hitler den Kronprinzen Rupprecht von Bayern nicht leiden könne. Dies hörte man gern, zumal Kronprinz Rupprecht seine Teilnahme an den Geburtstagsfeierlichkeiten in Doorn im letzten Augenblick wegen Erkältung abgesagt hatte. Hitlers innere Ablehnung des Kronprinzen von Bayern nannte Prinz August Wilhelm »sehr günstig für die Hohenzollern«.[225]

Dass die Dinge für ihn nicht so einfach durchschaubar waren, stellte sich wenige Monate später mit schrecklicher Deutlichkeit heraus, als Hitler am 30. Juni 1934 mit dem SA-Führer Röhm eine Reihe wirklicher oder potenzieller Gegner aus dem Wege räumen ließ.

Dieser Gewaltakt musste den Prinzen August Wilhelm erschüttern, hatte er doch noch am 24. Juni 1934 als offizieller Redner an einer großen SA-Versammlung in Osnabrück teilgenommen und dort äußerst lobende Worte für die Leistung des sechs Tage später ermordeten SA-Führers Röhm gefunden. Seine Rede war nicht nur von SA-Leuten, sondern auch von anderen Bevölkerungskreisen mit großer Sympathie aufgenommen worden. Das Auftreten des Hohenzollernprinzen hatte der Veranstaltung außerordentlichen Zuspruch beschert.

Das »Osnabrücker Tageblatt« berichtete seinerzeit unter der Überschrift

> »›Gruppenführer Prinz August Wilhelm in Osnabrück.‹
> Auf der Bühne hatte der Musikzug der Standarte 78 Platz genommen, der die Teilnehmer mit schwungvollen Märschen und anderen musikalischen Darbietungen aufs beste unterhielt, bis dann gegen 8 1/2 Uhr abends Prinz August Wilhelm in der Stadthalle in Begleitung von Brigadeführer Bischoff mit seinem Stab erschien. Die Anwesenden bereiteten ihm einen außerordentlich

herzlichen Empfang. Tausende Arme reckten sich ihm zum Gruß entgegen, als er sich mit seiner Begleitung den Weg zu dem für ihn in der Mitte des Saales freigehaltenen Tisch bahnte. Sturmbannführer Harenberg betonte in einer kurzen Begrüßungsansprache, daß die Anwesenden ein besonderer Anlaß zusammengeführt habe. Die Osnabrücker SA sehe Gruppenführer Prinz August Wilhelm wieder einmal als Gast bei sich. Seit vielen Jahren stehe der Gruppenführer in der SA und habe wie alle anderen Kameraden in den verflossenen Kampfjahren Flugblätter verteilt, Plakate angeklebt und die Kämpfe mitgemacht. Und das nicht in einer ruhigen Stadt, sondern im roten Berlin. Mit stürmischem Beifall begrüßt nahm dann Gruppenführer Prinz August Wilhelm selbst das Wort. Nachdem er sich einleitend für die freundliche Begrüßung bedankt hatte, führte er weiter aus: ›Kameradschaft! Ein leicht dahin gesprochenes Wort, und doch ist es das schwerste in einem Menschenleben, wirklich Kamerad zu sein und Kameraden zu kennen. Das möchte ich besonders eindringlich denen zurufen, die heute schon mit der Frage kommen: Was soll eigentlich heute noch diese SA? Sie waren damals dankbar, als wir die Straße frei machten. Jetzt, wo die Straße frei ist, hat der Mohr seine Schuldigkeit getan und kann gehen. Ich spreche das aus dem Gefühl meiner Kameraden, mit denen ich täglich Freud und Leid trage. So grenzenlos undankbar war das Volk nur einmal im Jahr 1918, als es vergaß, was seine Armee für es geleistet hatte. Wiederholt nicht diese Undankbarkeit! Mögen viele an der Stelle ihre Pflicht tun, wo sie hingestellt wurden, und auch ihr Amt nach besten Kräften ausüben. Aber noch sind wir nicht so weit, auf den Geist der SA verzichten zu können. Wer die SA kennt, der weiß, daß in ihr am stärksten das Herz für das Dritte Reich schlägt. Wir können für uns in Anspruch nehmen, Sachwalter des erkämpften Gutes zu sein und bleiben zu wollen. (Lebhafter Beifall) Nie haben wir gesagt, daß wir unfehlbar sind oder Engel wären. Aber wir haben das Gefühl, daß wir etwas Dankbarkeit und Achtung im neuen Reich erwarten dürfen. Darin liegt keine Anmaßung. Wir wollen ja doch nur, daß die Jugend von dem großen Erleben, das wir hatten, etwas mitbekommen soll. Und dazu ist es doch nötig, daß unsere Umwelt, die die große Zeit noch miterleben konnte, das Große in ihrem Herzen wachhält. Ich glaube nicht, daß man jemanden, der schimpft, dadurch bekehrt, daß man dagegen schimpft. Man soll vielmehr diesen Leuten zeigen, daß uns der Nationalsozialismus so in Fleisch und Blut übergegangen ist, daß uns nichts, gar nichts, den Glauben von Deutschlands Zukunft erschüttern kann, den der Führer uns in einer Zeit eingeimpft, als andere noch nicht daran glauben wollten. Ich bin nicht in Sorge, daß die SA, geführt von einem Mann wie Stabschef Röhm, nicht vollauf immer dem Führer gegenüber ihre Pflicht erfüllen wird. Wer einmal den Nationalsozialismus erfaßt hat, der kann nicht wieder davon lassen und wird stets bereit sein, sich mit seiner ganzen Kraft und wenn es sein muß, mit seinem Leben für die Ziele einsetzen, die man als richtig erkannt hat.‹ Prinz August Wilhelm wandte sich dann an die Meckerer und Kritiker, denen er zu überlegen gab, was in den knappen 1 1/2 Jahren nationalsozialistischer Führung und was in den langen Jahren vorher für den Wiederaufbau Deutschlands geleistet ist. Man wisse, daß noch manche schwere Belastungsprobe auf das Volk gelegt werden wird. Nur dann könne der Führer solche Stunden in Ruhe überstehen, wenn er wisse, daß jeder an seiner Stelle seine Pflicht tut. Einst sei Deutschland eine Größe in der Welt gewesen, weil sie die Pflichterfüllung der Deutschen bewunderte, die sich in herrlichster Vollendung in der Armee des Weltkrieges offenbart hat. Mit dieser Pflichterfüllung habe man auch in Zukunft die großen Aufgaben anzupacken. Gruppenführer Prinz August Wilhelm wies zum Schluß darauf hin, daß es dem Führer zu verdanken ist, wenn wir den Kopf wieder hoch tragen können. Er habe erklärt, nichts werde unterschrieben, was gegen die Ehre des Volkes verstoße. Dafür könne ihm das Volk nicht genug dankbar sein, daß man wenigstens wisse, daß die Kinder sich nicht zu schämen brauchten, Deutsche zu sein. Und jeder denke daran, wie nahe das deutsche Volk am Abgrund war und welche große Güte des Allmächtigen es bedeutete, wenn er dem Volke den genialen Führer erstehen ließ. Der Redner ließ seine Worte mit einem dreifachen Sieg-Heil auf den Führer ausklingen, das als ein Treugelöbnis durch den Saal brauste. Spontan stimmten die Versammelten darauf die Nationalhymne an.«

Der Prinz hatte anschließend noch an einer Sonnenwendfeier der Hitlerjugend teilgenommen. Auch über dieses Ereignis berichtete das »Osnabrücker Tageblatt« in großer Aufmachung:

»Sonnenwende – Wende der Zeit – Sonnenwendfeier der Hitlerjugend – Prinz August Wilhelm sprach – Bannführer 78 Kurt Fricke hielt die Feuerrede. Scheinwerfer begleiteten Prinz August Wilhelm, der wiederum stürmisch begrüßt wurde, zu seinem Wagen. Dann brauste der markante Sprechchor ›Ein Volk steht auf‹ über den Platz. Es klang aus mit den Worten: ›Einigkeit und Recht und Freiheit, das soll unsere Losung sein‹.«

Nach der »Feuerrede« des Bannführers Fricke berichtete das »Osnabrücker Tageblatt« über das Auftreten des Prinzen August Wilhelm:

»Der Anmarsch war pünktlich beendet. Fanfarengeschmetter leitete die erhebende Feier ein. Unter den Klängen eines schneidigen Marsches, es spielte die Oberbannkapelle 4/7, marschierten die Fahnen, voran die der PO, der NSBO, versehen mit einem Trauerflor zum Zeichen der Trauer um den in so bestialischer Weise ermordeten Pg. Elsholz, dann die Banner und Wimpel der Hitlerjugend vor der Tribüne auf. Kaum waren die letzten Worte: ›Mögen die Fakkeln der Sonnenwende glühen, flammen in uns durchs Jahr‹ des Vorspruchs verklungen, da setzten Wogen der Begeisterung ein. Prinz August Wilhelm bahnte sich vom Kameradschaftsabend der SA in der Stadthalle kommend, einen Weg durch die Menschenmenge. Tausende von Hände streckten sich ihm entgegen. Heil! Heil! brauste es minutenlang über den Platz. Auf der Tribüne eine kurze Begrüßung. Ein fester Händedruck. Der Gruppenführer und Bannführer Fricke wechselten einige Worte. Dann trat Prinz August Wilhelm vor das Mikrophon. Er gab eingangs seiner Freude darüber Ausdruck, auch an dieser Sonnwendfeier teilnehmen zu können und sagte dann weiter: ›Deutsche Jugend! Volksgenossen! Vor einem Jahr feierte ich auch im Kreise der Volksgenossen von Osnabrück an der gleichen Stelle das gleiche Fest. Heute ist es der Festtag der Jugend, da mag es fast wunderbar erscheinen, daß Jugendtag und Sonnenwende zusammen begangen werden; denn Sonnenwende bedeutet doch landläufig den Abstieg und Jugend den Aufstieg. Die Verbindung wird aus der Flamme aufleuchten. Sie soll aber nicht eine Flamme sein als Augenweide, sondern soll sein ein reinigendes Feuer, ein Feuer, das uns mahnt im neuen, im Dritten Reich, daß es Nacht war und daß einer kam und brachte Licht in diese Nacht, und daß er Fackelträger fand für seine Glaubensbewegung, Männer und Frauen. Und sie trugen die Flamme hinaus und entzündeten erst nur flache Feuer. Dann wurden es immer mehr Fackeln, es wurde ein großer Fackelzug, daß ganz Deutschland leuchtete und alle diese Fackeln zusammenschlugen. Und so sei es nicht nur ein Tag der Festfreude, es sei ein Tag ernster Mahnung für uns Älteren, ob wir unsere Pflichten so taten, daß die heilige Flamme des Nationalsozialismus uns gereinigt hat, für die Jugend, daß die Begeisterung kein Strohfeuer sei, sondern die Freude und das Zeichen eines schweren Ringens. – Deutsche Jugend, denke daran, daß wir keine Zukunft haben können, wenn wir uns nicht derer erinnern, die vor uns kämpften, die unser Land gegen Feinde von außen schützten. Denkt daran,

> daß unser Werk hätte niemals gelingen können, wenn nicht vor uns schon Hunderte von Kämpfern ihr Leben hingegeben hätten. – Diese Feier ist Licht! Sie soll Vorbild sein, dann werden wir über dieses Landes Grenzen hinausleuchten, als Vorbild für die Welt, die uns beneidet, die immer noch nicht begreift, daß, seitdem Adolf Hitler unser Volk führt, man nicht mehr achtlos an diesem Deutschland vorbeigehen kann. – So soll diese Stunde eine Stunde neuen Treuegelöbnisses sein, eine Stunde des Dankes, daß einer, der über den Wolken wohnt, diesem Volke noch einmal einen Retter sandte, dem wir in dieser Stunde erneut Treue geloben.‹ – Prinz August Wilhelm schloß seine Ausführungen mit einem dreifachen Sieg-Heil auf unseren herrlichen Führer. Begeistert sang die Menge das Lied unseres unsterblichen Horst Wessel.«[226]

Das Auftreten des Prinzen August Wilhelm am 24. Juni 1934, sein öffentliches Lob für Stabschef Röhm, belegen eindeutig, dass ihm die wahren parteiinternen Vorgänge unbekannt waren und dass er das Vertrauen Hitlers nicht mehr besaß; denn kaum eine Woche später warf der sogenannte »Röhm-Putsch« ein grelles Schlaglicht auf die wahren Verhältnisse. Mit Folter und Mord suchte Hitler neben der obersten SA-Führung auch völlig Unbeteiligte aus dem Weg zu räumen. Jetzt geriet auch Prinz August Wilhelm in äußerste Gefahr. Göring persönlich ließ den Nichtsahnenden unter Hausarrest stellen. Damit wurde neben Bekundungen der Zuneigung ein noch größeres Maß an Misstrauen gegen den kaiserlichen Prinzen offenbar. Er selbst empfand später im Rückblick auf die Ereignisse des »30. Juni« in großer Naivität Görings Vorgehen gegen ihn als eine Schutzmaßnahme.

> »Wenn mich die SS in dieser Nacht entdeckt hätte, wäre ich erschossen worden«,

sagte er am 29. Januar 1935 zu Ilsemann.[227]

Die Situation eines offenbar engagierten Angehörigen der Bewegung, den nur die Verhaftung durch den einen vor der Erschießung durch die anderen bewahrte, ein solcher Akt der Erniedrigung ist für die Nachgeborenen schwer verstehbar. Es verwundert nicht wenig, bedarf aber doch der Feststellung, dass sich der Betroffene selbst – nicht anders als viele andere auch – der scheußlichen Erfahrung durch den Verdrängungsprozess entzog.

Das zeigte sich in der Art seines Einsatzes für das Winterhilfswerk 1934/35 in Regensburg, wenige Monate nach dem »Röhm-Putsch«. In der Regensburger Lokalpresse wurde Anfang November 1934 das Auftreten des Prinzen August Wilhelm geschildert:

Sein Erscheinen hatte wieder einmal starke Zugkraft bewiesen, denn

> »in hellen Scharen waren die Parteigenossen und die verschiedenen Gliederungen der Bewegung PO, SA, SS, Hitlerjugend, NS-Frauenschaft, Arbeitsdienst und Deutsche Arbeitsfront, NSKOB und Kriegervereine vertreten. Der Kreisstab, der Stadtrat mit Oberbürgermeister Dr. Schottenheim, Brigadeführer Zech, General Wäger mit mehreren Vertretern des Offizierskorps, Gauarbeitsführer Laur mit Vertretern des Stabes, Regierungsdirektor Neuert, Dekan Köberlin, eine ganze Reihe von Vertretern der Parteigliederungen und Behörden waren erschienen«.

Das Auftreten des »Prinzen August Wilhelm von Hohenzollern« sei nach dessen eigenen Worten der schlagende Beweis dafür, dass nun die Zeiten vorüber seien, da man ihm wiederholt ein öffentliches Auftreten in der Stadt verboten habe,

> »wahrscheinlich weil man fürchtete, das Auftreten eines so verruchten Preußen, noch dazu aus diesem Hause, könne Gegensätze zwischen Nord und Süd überbrücken und damit die Mainlinie gefährden«.

Unter großem Beifall betrat Prinz August Wilhelm den Saal. Die SA bildete wie immer bei solchen Anlässen Spalier. In der Begrüßung wurde darauf hingewiesen, dass der Führer für die Durchführung des diesjährigen Winterhilfswerkes, dessen Vorjahresergebnis zu übertreffen sei, nur »die besten und treuesten Kämpfer eingesetzt« habe.

Über die Ansprache des Prinzen August Wilhelm heißt es dann:

> »Der Redner des Abends wandte sich hierauf an die Versammlung und stellte erfreut fest, daß Bedenken, wie sie noch vor wenigen Jahren in Regensburg bestanden, ob man einen Preußen auch einmal im Süden sprechen lassen könne, im Reiche Adolf Hitlers fortgefallen seien, weil in diesem Reiche eine Sprache gesprochen wird, die alle verstehen.

In diesem Jahre ist das Winterhilfswerk schwieriger durchzuführen wie im Vorjahre. Denn es gibt ungezählte Ungeduldige, die glauben, gerade sie habe man vergessen und gerade ihre Interessen würden nicht vertreten. Unsere außenpolitischen Gegner aber würden es mit Vergnügen registrieren, wenn sie als scheinbares Symptom der Mißstimmung feststellen könnten, daß die Gebefreudigkeit, die sie im vorigen Winter bewundern lernten, nachläßt. Der Geist, mit dem die ersten zehn Mann der Bewegung den Kampf aufnahmen, der Geist des Opfers, muß wieder geweckt werden. Jeder kann hier aktiv am Aufbau mitarbeiten und je aktiver wir am Werke sind, um so schneller schreitet der Gesundungsprozeß vorwärts.
Der Redner gedachte der Jahre des Kampfes, die noch keine zwei Jahre hinter uns liegen, der stündlichen Gefahr, der fliegenden Bierseidel, der Schupoaufgebote, die vor jeder Versammlung nötig waren und verglich damit die Ruhe und Geschlossenheit mit der heute alles seinen Gang geht. Das alles ist das Werk des Führers, dem wir daher zu Dank verpflichtet sind. Er will keine Geschenke dafür, er will die Treue unserer Herzen. Die zu bewähren gilt es in diesem Winterhilfswerk. Nicht bloß mit Gaben, auch durch persönliche Anteilnahme kann mancher Volksgenosse vor der Verzweiflung bewahrt werden. Tiefen Eindruck machten die persönlichen Erlebnisse, die der Redner aus seiner Versammlungstätigkeit in den Kampfjahren und der Winterhilfsarbeit des vorigen Winters erzählte.
Als er Nationalsozialist wurde, hielten ihn die Gebildeten für einen halben Bolschewiken, die älteren Parteigenossen glaubten, er käme als Spitzel. Im vorigen Winter sagten sich viele Berliner: ›Ausgerechnet in der Wilhelmstraße, wo sein Vater früher gewohnt hat, muß der Kerl mit der Sammelbüchse herumlaufen!‹ Leute in Pelzmänteln, die ihren Vergnügungen nachliefen, schnitten ihn auf der Straße. Aus seiner eigenen Erfahrung in der Sammeltätigkeit wußte er in seiner Rede manchen Wink zu geben. Er erinnerte an die Arbeit der karitativen Verbände in der Vergangenheit, deren Verdienste unbestritten sind, die aber immer nur einem gewissen Abschnitt galten und nicht das ganze Volk erfaßten. Seine Rede war ein großer lebendiger Appell, der sich weniger ans Hirn als an das Herz der Zuhörer richtete und neuen Glauben und neuen Opfermut predigte.
Begeistert klang der Abend in das Deutschlandlied und das Horst Wessellied aus. Pg. Heider schloß die Kundgebung mit einem dreifachen Sieg-Heil auf Führer und Vaterland. Unter begeisterten Beifallsrufen verließ der Redner des Abends den Saal.«[228]

Ungeachtet solcher Auftritte, denen sich der vom Reichspropagandaministerium eingesetzte Reichsredner Prinz August Wilhelm auch gar nicht entziehen konnte, verschlechterte sich für ihn die parteiinterne Atmosphäre seit dem »Röhm-Putsch« ganz erheblich. Jetzt traten Kräfte in Erscheinung, die ungeniert an der dem Prinzen zugedachten Rolle Kritik übten und seine propagandistische Bedeutung herunterspielen wollten. Was bis dahin unbeachtet geblieben war, jetzt fiel es unangenehm auf, dass nämlich dem Prinzen August Wilhelm bei seinem Eintritt in die NSDAP – gänzlich außerhalb der Reihenfolge – eine Mitgliedsnummer zugeteilt worden war, die nur den ältesten unter den »alten Kämpfern« der Bewegung zugekommen wäre.

Prinz August Wilhelm wandte sich am 18. November 1934 an den Reichsschatzmeister Schwarz in München und schrieb ihm:

> »Falls an Sie eine unglaubliche Intrige herangetragen werden sollte, von der ich zufällig Nachricht erhielt, erbitte ich Ihren kameradschaftlichen Schutz. Sie wissen, daß ich s. Zt. sehr unglücklich war, als ich ahnungslos die niedrige Parteinummer 24 von Ihnen erhielt. Dies fand ein sogen. ›Kamerad‹ heraus und will wegen ›betrügerischer oder gefälschter? Partei-Nummer‹ mir nun einen Strick daraus drehen. Ich habe Obergruppenführer v. Jagow schon orientiert, bedauere, daß ein sogen. SA-Führer, der über dem 30. Juni zu Ansehen und Stellung kam, derartiges unternehmen kann. Jagow versprach mir auch Beistand, falls der Fall wirklich eintreten sollte. – Das nun zum Dank für meinen Kampf seit 1929!«

Schwarz versicherte in seiner Antwort vom 13. Dezember 1934:

> »Genehmigte Ausnahmen, wie in Ihrem Fall, sind eindeutig und allein Sache der Reichsleitung der NSDAP und hat niemand sonst hierüber zu befinden.«

Die Wühlarbeit gegen Prinz August Wilhelm aber wurde eifrig weiter betrieben. Die Verleihung der niedrigen Parteinummer erschien den Gegnern als Schwachstelle, an der sie den Hebel anzusetzen gedachten. Es zeichnete sich ab, dass die Gegner des Prinzen in Berlin zu suchen waren, ob dort bei der Gauleitung oder an noch höherer Stelle, sei dahingestellt. Jedenfalls erreichten den Reichsschatzmeister erneute Anschuldigungen gegen den Prinzen von der Berliner Gauleitung. Schwarz sah sich schließlich zu einer Korrektur genötigt, die den Gefahrenherd beseitigen sollte. Er teilte der Gauleitung Kurmark der NSDAP am 20. September 1935 mit:

> »Von der Reichsleitung erhielt der Genannte damals ausnahmsweise eine niedrige Mitgliedsnummer und zwar die Nummer 24 zugeteilt. Auf Grund seines Eintritts – 1. 4. 30 – wurde dem Pg. August Wilhelm Prinz von Preußen das Ehrenzeichen der alten Parteigenossen jedoch nicht verliehen. Im übrigen teile ich Ihnen mit, daß Pg. August Wilhelm Prinz von Preußen nunmehr eine seinem Eintrittstag entsprechende Mitgliedsnummer zugeteilt bekommt, um damit die bisher aufgetretenen Mißhelligkeiten aus dem Wege zu räumen.«

Reichsschatzmeister Schwarz erbat und erhielt von Prinz August Wilhelm die Erklärung seines Einverständnisses mit der Änderung seiner Mitgliedsnummer. Der Briefstil lässt auf persönliche Vertraulichkeit im Umgang miteinander schließen. »Sehr geehrte Königliche Hoheit«, so schrieb der Reichsschatzmeister an den Prinzen, und dieser beschloss seine Antwort mit dem Gruß:

> »Mit Heil Hitler und herzlichen Empfehlungen an Ihre Gattin erwarte ich Ihre Benachrichtigung. In alter Anhänglichkeit Ihr August Wilhelm.«

Nach einer mündlichen Aussprache, zu der der Prinz noch im September 1935 den Reichsschatzmeister in München aufsuchte, bestand die Problemlösung in einem kurzen Schreiben des Reichsschatzmeisters an die Gauleitung Kurmark der NSDAP in Berlin vom 2. November 1935:

> »Ich bestätige den Eingang Ihrer Zuschrift vom 30. September 1935 und teile Ihnen nach Rücksprache mit dem Parteigenossen August Wilhelm Prinz von Preußen und im ausdrücklichen Einvernehmen mit dem Stellvertreter des Führers mit, daß Parteigenosse August Wilhelm Prinz von Preußen seine alte Mitgliedsnummer – 24 – behält.«[229]

Der Vorgang gibt zu erkennen, dass sich Prinz August Wilhelm seit der Röhm-Affäre gegen Intrigen zur Wehr setzen musste und auf Diffamierungen gefasst zu sein hatte. Die Bemerkung, die er am 29. Januar 1935 Ilsemann gegenüber geäußert hatte, belegte seine Einsicht in die eigene

Hilflosigkeit im Banne anonymer Mächte im nationalsozialistischen System, die sich innerhalb ihrer jeweiligen Gruppierungen als Individuen nicht enttarnen ließen: »Wenn mich die SS in dieser Nacht entdeckt hätte, wäre ich erschossen worden«! (s. S. 192) Wie er sich jetzt mit besonders linientreu anmutenden Äußerungen gegen »die SS« oder wen auch immer im undurchschaubaren Dschungel untereinander konkurrierender, gewalttätiger Machtblöcke abzusichern suchte, das muss nun nicht mehr politischen Glaubensbekenntnissen zugezählt werden; hier beginnen die Schutzbehauptungen eines »alten Kämpfers«, dem das Bedrohliche seiner Lage nachdrücklich klargemacht worden war.

Ihm selbst schien sich aus der Anonymität immer deutlicher das Bild des Reichspropagandaministers Dr. Joseph Goebbels als des zu fürchtenden Gegners abzuzeichnen. So dürfte zu interpretieren sein, wie er sich am 29. Januar 1935 zu Ilsemann äußerte, als er ihm von jener schicksalsschweren Nacht des 30. Juni 1934 berichtete, in der ihn Görings Schutz vor dem sicheren Ende bewahrt hatte. Ilsemann notierte:

> »Diese Vorkommnisse haben aber seine Begeisterung für die Arbeit in den Reihen der heutigen Machthaber nicht beeinträchtigt. Er lobte Hitler, Göring und Himmler, hatte aber viele Vorwürfe gegen Goebbels, Darré und einige andere.«[227]

Goebbels war als Reichspropagandaminister der Dienstvorgesetzte des als »Reichsredner« durch das Propagandaministerium eingesetzten SA-Gruppenführeres Prinz August Wilhelm. Hier war der Konflikt programmiert.

Hatte der Kaiser die Aktivitäten seines Sohnes Prinz August Wilhelm bis zu den Ereignissen um den »Röhm-Putsch« mit einem gewissen Wohlwollen aus der Ferne miterlebt, so änderte sich das nun. Ihn ärgerte es sehr, dass Prinz August Wilhelm Briefe an ihn mit »Heil Hitler« unterschrieb. Grundsätzlich war er der Meinung:

> »Auwi ist nun erledigt mit seinem Nationalsozialismus. Ich habe ihm verboten, sich weiter in der Partei zu betätigen. Sein Fanatismus war beinahe krankhaft. Und wie hat man es ihm gedankt und was hat er erreicht? Gar nichts! Nur seine Gesundheit hat er dabei geopfert.«[230]

Erreicht hatte die NS-Führung, dass die Hohenzollernprinzen und auch andere Angehörige ehemals regierender Fürstenhäuser sich den Integrierungsversuchen der Naziführer nicht mehr entziehen konnten. Prinz August Wilhelm konnte es kaum vergessen haben, dass er beim »Röhm-Putsch« durch Göring persönlich unter Hausarrest gestellt worden war, als er am 11. Januar 1936 an einem glanzvollen Ball in der Berliner Staatsoper zu Ehren von Görings 43. Geburtstag teilzunehmen hatte. Als einziges anwesendes Mitglied der Hohenzollern erschien er in der Uniform eines hohen SA-Führers zu diesem schillernden gesellschaftlichen Ereignis, das auch bei Klaus Mann in seinem Gründgens-Roman »Mephisto« Erwähnung findet:

> »Hier hatte alles sich eingefunden, was in diesem Land etwas gelten wollte, niemand fehlte, außer dem Diktator selbst … Hingegen beobachtete man mehrere kaiserliche und königliche Prinzen, viele Fürstlichkeiten und fast den gesamten Hochadel.«[231]

Prinz August Wilhelm hatte nach erlittener Haft die persönliche Entscheidungsfreiheit darüber, ob er zum Glanz des Auftritts für Göring beitragen wollte oder nicht, verloren. In dekorativer Funktion hatte er anzutreten.

Andere Mitglieder des Kaiserhauses hatten sich ihren Bewegungsspielraum noch bewahren können. So wurde etwa die Abwesenheit des Prinzen Louis Ferdinand bei jener Göring-Geburtstagsfeier in der Oper von dem anwesenden amerikanischen Journalisten Louis P. Lochner positiv vermerkt. Wie die Nationalsozialisten das Erscheinen des Kronprinzenpaares und der kaiserlichen Prinzen tatsächlich einschätzten, kam darin zum Ausdruck, dass Goebbels alle Fotos unterband, die ihn gemeinsam mit einem Prinzen zeigten; darüber hinaus erging an die Presse die Anweisung, die Anwesenheit von Mitgliedern des Hauses Hohenzollern anlässlich des Göring-Gala-Abends in der Oper nicht zu erwähnen.[232]

Die Nachricht von den entsetzlichen Judenpogromen in Deutschland war, wie in alle Welt, so auch nach Doorn gedrungen. Der Kaiser äußerte, es sei »eine Schande, was jetzt zu Hause vor sich geht«. Sein Wunsch war es, dass jetzt die Armee eingreifen müsse und dass

> »die alten Offiziere und alle anständigen Deutschen protestieren … Länder müßten ihre Gesandten und Vertretungen abberufen, dann würden die Nazis schon klein beigeben«.

Vor dem Hintergrund dieser grausigen Vorgänge in Deutschland versammelte er am 24. November 1938 alle männlichen Familienmitglieder seines Hauses in Doorn, um mit ihnen die Verwaltung des Vermögens nach seinem Tode zu besprechen. Auch Prinz August Wilhelm war gekommen. Seine kritiklos gewordene Verbundenheit mit dem Nationalsozialismus erschütterte den Kaiser sehr. Er äußerte gegenüber Ilsemann:

> »Auwi habe ich vor seinen Brüdern die Meinung gesagt. Er wagt es, uns zu sagen, daß er mit den Juden-Pogromen zu Hause ganz einverstanden sei und dieses Vorgehen billigt. Als ich ihm sagte, daß jeder anständige Mensch dieses Vorgehen als Gangstertum bezeichne, schien ihm das total gleichgültig zu sein. Er ist eben für unsere Familie ganz verloren, er gehört einfach nicht mehr zu uns.«

Ilsemann hatte den Eindruck, dass diese Angelegenheit mit August Wilhelm ihn weit mehr aufgeregt hatte als das ganze Vermögensproblem.

> »In dieser Angelegenheit verbot er seinem Sohn August Wilhelm, noch einmal in Deutschland offiziell zu reden.«

Prinz August Wilhelm konnte dieses Redeverbot jedoch unter keinen Umständen akzeptieren. Er erklärte dem Kronprinzen,

> »falls dieses Verbot nicht rückgängig gemacht würde, müsse er zu Göring gehen und diesem von dem Verbot Kenntnis geben, da in der nächsten Zeit bereits mehrere öffentliche Reden für ihn angesetzt seien«.

Angesichts der Gefahr, die auf diesem Wege auf das Haus Hohenzollern hätte zukommen können, erreichte der Kronprinz schließlich eine Erklärung des Kaisers, die dem Prinzen August Wilhelm öffentliche Reden nach wie vor gestattete.[233]

Die Auftritte des Prinzen August Wilhelm fanden aber schon zu dieser Zeit in der nationalsozialistischen Presse keinen Widerhall mehr. Bereits ab 1935 tauchte der Prinz in der Berichterstattung des »Völkischen Beobachters« nicht mehr auf, obwohl er früher häufig erwähnt und sogar groß herausgestellt worden war. Die Pressezensur des Reichspropagandaleiters tat ihre Wirkung, und dass Goebbels sein eigentlicher Gegenspieler war, wurde immer deutlicher.

Das Intrigenspiel wegen der niedrigen Parteinummer aus der Gauleitung Berlin, in der sich Goebbels als Gauleiter besonders hervorgetan hatte, war vergeblich geblieben. Jetzt wurden wirksamere Methoden gewählt, die sich unter den Gewalthabern längst bewährt hatten: Der Prinz wurde das Opfer einer Denunziation, an deren Ende das Redeverbot für ihn stand, ausgesprochen am 21. November 1942 durch den Leiter der Partei-Kanzlei, Reichsleiter Martin Bormann.

Was hier geschah, ist für die sich im Geheimen abspielenden Praktiken der Nationalsozialisten typisch und war keineswegs ein einmaliger Vorgang. Aber was diesen Fall betrifft, so ist das gesamte Aktenmaterial des bürokratisch abgespulten Vorgangs erhalten geblieben. Er sei darum nicht nur zur Beleuchtung des Schicksals des Prinzen August Wilhelm, sondern auch um seiner exemplarischen Bedeutung willen hier mit allen Unterlagen nachgezeichnet. Die Akten befinden sich im Bundesarchiv in Koblenz.

Dass starke, jedoch divergierende Kräfte mit geradezu entgegengesetzten Meinungen und Zielvorstellungen innerhalb der NSDAP am Werk waren, belegte bereits das Tauziehen um die Mitgliedsnummer, die dem Prinzen August Wilhelm zugeteilt worden war. Den Reichsschatzmeister Schwarz hatte er auf seiner Seite, und es war der »Stellvertreter des Führers« Rudolf Hess, der 1935 veranlasst hatte, dass der Prinz seine niedrige Mitgliedsnummer 24 behielt. Seine Gegner waren damals in der Gauleitung des Gaues Kurmark in Berlin zu suchen; die Korrespondenz wurde vom zuständigen Gauschatzmeister Karl Schultz geführt. »Ein sogen. SA-Führer, der über dem 30. Juni zu Ansehen und Stellung kam«, wurde von Prinz August Wilhelm verdächtigt, doch lüftete er dessen Anonymität nicht, jedenfalls nicht schriftlich. Es ergibt sich aber, dass der »Röhm-Putsch« weiterwirkende Folgen zeitigte. Offenbar waren die Mitglieder der Obersten SA-Führung, die den 30. Juni lebend überstanden hatten, latent fortdauernder Verdächtigungen und, wie im Falle des SA-Gruppenführers Prinz August Wilhelm, der Bespitzelung weiterhin ausgesetzt.

Immer noch gab es indessen für den Hohenzollernprinzen Fürsprecher in den obersten Rängen der Parteihierarchie: Am 9. November 1938 wurde er zum SA-Obergruppenführer befördert. Am 30. Januar 1939, dem Tag der Machtübernahme durch die NSDAP, wurde dem »Pg. Prinz August Wilhelm von Preußen« (sic) das Ehrenzeichen der NSDAP, das sogenannte »Goldene Parteiabzeichen«, ehrenhalber verliehen; eine »Besitzurkunde zum Tragen des Ehrenzeichens« wurde ihm unter dem 5. Oktober 1939 übersandt.[234]

Die Gegner aber ruhten nicht. Allem Anschein nach waren sie nicht nur im Machtbereich des Reichspropagandaleiters zu suchen, sondern auch in der nach der Ermordung Röhms neu gebildeten Obersten SA-Führung. An sie hatte Prinz August Wilhelm – über den Führer der SA-Gruppe Berlin-Brandenburg – im April 1942 einen Lebenslauf »herzureichen«.

Der »Lebenslauf« des Prinzen August Wilhelm vom 12. April 1942 nimmt sich vordergründig aus wie ein Credo zum Nationalsozialismus. Die genauere Analyse des Textes zeitigt jedoch ein anderes Ergebnis: Diese Niederschrift ist eine einzige Verteidigung gegen Verdächtigungen einer Beteiligung am »Röhm-Putsch«. Die Beteuerungen der Linientreue zum Nationalsozialismus, ihre Begründungen mit seinem öffentlichen Einsatz bereits in der Kampfzeit, flankieren als Verteidigungsmaßnahmen und Schutzwehr die mehr offensiven Abgrenzungen gegen Stabschef Röhm und Gruppenführer Ernst. Mit dem Hinweis auf eine »Vermittlung von Minister Hess« offenbart der Prinz seinen anonymen Gegnern seine an höchster Stelle zu suchende Bezugsperson, die eine Konfliktsituation zwischen ihm und Röhm schon vor der Machtübernahme bereinigt hatte, und zwar im Sinne und Interesse des Prinzen! Der Hinweis auf Reichsmarschall Göring stützt seinen Anspruch, »daß auch nicht ein Schatten eines Verdachtes von irgendeiner ›Teilnahme‹ auf mir ruhte«, nämlich einer Teilnahme an der angeblichen Verschwörung durch Röhm und andere SA-Führer gegen Hitler.

Als Dokument der Selbstverteidigung des Prinzen August Wilhelm ist sein Lebenslauf vom 12. April 1942 dem Dokumententeil dieser Arbeit beigefügt (siehe Dokument III).

Mit Versuchen, Prinz August Wilhelm über den »Röhm-Putsch« zur Strecke zu bringen, scheiterten die Gegner ebenso wie mit dem Versuch, die niedrige Partei-Mitgliedsnummer als Falle zu verwenden. So wurde nun, nur wenig später, das Mittel der Denunziation eingesetzt, das sich als erfolgreich erweisen sollte. Die Denunzianten fanden sich unter den

Parteifunktionären bei der Kreisleitung des nach dem Sieg über Frankreich annektierten Elsass. Die Unterlagen über diesen Vorgang befinden sich im Bundesarchiv in Koblenz. Sie ergeben folgendes Bild:

Am 27. September 1942 hatte Prinz August Wilhelm bei einer Großkundgebung der NSDAP in Kolmar gesprochen. Nach der Kundgebung suchte er die Familie Gillet in Ingersheim bei Kolmar auf, eine Weinbauernfamilie, bei der er sich drei Stunden lang aufhielt und sich mit allen Anwesenden in aller Offenheit unterhielt. Die Familie Gillet war ihm von früheren Aufenthalten gut bekannt. Der Wein dürfte die Zungen gelöst haben, und er meinte, davon ausgehen zu können, dass er sich unter Freunden befand. Nicht bedacht hatte er die Anwesenheit des Kolmarer Kreispropagandaleiters Wagner, der ihm zur Begleitung zugeteilt worden war, und des Kraftfahrers, der die Chauffeursdienste zu leisten hatte. Das waren die beiden Spitzel! Sie gaben ihre Berichte der Gaupropagandaleitung in Straßburg; von dort wurden sie an die Reichspropagandaleitung in Berlin weitergereicht.

Vom Kreispropagandaleiter Wagner war der Vorschlag gekommen, die Weinbauernfamilie aufzusuchen. In ihrem Hause ging Wagner so vor, dass er sogleich die Gesprächsführung an sich zog und »gleich sehr ›offenherzig‹ über die dortigen Verhältnisse sprach, auch in Bezug auf Fehler, die dort begangen wurden«, wie sich Prinz August Wilhelm rechtfertigte. Zu unüberlegter Bloßstellung fühlte er sich dadurch provoziert, dass Wagner »selbst anfangs so überaus ›offenherzig‹ über die dortigen Verhältnisse ›ausgepackt‹ hatte«. Jedenfalls war damit offenbar für den Prinzen eine Hemmschwelle beseitigt, sodass er sich »unter Freunden« fühlte und nun auch seinerseits »auspackte«, was, wie er zu wissen meinte, »in weiten Kreisen des Volkes besprochen« wurde.

Der Bericht des Spitzels Wagner hebt hervor, der Prinz habe die Zeitungsartikel kritisiert, die Goebbels in der Zeitung »Das Reich« veröffentlicht hatte. Er habe geurteilt, »daß diese Artikel manchmal sehr ungeschickt seien, besonders in der Auswirkung auf die Bevölkerung Berlins«. Propagandistisch falsch sei es auch, wenn Goebbels über »das Benehmen der Bevölkerung in der U-Bahn schreiben würde, nachdem allgemein bekannt sei, daß er immer nur mit dem Auto fahren würde«. Auch von den kriegsbedingten Schwierigkeiten in der Versorgungslage sei die Rede gewesen; der Prinz habe dazu gemeint: »Abzulehnen sei es, wenn Dr. Goebbels von Entbehrungen und Opfern sprechen würde, die jeder Volksgenosse zu tragen hätte. Es sei doch allgemein bekannt, daß Dr. Goebbels ein großes Haus mit allem Komfort bewohne, Dienerschaft, Kammerdiener, Chauffeur usw. habe. Außerdem erhalte er für seinen Haushalt die siebenfachen Rationen an Lebensmitteln«, und »schließlich lebe Dr. Goebbels doch in glänzenden Verhältnissen; dabei stamme er aus einem kleinen Gemüse- und Kohlenladen«! Auch dass seine Köchin kündigen wolle, hatte der Prinz verlauten lassen, weil sie von der Köchin von Dr. Ley, mit der sie befreundet sei, wisse, »daß der Haushalt von Dr. Ley ebenfalls Diplomatenrationen in siebenfacher Höhe der Normalsätze bekommen würde«. Schließlich habe der Prinz Kritik geübt an der Entfernung von Denkmälern in Berlin und Potsdam, die ebenso wie zahlreiche Kirchenglocken als Metallreserven zum Einschmelzen bestimmt worden wären. »Man habe dabei vor allem daran Anstoß genommen, daß man nicht nur die Denkmäler, sondern auch deren Sockel entferne. Dadurch würde der Eindruck entstehen, als wolle man an einen bestimmten Zeitabschnitt der deutschen Geschichte nicht mehr erinnert werden«. (Die Zitate sind der Denunzierungsschrift Wagners entnommen.) Der Chef des Propagandastabes bei der Reichspropagandaleitung in Berlin, Pg. Waechter, übergab die Denunzierung dem Chef des Ministeramtes im Reichspropagandaministerium, Ministerialdirigent Dr. Naumann, und schlug vor, von einem Parteigerichtsverfahren abzusehen und stattdessen den Prinzen durch Stabsleiter Hadamovsky »in schärfster Weise« zurechtweisen zu lassen und die peinliche Überwachung des Prinzen in verschärfter Form fortzusetzen:

> »Bei seinen jeweiligen Einsätzen wird der Gaupropagandaleiter für eine gewisse Überwachung sorgen, um festzustellen, ob trotz einer solchen Vermahnung Pg. Prinz August Wilhelm seine Quatschereien fortsetzt.«

Waechter begründete seinen Vorschlag damit, dass der Prinz »auch heute noch bei der Masse der Parteigenossen ein gewisses Ansehen genießt und ihm nicht vergessen wird, dass er sich 1929 zum Führer bekannt hat«.

Die Gefahr eines Parteigerichtsverfahrens war damit wohl gebannt. Ein solches Verfahren brachte besonders »alte Kämpfer« aufgrund des »Heimtücke-Gesetzes« in die ärgste Lage, die die Einweisung in ein KZ nicht ausschloss.

Hadamovsky verlangte eine schriftliche Stellungnahme des Prinzen zu den gegen ihn erhobenen Anschuldigungen. In seinem ausführlichen

Schriftsatz vom 27. Oktober 1942 finden sich immerhin Wendungen wie diese:

> »Selbst wenn ich solche Auffassungen, wie sie hier unterstellt werden, besitzen würde, so glaube ich, wird man mir nach meinem Werdegang und meinen langjährigen Erfahrungen in der Partei eine solche Dummheit nicht zutrauen, bewußt prominente Persönlichkeiten der Bewegung bloßstellen oder verleumden zu wollen.«

Ministerialdirigent Dr. Naumann ordnete an, dass dem Prinzen darauf keine Antwort zu erteilen sei, und er ließ eine »Stellungnahme zu dem Bericht des Prinzen August Wilhelm« erarbeiten. Hier heißt es im ersten Satz:

> »Die Stellungnahme des Prinzen August Wilhelm ist ein klassisches Dokument, wie wenig die Gedankenwelt des Nationalsozialismus bei Prinz August Wilhelm in die Tiefe gegangen ist. Er glaubt, mit diesem Bericht sich zu rechtfertigen und belastet sich statt dessen erst.«

Den im Reichspropagandaministerium zunächst gefassten Plan, Prinz August Wilhelm stillschweigend von der Rednerliste der Reichsredner zu streichen und ihn in keiner Versammlung mehr als Redner einzusetzen, ließ man fallen und übergab die ganze Angelegenheit Reichsleiter Bormann zur Entscheidung mit dem Vorschlag, dem Prinzen die Möglichkeit zu nehmen,

> »draußen im Land herumzufahren und seine persönlichen Meinungen an den Mann zu bringen. Wenn Prinz August Wilhelm während des Krieges Entzug der Redeerlaubnis erhielte, wäre diesem Wunsch des Reichspropagandaleiters entsprochen. Dr. Goebbels könnte eine entsprechende Weisung als Reichspropagandaleiter geben. Da er selbst aber betroffen ist und von Anfang an den Vorwurf einer subjektiven Behandlung des Falles vermeiden möchte, bittet er Sie, Reichsleiter, um Ihre Entscheidung.«

Bormann traf die Entscheidung in dem gewünschten Sinne: Hadamovsky wurde beauftragt, dem Prinzen zu eröffnen,

»daß auf Grund der durch Zeugen erhärteten Tatsachen und der von ihm selbst zugegebenen Äußerungen sein Einsatz als Redner in diesen kritischen Zeiten nicht mehr erfolgen könne«!

Am 28. November 1942 berichtete Hadamovsky dem Reichspropagandaleiter Dr. Goebbels den Vollzug des Auftrags mit der Bemerkung:

»Der Prinz wird nunmehr bei allen Anforderungen auf Wahrnehmung von Redeterminen erklären, daß er zur Zeit nicht als Redner auftreten könne. Er ist von mir darüber ins Bild gesetzt worden, daß wir andernfalls gezwungen wären, von uns aus die Partei auf diese Tatsache aufmerksam zu machen.«

Das war die Drohung mit dem Parteigerichtsverfahren!

Der erzwungene Abgesang des einst triumphal zu Großkundgebungen schreitenden, von Ovationen jubelnder Massen begleiteten SA-Obergruppenführers hat folgenden Wortlaut:

»Villa Liegnitz, Sanssouci. Potsdam, den 29. 11. 1942. An den Stabsleiter der Reichspropagandaleitung, Berlin, Taubenstraße 9.
Anknüpfend an unsere gestrige Rücksprache bestätige ich, daß ich in der nächsten Zeit keine Rednertermine anzunehmen gedenke. Heil Hitler! (gez.) August Wilhelm Prinz v. Preußen, SA-Obergruppenführer.«[235]

Zur Dokumentation der Denunzierung und des über den Prinzen verhängten Redeverbotes siehe Dokument IV. Das war der Schlussstrich unter eine Entwicklung, die spätestens seit dem »Röhm-Putsch« hatte erkennen lassen, dass, wie andere Prinzen aus den ehemals regierenden Häusern, so auch er nur so lange geduldet wurde, wie er als »Aushängeschild« für Hitler brauchbar war.

Prinz August Wilhelm hat unter seiner Lage sehr gelitten. Nur seiner Schwester, der Herzogin Viktoria Luise, gestand er seine Enttäuschung; doch nicht einmal ihr eröffnete er sich angesichts der Erfahrungen, die ihn bedrückten und ihm größte Vorsicht geboten. Die Herzogin berichtet:

»Es fiel ihm schwer, seine Enttäuschung über die politische Entwicklung zuzugeben. Ich habe ihm wohl von den Geschwistern am wenigsten ablehnend gegenübergestanden … Doch auch mir gegenüber blieb er, als er das Desaster seines Idealismus erleben mußte, verschlossen.«[236]

So hatte sich erfüllt, was Theodor Heuss schon 1932 zum Eintritt von Prinzen in die NSDAP bemerkt hatte: Ihr Anschluss an die Bewegung sei »keineswegs allen aktiven Parteipersonen erwünscht« gewesen. Es war tatsächlich so, wie er in politischer Weitsicht erkannt hatte,

> »daß jene (Prinzen) über Reklamekonto geführt werden und nicht zur Stammeinlage gehören«.[237]

Nach dem Zusammenbruch wurde Prinz August Wilhelm von den Amerikanern in Kronberg festgenommen. Er musste seinen politischen Irrtum teuer bezahlen. Gesundheitlich durch die Haftzeit geschwächt, starb er am 25. März 1949.

Herzogin Viktoria Luise legt über dieses Schlusskapitel seines Lebens den folgenden Bericht vor:

> »Der Zustand, in dem sich Prinz August Wilhelm befand, als man ihn hinter Stacheldraht brachte, wurde mir von einem seiner Leidensgenossen, der, da er dem Aufsichtsrat einer Bank angehört hatte, verhaftet war, wie folgt geschildert: ›Eines Tages lieferte man den Prinzen ein, im total erschöpften Zustand. Als ich ihm eine Erfrischung anbot, sank er in sich zusammen und fiel mit dem Oberkörper auf den roh gezimmerten Barackentisch. Ein Arzt, auch ein Internierter, stellte Kreislaufstörungen fest. Medikamente gab es nicht.‹ Ein Jahr verging nach dem anderen, durch weitere 33 Gefängnisse und Lager mußte mein Bruder gehen, mußte Wochen auf dem nackten Boden liegen, wurde in ein Straflager eingeschlossen, in dem man ihm selbst seine Bibel fortnahm und aus dem man ihn schließlich mit der Erklärung herausließ, es sei ein Irrtum unterlaufen. Nur einmal im Monat durfte er ein Gabenpaket empfangen. Er teilte es mit Kameraden. Es war wenig, was er geben konnte, aber wie immer wollte er anderen Freude bereiten. Ein Vetter, der eine Zeit im selben Lager festgehalten wurde, erzählte: ›Wir saßen zusammen, Auwi holte die letzte Zigarette hervor. Jedem gab er ein Drittel, das eigentlich zu kurz war, um es rauchen zu können. Und wie dieses Stückchen Zigarette, so erhielt auch jeder ein Stückchen Keks.‹ Mein Bruder ertrug alle Qualen ›Gott vertrauend und in gutem Gewissen‹, wie er mir schrieb. Ich habe ihn in einem Lager bei Stuttgart besuchen kön-

nen. Nachdem ich die Wache passiert hatte, fragte ich den ersten Häftling der mir begegnete, nach ihm. Ein Strahlen kam auf das verhärmte Gesicht: ›Das ist unser Kamerad‹, sagte er und wies mir den Weg. Mein Bruder saß vor seiner Baracke. Vorsichtig pirschte ich mich heran. Ich sah, wie schmal er geworden war. Leise rief ich ›Auwi‹. Er fuhr hoch und horchte. Wieder rief ich gedämpft seinen Namen. Da stemmte er sich hoch, faßte nach mir und wir lagen uns in den Armen. Ich habe ihn noch ein zweites Mal sehen können. Anlaß war der Schmuckdiebstahl, den Besatzungsangehörige in Kronberg begangen hatten. Ein Teil dieses Diebesgutes konnte in den Vereinigten Staaten sichergestellt werden. August Wilhelm wurde als Zeuge für die Identität der Stücke aufgeboten. Er hielt sich kurz in Wolfsgarten bei Langen auf, wo ich ihn für einige Stunden sehen durfte. Die Leiden dieser Jahre zerbrachen meinen Bruder.« [Prinz August Wilhelm hatte vier Jahre Haft in 33 Gefängnissen und Lagern verbracht. Er wurde 1949 nach Stuttgart ins Krankenhaus entlassen.] »1949 saß ich dann an seinem Krankenlager in einem Stuttgarter Krankenhaus. Als ich wieder zu Hause angekommen war, erhielt ich einen Dankesbrief. August Wilhelm hatte ihn einer Schwester diktiert, er selbst war zum Schreiben schon zu schwach. Ich las: ›Du weißt, wie ich mich gefreut hatte, daß Du hier warst, seitdem ist es wieder bergab gegangen.‹ Er teilte mir mit, daß sein Sohn zwei Tage bei ihm war. ›Ich war sehr glücklich darüber‹, schrieb er. Er fügte noch hinzu: ›Libeth Fugger wollte mich heute besuchen, ich war zu schwach.‹ Seine letzten Worte waren ›Gott behüte Euch alle.‹ Das war am 22. März. Drei Tage später rief ihn der Herrgott heim. In Langenbruck, dem Stammsitz der Hohenlohes, betteten wir ihn zur letzten Ruhe.«[238]

Kronprinz Wilhelm

Nachdem der Kaiser am 28. November 1918 den offiziellen Verzicht auf die Krone und die damit verbundenen Rechte an der deutschen Kaiserkrone geleistet hatte, unterschrieb der Kronprinz am 1. Dezember 1918 in Wieringen die Urkunde, mit der auch er auf alle kaiserlichen und königlichen Thronrechte verzichtete. Damit ist die Ausgangssituation festgelegt für die neuen Probleme, die sowohl auf ein Agreement mit der neuen demokratischen Staatsform gerichtet waren, als auch auf die Erfüllung der Wunschvorstellungen nach Wiederherstellung der verlorenen Position. Dass das Bemühen um die Restauration der Hohenzollernmonarchie für den Kaiser und den Kronprinzen ganz unterschiedliche Wirkungsmöglichkeiten mit sich brachte, hatte nicht zuletzt ein Rivalitätsdenken zwischen Vater und Sohn zur Folge.

Bevor der Kaiser im Exil reagieren konnte, war für den ebenfalls nach Holland gegangenen Kronprinzen von dritter Seite ein Plan für seine Rückkehr entworfen worden:

> »Eine Gruppe von Offizieren sollte ihn von Wieringen befreien und in Deutschland an die Spitze einer reaktionären Bewegung stellen.«[239]

Dies war bereits vier Tage nach seinem offiziellen Verzicht auf alle Thronrechte ins Werk gesetzt worden, und der Kronprinz distanzierte sich zunächst von diesem Plan nicht. Das geschah erst, als die niederländische Regierung davon erfahren und das deutsche Auswärtige Amt informiert hatte. So wurde der für den 5. Dezember 1918 sorgfältig geplante Versuch einer Befreiung des Kronprinzen aus dem Exil vereitelt.[240] Nach diesem gescheiterten Unternehmen verhielt sich der Kronprinz der Erklärung entsprechend, zu der er sich am 1. Dezember 1918 bereitgefunden hatte. Im Auftrage des deutschen Gesandten Rosen hatte Legationsrat von Pannwitz, ein Studienfreund und Corpsbruder des Kronprinzen, ihm die Verzichtserklärung vorgelegt und die Unterschrift des Kronprinzen erwirkt. Die Erklärung, die der Kronprinz bei dieser Gelegenheit abgab, hat Pannwitz in einem Bericht an Rosen festgehalten:

> »Im Verlauf des Gespräches äußerte der Kronprinz, er wünsche, sobald normale Verhältnisse eingetreten seien, nach Deutschland zurückzukehren. Sollte die Mehrheit des deutschen Volkes in einer verfassungsgebenden Versammlung Deutschland zur Republik erklären, so werde er der erste sein, der dieser Republik seine Kräfte zur Verfügung stellen würde. Er werde dann in Deutschland als freier Bürger leben und seine Fähigkeiten, Kenntnisse und Erfahrungen benutzen, um als Privatmann oder in einer ihm zugewiesenen Stellung an dem Wiederaufbau seines Vaterlandes mitzuarbeiten.«[241]

Das Vater-Sohn-Problem führte zu bitteren Erfahrungen. Bei seinem Besuch in Doorn am 18. Oktober 1923 hatte sich der Kronprinz Ilsemann gegenüber recht optimistisch über seine baldige Rückkehr nach Deutschland und die erhoffte Hilfe Stresemanns, aber kritisch über sein Verhältnis zum Kaiser geäußert:

> »Dann klagte der Kronprinz wie immer darüber, wie unnatürlich es sei, daß er sich mit seinem Vater gar nicht aussprechen könne. Über all die brennenden Fragen: Rückkehr, Monarchie, Einigung in der Familie, sei mit ihm nicht zu diskutieren. Zwischen ihnen beiden stünde dauernd eine nicht zu überwindende Wand.«

Der Kronprinz setzte daher seinen Vater auch nicht davon in Kenntnis, dass er sein Exil verlassen werde. Er verabschiedete sich schriftlich mit der Bemerkung:

> »Die deutsche Regierung hat mein Gesuch, in die Heimat zurückkehren zu können genehmigt und mich gemahnt, schnell zu handeln, bevor andere Einflüsse sich ungünstig für mich geltend machen können. Daher ist es mir leider unmöglich, mich persönlich bei Dir zu verabschieden.«[242]

Die Befreiung des Kronprinzen aus dem Exil[243] in Holland war mit verschiedenen Auflagen verbunden, die ihm zunächst eine freie Entfaltung verwehrten. Seinem politischen Mentor und besten Berater Stresemann hatte er sogar persönlich zugesagt, sich politisch nicht zu betätigen. Eine formale Erklärung über seine etwaige politische Abstinenz war von Stresemann aber nicht verlangt worden.

An die persönliche Zusage fühlte sich der Kronprinz gebunden, solange Stresemann lebte. Erst nach dessen Tod am 3. Oktober 1929 fühlte er sich davon entbunden, und erst ab 1929 datierte seine Mitgliedschaft beim »Stahlhelm«. Bis dahin aber gab es für ihn mancherlei Schwierigkeiten wegen angeblicher politischer Betätigung.

In einem Brief an Stresemann vom August 1923 hatte der Kronprinz seine Beweggründe dargelegt, warum er in die Heimat zurückzukehren wünschte. Vornehmlich seien es familiäre Angelegenheiten und die Verwaltung des landwirtschaftlichen Besitzes, die eine Rückkehr erforderten.

> »Vorstehende Erwägungen und nicht Wünsche politischer Art sind es, die meine Rückkehr erheischen.«[244]

Eine bindende Verpflichtung, jedweder politischen Betätigung zu entsagen, lässt sich aus diesem Schreiben des Kronprinzen nicht ableiten. Genau das versuchte dann aber die Sozialdemokratische Partei in einer kleinen Anfrage im Preußischen Landtag vom 25. Februar 1925.

Der Kronprinz hatte am 31. Januar 1925 an einer Tagung des Schlesischen Landbundes in Breslau teilgenommen. Die dortige Versammlung reagierte auf das Erscheinen des Kronprinzen mit Ovationen. Durch einen der Redner, Freiherr von Richthofen-Boguslawitz, war es dann zu scharfen Ausfällen gegen das »System« gekommen. Zu diesem Punkt hieß es in der kleinen Anfrage:

> »Welche Schritte gedenkt das Staatsministerium bei der Reichsregierung gegen die provozierende Teilnahme des ehemaligen Kronprinzen an einer Veranstaltung rechtsradikalen Charakters zu unternehmen, damit das von ihm gegebene, nunmehr gebrochene Versprechen, sich vom politischen Leben fernzuhalten, in Zukunft von ihm beachtet wird?«[245]

Zur Klärung dieser Frage wurde der Reichsminister des Auswärtigen, Dr. Gustav Stresemann, um eine Stellungnahme gebeten. Er hatte ja seinerzeit die Verhandlungen geführt und als Reichskanzler schließlich im Oktober 1923 die Rückkehr des Kronprinzen nach Deutschland ermöglicht. In seinem Schreiben vom 17. März 1925 an den Staatssekretär in der Reichskanzlei Kempner, betonte Stresemann:

> »Eine direkte verbindliche Erklärung des ehemaligen Kronprinzen habe ich nicht speziell verlangt. Im übrigen darf ich mir gestatten, der Meinung Ausdruck zu geben, daß die Teilnahme an der Tagung des Schlesischen Landbundes auch gar nicht als politische Betätigung im Sinne der Anfrage, die dem Reichsministerium des Innern vorliegt, anzusehen ist.«[246]

Diese Überlegungen Stresemanns fanden dann Eingang als Empfehlungen in ein Schreiben des Staatssekretärs in der Reichskanzlei Kempner, an den Reichsminister des Innern vom 27. März 1925.

Der unermüdliche Einsatz Gustav Stresemanns für den Kronprinzen war für dessen Sohn, Wolfgang Stresemann, nicht in allen Phasen nachvollziehbar, vor allem dort nicht, wo Gustav Stresemann dem Kronprinzen zugutehielt, dass ihm die eigentliche Chance der Bewährung – als Monarch nämlich – versagt geblieben sei. Wolfgang Stresemann schreibt:

> »Ich gestehe, ich vermag hier meinem Vater nicht ganz zu folgen, der auch als Kanzler und Minister erstaunlich viel für den Kronprinzen übrig hatte; und auf ihn vielleicht unbewußt einen Teil seiner angeborenen, bei allem Geschichtsbewußtsein ein wenig zum Romantischen hinneigenden Hohenzollernverehrung übertrug, die er dem letzten deutschen Kaiser schuldig bleiben mußte.«[247]

Wolfgang Stresemann vertrat die Ansicht, dass außergewöhnliche Zeiten, in denen es um die Existenz der Nation und damit auch der Staatsreform geht, außergewöhnliches Verhalten von Throninhaber und Thronerben verlangten, deren wichtigstes Anliegen der Zusammenhalt von Volk und Nation zu sein habe. Nach 1917, so meinte W. Stresemann, habe für den Kronprinzen die Möglichkeit bestanden, als Mittler zwischen Kaiser und Volksvertretern aufzutreten. Durch Förderung des Verständnisses für die »Neuen Zeiten« hätte er sich als moderner Monarch für die Zukunft empfehlen können. Wolfgang Stresemann bezeichnete dies als »historische Pflicht« des Kronprinzen, der sich auch über ein etwaiges kaiserliches Veto hätte hinwegsetzen müssen. In einem Konfliktfalle wären dann dem Kronprinzen so viele Sympathien entgegengebracht worden, dass die erste Novemberwoche 1918 aller Wahrscheinlichkeit nach einen anderen Verlauf genommen hätte, »aber der Kronprinz entwickelte keine entscheidende Initiative.«[248]

Die Ausrufung der Republik am 9. November 1918 wurde von W. Stresemann als »unglückseliges, tragisches Ereignis« apostrophiert. Er äußerte die Vermutung, dass ein Monarch auch bei einem unterstellten Hitlerregime und in einem von ihm angezettelten Zweiten Weltkrieg – wenn auch zeitweilig völlig entmachtet – das Schlimmste hätte verhindern können, wie Victor Emanuel, der Mussolini absetzte.[249]

In der von Wolfgang Stresemann aufgestellten Forderung, der Kronprinz hätte eine entscheidende Initiative ergreifen müssen, liegt unübersehbar ein schwerer Vorwurf. Man muss aber fragen, ob Wolfgang Stresemann die Situation richtig beurteilt. Einer Initiative des Kronprinzen stand allerdings die Hausobservanz entgegen, deren verbindliche Geltung für jedes Mitglied des Hauses Hohenzollern von den Außenstehenden bislang übersehen wurde. Freilich hatte der Kronprinz schon früher folgenreiche Initiativen ergriffen, wovon die Telegramme an General von Deimling in Straßburg und den Obersten von Reuter in Zabern im Herbst 1913 anlässlich der sogenannten Zabern-Affäre vielleicht das meiste Aufsehen erregten.[249a] Sein Biograf Herre fasste diese »Initiativen« als »Geist der Widersetzlichkeit« gegen den Kaiser zusammen. Diese Initiativen können – mit einigem Wohlwollen – als Vorstöße privater Natur bezeichnet werden. Bei einer im öffentlichen Leben so exponierten Persönlichkeit wie der des Kronprinzen hatte dies allerdings immer politische Folgen. Es ist zweifelhaft, ob der Kronprinz, der in seiner entscheidenen Gegnerschaft zu Bethmann Hollweg auch seine Ablehnung jeglicher Demokratie zeigte, die von Wolfgang Stresemann geforderte Initiative zur Führung des zerrissenen Deutschland hätte ergreifen können. Gustav Stresemann hatte in dieser Situation offenbar ein anderes Urteil als sein Sohn und Biograf.

Der Kaiser hätte eine herausragende politische Position seines ältesten Sohnes, außer sie hätte dazu gedient, ihn, Wilhelm II., wieder auf den Thron zu bringen, nicht toleriert. Jegliche Publizität des Kronprinzen rief im Vater ansonsten Rivalitätsempfindungen hervor, die überdies noch von Kaiserin Hermine geschürt wurden. Dass Kronprinz Wilhelm der Konflikt durchaus bewusst war, belegt ein Brief aus dem Jahre 1924. Dieses Schreiben war an seine langjährige Freundin, die amerikanische Opernsängerin Geraldine Farrar, gerichtet. Der Kronprinz beschäftigt sich darin mit der Position seines Vaters und beleuchtet seine eigenen zukünftigen Möglichkeiten. Illusionslos beurteilt er dabei die Zukunftsaussichten seines Vaters als negativ:

> »Ich stimme Ihnen durchaus zu, daß es für meinen Vater sehr schwer ist, in Holland leben zu müssen, aber unsere Ausgangspositionen sind grundverschieden. Solange der bestialische Friedensvertrag in Kraft ist, solange gehört auch die Exilierung meines Vaters zu einem der Erfüllungspunkte. Ich dagegen bin nur einer von 700 Kriegsverbrechern (hübscher Name) und solange diese der Entente nicht geopfert sind, gibt es keinen Grund, warum ich nicht in Frieden zu Hause leben sollte. Und dann gibt es noch diesen Unterschied: Mein Vater hatte seine Chance! Er hat sein Spiel verloren. Er konnte sich nicht für ein Zusammengehen mit England und Rußland entscheiden. Ich habe ihn tausende von Male gewarnt, daß er am Ende isoliert von der ganzen Welt

herumgestoßen werden würde, mit einem einzigen Verbündeten an der Seite: Österreich (einem in sich zerfallenen Kaiserreich). Aber er glaubte an die Freundschaft mit der ganzen Welt und war nicht davon zu überzeugen, daß schicksalhaft der Weltkrieg heraufzog: Ich tat mein Bestes, um der Regierung die Augen zu öffnen, es war hoffnungslos. Als preußischer Offizier mußte ich schließlich dem Befehl gehorchen und meinen Mund halten. Mit weit geöffneten Augen sah ich unseren Untergang herannahen. Nun, wie ich sagte, er hat seine Chance gehabt. Und mir ist niemals die Möglichkeit gegeben worden, mich zu bewähren. Dieser Umstand ist vielleicht genau so bitter, wie die Folgen seiner eigenen Fehler ertragen zu müssen. Sie werden das vielleicht als herzlos empfinden, doch ich habe in den letzten 20 Jahren einfach zu viel herunterschlucken müssen.«[250]

Auch dieser Brief zeigt die Vorwürfe Wolfgang Stresemanns in einem anderen Licht.

Bevor der Nationalsozialismus breite Schichten des deutschen Volkes hatte erfassen können, war in Italien der Faschismus zur Herrschaft gelangt. 1928 hatte der Kronprinz das Erlebnis einer mehr als einstündigen Audienz bei Mussolini in Rom. Begeistert berichtete er seinem Vater, dem Kaiser, in einem Brief vom 7. Mai 1928 über seine Beziehungen zu faschistischen Kreisen, denen er die Audienz zu verdanken habe. Die Audienz unter vier Augen, in der beide »ganz rückhaltlos und offen miteinander gesprochen« hätten, habe ihn den Eindruck gewinnen lassen:

»Im Laufe seines Lebens habe er viele bedeutende Staatsmänner kennen gelernt, aber noch nie hätte einer auf ihn solchen Eindruck gemacht, starke Energie sei Mussolini aus den Augen zu lesen.«

Der Kronprinz rühmt in diesem Brief das Vorgehen des Faschismus in Italien, der erreicht habe, »daß Land und Leute durch den Willen eines Mannes vollkommen umgekrempelt sind … Sozialismus, Kommunismus, Demokratie und Freimaurerei sind ausgerottet und zwar mit Stumpf und Stil; eine geniale Brutalität hat dies zuwege gebracht«. Der Kronprinz gelangt zu dem Fazit,

»der Faschismus sei eine fabelhafte Einrichtung.«[251]

Die unverkennbare Zustimmung des Kronprinzen zum italienischen Faschismus bedeutet zwar noch nicht eine persönliche Hingabe an den deutschen Nationalsozialismus, dennoch sollte man die begeisterte Zustimmung zur Ausrottung der Demokratie in Italien nicht überhören. Gedanken dieser Art fanden sich etwa von 1928 an bei vielen nationalistischen Deutschen.

Als Stellvertreter seines im Exil lebenden Vaters übernahm der Kronprinz nun die Repräsentationsaufgaben des ehemaligen Kaiserhauses in Deutschland. Diese Verpflichtungen, verbunden mit Reisen im In- und Ausland, waren so vielfältig, dass Kronprinz Wilhelm in der Republik zu einer bekannten Persönlichkeit des öffentlichen Lebens wurde, die sich nun gefordert fühlte, die bisherige Meinungszurückhaltung zu beenden und öffentliche Erklärungen abzugeben – die zudem noch einen neuen politischen Tenor aufwiesen. Anders als noch zwei Jahre zuvor, als er Hitler 1926 bei dessen Besuch in Cecilienhof sehr reserviert begegnet war, sandte er nun eine von Sympathie getragene Grußadresse an den Nationalsozialisten Göring. Die Entwicklung war weitergegangen, die Bedeutung der NSDAP in der Zwischenzeit beachtlich gestiegen. Am 4. Mai 1924 kamen die Nationalsozialisten mit 34 Abgeordneten in den Reichstag, am 7. Dezember 1924 mit 14.[251a] Bei der Reichstagswahl am 20. Mai 1928 erhielt die NSDAP 800 000 Stimmen und zwölf Reichstagsmandate. Den Glückwunschbrief, den der Kronprinz dem Hauptmann Hermann Göring, der im Kriege unter seinem Kommando gestanden hatte, zum Eintritt in das Parlament sandte, bezeichnete Jonas als »den ersten Beweis für das Interesse des Kronprinzen an Hitlers Partei«,[252] obwohl daraus lediglich ein Interesse an dem Offizier Hermann Göring erkennbar wird, mit dem ihn gemeinsame Kriegserinnerungen verbanden. Das Motiv für den Brief des Kronprinzen an Hermann Göring bestätigt eine Nachricht von Karin Göring, die am Tag der Eröffnung des Reichstages ihrer Mutter, der schwedischen Baronin Foik, berichtete:

> »Heute morgen einen langen lustigen Brief vom Kronprinzen, worin er Hermann zu seinem Eintritt im Parlament beglückwünscht und hinzufügt: ›Ihr außerordentliches Talent, Ihr Ausdrucksvermögen und Ihre Körperkraft sind ja gut für Ihren neuen Beruf als Volksvertreter‹.«[253]

Wie schon vor dem Ersten Weltkrieg vermischten sich beim Kronprinzen private und öffentliche Sphäre auch weiterhin. Den Schwierigkeiten im eigenen Familienverband stand eine außerordentlich wohlwollende Einstellung im deutschen Volke gegenüber. Sie reichte von Mitgliedern der Reichsregierung bis hin zum einfachen Bürger im Volk, dem der Kronprinz auf den Sportplätzen bei der Austragung großer Wettbewerbe begegnete. Dass sich die rechtspolitischen Kreise um ihn besonders bemühten, nimmt nicht wunder.[254] Viel erstaunlicher ist die Wertschätzung Brünings durch den Kronprinzen, die so weit ging, dass er noch am 19. März 1932 der Kaiserin Hermine sagen konnte:

> »Brüning ist der klügste Mann in Deutschland.«[255]

So uneingeschränkt und vorbehaltlos waren kaum jemals Äußerungen von ihm über die nationalsozialistischen Führer zu vernehmen. Zu einem Essen mit den »Republikanern« hatte der Kronprinz auch den Flügeladjutanten des Kaisers, von Sell, eingeladen. Der Kaiser, den solche Kontakte ärgerten, wünschte kein solches Essen und verbot als Veranstaltungsort das Hausministerium. Der Kronprinz ließ sich jedoch nicht beirren und meinte,

> »er sei doch beinahe fünfzig Jahre und wisse, was er tun und lassen müsse. Die eingeladenen Herren seien vielleicht nicht ganz rechts eingestellt und dem Kaiser nicht sehr sympathisch, sonst aber doch ehrenwerte Leute«.

Die Veranstaltung fand statt, der Kronprinz lud seine republikanischen Gäste in den Garde-Kavallerie-Club ein.[256] Es war ein politisch breites Spektrum, dem der Kronprinz sein Interesse zuwandte.

Auch in der Reichswehr fand er gute Kontakte, zumal bei den Offizieren, deren Armeeführer er im Weltkrieg gewesen war. General Kurt von Schleicher war ein treuer Freund und Berater des Kronprinzen. In Major Louis Müldner von Mülnheim, der ihm als Adjutant diente, fand er einen seines Vertrauens würdigen Begleiter. Auch der ehemalige Chef des Stabes der Heeresgruppe »Deutscher Kronprinz« Friedrich Graf von der Schulenburg-Tressow blieb ihm in rückhaltloser Offenheit verbunden.[257] Alles in allem kann von einem großen Vertrauenskapital gesprochen werden, dessen sich der Kronprinz in Deutschland erfreute.

Für eine politische Betätigung setzte sich der Kronprinz, wie alle anderen Mitglieder des Hauses Hohenzollern, das Ziel der Wiederherstellung der Hohenzollernmonarchie in Deutschland. Wie ein zukunftsweisender Auftakt auf dies Ziel hin mutete die programmatische Ansprache an, die er dem Kaiser zu dessen Geburtstag am 27. Januar 1931 hielt:

> »im vergangenen Jahr habe die nationale Bewegung Fortschritte gemacht, der Kampf gehe weiter, er und seine Brüder kämpften dabei in vorderster Linie. Jeder habe sozusagen seinen Gefechtsstreifen, jeder kämpfe in seinem Rahmen, aber das Endziel sei das gleiche, nämlich ›le Roi de Prusse‹.«[258]

Der Kronprinz wandte sich im Interesse der ihm allein möglichen politischen Zielsetzung an den Reichspräsidenten von Hindenburg. Er unterbreitete ihm in einem Brief vom 27. Juni 1931 seine tiefe Sorge über die kommunistisch gesteuerten Umtriebe im Reich und unterließ es nicht, auf seine eigenen Warnungen vor linker Wühlarbeit hinzuweisen, die er bereits seit 1915 deutlich zum Ausdruck gebracht habe. Hindenburg bezeugte in seiner Antwort vom 11. Juli 1931 größtes Verständnis für das Anliegen des Kronprinzen.[259] Eine Förderung seiner Ansicht durch Hindenburg hat jedoch nicht stattgefunden; dass sie von Hindenburg auch gar nicht beabsichtigt war, konnte der Kronprinz nicht wissen. Brüning hat später rückblickend geäußert:

> »Eine Wiederherstellung der Monarchie … scheiterte daran, daß Hindenburg mir erklärte, daß er nur für eine Wiederherstellung der Monarchie sich einsetzen würde, falls Wilhelm II. Kaiser würde. Das war natürlich ausgeschlossen und daran scheiterte alles.«[260]

Den Reichskanzler Brüning hatte der Kronprinz als regelmäßiger Gast im Hause von Dirksen kennengelernt. Bei Frau von Dirksen trafen sich einflussreiche Persönlichkeiten. Das politische Ziel der Gastgeberin war ebenfalls die Wiederherstellung der Monarchie. Sie aber meinte, dass der Weg zu diesem Ziel über Hitler gehen müsse. Als begeisterte Nationalsozialistin wünschte sie eine Machtergreifung durch Hitler, von dem sie erwartete, dass er dann den Kronprinzen in das Amt des Kaisers einsetzen und so der Retter der Monarchie werden würde. Durch die Begegnungen bei Frau von Dirksen intensivierten sich die Kontakte des Kronprinzen mit dem Nationalsozialismus. Nur dass alles, was auf diesem Parkett im Laufe des Jahres 1931 erwogen wurde, weder parteioffiziellen noch parteioffiziösen Charakter hatte. Es dürfte über den esoterischen Bereich der Frau von Dirksen kaum hinausgegangen sein.

Echte Aktivitäten für die Durchsetzung der Interessen des Kronprinzen zeichneten sich im »Stahlhelm« ab, dem der Kronprinz als Mitglied angehörte.

Seit der Wahl von 1928 hatten die Nationalsozialisten an Terrain gewonnen. Bei der Reichstagswahl vom 14. September 1930 erhielten sie 107 Sitze und die Deutschnationalen 41 Sitze. Das anvisierte Ziel war der große Zusammenschluss, wie er sich am 11. Oktober 1931 als »Harzburger Front« konstituieren sollte. Daran waren die Deutschnationale Volkspartei, der Stahlhelm und die NSDAP beteiligt. So verschieden die Anliegen dieser Gruppierungen im einzelnen auch gewesen sein mögen, einig waren sich alle in der Ablehnung der Weimarer Republik. Als Mitglied des Stahlhelm zeigte der Kronprinz größtes Interesse am Zustandekommen der »Harzburger Front«. Bei der Gründung konnte er zwar persönlich nicht zugegen sein, doch entsandte er Prinz Eitel Friedrich als Vertreter des Hauses Hohenzollern.[261]

Die gewünschte Einigung konnte die »Harzburger Front« als solche nicht erreichen; Hitler dachte nicht daran, seine eigenen Zwecke einem gemeinsamen Vorgehen unterzuordnen. Diese Haltung Hitlers hatte der Kronprinz indirekt mit unterstützt. Am 13. April 1932 löste der Reichswehr- und Innenminister General Groener – mit Billigung des Reichskanzlers Dr. Brüning[262] – die SA, SS und andere halbmilitärische nationalsozialistische Verbände auf. Hitler setzte alle Hebel in Bewegung, um einen Widerruf der Verordnung zu erreichen. Hindenburg wurde mit Tausenden von Telegrammen und Briefen bestürmt. Generäle, hohe Staatsbeamte und politische Führer intervenierten zugunsten Hitlers bei Groener. Zu denen, die sich für die nationalsozialistischen Kampfverbände stark machten, gehörte auch der Kronprinz. In absoluter Fehleinschätzung der Nationalsozialisten wandte sich der Kronprinz am 14. April 1932 in einem Brief an Groener gegen das SA- und SS-Verbot:

> »Lieber Herr General Groener! Es ist mir ein Bedürfnis, mit diesen Zeilen Ihnen meine ernsten Sorgen für die Zukunft unseres Vaterlandes auszusprechen. Sie wissen, daß Sie seit dem November 1918 von den nationalen Kreisen

häufig sehr scharf angegriffen worden sind und ein großes Mißtrauen gegen Ihre Person gerade in diesen Kreisen bestanden hat. Ich persönlich habe, weil ich mich im Leben immer bestrebe, objektiv zu bleiben, in vielen Fällen für Sie gerade in diesen Kreisen eine Lanze gebrochen, ebenso wie für meinen Freund Schleicher. Gerade deswegen ist es mir besonders schmerzlich, daß sie den Erlaß, der zur Auflösung der SA und SS geführt hat, mit Ihrem Namen gedeckt haben. Ich kann diesen Erlaß nur als einen schweren Fehler ansehen und für eine außerordentliche Gefahr für den inneren Frieden. Es ist mir auch unverständlich, wie Sie gerade als Reichswehrminister das wunderbare Menschenmaterial, das in der SA und SS vereinigt ist und das dort eine wertvolle Erziehung genießt, zerschlagen helfen, wo doch die außenpolitischen Zustände, man denke nur an den ungeheuren Rechtsbruch in Memel, uns jeden Augenblick in einen Konflikt mit Polen führen können. Dann ist es aber doch meiner Ansicht nach von allergrößtem Wert, daß die jungen Menschen, die im Stahlhelm und in den Verbänden der NSDAP im nationalen Geiste und im Wehrsport vorgebildet sind, ein gutes und zuverlässiges Reservoir für das dann aufzustellende Heer darstellen. Wie das Reichsbanner und ähnliche Formationen der Linken im Ernstfalle als Ergänzung der Reichswehr zu bewerten sein dürfen, darüber besteht bei mir, bei den meisten Reichswehroffizieren und bei allen Persönlichkeiten, die im Grenzschutz tätig gewesen sind, auch nicht der geringste Zweifel. Meines Erachtens werden noch erhebliche Teile der Reichswehr und der Schupo dazu notwendig sein, um diese Elemente von Sabotage-Akten zurückzuhalten. Wie es von jeher mein Bestreben gewesen ist, persönlich ein Vertrauensverhältnis zwischen dem Reichswehrministerium und den nationalen Verbänden – speziell auch der NSDAP – herzustellen, werden Ew. Exzellenz verstehen, wie schmerzvoll dieser Schritt, zu dem Sie Ihren Namen gegeben haben, berühren muß. Indem ich hoffe, daß Ew. Exzellenz die Offenheit, mit der ich Ihnen geschrieben habe, richtig verstehen werden, verbleibe ich mit herzlichen Grüßen
Ihr Wilhelm.«[263]

Die Wirkung dieses Schreibens lässt sich schwer abschätzen. Der Kronprinz hat sicher dazu beigetragen, die NSDAP in Rechtskreisen hoffähig zu machen. Festzuhalten bleibt jedoch, dass Groener kurz darauf, am 13. Mai 1932, als Reichswehrminister und nach dem Sturz Brünings am 30. Mai 1932 auch als Innenminister zurücktrat. Der Nachfolger Brünings, Franz von Papen, hob dann auf Drängen des Generals von Schleicher das

SA- und SS-Verbot am 14. Juni 1932 wieder auf. Damit hatte Hitler eines seiner paramilitärischen Machtinstrumente wieder zurückerhalten.

Durch Hitlers Ablehnung der Mitarbeit im Kabinett von Papen am 13. August 1932 verschärfte sich die Lage. Mit Bezug auf seine Korrespondenz mit Groener wandte sich der Kronprinz brieflich am 25. September 1932 an Hitler und bat ihn um eine Verständigung mit den Rechtsparteien. Vor allem unterbreitete er ihm die Bitte, nicht länger den Stahlhelm zu bekämpfen:

> »Unzählige Menschen meines Bekanntenkreises, die noch vor kurzem ihre Stimme für seine Partei abgegeben hätten, verfolgten jetzt mit größter Besorgnis die Politik der Nazis und hätten ihn gebeten, vermittelnd einzugreifen.«

So referierte der Kaiser den Brief des Kronprinzen gegenüber Ilsemann am 4. Oktober 1932 und informierte diesen auch über die Antwort Hitlers an den Kronprinzen (vgl. S. 102ff). Hitler habe geschrieben,

> »daß er alles, was er sei und was er erreicht habe, nur sich selbst verdanke. Es folgten dann scharfe Angriffe gegen Hindenburg und dessen ganze Regierungsmethode, gegen die heutige Regierung, gegen die Deutschnationalen. Niemals werde er mit diesen Herren zusammenarbeiten oder mit ihnen gemeinsam regieren. Er verlange für sich und seine Partei die alleinige und völlige Macht.«[264]

Nach einer solchen Verlautbarung, an deren entschlossenem Ernst nicht zu zweifeln war, wäre von der politischen Rechten eigentlich eine andere Orientierung zu erwarten gewesen als das geradezu zwanghafte Einschwenken auf Hitlers Machtansprüche.

Als die nationale Regierung am 30. Januar 1933 unter Hitler als Reichskanzler gebildet worden war, schien ein Ziel erreicht zu sein, für das der Kronprinz seit einem Jahr gearbeitet hatte. Seine Begeisterung wurde vom Kaiser geteilt.[265]

Am historischen »Tag von Potsdam« am 21. März 1933 nahm der Kronprinz als Ehrengast an der Feier in der Garnisonskirche teil, trotz der Bitte des Kaisers, der Feier fernzubleiben.[266] Seine Brüder standen im Stahlhelm Spalier. Er selbst hatte den Platz direkt hinter dem leeren Sessel eingenommen, der symbolisch für den abwesenden Kaiser reserviert war.

Ein äußeres Bekenntnis zu der durch ihn bei diesem Staatsakt gegenwärtigen Tradition war die Uniform der Totenkopf-Husaren, in der er erschienen war. Bei der anschließenden Parade gewann der französische Botschafter André Francois-Ponçet den Eindruck,

> »als defilierten die Verbände der Reichswehr, der Schutzpolizei, der SA und SS und schließlich des Stahlhelm nicht an Hitler und Hindenburg, sondern vielmehr am Kronprinzen Wilhelm vorbei«.[267]

Klaus W. Jonas, der François-Ponçet zitierte, fügt eine weitere Impression über die Rolle des Kronprinzen an diesem Tage hinzu:

> »Bei seinem Erscheinen anläßlich der Eröffnung des Reichstages in der Berliner Krolloper am gleichen Tage wurde der älteste Kaisersohn feierlich und ehrfurchtsvoll von den Mitgliedern der Reichsregierung und des Reichstages begrüßt.«[268]

Über seine Empfindungen telegrafierte der Kronprinz dem Kaiser nach Doorn:

> »Nach erhebender Feier der Eröffnung des neuen Nationalen Reichstags, noch ganz unter dem Eindruck dieser historischen Stunden, gedenke ich Deiner in Treue.
> Herzliche Grüße Wilhelm.«[269]

Hier wurde die Einordnung der Söhne des Kaisers in die nationalsozialistische Bewegung Deutschlands offenkundig: der Kronprinz mit dem von ihm äußerlich bekundeten Anspruch, als Träger der Tradition des Kaiserreiches zu gelten, in respektvoll anerkannter Mittelpunktstellung; der in der Uniform eines SA-Gruppenführers erschienene Prinz August Wilhelm auf gleicher Ebene mit ranghöchsten Hoheitsträger der neuen Hierarchie; die Prinzen Eitel Friedrich und Oskar schließlich volksnah in der feldgrauen Uniform des Stahlhelm. So schrieb etwa der »Völkische Beobachter« am 22. März 1933 unter der Überschrift

> »Der feierliche Staatsakt in der Garnisonskirche.
> Im Geiste Friedrichs des Großen für das neue Deutschland … Ein unbe-

schreiblicher Ernst liegt über dieser Gemeinde deutscher Menschen, die Zeuge dieses historischen Geschehens ist Kurz vor 12 Uhr nehmen die Minister ihre Plätze zu beiden Seiten des offenen Altar-Vierecks ein. Man sieht die soldatische Gestalt des Generals v. Epp in brauner Uniform neben dem Vizekanzler v. Papen. Die Minister Frick und Goebbels sitzen ihm gegenüber vor den Bänken des westlichen Kirchenflügels, der sich nun schnell bis auf den letzten Platz füllt. Ganz ausgefüllt und beherrscht ist dieses Kirchenschiff von den braunen Uniformen. Es bietet ein soldatisches Bild, das Bild einer neuen Zeit und ihrer Kämpfer unter den alten Zeichen und Symbolen einer großen Vergangenheit.

Neben und hinter den Ministern des Reiches sieht man die präsidierenden Mitglieder der Landesregierungen und die Mitglieder des Reichsrates, den Staatssekretär des Reichspräsidenten, die Adjutanten und den Direktor des Reichstags, in der Kaiserin-Loge neben dem Kronprinzen und den Mitgliedern des Kaiserhauses die Kommissare des Reiches für die preußischen Ministerien, den Präsidenten des Preußischen Landtages Kerrl, daneben die Präsidenten des Reichsgerichts, des Reichsfinanzhofs, den Generaldirektor der Reichsbahn, den Präsidenten der Reichsbank, den Oberpräsidenten der Provinz Brandenburg, die Spitzen der evangelischen und katholischen Kirche, den Regierungspräsidenten von Potsdam, die Polizeipräsidenten von Berlin und Potsdam, die Oberbürgermeister von Berlin und Potsdam, das Vizepräsidium des Preußischen Landtages, die Vorsitzenden des Reichswirtschaftsrats, die Präsidenten des Industrie- und Handelstages und der Handwerkskammer, die Führer der SA, des Stahlhelms und des Kyffhäuserbundes.

Auf der ersten Empore, rechts der Königsgruft hat das Diplomatische Korps Platz genommen. Es schließen sich an die Angehörigen des Reichs- und Landtages und des Reichwirtschaftsrats und Vertreter von Handel und Wirtschaft. In der Loge über der Königsloge sieht man die Generalität in den Uniformen der Vorkriegszeit und den Uniformen der heutigen Wehrmacht, darüber den Generalfeldmarschall von Mackensen, die Befehlshaber der Garnisonen Berlin, Potsdam und Jüterbog. Rechts schließen sich an die Vertreter von Kunst und Wissenschaft und die Direktoren der Berliner Hochschulen. Auf der Westseite dieser Empore sitzen wiederum Vertreter und Führer nationaler Verbände, die Vertreter der in- und ausländischen Presse.

Besondere Aufmerksamkeit erregt die Südempore links der Königsgruft, in der eine große Zahl ordensgeschmückter greiser Veteranen aus den Kriegen 1864, 1866 und 1870/71 Platz genommen haben. Auf der westlichen Seite der zweiten Empore rechts der Orgel sieht man die Vertreter der Studentenschaft der Berliner Hochschulen ...«

Das ehemalige Kaiserhaus wurde bewusst in das Spektakel miteinbezogen, um dem neuen Regime den Anschein der Legitimität zu verleihen. Bezeichnend war auch, dass keine anderen Fürstenhäuser erwähnt wurden. Zu fragen bleibt jedoch, ob für das Haus Hohenzollern die Möglichkeit bestanden hätte, sich dieser Einvernahme durch die neuen Machthaber zu entziehen. Diese Frage lässt sich nicht eindeutig beantworten. Im Blick auf die weitere Entwicklung ist allerdings festzuhalten, dass die Hoffnungen jener Mitglieder des Hauses, die glaubten, über den Nationalsozialismus eine Restaurierung der Monarchie erreichen zu können, bitter enttäuscht werden sollten. Diese leidvollen Erfahrungen blieben aber auch anderen monarchischen und konservativen Kreisen nicht erspart.

Die Nationalsozialisten waren eben keine Konservativen, sondern radikale Revolutionäre der Rechten.[270] Man wollte sie als »Steigbügelhalter« für die Wiedererrichtung der Monarchie benutzen, doch das Rollenspiel hatte gewechselt: Die Konservativen befanden sich in der Rolle der »Steigbügelhalter« für die Nazis.[271]

Nach dem »Tag von Potsdam« war es nicht völlig klar, auf welchem Gleis die Fahrt in die Geschichte fortgesetzt werden würde. Zum erstenmal seit dem verlorenen Krieg wurde die Rekonstruktion der Monarchie nicht nur in Haus Doorn, sondern in weiten Kreisen Deutschlands und sogar im Reichskabinett diskutiert. Der Zug fuhr aber in die andere Richtung, nämlich der Usurpation der Macht durch Hitler als Diktator. Die Folge waren Verbote bisher bestehender Verträge, Gleichschaltungen der Organisationen und Überführung ihrer Mitglieder in die Reihen der NSDAP und ihrer Gliederungen. Auf diesem Wege fand sich der am »Tag von Potsdam« noch in Totenkopf-Husarenuniform hervorragend platzierte Kronprinz im schlichten Braunhemd der Marschierer für Hitler wieder.

Das Ermächtigungsgesetz des Reichstages für Hitler vom 24. März 1933 bildete die Rechtsgrundlage für die Auflösung aller nichtnationalsozialistischen Parteien, Organisationen und Verbände bzw. für die Gleichschaltung und Einordnung ihrer Mitglieder in die entsprechenden nationalsozialistischen Organisationen. Die Deutschnationale Volkspartei wurde am 29. Juni 1933 aufgelöst. Die Tendenz zur Vereinheitlichung aller unterschiedlichen Gesinnungsakzente auf die Anschauungswelt des Nationalsozialismus erreichte ihren ersten monströsen Ausdruck auf dem Nürnberger Parteitag im September 1933.

Die von jedem Mitglied des »Stahlhelm« bis zum 28. Februar geforderte schriftliche Treueerklärung gegenüber Hitler ergab zwangsläufig, dass auch der Kronprinz »gleichgeschaltet« wurde. Diesem Vorgang ging sein Entschluss voraus, sich von jedweder Bevormundung durch seinen Vater zu befreien. Dies geschah, als der Kaiser ihm nicht gestatten wollte, an einem internationalen Reitturnier in Rom im Mai 1933 teilzunehmen. Der Kronprinz teilte seinem Vater brieflich mit, dass er angesichts seines Alters sowie der Tatsache, dass er im Krieg eine Armee und Heeresgruppe geführt habe und einer internationalen Stellung mit ihren Verpflichtungen Rechnung trage, sich nicht mehr vorschreiben lassen wolle, was er zu tun und zu lassen habe.

> »Er werde von jetzt an nicht mehr um Erlaubnis fragen, sondern das tun, was er für richtig halte. Die Familienbestimmungen seien veraltet. Er wolle auch von der Republik nichts wissen und fahre jetzt gegen den Rat der Minister, weil man es in Italien einfach nicht verstehen würde, wenn er bei dem deutschen Reitturnier in Rom fehle. Die Reiter dort seien seine Kameraden und die würden seine Gegenwart einfach verlangen.«[272]

Nach seiner Rückkehr aus Rom ergab die »Gleichschaltung« den Versuch eines Ausweges: Als begeisterter Motorsportler trat der Kronprinz in die Motor-SA ein, die unter dem Befehl seines Vetters, des Herzogs Carl Eduard von Coburg stand. Sein Eintritt in die Motor-Sturm-Abteilung I/30 war der Kompromiss, mit dem er vermeiden konnte, die Mitgliedschaft der NSDAP zu erlangen, ohne sich der nationalsozialistischen Führung zu verschließen. Der Kronprinz empfand das Peinliche seiner Situation, wie ein Gespräch mit Reinhold Schneider offenbarte. Schneider, der ein von der Nazi-Zensur gleich nach seinem Erscheinen indiziertes Hohenzollernbuch geschrieben hatte, besuchte den Kronprinzen im Sommer 1933 in Cecilienhof. Jonas meint, Schneider sei bei dieser Gelegenheit aufgefallen, »daß der Kronprinz wegen der Anbiederung bei den Nazis ein sehr schlechtes Gewissen hatte«.[273] Reinhold Schneider selbst akzentuiert den Eindruck, den er vom Kronprinz gewonnen hatte, durchaus anders:

»Er litt schwer unter dem Unverzeihlichen, daß er zur Parade auf dem Tempelhofer Feld ›die komischen Hosen‹, die braunen, angezogen hatte und an dem Oberkellner Ernst (gemeint ist der SA-Gruppenführer Karl Ernst) vorbeidefiliert war.«[274]

In einem Brief an Ilsemann vom 7. August 1947 schreibt General von Dommes über die Situation des Jahres 1934: Noch unter Hindenburg wurde der Stahlhelm geschlossen in die SA überführt. Darüber hinaus hatte Hitler von Hindenburg die Anerkennung des Hakenkreuzes als allein gültiges Hoheitszeichen gefordert, das von allen Organisationen getragen werden müsste, also nicht nur von den Parteigenossen.[275]

Dies war die Ursache dafür, dass Stahlhelmer zu ihrer Stahlhelm-Uniform die Hakenkreuzbinde anlegen mussten. Das tat auch der Kronprinz, der in dieser Kleidung fotografiert wurde. Die Aufnahmen ergaben nach dem Krieg Verdächtigungen.

Eine Klarstellung des Sachverhalts versuchte der Generalbevollmächtigte des Hauses Brandenburg-Preußen, Graf Hardenberg, am 8. Juli 1947. Er ließ erklären, dass die Aufnahme offensichtlich falsch ausgelegt worden sei. Das fragliche Bild sei im Jahre 1934 bei einer Stahlhelmveranstaltung aufgenommen worden, die mit den Nationalsozialisten in keinerlei Zusammenhang stand. Der Kronprinz und seine beiden Söhne trügen bei dieser Gelegenheit Stahlhelm- und keine Nazi-Uniformen und der Kronprinz wie üblich die Mütze des 1. Leib-Husaren-Regiments, dessen Chef er gewesen war. Das Tragen des Hakenkreuzes war von der Regierung vorgeschrieben. Bei Nichtbeachtung hätte dem Verband schon damals die Auflösung gedroht. Schließlich wohnte der Kronprinz

»der Stahlhelm-Veranstaltung bei, weil er den damals noch monarchisch eingestellten Stahlhelm stützen wollte, in bewußtem Gegensatz zu den Nazis«.[276]

Unter ähnlichen Motivierungen dürfte die Begegnung des Kronprinzen im Sommer 1933 mit Goebbels in Bad Doberan am mecklenburgischen Ostseestrand gestanden haben. Vor allem auch seine Teilnahme an den Stahlhelmparaden in Naumburg an der Saale und in Hannover, die er u. a. zusammen mit dem Stabschef der SA Ernst Röhm abnahm. Hier hatte er zu der neuen Kompromisslösung Zuflucht genommen: Da er das Braunhemd der Motor-SA nicht wieder anzuziehen gedachte, trug er nun zur

Stahlhelm-Uniform eine Hakenkreuzbinde am Arm. Jonas versteht dies zu Recht als »ein Zugeständnis an die neuen Machthaber«, da er seine eigene, anders geartete Gesinnung nicht leugnen wollte.[277]

Diese Vorgänge ergeben jedenfalls kein Indiz dafür, dass der Kronprinz – trotz des von ihm selbst eingegangenen Kompromisses gegenüber dem Anspruch der NS-Führung auf Omnipotenz – als Nationalsozialist eingestuft werden könnte. Es wird zutreffen, was sein vertrauter Ratgeber Theodor von Kessel empfand und worüber Albrecht von Kessel berichtet hat, dass nämlich der Kronprinz

> »1933 ›eigentlich wider seinen Willen‹ in die vielen politischen Aktionen um Hitler hineingeraten war, im Grunde jedoch schon bald nach der Machtübernahme nicht mehr an die Restauration der Monarchie glaubt. Wäre sie damals zustandegekommen, so hätte der Kronprinz wohl am liebsten zu Gunsten seines ältesten Sohnes verzichtet. Sein Wunsch war zweifellos, sein Leben möglichst unbehelligt als Privatmann führen zu können.«[278]

Diese Interpretation von Jonas dürfte wohl einer Augenblickslaune des Kronprinzen entsprochen haben. Als Privatmann auf Dauer kann man sich ihn schlecht vorstellen.

Man ist versucht, aus der resignativen Haltung des Kronprinzen den Verzicht auf jedes politische Engagement in dieser Atmosphäre politischer Zwänge zu erkennen. Ein Verzicht auf jede Beteiligung am politischen Leben war ihm aber so wenig wie jedem anderen Staatsbürger jener Zeit möglich. Wessen Sportclub in einen NS-Sportclub, wessen Segelfliegerclub in die Motor-SA überführt worden war, der hatte keine Möglichkeit, sich dem Anspruch auf Beteiligung am politischen Leben zu entziehen. Wer sich der Gleichschaltung entzog, trat in die apolitische Sphäre des Privatmannes ein, die unter der Kontrolle der Geheimen Staatspolizei zu absolutem Schweigen verurteilte. Der Vorsitzende des National-Verbandes Deutscher Offiziere (NDO) General von Waechter legte sein Amt nieder, weil der NDO gleichgeschaltet werden sollte, und begab sich damit in die private Sphäre der Schweigenden; dies war jedoch dem Kronprinzen nicht möglich gewesen. Es half nichts, wenn der Kaiser von sicherem Ort jenseits der Grenze her wetterte:

> »Alles wird von den Leuten ja beseitigt: die Fürsten, der Adel, die Offiziere, die Stände usw., aber das wird sich rächen, man wird die einzige Fahne, die sie noch übriggelassen haben, die mit dem Hakenkreuz noch einmal verfluchen, und die Deutschen selber werden sie eines Tages verbrennen!«[279]

Wie recht er letzendlich damit haben sollte!

Eine Bestätigung für die Richtigkeit auch der schlimmsten Befürchtungen war die Nachricht, die der Hausminister von Dommes am 10. November 1933 nach Doorn brachte:

> »daß die Nazis die Macht vollkommen in den Händen haben. Alles, Presse, Kunst, Erziehung ist in ihrer Gewalt. Aber diese Gewalt bzw. Macht liegt größtenteils bei jugendlichen Dilettanten, und dies ruft überall wachsende Sorge hervor. Heute findet niemand einen Beruf oder sein tägliches Brot, der nicht Nazi ist.«[280]

Es war völlig richtig, wenn er daraus die Konsequenz zog, »die Nazis würden die Macht nur unter Zwang aus der Hand geben.«

Für die Mitglieder des Hauses Hohenzollern, die nicht im Abseits stehen konnten, weil dies von den Nazis als Opposition gedeutet worden wäre, bliebe nur die Möglichkeit bewusster Neutralität.

> »Diese einzelnen Mitglieder des Hauses dürften nicht allein operieren … nach außen hin müsse unbedingt zwischen dem Chef und den Erben Einheitlichkeit und Gleichgewichtigkeit zutage treten. Am schlimmsten sei ja die enge Verknüpfung des ganzen Problems mit wirtschaftlichen Sorgen. Die Gefahr der Enteignung durch die Nazis sei groß.«[281]

Damit war das Existenzproblem angesprochen, dessen Ernst sich auch der Kronprinz voll und ganz bewusst war. Seine vordergründig nicht verstehbare Kompromissbereitschaft hatte hier ihren Ansatz. Fehlinformationen zu dieser Frage führten zu dem Gerücht, dass die politische Zurückhaltung der Angehörigen des Hauses mit einer staatlichen Apanage verknüpft worden sei, deren Gewährung vom Wohlverhalten gegenüber den NS-Machthabern abhängig gemacht würde. Die erstmalig bei Kürenberg nachweisbare Fehlinformation[282] wurde von Jonas ungeprüft übernommen,[283] ebenso von Cowles[284] und auch von Whittle[285] und Palmer.[286]

Hingegen hatte schon die deutsche Übersetzung des Buches von Virginia Cowles aufgrund eines Einspruchs der Generalverwaltung des Hauses Hohenzollern in einer Fußnote die Erklärung veröffentlicht, dass sich »dafür kein Beweis finden lassen konnte«. Dagegen wird festgestellt:

> »Zwar hat der Kronprinz 1947 in Gesprächen anläßlich der Nürnberger Prozesse von einem Zwang zur Zurückhaltung mit Rücksichtnahme auf die Erhaltung des umfangreichen Familienbesitzes gesprochen, doch hat es die Generalverwaltung des vormals regierenden Preußischen Königshauses verstanden, glaubhaft zu machen, daß ein dahingehendes Abkommen nicht geschlossen wurde und folglich auch keine Zahlungen der nationalsozialistischen preußischen Staatsregierung an Angehörige des Hohenzollernhauses geleistet worden sind.«[287]

Ganz ohne Wirkung auf das kompromissbereite und um Zurückhaltung bemühte Verhalten des Kronprinzen dürfte das finanzielle Problem nicht gewesen sein. Da der NS-Staat nach dem Ermächtigungsgesetz von Rechts wegen zu Eingriffen bevollmächtigt gewesen wäre, kam dem Enteignungsproblem der Stellenwert einer permanenten Bedrohung zu.

Die Flucht in die Resignation und in eine aus ihr resultierende Kompromissbereitschaft gedieh beim Kronprinzen bis zur Verzichthaltung nach der ersten Reichstagswahl des zum Einparteienstaat depravierten »Dritten Reiches« am 12. November 1933. 92 Prozent der Stimmen waren für die NSDAP verbucht worden! Jetzt meinte der Kronprinz gegenüber seinem Vater, dem Kaiser, als er ihn am 26. November 1933 in Doorn besuchte:

> »Wir alle müssen um die Seele Hitlers ringen, damit das Gute in ihm die Oberhand gewinne und er sich mit seinen Freunden von rechts gegen die Radikalen durchsetzen kann.«

Nur noch imaginär-religiöse Bereiche konnte er sich als Fluchtpunkt vorstellen, von dem aus ihm Wirkungen auf politische Realitäten möglich erschienen! Das kann nicht mehr als Kompromiss gewertet werden, hier wird in nobler Terminologie die Kapitulation vor der Macht zum Ausdruck gebracht.

Was blieb, war seine Bereitschaft mitzumachen, mitzumarschieren und sich nicht aus dem Blickfeld der Öffentlichkeit zurückzuziehen, um »dadurch für die Krone zu kämpfen!« Zu Ilsemann äußerte er in diesem Zusammenhang:

> »Wenn es nach dem Wunsch des Vaters ginge und die strikte feindliche Zurückhaltung geübt würde, wie er sie von ihm verlange, so sei es mit den Hohenzollern sofort aus.«[288]

Mitmachen, der Öffentlichkeit die Präsenz des Hauses Hohenzollern zeigen, und zwar so, wie die Öffentlichkeit sich damals ihrer selbst ansichtig wurde, nämlich mit den Abzeichen und in den Uniformen der neuen Bewegung, um so das Bewusstsein für die Existenz des Hauses Hohenzollern auch inmitten dieser totalitären und diktatorischen Staatsform wachzuhalten, das war der Grund für ihn, sich dem »Dritten Reich« ein- und unterzuordnen. Dazu gehörte auch, dass er – sehr zum Ärger und gegen das strikte Verbot des Kaisers – sogar zur Husaren-Uniform die Hakenkreuzbinde trug! Auch wenn ihn der Kaiser beschimpfte und ihn einen »Frondeur« nannte.[289]

Was sich in den nun folgenden wenigen Jahren bis zum Ausbruch des Zweiten Weltkrieges zutrug und den Kronprinzen tangierte, mutete wie eine konsequente Entfaltung der nach der »Machtergreifung« Hitlers unverblümt festgestellten Grundsätze an. Wenn Hitler mit besonderer Entschlossenheit den Kronzprinzen angriff, so ist damit indirekt die damalige große Öffentlichkeitsdarstellung des Kronprinzen bestätigt, die von weit größerer Wirkung war als die des Kaisers. Es begann mit dem ersten Jahrestag der Machtergreifung am 30. Januar 1934. Vorausgegangen war der 75. Geburtstag des Kaisers, der am 27. Januar 1934 in Doorn gefeiert worden war. Eine öffentliche Geburtstagsfeier in Berlin zu Ehren des im Exil lebenden Monarchen wurde auf Befehl Görings von der Polizei aufgelöst. Auch in Dortmund wurde eine Kaisergeburtstags-Feier des NDO verboten. Die bis dahin unter den Nazis noch niemals wahrgenommenen Töne kamen von Männern des zweiten Gliedes. Gauleiter Grohe und Walther Darré, der Minister für Ernährung und Landwirtschaft, eröffneten damit ein allmählich schrill tönendes Pfeifkonzert, mit dem die ehemals regierenden Fürstenhäuser insgesamt »ausgepfiffen« werden sollten. Drei Tage nach diesem von der NS-Presse ignorierten und von der Öffentlichkeit kaum wahrgenommenen Geburtstag wurde am 30. Januar 1934 der erste Jahrestag der Machtübernahme durch Hitler mit großem Gepränge gefeiert. Der Reichstag erließ ein programmatisches Gesetz über den Neuaufbau des Reiches, durch das die Länderhoheitsrechte auf das Reich übergingen. Hitler benutzte die Gelegenheit zur Demonstration seiner Macht. Er erklärte vor dem Reichstag, dass die sogenannten Leistungen der früheren Herrscherfamilien in Deutschland fast ausschließlich das egoistische Werk der rücksichtslosen Machtpolitik zugunsten ihrer eigenen Dynastien gewesen seien:

> »Deswegen erhebe ich meine Stimme zum Protest gegen die vor kurzem wieder aufgenommene These, daß Deutschland unter den Erbprinzen glücklicher wäre.«[290]

Er hatte den Plural »Erbprinzen« gebraucht, womit er zweifellos auch an Bayern dachte.[291] Aber es war zugleich klar, dass er mit dieser Attacke vor aller Welt den Kronprinzen aus dem Sattel gehoben hatte.

Jetzt beklagte Prinz August Wilhelm, dass Hitler eine Äußerung des Kaisers vorgelegen habe, in der der Kaiser für sich den Thron gefordert und sich entschlossen gegen die Beseitigung der Bundesstaaten und der einzelnen Fürstentümer ausgesprochen hatte. Es muss sich um das Telegramm gehandelt haben, das Dommes Lammers gegenüber gerechtfertigt hatte. Dass Hitler andere Pläne hegte, hatte er schon im Mai 1933 von Berg auseinandergesetzt:

> »Für ihn gebe es nur eine deutsche Monarchie; Monarchien in den Bundesstaaten (Ländern) lehne er ab.«

Das Gesetz über den Neuaufbau des Reiches sei Hitlers Antwort gewesen. Unverständlich bleibt, dass der – von Hitler sozusagen öffentlich exkommunizierte – Kronprinz angesichts dieser Vorgänge dem Kaiser riet, er solle doch an Hitler einen Brief schreiben! Der Kaiser war gut beraten, es nicht zu tun. Es war die Hilflosigkeit des aus dem politischen Gespräch ausgeschlossenen Kronprinzen, seine Isolation im politischen Abseits, die sich in dem Gedanken verirrt hatte, den Vater vorzuschicken.

Vier Wochen später erklärte der Kronprinz seinem Vater die Motive für seinen Entschluss, einem Sturm des NS-Kraftfahrerkorps beizutreten, und nannte als Grund,

> »daß diesem Korps im Mobilmachungsfall eine bestimmte Bedeutung zukomme, und da er sich in solchem Falle für das Vaterland noch nicht anderweitig einsetzen könne, habe er sich diese Tätigkeit gewählt«.[292]

Auch als Angehöriger des NSKK wurde der Kronprinz fotografiert. Die Aufnahmen sollten in den Verhandlungen über die Rückgabe von Haus Doorn nach dem Kriege eine überaus negative Rolle spielen. Sie dienten schließlich als Beweis dafür, dass die Mitglieder des Hauses Hohenzollern eben doch Nazis gewesen sein müssten. Die Fotos zeigten tatsächlich den Kronprinzen mit seinen beiden Söhnen Hubertus und Friedrich in NSKK-Uniform: im Braunhemd, in schwarzen Reithosen und schwarzen hohen Stiefeln mit der Hakenkreuzbinde am Arm. Diese Bilder wurden zuerst am 7. April 1934 in der »Illustrated London News« veröffentlicht. Im April 1947 tauchten sie dann plötzlich wieder in holländischen Blättern auf, sozusagen als »Begleitmusik« zu den Verhandlungen um Haus Doorn; es ging aber auch um das Erreichen einer »no-enemy«-Erklärung für den Kronprinzen durch die holländische Regierung. Sie war die entscheidende Voraussetzung für ein erfolgreiches Verhandeln um Haus Doorn.

Nachdem Kaiserin Hermine dem Kaiser ein Foto des Kronprinzen in der braunen Uniform gezeigt hatte – mit der bissigen Bemerkung: »Vor zwei Jahren sagte dein Herr Sohn noch, daß die Nazis alle gehängt werden müssten, und nun ist er selber einer!« –, äußerte er:

> »Ich habe dem Kronprinzen sagen lassen, daß, wenn er diese Uniform noch einmal trägt, ich ihn als Feind des Hauses betrachten würde! Er sieht ja genau wie ein Schutzmann aus!«[293]

Hatte Hitler die Ansprüche der ehemals regierenden Herrscherhäuser mit Wort und Tat, mit seiner Rede am 30. Januar 1934 und mit dem neuen Gesetz, in einem Anlauf erledigt, so attackierte Göring bei der gleichen Gelegenheit die in den monarchistischen Verbänden zusammengeschlossenen Anhänger der alten Herrscherhäuser. Er stellte den Antrag auf Auflösung aller monarchistischen Verbände! Der Kaiser lieferte auch dafür einen völlig zutreffenden Kommentar:

> »Die monarchistischen Kaisertreuen auf eine Linie mit den Bolschewiken gestellt! Nationalbolschewismus angesagt durch einen Pour-le-mérite-Ritter, der zweimal die Ehre genoß, hier mein Gast zu sein.«[294]

Die Auflösung wurde schon wenige Monate später Wirklichkeit. Alle Organisationen, die sich für die Monarchie einsetzten, wurden auf Hitlers Befehl aufgelöst. Der Stahlhelm war davon noch ausgenommen; aber auch seine Existenz war nur noch von kurzer Dauer. Am 7. November 1935 wurde auch der Stahlhelm aufgelöst. Aber das Jahr 1934 hielt noch einige besondere Schwierigkeiten für den Kronprinzen bereit:

Am 30. Juni 1934 wurde die angebliche Röhm-Revolte niedergeschlagen. Um den Kronprinzen gab es große Ängste im eigenen Hause. Sorge und Empörung mischten sich in die Äußerungen des Kaisers,

> »daß der Kronprinz mit Röhm so intim gestanden, ja, daß er diesem sogar ein Pferd geschenkt habe und mit dem erschossenen SA-Gruppenführer Ernst freundschaftliche Beziehungen unterhalten« habe.

Hitlers Misstrauen gegen den Kronprinzen trat tatsächlich zutage. Unter dem Verdacht, dass auch er sich im Gefolge Röhms unter den Gegnern Hitlers befinden könne, wurden die Grenzübergänge nach Dänemark gesperrt. Dort wurde nach dem Kronprinzen gefahndet, um seine mögliche Ausreise aus Deutschland zu verhindern.[295] Verhaftet wurde der Adjutant des Kronprinzen Major a. D. von Müldner. In der Morgenfrühe des 1. Juli 1934 holte man ihn aus seiner Wohnung und sperrte ihn in das Polizeigefängnis in Tempelhof. Zunächst wusste aber niemand, wo Müldner sich befand, und der Kronprinz versuchte, um seiner Fürsorge zu genügen, mit Göring in Verbindung zu treten. Vom Adjutanten des Kaisers, Major a. D. von Sell, der sich gerade in Berlin aufhielt, dringend davor gewarnt, unterließ der Kronprinz jede Äußerung und begab sich nach Cecilienhof. Am 26. Juli 1934 wurde Müldner wieder freigelassen. Eine herbe Zeit körperlicher und seelischer Strapazen lag hinter ihm. Aus den Vernehmungen war ihm klar geworden, dass er wegen seines freundschaftlichen Verkehrs mit General von Schleicher festgenommen worden war. Bei seiner Entlassung wurde ihm auferlegt,

»sich regierungsfeindlicher Akte und monarchischer Umtriebe zu enthalten«.[296]

Den letzten Tag seiner Haftzeit hatte Müldner sogar im Konzentrationslager Lichtenstein bei Torgau zubringen müssen. Jonas weiß zu berichten, dass seine Freilassung dem jungen tatkräftigen Prinzen Friedrich (»Fritzi«) zu danken gewesen war.[297] Wie dem auch sei, dem Kronprinzen, der selber zwar unangetastet geblieben war, ist durch den Bericht des Adjutanten über die erlittene Haft und die ihm erteilten Auflagen klargemacht worden, wie die Macht- und Gewalthaber des Dritten Reiches »monarchistische Umtriebe« hinfort zu ahnden gedachten!

Die Trauerfeier zum Tode Hindenburgs, der am 2. August 1934 starb, bot für den Kronprinzen noch einmal die Möglichkeit öffentlicher Repräsentation. Der Kaiser entsandte ihn nach Neudeck, um an Hindenburgs Sarg als Abschiedsgruß des Kaisers »ein großartiges Blumengebinde mit goldgestickter Krone im breiten Seidenband persönlich zu überreichen«. Zu den Beisetzungsfeierlichkeiten in Tannenberg beauftragte der Kaiser den greisen Feldmarschall von Mackensen mit seiner Vertretung, während der Kronprinz einer Einladung zur Trauerfeier im Reichstag Folge leistete.[298]

Die weiteren Erlebnisse und Erfahrungen des Kronprinzen mit den Größen des NS-Reiches bestätigten, dass man ihn zunächst noch gewähren ließ, soweit er sich in der Sphäre des Privatmannes bewegte und im Dienst der Propaganda für das »Dritte Reich« nützlich sein konnte, dass man aber sofort mit Reglementierungen bereitstand, wenn mit seinem Auftreten das Aufkommen monarchistischer Tendenzen befürchtet wurde. 1935 wurde er am 5. Februar von Hitler in der Reichskanzlei empfangen, wo ihm Hitler ausdrücklich zu verstehen gab, dass an eine Rückkehr des Kaisers »unter keinen Umständen« zu denken sei. Am 17. März nahm er mit Hitler, Mackensen und Blomberg an den Feiern des Heldengedenktages in Berlin teil. Er folgte dem Wunsch Hitlers, General Ludendorff zum 70. Geburtstag Grüße und Glückwünsche Hitlers und der Wehrmacht zu überbringen, damit auf diese Weise »die Verbundenheit der neuen Wehrmacht mit der alten Armee« bekundet werden würde. Man ließ ihn auch ungehindert an Gesellschaftsreisen teilnehmen und private Auslandsbesuche machen. An der Spitze einer Delegation deutscher Fürsten konnte er in Stockholm an der Hochzeit des dänischen

Thronfolgers und späteren Königs Frederik IX. von Dänemark teilnehmen.[299] Das war es womöglich, was ihn bei seinem Besuch in Doorn im August 1935 dazu brachte, dort die großen Leistungen der Nationalsozialisten, vor allem Hitlers, anzuerkennen – trotz ebenso deutlich ausgesprochener scharfer Kritik an den damaligen Zuständen. Immerhin verwunderte es Ilsemann, »daß er strahlend berichtete, Göring habe ihm in diesem Jahr erlaubt, in Ostpreußen zwei Hirsche zu schießen«, was, wie er meinte, doch »von Göring sehr anständig« sei. Bereitwillig sprach er von guten Verbindungen, die er »mit den maßgebenden Führern wie Hitler, Göring, Blomberg und Fritsch halte«. Bezeichnend für seine wahre Lage aber war das Eingeständnis:

> »Blomberg habe ihm kürzlich vorgeschlagen, demnächst an den militärischen Herbstübungen teilzunehmen, aber kurz darauf habe der General ihn wissen lassen, leider müsse er diese Einladung wieder rückgängig machen, da Hitler glaube, solche Teilnahme des Kronprinzen würde vom Volk als Propaganda für die Monarchie aufgefaßt werden können.«[300]

Brüskierungen dieser Art steckte der Kronprinz ein. Es ist nicht ausgeschlossen, dass ihm die Anpassung notwendig erschien, damit die Existenz der Angehörigen des Hauses Hohenzollern und der vielen Menschen, die noch immer in ihren Diensten standen, nicht durch ein Enteignungsgesetz gefährdet würde.[301]

Am 11. Januar 1936 gab Göring zur Feier seines 43. Geburtstages einen großen Ball in der Preußischen Staatsoper Berlin, der von Klaus Mann in seinem Gründgens-Roman »Mephisto« kritisch kommentiert worden ist.[302] Unter den zahlreichen prominenten Gästen befand sich neben anderen Hohenzollernprinzen auch der Kronprinz, der in der Uniform der Totenkopf-Husaren teilnahm. Jonas übt daran auf folgende Weise Kritik:

> »Einem der anwesenden Gäste, dem amerikanischen Journalisten Louis P. Lochner, fiel es angenehm auf, daß wenigstens Prinz Louis Ferdinand diesem Fest ostentativ ferngeblieben war, während sich sein Vater, der Kronprinz, wieder einmal für die Sache der braunen Diktatur mißbrauchen ließ.«[303]

Dass das Problem viel komplizierter war, als Jonas es sieht mit dem von ihm aufgegriffenen Journalistenurteil, der Kronprinz habe sich »missbrauchen« lassen, ergibt sich aus dem Komplex von Abhängigkeit, in dem sich der Kronprinz befand, der Rücksichten zu nehmen hatte auf seinen Vater als Familienoberhaupt, auf die Sicherung des Familienbesitzes und damit auf den guten Willen der Naziführer, auf die öffentliche Meinung und besonders auf alle Konservativen im Reich, für die der Kronprinz eine wichtige Symbolfigur war. Der Kronprinz war nicht so frei in seinen Entscheidungen wie einer seiner damals noch sehr jungen Söhne oder gar wie ein amerikanischer Journalist.

Es sollte nun auch nicht mehr lange dauern, bis der zu erwartende Eklat eintrat. Zunächst schien sich an der eigentümlichen Zwitterstellung des Kronprinzen – offiziell Privatmann, inoffiziell Repräsentant der noch immer lebendigen Reichstradition – nichts zu ändern: Das junge dänische Kronprinzenpaar erschien Mitte Januar 1936 zu Besuch bei ihm. Er reiste danach zu den Olympischen Winterspielen nach Garmisch-Partenkirchen, wo er, wie stets bei großen Sportveranstaltungen, ein gern gesehener Gast war. Am 8. März 1936 wurde er, wie schon im Vorjahr, zur Feier des Heldengedenktages gebeten, wo man ihn bei dem Staatsakt in der Berliner Staatsoper zusammen mit Hitler, Göring, Mackensen, Seeckt, Fritsch und Raeder sah.

Zwei Monate später war das alles für immer für ihn vorbei. Am 11. Mai 1936 schickte der Kronprinz dem von ihm bewunderten und ihm freundschaftlich verbundenen Duce Mussolini ein privates Glückwunschtelegramm, in dem er ihm zum siegreichen Ende des Feldzuges in Abessinien gratulierte. Mussolini war zwar in vielen Dingen für Hitler ein Vorbild geworden; aber noch waren die persönlichen Bindungen nicht so weit gediehen, dass Mussolini Hitlers Verbündeter geworden wäre. Zudem hatte der Völkerbund am Beginn der Feindseligkeiten Italien zum Angreifer erklärt, was England und Frankreich zu Sanktionen gegen Italien veranlasste, während Hitler-Deutschland offiziell Neutralität bewahrte.

Die vom Völkerbund verhängten Sanktionen wurden von deutscher Seite durch Kohlelieferungen umgangen. Die italienische Presse veröffentlichte das private Telegramm des Kronprinzen, sodass es in dieser Lage in Italien auch als Anzeichen einer offiziellen Kursänderung missdeutet werden konnte. Hitler glaubte, der Kronprinz habe sich der von ihm erwarteten politischen Abstinenz entledigt, in die Außenpolitik eingegriffen und die Neutralität Deutschlands unglaubwürdig gemacht. Das führte zu schwerwiegenden Konsequenzen: Das »Schwarze Korps«, Organ der SS, wies den Kronprinzen in einem Leitartikel scharf zurecht und stellte klar, für ein Mitglied eines Fürstenhauses, das politisch erledigt ist, gehöre es sich nicht, sich einer derartigen politischen Kundgebung zu erdreisten.[304]

Als NSKK-Mann wurde der Kronprinz nun vom Korpsführer des NS-Kraftfahr-Korps, Obergruppenführer Hühnlein, zur Rede gestellt und angewiesen, in Zukunft alle Telegramme politischen Inhalts vor der Absendung dem Korpsführer des NSKK vorzulegen. Die Antwort des Kronprinzen war eine Austrittserklärung aus dem NSKK.[305] Von da an gehörte er keiner NS-Organisation mehr an. Hitler und den Machthabern des Dritten Reiches war er zur unerwünschten Person geworden. Zu weiteren Kontakten mit den neuen Machthabern kam es von nun an nicht mehr. Der Kronprinz fühlte sich von Zwängen befreit und lebte nach seinen Neigungen und Passionen.

Dazu gaben ihm zunächst die Olympischen Spiele in Berlin hinreichend Gelegenheit.[306] Unbeschwert begab er sich von nun an auf Reisen. Seine vielen in- und ausländischen Kontakte pflegte er bei entsprechenden Geselligkeiten daheim in Berlin. Nun leistete er sich die Freiheit, seine Abneigung gegen Hitler und die anderen braunen Machthaber nicht mehr zu verbergen. Eckhart von Naso berichtet nach einem Herrendiner in Cecilienhof:

> »Der Kronprinz, wie immer als Leibhusar … hatte eine bezwingende Art, in seinem stark berlinerisch gefärbten Jargon alles gerade herauszusagen, was ihm durch den Kopf fuhr. Es fuhr ihm viel durch den Kopf, er sprühte geradezu und sein Witz war schlagend. Was er am Abend des Herrendiners ohne die geringste Hemmung über Hitler äußerte – unbekümmert auch um die servierenden Diener, deren er vermutlich sicher sein konnte –, war ebenso komisch wie gefährlich. Ich sagte ihm, daß sein Bruder August Wilhelm vermutlich anders dächte. Er lachte und zündete sich eine der unzähligen Zigaretten mit dem langen Papiermundstück an und gab zur Antwort: ›Ja, der ist ooch verrückt!‹«[307]

Für die im steigenden Maße wachsende Abneigung des Kronprinzen gegen Hitler und die Mächtigen des Nazi-Regimes ging ein von Jonas überlieferter Ausspruch im Freundeskreis von Mund zu Mund:

»Ich möchte so gerne einmal die Gräfin Dohna wiedersehen: die schimpft so herrlich auf den Nationalsozialismus.«[308]

Das ist sicher als Ausdruck seiner wirklichen Einstellung zu werten. Diese Äußerung kann nicht gerade opportun gewesen sein und passte auch nicht zu seiner sonstigen Vorsicht. Was ihm zu persönlichem Schutz verhalf, war sicher die große Popularität, der er sich erfreute, und die freundschaftlichen Bindungen mit Männern von großem öffentlichen Ansehen. Dazu gehörten Künstler, Diplomaten, Offiziere und unter anderen der in Berlin akkreditierte französische Botschafter André François-Ponçet, mit dem er zwischen 1933 und 1938 enge Verbindung hielt, General von Bock, General von Stülpnagel und viele andere.

Das Vorgehen gegen die Juden, zumal die als »Kristallnacht« in die Geschichte eingegangene Aktion gegen jüdische Geschäfte am 9. November 1938, rief sein helles Entsetzen wach. Ilsemann gegenüber erklärte er den Führer »geistig nicht mehr für normal«, und er vertraute Ilsemann an, dass er zu der Zeit der Sudetenkrise einen Brief an Chamberlain geschrieben hatte, der von ihm auch sehr nett beantwortet worden war. »Sie können mich als Landesverräter bezeichnen«, äußerte er dabei zu Ilsemann[309] und bekundete die Unerschrockenheit, die nun seine zögernde Haltung der Kompromissbereitschaft abgelöst hatte.

Der Brief des Kronprinzen an Chamberlain vom 24. Oktober 1938 ist in der Tat ein Dokument seiner Unerschrockenheit aufgrund seiner wiedergewonnenen inneren Freiheit:

»Sehr geehrter Herr Chamberlain!
Ich fühle, daß ich Ihnen meine Dankbarkeit dafür zum Ausdruck bringen muß, daß Sie im letzten Augenblick Europa vor der Katastrophe eines Krieges bewahrt haben. Die Tage der Krise hier waren fürchterlich. Wir alle hatten das Gefühl, als ob wir nur noch auf unsere eigene Hinrichtung warteten. Alle meine besten Jugendfreunde sind im Weltkrieg gefallen. Jetzt würden vier meiner Söhne an einem Kriege teilnehmen müssen. Um drei Millionen Sudetendeutsche zu befreien, würden etwa fünf bis sechs Millionen in Deutschland getötet oder verwundet werden. Niemand hier kann diese Logik verstehen. Wie in unseren Ländern, so hat auch unsere Presse oft nicht die wahren Gefühle des deutschen Volkes ausgedrückt. Wir alle danken Gott, daß er Ihnen die Kraft und die Weisheit schenkte, um im letzten Augenblick die Welt zu

retten. Bis dahin nochmals Dank aus vollem Herzen. Ihr Wilhelm.[310] Ich hoffe, Sie eines Tages persönlich kennenlernen zu können.«

Nachdem auch der Kaiser aus Doorn einen Brief an die verwitwete englische Königin Mary im gleichen Sinn gerichtet hatte, schien in England

»das Bild des Kaisers in einem hellen Licht aus dem ungeheuren Schatten Hitlers hervorzutreten – zum erstenmal seit 1914 wurde er in der englischen Presse freundlich erwähnt«.[311]

Aber weder dem Kaiser noch dem Kronprinzen war es möglich, aufgrund guter Beziehungen zu England im Interesse der Erhaltung des Friedens eine Vermittlerrolle zu übernehmen.

Erneute Kontaktaufnahmen mit der Nazi-Führung ergab der Krieg; aber die Versuche des Kronprinzen, wie alle anderen Offiziere des Ersten Weltkrieges auch jetzt dem Vaterlande als Offizier zu dienen, schlugen fehl. Wenn er auch nicht festgesetzt wurde, wie die Gerüchteküche behauptete,[312] so war ihm doch nur die Rolle des stummen Zuschauers zugebilligt worden. Für die Nationalsozialisten war er nicht mehr existent; ihre Existenz musste er ertragen bis zum bitteren Ende.

Die Zuschauerrolle mit ihrer Sprachlosigkeit ist im Verlaufe des Krieges durch zwei Telegramme unterbrochen worden, deren Langzeitwirkung den Kronprinzen teuer zu stehen kommen sollte. Obwohl doch seine Gegnerschaft gegen Hitler spätestens seit 1937 sichtbar geworden war, schickte er zwei Telegramme »an den Führer und Reichskanzler«, wie er das erste vom 7. Mai 1940 adressiert hatte. Es ist der Dank für einen Glückwunsch, den er von Hitler bekommen hatte, offenbar zu seinem Geburtstag am 6. Mai 1940. Mit der Dankadresse nutzte er die Gelegenheit,

»meine Bewunderung und meine Glückwünsche zu der genialen Durchführung des nordischen Unternehmens auszusprechen«.

Das zweite Telegramm sandte er nach der Kapitulation Frankreichs »an den Führer und Obersten Befehlshaber der Wehrmacht«. Es wurde Hitler am 25. Juni 1940 vorgelegt, am gleichen Tag, an dem Hitler dem Kaiser ein Danktelegramm sandte für dessen telegrafische Glückwünsche zu dem militärischen Erfolg.[313]

Das Telegramm des Kronprinzen hatte folgenden Wortlaut:

> »Mein Führer! Ihrer genialen Führung, der unvergleichlichen Tapferkeit unserer Truppen und ihrer erstklassigen Bewaffnung ist es gelungen, in der unvorstellbar kurzen Zeit von knapp fünf Wochen Holland und Belgien zur Kapitulation zu zwingen, die Trümmer des englischen Expeditionskorps in das Meer zu treiben und die sich tapfer wehrende französische Armee in einer Reihe großartiger Einkreisungsschlachten vernichtend zu schlagen. Mit dem heutigen Tage ruhen die Waffen im Westen, und der Weg ist frei für eine endgültige Abrechnung mit dem perfiden Albion. In dieser Stunde von größter historischer Bedeutung möchte ich Ihnen als alter Soldat und Deutscher voller Bewunderung die Hand drücken. Gott schütze Sie und unser deutsches Vaterland! Sieg Heil! Wilhelm, Kronzprinz.«[314]

Nach seinen Erfahrungen mit dem Nationalsozialismus und seiner bereits vollzogenen Abkehr ist diese Wendung des Kronprinzen nicht mehr nachvollziehbar. Er gratuliert zu dem Sieg über jene Nationen, die seiner Familie Exil geboten haben. Damit folgt er der Vorgabe seines Vaters, der sich, wie bereits erwähnt, ähnlich verhielt. Zu seiner Motivation ließe sich fragen, ob der Kronprinz einfach einem nationalen Gefühl folgte und diesem mehr unbedacht emotional nachgab? Oder zog er nach, als er erfuhr, dass der Kaiser bereits am 17. Juni telegrafisch Glückwünsche an Hitler gerichtet hatte? Oder bangte er erneut vor dem im Gefühl der Allmacht immer stärker werdenden Größenwahn Hitlers, dem er die Besitzungen des Hauses Hohenzollern ausgeliefert sah? Immerhin hatte sich seit März 1939 der Kampf der Nazis gegen die Hohenzollern verschärft; die Gratulation zum 80. Geburtstag des Kaisers war verboten worden, Hohenzollernbilder mussten aus den Casinos entfernt, ja sogar in Postkartenformat aus den Kiosken und Läden herausgenommen werden, und in Doorn hatte man zweifelsfrei eruieren können, dass Hitler verärgert sei, weil der Kaiser ihm nicht zu seinen Erfolgen gratuliert hatte![315] Oder hat am Ende sein Privatsekretär, Geheimrat Berg, dies Telegramm ohne sein Wissen verfasst und abgeschickt, wie Jonas als Möglichkeit ins Gespräch bringt, ohne dieser Annahme selbst zuzustimmen?

Für diese These spricht nicht nur die Tatsache, dass auch im Nachlass Dommes im Brandenburg-Preußischen Hausarchiv des Geheimen Staatsarchivs in Berlin-Dahlem keine Belege für die Urheberschaft des Kronprinzen an den beiden Telegrammen zu finden sind. Im Nachlass Dommes befindliche Aufzeichnungen Ilsemanns sprechen für die Annahme, dass die Telegramme im Namen des Kronprinzen abgefasst wurden. Ilsemann berichtet von eidesstattlichen Versicherungen des Kronprinzen, dass dieser nichts von den Telegrammen gewusst habe. Vielmehr seien sie ohne Genehmigung des Kronprinzen von dessen Privatsekretär Geheimrat Albrecht Berg an Hitler gesandt worden.[316] Das ist Jonas offenbar nicht bekannt gewesen. Im Nachhinein konnte auch nicht mehr geklärt werden, ob es nur um den Wortlaut des Telegrammes ging oder ob der Kronprinz überhaupt von der Existenz der Telegramme wusste.

Eine Klimaverbesserung im Verhältnis der Nationalsozialisten zum Hause Hohenzollern war durch diese Telegramme jedenfalls nicht eingetreten. So hielt es der Kronprinz anlässlich des 27. Januar 1941 nicht für ratsam, dem Kaiser in Doorn einen Besuch abzustatten. Der Jubilar musste mit einem brieflichen Glückwunsch seines Sohnes vorliebnehmen. Das Schreiben des Kronprinzen vom 24. Januar, das den Kaiser am folgenden Tag erreichte, hatte folgenden Wortlaut:

> »Lieber Papa! Zu Deinem diesjährigen Geburtstage meine aufrichtigsten und allerherzlichsten Glückwünsche. Ich wünsche Dir vor allem 2 Dinge: Gesundheit und daß das neue Lebensjahr Dir und uns allen den Frieden bringen möge. – Die militärischen Erfolge des vergangenen Jahres waren über alle Erwartungen großartig. Der schwerste Teil der Arbeit dürfte aber noch vor uns liegen. Ob es unserer hervorragenden Luftwaffe, unseren unerhört schnellen U-Booten und Schnellbooten und den tapferen Schiffen, die den Kreuzer-Krieg führen, allein gelingen wird, den Widerstand Englands zu brechen, ist zu hoffen, aber meines Erachtens mit Sicherheit darauf zu rechnen, wäre etwas voreilig. – Tritt Amerika noch in den Krieg, so werden sich die Verhältnisse noch verschärfen. Bei einer wirtschaftlichen Blockade des vereinigten Amerikas und Englands gegenüber Europa rechne ich persönlich mit erheblichen Verpflegungsschwierigkeiten für Europa. Denn allein die von uns jetzt okkupierten Länder wie Polen, Norwegen, Dänemark, Holland, Belgien und Teile Frankreichs müssen zum großen Teil von uns aus mitverpflegt werden. Schließlich ist die Haltung Rußlands nach wie vor recht zweifelhaft. Aber wie gesagt, man muß hoffen und wünschen, daß alle diese Schwierigkeiten überwunden werden und daß das Glück, das uns im vorigen Jahr in allen großen Operationen günstig gewesen ist, auch ferner uns zur Seite stehen wird. – Ich

wäre gern persönlich zu Deinem Geburtstag nach Doorn gekommen. Aber ich habe ganz bestimmte Gründe, die es mir als unratsam erscheinen lassen, während der Dauer des Krieges Deutschland zu verlassen. Indem ich bitte, auch Hermo sehr herzliche Grüße von mir zu sagen, verbleibe ich in alter Treue Dein Sohn Wilhelm.«[317]

Noch im Laufe des 27. Januar setzte der Kaiser ein Antwortschreiben auf, in dem es heißt:

»Herzlichen Dank für Deine guten Wünsche zu meinem Geburtstage, mein lieber Junge. Es ist ein Tag des Rückblicks auf gute und auf schwere Jahre. Wenn ich das Fazit ziehe, so kann das vorherrschende Gefühl nur Dank sein für Gottes gnädige Führung. – Natürlich wäre Dein Besuch mir eine Freude gewesen; aber ich sehe ein, daß es jetzt nicht möglich war. Cecilie schrieb mir, daß Ihr alle in Oels zu Weihnachten recht erkältet wart. Es freut mich, daß das überwunden ist. – Hier nach ziemlicher Kälte jetzt mildes Winterwetter, aber unangenehmer Ostwind. Mit herzlichem Gruß, auch von Hermo, Dein treuer Papa.«[318]

Bedeutsam wurden die erwähnten Telegramme als Dokument für den Versuch einer abschließenden Klärung der Beziehungen des Kronprinzen zum Nationalsozialismus durch die niederländische Regierung. Im Juni 1949 entschied die niederländische Regierung nach jahrelangen Verhandlungen gegen die Rückgabe des seit Kriegsende als Feindeseigentum beschlagnahmten Hauses Doorn an den Kronprinzen.[319] Seitdem hat die niederländische Regierung es als Museum der Öffentlichkeit zugänglich gemacht.

Hingewiesen sei an dieser Stelle zunächst nur darauf, dass die tiefe Abneigung Hitlers gegen die Hohenzollern im Allgemeinen und den Kronprinzen im Besonderen im Verlauf der Ereignisse des 20. Juli 1944 erneut offenbar wurde:

»Besonders wütend war Hitler auf die Hohenzollern, denn er glaubte, ganz zu unrecht, sie bzw. ›der Kronprinz‹, seien die eigentlichen Urheber des Attentats, ebenso wie in Italien das Königshaus nach dem Zusammenbruch des Faschismus der ruhende Pol gewesen war, zu dem man im Chaos Zuflucht nahm.«[320]

Eine rationale Erklärung dafür, dass ausgerechnet der Kronprinz als Drahtzieher des Attentats angesehen wurde, gibt es nicht. Nachträglich ist ja gerade bei ihm so schwer zu verstehen, dass er keine gerade Linie einhielt.

Der Chronist der Reden und Proklamationen Hitlers, Max Domarus, vertritt die Ansicht, dass »Hitler ständig in Angst vor den deutschen Prinzen« lebte. Sie bedeuteten für ihn die Erinnerung an die Monarchie und damit zugleich einen letztlich nicht berechenbaren Faktor im politischen und militärischen Leben, dem mit nationalsozialistischen Methoden nur schwer beizukommen war. Jeder auch nur entfernt infrage kommende Nachfolger wurde von Hitler als gefährlich angesehen; und so erklärte Hitler denn auch seiner Umgebung am 20. Juli 1944: »Glauben Sie mir, es wird sich herausstellen, daß der eigentliche Anstifter der Kronprinz ist.«[321] Seine Ablehnung des Nationalsozialismus mit der Bemerkung abzutun, er habe dagegen »einige Bedenken« gehabt, ist eine ungerechtfertigte Minimalisierung, die mit der Abwertung »wenn es den Tatsachen entsprechen sollte« noch dazu überhaupt infrage gestellt wird.

Bei Kriegsende hielt sich der Kronprinz im österreichischen Vorarlberg auf. Am 4. Mai 1945 wurde er von einmarschierenden marokkanischen Truppen in dem kleinen Ort Baad festgenommen. Der französische Regimentskommandeur, Oberst de Gastries, hatte den Kronprinzen am Straßenrand unter der Bevölkerung entdeckt. Der Kronprinz wurde zunächst nach Lindau gebracht, konnte sich aber bald darauf einen Aufenthaltsort freier Wahl in der französischen Zone suchen. Er bestimmte die Burg Hohenzollern als Domizil, wurde dort jedoch unter »résidence forcée« gehalten.[322] Dem französischen Militärgouverneur von Hechingen, Oberst Brochu, gelang es schließlich im Oktober 1945, die Freilassung des Kronprinzen zu erreichen.

Noch im gleichen Monat konnte der Kronprinz eine geräumige Villa in Hechingen beziehen. Der unermüdlichen Hilfe Ilsemanns war es zu danken, dass die Räume mit einigen Möbeln und Kunstwerken aus dem inzwischen von den Holländern als Feindeigentum beschlagnahmten Haus Doorn ausgestattet werden konnten.

Leider musste das Haus auf Befehl der Militärbehörden schon nach einem Jahr wieder geräumt werden. Ein wesentlich kleineres 5-Zimmer-Haus wurde dann zum letzten Domizil des Kronprinzen.

Die ihm noch verbleibenden Lebensjahre in eher bescheidenen Verhältnissen nahm er auf sich in bewundernswerter, fast »an Gleichmut grenzender Gelassenheit.«[323]

Als dann am 20. Juli 1951 der letzte Kronprinz des Deutschen Reiches und von Preußen starb, verließ ein Mann die Bühne der Geschichte, dessen Schicksal in weiten Kreisen der Nation als tragisch empfunden wurde.[324] Versinnbildlichte doch der Lebensweg des Kronprinzen zugleich den Schicksalsweg des deutschen Volkes; den jähen Sturz aus stolzen Höhen in dunkelste Tiefen.

Prinz Eitel Friedrich

Während der Kaiser und der Kronprinz zu Beginn der Weimarer Republik großem öffentlichen Interesse begegneten, blieben die anderen Prinzen des Hauses Hohenzollern in einer weitaus privateren Atmosphäre. Ilsemann notiert unter dem 22. August 1924, der Kronprinz habe sich seit seiner Rückkehr aus dem Exil in Deutschland viel Sympathien verdorben, weil er zu viel in der Öffentlichkeit auftrete, aber

> »auch auf die anderen Kaisersöhne sei man nicht gut zu sprechen; keiner arbeite wirklich«.

Das Urteil betrifft auch den zweiten Sohn des Kaisers, Prinz Eitel Friedrich, der bereits das vierzigste Lebensjahr überschritten hatte, als Generalleutnant a. D. August von Cramon, ein ehemaliger Flügeladjutant des Kaisers, der inzwischen bei der Deutschnationalen Volkspartei eine nicht unbedeutende Rolle spielte, mit dieser Meinungsäußerung in Doorn aufwartete.

Wie stark Prinz Eitel Friedrich selbst dem Drang nachgab, die Öffentlichkeit zu meiden, bestätigt sein Verzicht auf die Teilnahme an den Gedenkgottesdiensten, die seit 1924 am Geburtstag des Kaisers (27. Januar) und am Geburtstag der inzwischen verstorbenen Kaiserin (22. Oktober) im Berliner Dom und in der Friedenskirche zu Potsdam wieder abgehalten werden durften. Die Öffentlichkeit war auch auf ihn nicht besonders gut zu sprechen, weil man ihm nachsagte, er habe zu viele Schulden. Seine Einstellung zur Situation der Hohenzollern in den Zwanzigerjahren beleuchtet eine Bemerkung, die Prinz Eitel Friedrich machte, als der Kaiser im November 1927 auf die Nachricht von einem kleinen Schlaganfall Hindenburgs meinte, dass nach Hindenburg nur er als Monarch für Deutschland wieder infrage käme:

> »Wer ihm (seinem Papa, dem Kaiser) treu dienen will, soll dafür sorgen, daß Papa das Leben hier im Auslande so angenehm wie möglich gemacht wird. Wer ihm aber Hoffnung auf den Thron macht, begeht ein schweres Unrecht an dem Kaiser.«[325]

Die Bemerkung bezog sich besonders auf Kaiserin Hermine, die über Prinz Eitel Friedrich zu Ilsemann äußerte, sie sei es, die seinem Vater beibringe, er werde nach Hindenburgs Tod den Thron wieder besteigen können. Seine ablehnende Haltung gegenüber der zweiten Frau seines Vaters bekräftigte der Prinz vor dem Kaiser selbst und vor seiner Umgebung, als Kaiserin Hermine wegen einer Erkankung an der Feier des Geburtstages des Kaisers am 27. Januar 1929 nicht teilnehmen konnte. Als der Kaiser ihr Fehlen bedauerte, weil sie doch »nun zum erstenmal bei einer feierlichen Gelegenheit in der ganzen Familie den Platz einnehmen sollte, der ihr zusteht«, konterte Prinz Eitel Friedrich spontan:

> »Das Schicksal hat eingegriffen und die Familie Schönaich-Carolath, die nicht hier reingehört, kaltgestellt: das ist wirklich eine eigenartige Fügung.«[326]

Prinz Eitel Friedrich war nicht bereit, die Hinwendung der Kaiserin Hermine zum Nationalsozialismus nachzuvollziehen. Er fand seine politische Heimat im »Stahlhelm«. Er gehörte zu den fünf Söhnen des Kaisers, die 1929 am Stahlhelm-Tag in München teilnahmen.[327] Hier hatte er seinen Platz, als Franz von Papen am 1. Juni 1932 von Hindenburg zum Reichskanzler ernannt worden war. Die Harzburger Front, in der sich im Oktober 1931 die Deutschnationale Volkspartei, der Stahlhelm und die NSDAP mit ihren Gliederungen zusammengefunden hatten, bot die Organisationsform für den Zusammenschluss der nationalen Kräfte. Prinz Eitel Friedrich sah seine Aufgabe im militärischen Sektor dieser neuen nationalen Gruppierung. Er entwickelte Theorien zur Vergrößerung und Neuorganisation des deutschen Heeres, der damaligen Reichswehr, die aus hunderttausend freiwilligen Berufssoldaten bestand. Ihn beschäftigten jetzt sogar Fragen nach der Stärke und der Bewaffnung eines in Potsdam aufzustellenden Lehr-Infanterieregiments.[328] Prinz Eitel Friedrichs Rolle als Stahlhelmer der nationalen Harzburger Front war eindeutig auf die nationale militärische Stärkung Deutschlands fixiert.

Dass sich Prinz Eitel Friedrich in die Reihen der Stahlhelmer einfügte, die beim »Tag von Potsdam« 1933 Spalier standen,[329] bestätigt sein Ja zu dieser Konstellation einer geeinten Front aller nationalen Kräfte im Reich; ein Ja zum Nationalsozialismus kann daraus nicht hergeleitet werden.

Dem Kaiser missfiel es, wie er im Frühjahr 1933 äußerte, dass seine Söhne keine Führungsposition im Stahlhelm einnahmen, sondern sich in Reih und Glied stellten. Kaiserin Hermine machte sich sogar über Prinz Eitel Friedrichs untergeordnete Tätigkeit im Stahlhelm lustig.[330]

Als es zur Gleichschaltung der nationalen Verbände kam, zeigte sich der Kaiser besonders über die nachgiebige Haltung der Mitglieder des National-Verbandes Deutscher Offiziere (NDO) verbittert, deren Bereitschaft er als eine Entscheidung für Hitler und gegen ihn auffasste. Ein vom Hofmarschall Graf Schwerin aufgesetztes Telegramm des Kaisers an den NDO, das im Herbst 1933 durch Indiskretion der Presse veröffentlicht wurde, löste den offenen Konflikt aus: Am ersten Jahrestag der Machtübernahme, am 30. Januar 1934, distanzierte sich Hitler vor dem Reichstag in einer groß angelegten Rede von der Monarchie. Die Auflösung aller monarchistischen Verbände war damit eingeleitet worden und die Gleichschaltung ihrer Mitglieder beschlossene Sache.[331]

In diesem Zusammenhang äußerte sich der Kaiser besorgt auch über das weitere Schicksal des Johanniterordens und meinte, Prinz Eitel Friedrichs Aufgabe sei es nun, gegen die Gleichschaltung des Johanniterordens zu kämpfen.[332] Prinz Eitel Friedrich war bis 1926 Herrenmeister des Johanniterordens gewesen. Dies hohe Amt war inzwischen auf seinen Bruder Oskar übergegangen; dem Kaiser war der Wechsel bei seinem Votum offenbar nicht gegenwärtig.

Einstweilen versorgte Prinz Eitel Friedrich seinen Vater mit Nachrichten über die Aktivitäten der Nazis in Deutschland. Besorgt beobachtete er das sich verändernde Verhältnis der Nationalsozialisten zu den Mitgliedern der alten Fürstenhäuser. Als sich der neue Reichsjugendführer Baldur von Schirach in einer öffentlichen Rede im Oktober 1933 abfällig über die einstigen Fürsten im Allgemeinen und über das Haus Hohenzollern im Besonderen geäußert (s. S. 131) und diesen totales Versagen zum Vorwurf gemacht hatte, war es Prinz Eitel Friedrich, der diese Rede dem Kaiser sandte, ungeachtet des Missvergnügens, das er der Kaiserin Hermine damit bereitete.[333]

Gelegentlich der Feiern zum 75. Geburtstag des Kaisers am 27. Januar 1934, als zahlreiche Gäste und viele Familienmitglieder des Hauses Hohenzollern in Doorn eingetroffen waren, hatte Ilsemann im Verlauf vieler Gespräche Gelegenheit gefunden, die politische Einstellung der einzelnen Angehörigen des Kaiserhauses zu ergründen. Sein Eindruck war,

> »daß es zwei ausgesprochene Lager gibt: die einen sind ganz für die Nazis, die anderen sehr scharf dagegen«.

Zu den sehr scharfen Gegnern zählte er auch die Prinzen Eitel Friedrich und Oskar.[334] Damit ist durch den wohl genauesten Beobachter und sorgfältigsten Chronisten aus der Umgebung des Kaisers im Exil bestätigt, was alle anderen Beobachtungen ebenfalls ergeben: Der zweite Sohn des Kaisers stand ein für alle Bestrebungen zur Restauration der Hohenzollern-Monarchie; mit dieser Zielsetzung wusste er sich eins mit den konservativen Kräften in Deutschland, die politisch bei der Deutschnationalen Volkspartei und im Stahlhelm beheimatet waren.

Von dieser Haltung bestimmt, fiel es Prinz Eitel Friedrich schwer, sich als Stahlhelmer in die »Gleichschaltung« zu fügen. Er sah sich den Pressionen der Nazis im Weigerungsfall ausgesetzt; aber er war sich andererseits ebenso der Gegnerschaft seines Vaters, des Kaisers, gegen den Vollzug der Gleichschaltung bewusst. Von der bedrückenden Lage mangelnder eigener Entscheidungsfreiheit zeugt ein Brief an den Kaiser, über dessen Inhalt Ilsemann unter dem 21. Februar 1934 berichtet, der Prinz habe dem Kaiser geschrieben, dass bis zum 28. des Monats jeder Stahlhelmer schriftlich mit eigenhändiger Unterschrift Hitler die unbedingte Gefolgschaft zu geloben habe, oder er würde aus dem Bunde ausgeschlossen. Er habe dem Kaiser geschildert,

> »daß ein Nichtunterschreiben als Opposition ausgelegt würde und er mit seinen Brüdern und der Familie dann mit Ausweisung und Konfiskation des Vermögens rechnen müsse. Außerdem habe er, ebenso wie sein Bruder Oskar, einen großen Anhang im Stahlhelm, und diese Kameraden würden dasselbe

> wie die Prinzen tun, im Weigerungsfall also würden soundsoviele Familien stellungs- und brotlos werden.«

Prinz Eitel Friedrich bat den Vater daher abschließend,

> »er möchte ihm und dem Prinzen Oskar den Entschluß, was sie zu tun hätten, frei lassen und kein Verbot aussprechen«.

Ilsemann bezeichnete diese Angelegenheit als »fraglos einen der schwersten Schläge, die den Kaiser in der Verbannung getroffen« haben.[335]

Ungeachtet aller zu erwartenden und zu befürchtenden Folgen, entschied der Kaiser zunächst, dass seine Söhne die Treue-Erklärung für Hitler nicht abgeben sollten. Als daraufhin auch Prinz Oskar nach Doorn kam, um dem Vater die Zwangslage einsichtig zu machen, in der sich Prinz Eitel und er befanden, um alle Folgerungen vorauszubedenken, ließ sich der Kaiser auf einen Kompromiss ein. Den Prinzen Eitel Friedrich und Oskar wurde erlaubt, ihre Treueerklärung für Hitler zu unterschreiben, jedoch

> »mit dem Zusatz, daß sie dadurch niemals zu Handlungen gezwungen würden, die dem Interesse ihres kaiserlichen Vaters und dem Hause Hohenzollern schaden könnten.«[336]

In der Folgezeit blieben den Prinzen Eitel Friedrich und Oskar lediglich Aufgaben der Repräsentation; aber auch diese nur in einem sehr bescheidenen Umfang. So erschienen am 9. Februar 1937 mehrere ehemalige Offiziere des 1. Garde-Regiments, die unter Führung von Prinz Eitel Friedrich dem Kaiser zum 60-jährigen Jubiläum seines Diensteintritts in dieses Regiment gratulierten. Als aber der Garde-Verein im Juli 1937 eine Tagung in Düsseldorf durchführte, an der Prinz Eitel Friedrich in seiner Eigenschaft als Vorsitzender dieses Vereins teilnehmen wollte, ließ man den Prinzen »von Regierungsseite« wissen, dass die Zusammenkunft verboten werden würde, falls er erscheinen sollte.[337] So blieb dem Prinzen Eitel Friedrich nichts anderes als die stumme Resignation, die sich lähmend über so viele Deutsche jener Zeit breitete. Auch ihm war der weiterhin hinter der hohlen Hand verbreitete politische Witz ein wichtiges Ventil. Es nimmt aber durchaus nicht wunder, dass dem Kaiser diese

Ventilfunktion des politischen Witzes fremd blieb, wie ein Gespräch mit Ilsemann am 30. November 1938 bestätigt, dem der Kaiser sagte:

»Eitel hat mir in den letzten Tagen eine Unmenge Witze, Anekdoten und vor allem Kritiken über das heutige System erzählt. Er kennt also alle Fehler und Schwächen ganz genau; aber daß er mir sagen müßte, wie dieses System zu beseitigen sei, wie diese Kerls ausgeschaltet werden können, auf den Gedanken scheint er gar nicht zu kommen.«[338]

Prinz Eitel Friedrich starb 1942 in Potsdam. Hitler verbot ein Begräbnis mit militärischen Ehren. Kriegskameraden des Prinzen aus dem Ersten Weltkrieg, darunter verdiente Generäle, durften nur in Zivil an der Trauerfeier teilnehmen. Die Worte des Geistlichen waren das Fazit seines Lebens:

»Ein preußischer Prinz, ein preußischer General, ein preußischer Divisionskommandeur, ausgezeichnet nicht nur mit dem Pour le mérite sondern auch mit der Liebe seiner Offiziere und Soldaten, hat den Weg ins ewige Vaterland angetreten. Zu den jungen Hohenzollern, die in diesem Kriege dem Vaterland ihr Leben zum Opfer gebracht haben, hat sich ein alter ins Grab gelegt. Er hat erfüllt, was er gelobt: Semper talis!«[339]

Prinz Oskar

Prinz Oskar, der fünfte Sohn des Kaisers, geboren 1888, hatte am Ersten Weltkrieg im Rang eines Oberstleutnants als Regimentskommandeur der Liegnitzer Königs-Grenadiere teilgenommen. Herzogin Viktoria Luise wusste über ihn zu berichten:

»Schon im ersten Kriegsmonat hatte er sich als hervorragender Infanterie-Offizier, der ›Umsicht und Kaltblütigkeit bewies‹, ausgezeichnet.«

Sie hat in einem ihrer Erinnerungsbücher einen Bericht überliefert, der ihr über verlustreiche Waldgefechte vorlag, an denen ihr Bruder, Prinz Oskar, beteiligt war. Hier heißt es:

»›Mitten unter den vordersten Abteilungen, die so todesmutig vorstürmten, befand sich unser Regimentskommandeur, Prinz Oskar von Preußen. Nicht achtend des ununterbrochenen Gewehr- und Schrapnellfeuers stand der Prinz aufrecht, in der Hand das Gewehr eines Gefallenen haltend, und gab ruhig seine Befehle‹. Seinem tapferen Regiment voran stürmte Oskar die Höhe der Côtes Lorraines.«[340]

Vor und nach dem Kriege erscheint sein Name in höchst sympathischer Weise als Sohn oder Bruder im Familienkreise. Als nach dem Kriegsende die Revolution bis Potsdam vordrang, bewaffneten sich er und sein Bruder Eitel Friedrich mit Gewehren und hielten nachts Wache vor dem Schlafzimmer ihrer Mutter, der Kaiserin. Auf die Nachricht hin, dass die alliierten Siegermächte von der Regierung der Niederlande die Auslieferung des Kaisers verlangen würden, war Prinz Oskar der Erste, der die Reichsregierung um Ausreisegenehmigung in die Niederlande ersuchte, um in den zu erwartenden schweren Tagen seinen Eltern beistehen zu können.[341] In Amerongen litt er unter dem Eindruck, den er von seinem Vater, dem Kaiser, gewann, der tagein, tagaus hinter der Gartenmauer von Schloss Amerongen hin und her lief: »Man wird bei seinem Anblick unwillkürlich an ein wildes Tier in einem Käfig erinnert«, klagte er seiner Schwester.[342] In der Leidenszeit der letzten Erkrankung seiner Mutter, der Kaiserin, war er immer zur Stelle und versuchte zu helfen, zu trösten und zu beruhigen. Er begleitete nach ihrem Ende die in ihren Sarg gebettete tote Mutter bei ihrer Überführung von Doorn in die Heimat nach Potsdam.[343]

Schließlich wurde Prinz Oskar mit seiner Familie in Potsdam ansässig. Wie schon als Sohn und Bruder, so bewährte er sich als Gatte und Vater in untadeliger Lebensführung. Es war ein Leben von eigentlich recht bürgerlichem Zuschnitt, das er in der Zeit der Weimarer Republik in Potsdam führte.

Dass der Prinz der neuen Staatsform eine besondere Zuneigung entgegenbrachte, war nicht zu erwarten. In einem Brief an den ihm freundschaftlich verbundenen politischen Journalisten und Redakteur Franz Sontag, der unter dem Pseudonym Junius Alter schrieb, kommt seine ablehnende Haltung klar zum Ausdruck:

»Daß man so verblödet war, Sie in die Rathenau-Affäre[344] verwickelt zu glauben, spricht nur gegen unser heutiges ›sympathisches‹ System und zeigt Poli-

> zei und sonstige Organe in einem eigenen Licht. Daß mir das vollkommen gleichgültig ist, brauche ich wohl nicht zu betonen, darüber brauchen Sie sich also wirklich keine grauen Haare wachsen zu lassen. Ebenso gut kann ich selbst ja jeden Tag verhaftet werden, als Grund würde wohl schon genügen, daß ich unsere jetzige Staatsform nicht gerade als vorbildlich anzusehen vermag. (Das ist wahrscheinlich auch schon wieder ›Gefährdung der Republik‹).«[345]

Der Briefwechsel des Prinzen Oskar mit seiner Schwester, der Herzogin Viktoria Luise, enthält eine Fülle von Details der Häuslichkeit, der Fürsorge und der Liebe.[346] Es ist wohl auch bezeichnend, dass Ilsemann aufgrund seiner Eindrücke bei Besuchen des Prinzen Oskar in Doorn diesen als »einfachen, schlichten Prinzen« beurteilte.[347] Diese Charakterisierung Ilsemanns ist sicher zutreffend, denn Prinz Oskar sah sich selbst nicht anders. Wiederholt brachte er diese Einstellung zum Ausdruck, wie ein Brief an Franz Sontag vom Januar 1924 belegt:

> »Sie kennen mich allmählich ja etwas, ich bin kein ›komplizierter Fall‹, sondern ein sehr einfach konstruiertes Menschenkind. Habe ich zu jemand Vertrauen, dann bleibt es dabei, bis der Betreffende selbst mich eines anderen belehrt! Ob nun die alte Ordnung u. mit ihr versch. Andere wiederkehrt, spielt für mich gar keine Rolle. Ich glaube, Sie werden mich nicht für so kleinlich halten, daß ich meine Freunde und Bekannten nach dem Gotha aussuche! Das wäre ebenso blöde wie langweilig, erinnert mich an einen Ausspruch ich glaube Karls V., der sagte: Wenn ich nur mit meines gleichen verkehren dürfte, dann müßte ich immer allein sein und würde verrückt! … ob unter dem Pleitegeier oder dem Schwarzen Adler, ich bleibe für Sie stets derselbe. Mit herzl. Händedruck, Ihr dankbar ergebener Oskar.«[348]

Im Gegensatz zu seinem Bruder, dem Kronprinzen, nahm Prinz Oskar besitz- und bildungsbürgerliche Lebensgewohnheiten an. Er trat dem »Stahlhelm« bei, und zwar, wie sein Bruder Eitel Friedrich, als einfacher Stahlhelm-Mann, der sich bereitwillig in Reih und Glied einordnete.

Die Übernahme einer führenden Position etwa in den »Vereinigten Vaterländischen Verbänden Deutschlands« (VVVD) lehnte Prinz Oskar stets ab. In einem Brief an Franz Sontag, der sich besonders darum bemühte, den Prinzen für eine leitende Funktion zu gewinnen, erläuterte

Prinz Oskar, warum er sich nicht an die Spitze der Vaterländischen Verbände stellen konnte:

> »Es sei noch nicht so weit. Es sind noch zu viele auseinander strebende Kräfte am Werk. Ich habe am Sonntag lange mit Goltz[349]gesprochen, will etwa am 12. 1. versuchen, sich an Gayl[350] heranzupirschen, aber eine endgültige Änderung in Ihrem Sinne wird jetzt noch nicht herausspringen, soviel übersehe ich die Dinge schon. Daß ich persönlich das Wort Ehrgeiz nicht kenne, wissen Sie, ich würde mich freuen, wenn das angestrebte Ziel sich auch unter einer anderen Form, einem anderen Mann erreichen ließe, ich würde als erster mich ihm unterstellen, ich bin von jeher dazu erzogen und habe stets in dem Sinn zu wirken versucht, daß die Person nichts, die Sache alles ist. – Daß Sie der ›Punkt 1‹[351] innerlich sehr beschäftigt, berührt, verstehe ich: so etwas kann einen ganz krank machen. Aber im Interesse der Sache muß Punkt 1 gelöst werden, er ist der Eckstein, an dem sich alles stößt.«[352]

Aus der erhalten gebliebenen Korrespondenz geht leider nicht hervor, ob Prinz Oskar einen Ersatzkandidaten vorschlug.

Das von Sontag angekündigte Verlassen Berlins wird von Prinz Oskar sehr bedauert:

> »Ihre treue, selbstlose Anhänglichkeit, Ihr kluger, (wenn auch, was mich persönlich betrifft, nicht immer genügend objektiver) Rat, die aufrichtige Zuneigung, die mich mit Ihnen verbindet, sind mir wert geworden in den vergangenen, langen, schweren Jahren. Ich werde Sie schmerzlich vermissen, aber nie vergessen; ich bleibe immer derselbe; ich habe schon als 10jähr. Junge auf dem Helm den Wahlspruch ›semper talis‹ getragen!«[353]

Der Prinz schließt seinen Brief mit guten Neujahrswünschen für Sontag:

> »Gott segne Ihnen das neue Jahr und helfe unserem Vaterland. Es gebe ihm nur 1 Mann, der brutal rechts und links dazwischen drischt, rechts wieder unter einen Hut prügelt, … Landesverrätern, Schiebern, Novemberverdienern p. p. das Handwerk legt. Dann wären wir bald wieder oben auf!«[354]

Er selbst verstand sich nicht als ein solcher Mann; ihm genügte die Einordnung in den »Stahlhelm«.

Der Kaiser hielt mit seiner Kritik an dieser Entscheidung nicht zurück. Enttäuscht darüber, dass ihm vom Stahlhelm-Tag in München 1929 keine Grußadresse entboten worden war:

> »Fünf meiner Söhne waren dabei und keiner hat ein Wort von sich hören lassen!«,

äußerte er über Stahlhelmleute:

> »Wozu sind sie also da? Anscheinend lediglich um Bier zu trinken und Fahnen zu schwenken! Die Führer Seldte und Duesterberg wollen nur selber eine Rolle spielen!«[355]

Prinz Oskar focht die Äußerung der Enttäuschung des Kaisers nicht an. Politisch betätigte er sich für die Deutschnationale Volkspartei, machte aus seiner Einstellung kein Hehl und schrieb seiner Schwester Viktoria Luise von der Reichstagswahl im September 1930:

> »Ich wähle natürlich Hugenberg!«

Das war freilich »natürlich« und konsequent. Als die Wahl aber den unerwartet großen Stimmenzuwachs der NSDAP ergeben hatte, die bekanntlich 107 Sitze erringen konnte, äußerte er:

> »Über die Nazis kann man nicht in wenigen Worten schreiben, sie sind sehr wertvoll, das bisherige Programm abänderungsbedürftig.«[356]

Damit hatte er sich auch von der im Frühjahr 1930 bekannt gewordenen Entscheidung seines Bruders August Wilhelm distanziert. Er meinte, diese Sache »nicht so gravierend« ansehen zu sollen, und schrieb seiner Schwester:

> »Er wird erhebliche Nackenschläge erhalten. Aber ihn davon abbringen zu wollen, ist völlig aussichtslos, würde nur das Gegenteil erreichen. Ich rate dringend ab, ihm in der Beziehung etwas zu sagen.«

Prinz Oskar verschwieg auch nicht die sich für seinen Bruder August Wilhelm ergebende Konsequenz:

> »Er wird sich eben allmählich vom Stahlhelm lösen müssen, da man nicht gleichzeitig beides kann.«[357]

Dass er selber August Wilhelms Entschluss nicht zu teilen vermochte, ergeben Erwägungen wie diese:

> »Schwierigkeiten für die Familie sehe ich bis jetzt noch nicht, wenn er nicht so unvorsichtig ist. Fällt er bei irgendeiner Sache rein, so ist das seine Sache, nicht die der Familie.«[358]

Auch jetzt war Prinz Oskar nicht bereit, die Führung der Vaterländischen Verbände zu übernehmen. Er betonte, dass er derartigen Bestrebungen schon in den vergangenen Jahren stets eine Absage erteilt habe, an dieser Einstellung habe sich nichts geändert, er fühle sich eher in seiner Auffassung noch bestärkt. An Sontag schrieb er im Oktober 1930:

> »Nach wie vor bin ich der Ansicht, daß ich letzten Endes Recht gehabt habe, daß ich damals immer wieder die Führerschaft über die V. V. V. D. ablehnte. Die Einigung innerhalb ihrer Reihen hätte sich vielleicht etwas schneller vollzogen, als das der Fall gewesen ist, zu einer wirklich einflußreichen Stellung konnte man die V. V. V. D., a conto ihrer Struktur, aber nie erheben. Darin haben Sie recht, daß bei allen meinen Überlegungen, meine scharfe legitimistische Einstellung mit den Ausschlag gegeben hat.«[359]

Diese »scharf legitimistische Einstellung« bot auch den Hauptgrund für eine Kontroverse zwischen Prinz Oskar und Franz Sontag. Dieser hatte im Herbst 1930 ein Buch mit dem Titel »Nationalisten« herausgebracht. In einem Unterkapitel, ›Die Stahlhelmprinzen‹, behandelt Sontag auch Prinz Oskar. Dieser wies den Verfasser darauf hin, dass er ihm einen schlechten Dienst mit der Erörterung seiner Person erwiesen habe. Vor allem wandte er sich gegen die Ansicht Sontags, dass seine Brüder nicht geeignet seien, Führungsrollen in der nationalen Bewegung zu übernehmen.

> »Das Urteil über die ›Ungeeignetheit‹ meiner Brüder ist m. E. durchaus unzutreffend, ebenso, wie ich mich selbst für absolut ungeeignet halte.«[360]

Der Prinz wies ferner darauf hin, Sontag habe ihn in eine sehr peinliche Lage gebracht, da mancher glauben könnte, er habe von dem Buch vorher gewusst. Im Übrigen teile er nicht die Ansicht, der monarchische Gedanke sei im Abklingen, er, Oskar, glaube vielmehr an die Zukunft der Monarchie. Er gab Sontag zu verstehen, dass sein Buch den monarchischen Gedanken eher geschwächt als gestärkt habe. Vor allem auf die monarchischen Kreise im In- und Auslande müsse das Buch eine fatale Wirkung ausüben. Darüber hinaus fühle er sich in unerwünschter Weise in den Vordergrund geschoben, was weder ihm persönlich noch seiner Arbeit zuträglich sein könne. Seine, Sontags, Ausführungen, böten vielmehr Anlass zu Konflikten, derer er schon genug habe.

> »Auch bringen Sie mich meinen Brüdern (gemeint sind der Kronprinz und sein Bruder Adalbert) gegenüber in eine sehr unangenehme Lage, was mir zum jetzigen Zeitpunkt, sowie auch sonst überhaupt, ganz besonders unerwünscht ist.«[361]

Über seine Brüder hatte Sontag in einem Brief vom 24. Oktober 1930 an den Prinzen Oskar geschrieben:

> »Die Dinge liegen nun doch einmal tatsächlich so, daß sowohl Se. Kaiserl. Hoheit der Kronprinz als auch Se. Königl. Hoheit Prinz Adalbert nach der Revolution nicht die für einen preußischen Prinzen verständliche politische Haltung gefunden, sondern in ihren Veröffentlichungen stark das Gleichgewicht verloren haben. Das ist eine historische Tatsache, die nicht ungeschehen zu machen ist, so sehr man sie auch bedauern kann.«[362]

Auch gegen ein anderes Projekt Sontags erhob Prinz Oskar Bedenken. In einem Buch über den Kaiser wollte Sontag unter anderem den Gedanken propagieren, im Blick auf die Wiedererrichtung der Monarchie auf das legitimistische Prinzip zu verzichten. Sontag befürchtete gegenteilige Äußerungen aus Doorn und auch vom Kronprinzen und der Kronprinzessin. Auf eine derartige Reaktion angesprochen, meinte Prinz Oskar:

»Ich glaube nicht, daß die Frau Kronprinzessin in dem von Ihnen angedeuteten Sinn betreffs des Verzichts auf den streng legitimistischen Standpunkt unüberwindliche Widersprüche erheben wird. Natürlich kann man sich in solchen Dingen irren, aber ich glaube es nicht.«

Im Übrigen vertrat Prinz Oskar die Meinung, dass es höchst bedauerlich und dem Buche sicherlich abträglich wäre, wenn es ohne Einvernehmen mit Doorn und Oels herauskäme.[363]

Die zögernd kritische Einstellung gegenüber dem Nationalsozialismus und die positive Einschätzung der Deutschnationalen bewahrte sich Prinz Oskar auch, als ihm Auseinandersetzungen mit seinem Vater nicht erspart blieben. Der Kaiser hatte im April 1932 einen Brief an Prinz Oskar abgefasst, in dem er bedauerte,

»daß die junge Generation heute andere Ansichten habe als die ältere, daß sie von den alten Zuständen zur Zeit der Monarchie nichts mehr wissen wolle. Es möge sein, die Schuld aber, daß die Jugend so denke, habe einzig und allein die Deutschnationale Partei und der Stahlhelm. Beide hätten versäumt, die neue Generation zu erziehen! Gegen beide erhebe er die schwersten Vorwürfe, vor allem weil sie nicht genügend für die Rückkehr des Kaisers arbeiteten, im Gegensatz zu den Nationalsozialisten! An denen sollten sie sich ein Beispiel nehmen. Die Deutschnationalen sprächen zwar von der Monarchie, auch von dem monarchischen Gedanken, aber nicht von dem legitimen Kaiser! Das sei es, was vor allem die Jugend ihnen übelnähme«.[364]

Der im Ton schroffe Brief ist dem Prinzen nicht ausgehändigt worden; aber über den Inhalt wurde er informiert. Er hat sich jedoch keinesfalls ein Beispiel an den Nationalsozialisten genommen, wie ihm sein Vater hier empfahl, sondern distanzierte sich eher weiter von diesen. Ein Brief, den Admiral von Karpf im November 1932 an Herzogin Viktoria Luise richtete, bestätigt dies:

»Daß die Nazis jetzt die Partei über das Vaterland stellen und der außenpolitisch um die Gleichberechtigung und Wehrfreiheit kämpfenden Regierung in den Rücken fallen, … ist unverzeihlich. Prinz Eitel Friedrich, bei dem ich vor ca. 3 Monaten in der (Villa) Ingenheim war,[365] stimmte mit mir vollkommen darin überein, ebenso Prinz und Prinzessin Oskar.«[366]

Bereits im Oktober 1932 erkannte der Kaiser selbst, »daß er bei den Nazis auf das falsche Pferd gesetzt hatte«; Ilsemann bemerkte: »Er ist um eine Enttäuschung reicher.« Nun ließen es sich Prinz Oskar und Prinz Eitel Friedrich angelegen sein, den Kaiser mit Material gegen die Nazis zu versorgen.[367]

Kaiserin Hermine, die das nur äußerst ungern sah, begrüßte die Zeichen der Auflösung, die sie nach der Machtergreifung Hitlers und den Ereignissen nach dem »Tag von Potsdam« am 21. März 1933 gelegentlich ihres Besuches in Berlin beobachtet haben wollte, dass nämlich »der Stahlhelm mitten in der Auflösung begriffen (sei), alle Mitglieder liefen zu den Nazis über«. Für die konsequent gebliebene Haltung Prinz Oskars spricht die triumphierend gemeinte Äußerung, »Prinz Oskar schäme sich über diese Blamage so, daß er es nicht gewagt habe, sie in Berlin aufzusuchen.«[368] Dafür aber dürfte er andere Gründe gehabt haben!

In dieser Lage schwindender Hoffnungen auf ihm günstige politische Möglichkeiten des Stahlhelms bat der Kaiser seinen Sohn Oskar um Information über die augenblickliche Einstellung des Stahlhelms. Über die Antwort des Prinzen Oskar äußerte sich der Kaiser am 8. Juni 1933 gegenüber Ilsemann, die Antwort sei

> »so inhaltlos, voller Bedenken und Zweifel, daß es traurig sei, daß sein Sohn keine andere Einstellung habe … Am traurigsten sei der Schluß, wo Prinz Oskar nur in Phrasen von Deutschland spreche und kein Wort von der Monarchie und der Rückkehr des Vaters«.[369]

Nun verwundert das nicht angesichts der in dieser Frage immer sehr realistisch gebliebenen Meinung des Prinzen Oskar über eine Restauration der Monarchie; konnte er es doch nur bedauern, wenn seinem Vater falsche Erwartungen auf eine Rückkehr auf den Thron suggeriert wurden.

Dass neben dem Kaiser auch Prinz Oskar im Mittelpunkt der Restaurationsbestrebungen stand, belegt der Briefwechsel mit Franz Sontag. Der letzte, noch vor der Machtergreifung Hitlers geschriebene Brief des Prinzen Oskar im Nachlass Alter (Sontag) stammt vom 12. Juli 1931 und der erste vorhandene nach dem 30. Januar 1933 vom 31. Dezember des Jahres. Die dazwischen liegende Korrespondenz ist offensichtlich nicht erhalten geblieben, bis auf einen Brief Sontags vom 22. Februar 1932, in dem er dem Prinzen Oskar zu einer Kandidatur in der bevorstehenden Wahl des

Reichspräsidenten rät, obwohl Sontag bereits in einem Brief vom 10. Juli 1931 zu der Überzeugung gekommen war, dass Prinz Oskar im Blick auf eine Präsidentschaft nicht über seinen Schatten zu springen vermochte.[370] In jenem Brief hatte Sontag begründet, warum er den Prinzen Oskar der Kaiserkrone für würdig erachtete:

> »Weil ich in Euer Königlichen Hoheit eine gewisse Reinkarnation des hochseligen Kaiser Wilhelms I. mit allen darin umschlossenen hoffnungsvollen Ausblicken für unsere Politik sehe.«

Und er versicherte:

> »Unerschütterlich ist nach wie vor mein Glaube, daß die Krone bei Eurer Königl. Hoheit nicht nur in guten und würdigen Händen gewesen wäre, sondern daß Volk und Reich auch keinen Anlaß gehabt haben würden, eine solche Lösung zu bedauern.«[371]

Nun, im Februar 1932, versuchte Sontag, dem Prinzen Oskar erneut den Gedanken an eine Kandidatur, diesmal allerdings für das Amt des Reichspräsidenten, nahezubringen. Er tat dies mit einem Rückblick auf das Jahr 1862 und zog eine Parallele zur Situation des damaligen Königs Wilhelm. Dieser stand seinerzeit allerdings auf festerem Fundament als sein Urenkel im Jahre 1932. Ging es damals lediglich darum, einen widerstrebenden Landtag aufzulösen, so galt es jetzt, »ein äußerlich und innerlich niedergebrochenes Volk wieder auf den Weg der Pflicht, der Ehre und der neuen Größe zu führen!«[372]

Im Übrigen bekräftigte Sontag seine schon wiederholt geäußerte Überzeugung, dass Prinz Oskar die notwendigen Führungsqualitäten in reichem Maße besäße. Wie die Entscheidung in dieser Schicksalsfrage, denn die Personalfrage wäre eine solche, schließlich ausfallen würde, wäre eine Sache der Nerven, des Willens, des Glaubens und des Vertrauens. Die einmal gefällte Entscheidung unterliege dann aber nur noch dem Richterspruch des Allerhöchsten.

Eine unmittelbare Reaktion des Prinzen Oskar auf dieses Schreiben Sontags liegt nicht vor. Der Geist des Sich-bescheiden-Könnens und der unbedingten Hintanstellung der eigenen Persönlichkeit spricht wieder aus dem schon erwähnten Brief vom Dezember 1933. Zwar liegen zwischen diesem Schreiben und dem letzten davorliegenden eineinhalb Jahre, dennoch fügt sich das nun Gesagte bruchlos zu dem, was Prinz Oskar auch schon früher stets bekundet hatte:

> »Nun ist man alt und grau geworden, aber das Herz schlägt immer noch im Tempo 114 (Bezeichnung für das Marschtempo der Infanterie), das Wort semper talis ist keine leere Phrase gewesen – sondern Motto und Inhalt eines Lebens, das immer unter dem Rauschen unserer alten Fahnen stand, dessen Hauptrichtungspunkt immer der König von Preußen war, für den es nur einen Rhythmus gab, den des ›Fridericus Rex‹ des ›Hohenfriedberger‹ und all' unsre herrlichen alten Armeemärsche, dazu nur 1 Signal: Kartoffelsupp, Kartoffelsupp[373] … Und dieses Leben hat immer so ganz dem König von Preußen und seinem Dienst gehört, daß jeder Gedanke an die eigene Person automatisch ausschaltete. ›Wer auf den König von Preußen schwört, hat nichts mehr, was ihm selber gehört!‹ So war meine Einstellung, die Sie damals sicher gar nicht verstehen konnten, ganz von selbst gegeben, zwangsläufig. Und das neue Jahr soll darin keine Änderung bringen. Sich selbst treu bleiben. Alles andere ergibt sich von selbst! Der preuß. Soldat faltet vor dem Kampf die Hände, so wollen wir es auch vor der Schwelle des neuen Jahres tun. Und dann hinein, ruhig, aufrecht treu mit dem Wort auf den Lippen: Es lebe der König!«[374]

Die Haltung des Prinzen Oskar hatte sich also nicht geändert, wohl aber die politische Lage; und vor diesem Hintergrund bekommen seine Worte vom Dezember 1933 einen anderen Klang.

Das sicherste Zeugnis dafür, dass sich Prinz Oskar durch nichts blenden ließ und mit dem Nationalsozialismus nicht zu paktieren bereit war, bietet die bereits erwähnte kritische Beurteilung der Mitglieder des Hauses Hohenzollern durch den stillen Beobachter Ilsemann anlässlich der Feier des 75. Geburtstages des Kaisers am 27. Januar 1934 in Doorn. Ilsemann konnte feststellen:

> »Zwei ausgesprochene Lager, die einen sind ganz für die Nazis, die anderen sehr scharf dagegen.«

Prinz Oskar zählte er ausdrücklich zu denen, die er als »sehr scharfe« Gegner erkannt hatte. Prinz August Wilhelm, der zur anderen Gruppe gehörte und dem die Einstellung seines Bruders ebenfalls nicht entgangen war, äußerte zu Ilsemann nur, »Oskar sei stur«.[375]

Er blieb, der er war, auch als er sich – wie sein Bruder Eitel Friedrich – als Stahlhelmer der Gleichschaltung ausgesetzt sah. Während Eitel Friedrich brieflich den Vater um die Erlaubnis einer unterschriftlichen Treueverpflichtung gegenüber Hitler gebeten hatte,[376] suchte Prinz Oskar seinen Vater am 26. Februar 1934 persönlich in Doorn auf, um seine Loyalität unmissverständlich zu versichern und die Erlaubnis zur Unterschrift zu erwirken. Das Ergebnis war der bereits erwähnte Kompromiss: Die Prinzen unterschrieben ihre Treueerklärung gegenüber Hitler mit dem Zusatz:

> »Daß sie dadurch niemals zu Handlungen gezwungen würden, die dem Interesse ihres kaiserlichen Vaters und dem Hause Hohenzollern schaden könnten.«[377]

Die Haltung des Prinzen Oskar gegenüber der neuen politischen Lage dokumentiert ein Brief vom 19. August 1935. Es handelt sich dabei wieder um den Briefwechsel mit Franz Sontag. Das zitierte Schreiben ist das letzte aus dem während der Nazizeit geführten Briefwechsel. Prinz Oskar hält darin Rückschau auf die gemeinsam durchlebte geschichtliche Vergangenheit. Er spricht von den wechselvollen Zeitläufen, denen Deutschland unterworfen wurde und noch immer wird:

> »Vielleicht wird eine spätere Zeit den genügenden Abstand von den Dingen haben, um sie einmal nicht nur sachlich richtig – sondern mit den Herzen erfaßt und so empfunden, wie wir nationale Menschen sie empfinden mußten und empfunden haben – zur Darstellung zu bringen.«[378]

Wie schon in früheren Briefen, so betont Prinz Oskar auch jetzt wieder die Richtigkeit des von ihm eingeschlagenen Weges.

> »In all dem Wandel der Jahre waren, glaube ich, die von mir immer wieder betonten zwei Hauptpunkte doch richtig: Gradlinig gehen, das, was man will den anderen vorleben und Fahnenträger sein zu einer besseren Zukunft.«

Den anderen Hauptpunkt betreffend, bekennt Prinz Oskar:

> »Gott führt die Menschen fast immer Wege, die anders laufen, als sie es sich gedacht hatten. Ich habe es immer als schwierigstes Problem empfunden, sich zu so viel innerer Stille durchzukämpfen, daß man einerseits bereit ist, seine Wege zu gehen, andererseits aber mal dazu kommt, trotz der fürchterlichen Unruhe der modernen Zeit in sich hinein zu hören. Kann man das beides vereinigen, so wird der Weg, den man geht, nicht allzu weit abweichen von dem, den man gehen soll.«[379]

Diesen Weg ist Prinz Oskar konsequent gegangen. Nicht ohne Grund fügte er seinem Brief als P. S. hinzu:

> »Aus gewissen Gründen wäre ich für eine Empfangsbestätigung dieser Zeilen dankbar.«

Dazu hatte er in der Tat Grund genug; denn mit diesen Zeilen hat er seine entschlossen distanzierte Haltung zum Nationalsozialismus in der Form bekräftigt, die ihm damals allein möglich war: »Fahnenträger zu einer besseren Zukunft« enthält das Negativurteil über seine 1935 erlebte Gegenwart, für die er die Charakterisierung »Unruhe der Zeit« findet. Sein Bekenntnis zum Glauben an Gott muss im Kontext des zu jener Zeit bereits voll entbrannten Kirchenkampfes gesehen werden. Die Erfahrung der Bespitzelung aller exponierten, den Nazis verdächtigen Persönlichkeiten hatte Prinz Oskar vorsichtig werden lassen. Die Gesinnungsgenossen waren es gewohnt, verklausulierte Aussagen richtig zu verstehen. Eine klare Absage an den Nationalsozialismus konnte damals nicht viel direkter ausgedrückt werden.

Noch einmal konnte Ilsemann die erklärte Gegnerschaft des Prinzen Oskar und seiner Brüder – außer Adalbert und August Wilhelm, die Ilsemann nicht hatte sprechen können – eindeutig feststellen, als nach der berüchtigten »Kristallnacht« am 9. November 1938 die Söhne des Kaisers zu einer Besprechung über die spätere Verwaltung des Vermögens nach dem Ableben des Kaisers in Doorn versammelt waren: »Alle Söhne … sind entsetzt über die Entwicklung in Deutschland«, besonders auch der Kronprinz,

> »der den Führer geistig nicht mehr für normal ansieht«.[380]

Zu den Söhnen, denen Ilsemann das Entsetzen über die Gräuel der »Kristallnacht« attestiert, gehörte Prinz Oskar nicht zuletzt in Anbetracht seines besonderen kirchlichen Engagements.

Dem Prinzen Oskar war nämlich durch diese ganze Zeit hindurch eine besondere Aufgabe erwachsen, der er sich mit persönlicher Hingabe und großem Geschick und Erfolg widmete, nachdem ihm 1927 nach seinem Bruder Eitel Friedrich das Amt und die Würde des Herrenmeisters des Johanniterordens zugefallen war. Es ist durchaus bezeichnend für den Ernst, mit dem er auf diesen Gedanken zuging, als er seiner Schwester Viktoria Luise schrieb:

> »Man will mich wählen trotz meines Abratens, da ich mich absolut nicht dafür eigne.«[381]

Sosehr ihn die persönliche Bescheidenheit ehrte, der Orden rief ihn dennoch und konnte in der Tat in ihm die leitende Persönlichkeit erhalten, die die Geschicke des Ordens mit großer Energie zu lenken verstand. Das sollte sich in der Zeit des »Dritten Reiches« sehr deutlich zeigen.

Der Kaiser stand den neuen Aktivitäten seines Sohnes positiv gegenüber. Dies belegt ein Schreiben an Prinz Oskar vom Juni 1928:

> »Ich danke Dir als dem Herrenmeister und den versammelt gewesenen Kapitels-Mitgliedern des Johanniterordens für den freundlichen Gruß und das treue Gedenken. Es ist Mir eine Freude, daß der Orden inmitten der Stürme, die unser Vaterland durchtoben, seine hohen von Meinen Vorgängern und Mir ihm zugewiesenen Aufgaben in christlichem Glauben und mit fester Zuversicht auf Gottes Hilfe unbeirrt weiter verfolgt. Ich halte mich gern dessen versichert, daß wenn irgend, so im Johanniterorden die Treue zu Mir und Meinem Hause und zur Monarchie fest verankert bleiben und verbreitet werden. Wilhelm R.«[382]

Ein ähnliches Schreiben erreichte den Herrenmeister im Juni 1930:

> »Den Kapitelsmitgliedern des Johanniterordens sage ich für den Huldigungsgruß von ihrer Beratung am 21. Juni meinen Königlichen Dank: Ich habe die Gewißheit, daß die Treue zu Mir und dem angestammten Herrscherhause unerschütterlich sein wird, solange noch ein Johanniter-Ritter lebt. ›Und wenn die Welt voll Teufel wär‹! gez. Wilhelm I. R.«[383]

Und im Juni 1931 richtete der Kaiser an den Herrenmeister folgendes Schreiben:

> »Ich danke Dir für Deine Meldung über den Ritterschlag und bitte, den in Sonnenburg versammelten Johanniter-Rittern den Gruß des Protektors zu übermitteln. Mit Gottes Hilfe wird der Orden unter Deiner sicheren Führung auch in dieser ernsten Zeit der Wirrnisse und Irrungen ritterlich kämpfen für Thron und Altar. Die Losung ›Besser Ritter als Knecht‹ stärke das Herz und den Schwertarm!«[384]

Ungehalten reagierte der Kaiser allerdings auf eine Grußbotschaft des Kommendators der Preußischen Ritterschaft von Berg-Markienen:

> »Euerer Majestät gedenken die zum Rittertag in Königsberg i/Pr. vereinigten Johanniter der Preußischen Genossenschaft in unwandelbarer Treue, Anhänglichkeit und Dankbarkeit mit dem Gelöbnis des Kampfes für die Freiheit des Vaterlandes, für Evangelium, für Wahrhaftigkeit und Recht. Alleruntertänigst Der Kommendator v. Berg-Markienen.«[385]

Der Kaiser überschrieb das Telegramm mit den Worten:

> »Schöne Worte. Wo sind die Thaten!«

Ein Erlass des »Stellvertreters des Führers« vom 7. September 1938 stellte die Ordensritter vor die Alternative, entweder dem Orden oder der Partei anzugehören: die gleichzeitige Mitgliedschaft wurde fortan verboten. Der Wunsch der Nazis, dem Orden damit die Mitglieder zu entziehen, war jedoch nicht zu verwirklichen. Unter dem Herrenmeister Prinz Oskar wurden Auswege ermöglicht, der Alternative zu entrinnen. Der Dienst in der Wehrmacht bot den einfachsten und sichersten Weg. Ein anderer bestand in der Möglichkeit, die Mitgliedschaft einstweilen ruhen zu lassen bei Weiterzahlung der Beiträge.

Wie schwierig die Situation für den Orden jedoch geworden war, zeigt ein Bericht des Kommendators von Arnim-Kroechlendorff, den er im Januar 1939 nach Doorn übermittelte:

> »Des 80ten Geburtstages dürften wir (Johanniter) auf Grund einer Verfügung des Oberkommandos der Wehrmacht bei dem Rittertage (16. 1. 39) nicht gedenken, weil sonst alle Wehrmachtsangehörigen große Unannehmlichkeiten hätten und wahrscheinlich den Saal verlassen müßten! Ich werde aber selbstverständlich als Kommendator unserm allerhöchsten Protektor meine Glückwünsche schriftlich darbringen. Bisher sind aus der Brandenburgischen Genossenschaft auf Grund der Verfügung des Stellvertreters des Führers, daß Doppelmitgliedschaft zwischen Partei und Orden nicht stattfinden dürfe, etwa 32 ausgetreten. Ich rechne auf etwa 100. Da wir in Brandenburg/Berlin etwa 650 Mitglieder sind, würde das finanziell keinen großen Eindruck machen, aber ich sehe voraus, daß das nicht der letzte Schlag gegen den Orden sein wird. Nach meiner Auffassung gibt es für uns nichts anderes, als mit wehender Flagge zu sinken. Kompromisse darf der Orden ja nicht machen, wenn er sich nicht selbst aufgeben will.«[386]

Es gelang jedenfalls nicht, den Johanniterorden zu zerschlagen, wie es vom NS-Staat beabsichtigt worden war.

Als der Herrenmeister dem am 4. Juni 1941 verstorbenen Kaiser als dem letzten Protektor des Ordens einen Nachruf im Ordensblatt widmete – der Russlandfeldzug hatte noch nicht begonnen –, schrieb der Leiter der Parteikanzlei Martin Bormann dem Leiter des Sicherheitsdienstes SS-Gruppenführer Heydrich am 7. Juli 1941:

> »In der Anlage übersende ich Ihnen Fotokopie der Nr. 4 des diesjährigen Johanniter-Ordensblattes mit der Bitte um Kenntnisnahme. Es ist sehr schade, daß dieser Johanniter-Orden noch nicht aufgelöst werden konnte. Wir müssen annehmen, daß alle Johanniter bezüglich des ehemaligen Kaisers der gleichen Auffassung sind wie ihr Herrenmeister: jetzt während des Kriegs steht aber eine große Anzahl von Johannitern erneut in der Wehrmacht.«[387]

Die Versuche, den Orden aufzulösen, erfolgten immer wieder und in immer anderer Gestalt, bis das Reichssicherheitshauptamt am 24. November 1944 entschied, »die Angelegenheit vorerst ruhen zu lassen und die Entscheidung bis Kriegsende zurückzustellen«.[388]

Prinz Oskar behielt als Herrenmeister den Orden straff in der Hand. Zu Lebzeiten Hindenburgs, der selber dem Orden als Ehrenkommendator angehörte, befand er sich zwar unter der schützenden Hand des Reichspräsidenten, nach dessen Tod aber sah das anders aus! Prinz Oskar führte den Orden trotzdem durch alle Gefahren:

> »Er hat den Orden trotz vieler Strangulierungen mit Geschick und Energie durch das ›Dritte Reich‹ hindurchgeführt!«[389]

Er führte ihn später auch durch die Gefahren, die die restlose Zerschlagung Deutschlands und die Besetzung durch die Siegermächte für den Orden heraufbeschworen.

Dass sich Prinz Oskar trotz aller politischen Gegnerschaft dem Vaterland zur Verfügung stellte, als der Zweite Weltkrieg ausbrach, das stand auf einer anderen Ebene als der, auf der politische Entscheidungen gefällt werden. Schon bei Kriegsbeginn wurde er in der gleichen Funktion verwendet, in der er sich bereits im Ersten Weltkrieg bewährt hatte; als Oberst wurde er Kommandeur des in Brandenburg aufgestellten Infanterie-Regiments 230. Das Regiment wurde im Westen eingesetzt. Offiziere und Mannschaften fassten schnell Vertrauen zu ihrem Kommandeur, der sich in dieser Aufgabe zusehends bewährte. Offiziere, die ihn mit »Königliche Hoheit« anredeten, belehrte er: »Meine Herren, mein Dienstgrad ist Oberst.«[390] Zu den Offizieren dieses Regiments gehörte Fabian von Schlabrendorff, der seinem Kommandeur in seinem Erinnerungsbuch »Begegnungen in fünf Jahrzehnten«[391] ein Denkmal setzte:

> »Zum Glück war er kein leichter Kommandeur. Er verfügte über eine gesunde Mischung von Strenge und Güte und scheute sich nicht, mit dem Mittel des Sattelbefehls Verletzungen der Manneszucht durch Arrest zu bestrafen.«

Dennoch hatte der Prinz

> »das Herz seines Regiments gewonnen. Er führte es. Es gab keine Stunde des Tages und keine Stunde der Nacht, in der man sicher war, daß er nicht plötzlich irgendwo auftauchen und sich davon überzeugen werde, daß im Rahmen seines Regimentsabschnittes alles in Ordnung war. Überraschend zu kontrollieren, das war seine von allen Untergebenen gefürchtete Eigenart. Die ganze Überlegenheit seiner Persönlichkeit, seine Erfahrung des Ersten Weltkrieges, sein ihm seit Jahren gewohnter Umgang mit Hoch und Niedrig machten es ihm leicht, das Regiment in die Hand zu bekommen. Wir alle haben viel von

ihm gelernt … Ihn beherrschte keine falsche Forschheit. Dafür kannte er die Menschen zu gut, um nicht zu wissen, daß auf die Dauer nur die vornehme Schlichtheit den Erfolg in der Menschenführung verbürgt«.[392]

Das Bild geradezu väterlicher Fürsorge für seine Soldaten rundet sich ab durch eine bezeichnende Einzelheit, über die Schlabrendorff berichtet:

»Da es mir auffiel, daß er sich ausschließlich durch Truppenverpflegung ernährte und alles ablehnte, was nicht auch dem einfachen Soldaten zustand, habe ich mir einmal ihm gegenüber die Frage erlaubt, ob er denn nicht besser daran täte, sich der Fülle der allenthalben vorhandenen Möglichkeiten zu bedienen, um sich eine ihm zusagende Verpflegung zu sichern; er verneinte hart. Nie werde ich seine Begründung vergessen: ›An Ihnen sieht man, daß Sie den Ersten Weltkrieg nicht miterlebt haben. Denn der Erste Weltkrieg ist durch den Hunger entschieden worden. Wer aber die Macht des Hungers kennt, der weiß, daß man auch als Vorgesetzter niemals mehr oder anders essen darf als der geringste Untergebene.‹«

Schlabrendorff fügt hinzu:

»Das Quartier des Prinzen, ebenso wie sein späterer Gefechtsstand, waren von einer nicht wiederzugebenden Einfachheit und Kargheit.«[393]

Im März 1940 erschien Generaloberst Ernst Busch, der Armee-Oberbefehlshaber und spätere Generalfeldmarschall, bei Prinz Oskar, um ihm seine Beförderung zum Generalmajor zu überbringen. Unmittelbar nach Bekanntgabe der Beförderung fragte der Prinz ihn:

»Soll diese Beförderung eine Kaltstellung sein?«

Busch, der im guten Glauben gekommen war, erwiderte:

»Wenn das so wäre, hätte ich mich nicht dazu hergegeben, Eurer königlichen Hoheit diese Beförderung mitzuteilen!«

Der Prinz hatte sofort erfasst, was die Beförderung bedeuten sollte, im Gegensatz zu Generaloberst Busch, der des Glaubens war, dem Prinzen solle das Kommando über eine Division übergeben werden. Davon war keine Rede, vielmehr wurde Prinz Oskar nach Potsdam zur Führerreserve versetzt, aus der er nie wieder herausgerufen wurde.[394]

Wie es dazu gekommen war, wird von Herzogin Viktoria Luise aufgrund der ihr verfügbar gewordenen Unterlagen so beschrieben:

Zwei Wochen vor dieser Beförderung hätte sich bei einer militärischen Lagebesprechung bei Hitler zugetragen, was von Generaloberst Jodl im Tagebuch mit folgenden Sätzen vermerkt wurde:

> »Größte Empörung des Führers, als er hört, daß Prinz Oskar ein Regiment führt. Schmundt wollte gerade vortragen, daß er eine Division bekommen soll, was er noch unterdrückte.«

Viktoria Luise berichtet:

> »Hitler geriet über die Verwendung meines Bruders dermaßen außer sich, daß er nicht einmal bei Tisch erschien. Was in ihm vorging, ist nicht schwer zu erraten. Er wollte, wie er sich einmal ausdrückte, der ›Hohenzollernbrut‹ nicht wieder Einfluß in der Wehrmacht einräumen. ›Das Dritte Reich kann auf fürstliche Vaterlandsverteidiger verzichten‹!«[395]

Prinz Oskar führte von nun an wieder das Leben eines Privatmannes, dem das Geschick des ihm anvertrauten Johanniterordens und nicht zuletzt das Geschick seiner Familie am Herzen lag. Sein ältester Sohn, Prinz Oskar, war als erstes Opfer des Hauses Hohenzollern bereits bei Kriegsbeginn als Leutnant im Infanterieregiment 51 in Polen gefallen. Was das für den Vater bedeutete, erhellt ein Brief an seine Schwester Viktoria Luise:

> »Ich brauche Dir nicht zu sagen, was ich durchmache … It's too dreadful and for what!«[396]

Das war seine Frage: Es ist zu schrecklich und wofür?

Als es zum Zusammenbruch gekommen war, verließ Prinz Oskar im April 1945 als Letzter der Familie sein Haus in Potsdam, zu Fuß, mit einem Rucksack, in dem sich seine ganze Habe befand. Seine Schwester berichtet:

> »Eines Tages stand er in Blankenburg vor mir. Er war zu Fuß gekommen, war abgerissen und am Ende seiner Kräfte. Er hatte sich durch die vordringenden amerikanischen Streitkräfte durchgeschlagen, durch Wälder und über Felder, von Versteck zu Versteck, in ständiger Sorge, gefangengenommen zu werden.«[397]

Sein ganzes Streben in der Nachkriegszeit galt dem Wiederaufbau des Johanniterordens. Mit welcher präzisen Kleinarbeit, mit welchem persönlichen Einsatz und mit welch eindrucksvollem Erfolg er sich der Aufgabe widmete, ist von Christoph Freiherr von Imhoff ausführlich dargelegt worden.[398] Dem Elend nach dem Zusammenbruch zu wehren, erwuchsen dem Herrenmeister und seinem Orden Kräfte aus dem Glauben, von dem sich die Ordensritter getragen wussten. Der Ordensstatthalter Fürst Stollberg-Wernigerode bekundete dem Herrenmeister Prinz Oskar im Rückblick auf die missglückten Versuche der Nationalsozialisten, den Orden zu vernichten:

> »Die Unerschütterlichkeit des Herrenmeisters gegenüber diesem Versuch, den Orden zu zerschlagen, wird immer ein Zeugnis bleiben für die tiefgläubige Haltung des Herrenmeisters. Durch diese Haltung ist unser Orden als eine der ganz wenigen Organisationen weitgehend unberührt durch die damalige Zeit hindurchgeschritten.«

Prinz Oskar erwiderte:

> »Fürst Stollberg hat richtig angeführt, es waren schwere Zeiten, in denen einem mitunter die Verzweiflung zu überwältigen drohte. Sie wurden überwunden. Der Dank hierfür gilt meiner Erziehung als Soldat, wo Schwierigkeiten, Müdigkeit und persönliche Rücksichten niemals mitsprechen durften. Geradlinig bleiben, demütig vor Gott, unerschrocken vor den Menschen, dem gesteckten Ziel nachgehen, das war ihres Herrenmeisters nicht immer erfolgreiches Streben.«[399]

Seine untadelige Haltung war ihm bereits 1948 durch seinen Freund Franz Sontag in einer eidesstattlichen Erklärung bescheinigt worden. Sontag war aufgrund seiner Gegnerschaft zum Nationalsozialismus im Frühjahr 1945 von der Militärregierung in seinem Heimatort Bergisch-Neukirchen zum Bürgermeister ernannt worden. Nach 1933 hatte er nur unter großen Schwierigkeiten seine schriftstellerische Tätigkeit fortsetzen können. In der Erklärung Sontags heißt es:

»Auf Grund meiner sehr langjährigen persönlichen Bekanntschaft mit SKH dem Prinzen Oskar von Preußen hatte ich sowohl in den Jahren von 1933/39 als auch während des letzten Krieges wiederholt Gelegenheit, mich mit ihm über aktuelle innen- und außenpolitische Fragen eingehend zu unterhalten. Dabei konnte ich ausnahmslos feststellen, daß Prinz Oskar von Preußen nicht nur ein entschiedener, sondern geradezu ein fanatischer Gegner des nationalsozialistischen Regimes, insbesondere des sogen. Führers war, dessen Regierungsmethoden er vom ersten Tag an in moralischer und politischer Hinsicht für eine Katastrophe hielt. Niemals habe ich in den Jahren der nationalsozialistischen Diktatur beim Prinzen Oskar in dieser Be- und Verurteilung des herrschenden Systems auch nur eine leiseste Schwankung beobachten können, – auch dann nicht, als die zeitweiligen äußeren Erfolge die Hitler'sche Politik als richtig zu erweisen schienen. Nach wie vor blieb der Prinz im Gegenteil davon überzeugt, daß das Endergebnis zu einem grauenvollen Erwachen des Volkes und zu seinem unausbleiblichen Ruin führen werde. An dieser inneren Einstellung des Prinzen Oskar vermochte auch die Tatsache nichts zu ändern, daß er als alter Soldat der neuen Wehrmacht angehörte und gemäß seinem Mobilmachungsbefehl mit einem Regiment ins Feld zu rücken hatte. Ich weiß, daß dies damals ohne jede Begeisterung, sondern in größter Sorge um den Ausgang des Krieges und aus dem soldatischen Pflichtgefühl heraus geschehen ist, zu dem er als Prinz und Soldat erzogen war. Ich weiß fernerhin aber auch, daß Prinz Oskar schon in den ersten Kriegsjahren den Sturz des herrschenden Systems, der nach Lage der Dinge nur durch die Wehrmacht herbeigeführt werden konnte, für eine nationale Notwendigkeit hielt, und daß sich Männer wie der Feldmarschall v. Witzleben, General v. Hoepner usw. seiner besonderen Wertschätzung erfreuten. Schließlich ist mir auch bekannt, daß Hitler selber dem Prinzen Oskar mit äußerster Abneigung gegenüber stand, und daß von ihm dessen Beförderung zum Divisionskommandeur auf's schroffste abgelehnt wurde, als sie von dem zuständigen Armee- und Herresgruppen-Kommando auf Grund des Dienstalters und der Führung des Prinzen beantragt worden war. Nach alledem vermag ich also nach bestem Wissen und Gewissen nur festzustellen, daß Prinz Oskar von Preußen niemals, und zwar in keinem Augenblick seines Lebens, mit dem nationalsozialistischen System auch nur im geringsten sympathisiert, geschweige denn ihm gehuldigt hat, sondern daß er ihm jederzeit in einer so oft und so offen bekundeten Ablehnung gegenüberstand, wie sie für ihn aus den gegebenen Verhältnissen heraus nur möglich war.«[400]

Fabian von Schlabrendorff bezeugt als einer der Offiziere des Regiments, aus dem Prinz Oskar in die Führerreserve zurückbeordert worden war:

> »Das ganze Regiment hat ihm nachgetrauert. Keiner seiner Nachfolger erreichte ihn weder in der Menschenführung noch in der Befehlsgebung auf der Regimentsebene. Unter einem solchen Mann muß man einmal Dienst getan haben, um am eigenen Leibe zu erfahren, daß es Vorgesetzte gibt, denen zu gehorchen eine Sache des eigenen Stolzes ist.«[401]

Am 27. Januar 1958 starb Prinz Oskar in München. Er wurde im Offiziersgärtlein der Burg Hohenzollern begraben.

> »Ein schlichtes Fahnentuch mit den preußischen Farben und der Herrenmeistermantel der Johanniter bedeckten den Sarg. Auf dem Schwarz-Weiß der Fahne ruhte stumm emporragend eine friderizianische Grenadiermütze des 1. Garderegiments zu Fuß.«

So wurde er als Letzter der Söhne des Kaisers zu Grabe getragen,[402] betrauert als einer, der in untadeliger Noblesse den Gewalttaten des »Dritten Reiches« standgehalten hatte.

TEIL III

Die Hohenzollern und die Nationalsozialisten im Konflikt

Offene und öffentliche Absage an monarchistische Tendenzen durch den Nationalsozialismus und seine Repräsentanten

Die Entfernung der Hohenzollern aus der Wehrmacht

Kontakte zur Widerstandsbewegung

Offene und öffentliche Absage an monarchistische Tendenzen durch den Nationalsozialismus und seine Repräsentanten

Einem Wetterleuchten, das künftige Blitze gegen monarchische Tendenzen ankündigte, glichen Ausführungen Hitlers, mit denen er am 23. März 1933 vor dem Reichstag das Ermächtigungsgesetz erläutert und begründet hatte:

> »Die nationale Regierung trifft ihre Maßnahmen unter keinem anderen Gesichtspunkt als dem, das deutsche Volk und insbesondere die Millionenmassen seiner arbeitenden Menschen vor namenlosem Elend zu bewahren. Sie sieht daher die Frage einer monarchistischen Restauration schon aus dem Grunde des Vorhandenseins dieser Zustände zur Zeit als undiskutabel an. Sie würde den Versuch einer Lösung dieses Problems auf eigene Faust in einzelnen Ländern als Angriff gegen die Reichseinheit ansehen müssen und demgemäß ihr Verhalten einrichten«[1]

Amtliche Verlautbarungen der NS-Regierung, die die sich entwickelnde offene Absage an die Hohenzollern betreffen, setzten mit der Rede Hitlers vom 30. Januar 1934 ein, mit der er vor dem Reichstag des ersten Jahrestages der Machtübernahme gedachte. Diese Rede signalisierte die entschlossene Gegnerschaft Hitlers gegenüber dem Wiederaufleben monarchistischer Gedanken. Sie leitete Gesetze und Verordnungen ein, die sich für die Hohenzollern wie auch für alle anderen deutschen Fürstenhäuser nur negativ auswirkten. Sie leitete auch die ungehinderte öffentliche Absage an die Hohenzollern durch die NS-Presse ein.

In dieser Rede hatte Hitler den Willen zur Einheit des Reiches betont. Nach der Aufforderung an die evangelischen Landeskirchen, sich zu einer evangelischen Reichskirche zusammenzuschließen, fuhr er fort:

> »Ich möchte daher an dieser Stelle Protest einlegen gegen die jüngst erneut vertretene These, daß Deutschland nur wieder glücklich sein könnte unter sei-

> nen angestammten Bundesfürsten … bei aller Würdigung der Werte der Monarchie, bei aller Ehrerbietung vor den wirklich großen Kaisern und Königen unserer deutschen Geschichte, steht die Frage der Gestaltung der Staatsform des Deutschen Reiches heute außer jeder Diskussion.« (s. S. 134f).

Am 3. Februar 1934 ließ Hitler, »um dem antimonarchistischen Passus seiner Reichstagsrede Nachdruck zu verleihen«, sämtliche monarchistischen Verbände auflösen und verbieten. Der Vollzug war dem Reichsinnenminister übertragen worden.[2]

Es sollte nicht lange dauern, bis auch die nationalsozialistischen Amtsträger unterer Ränge in diesen Kanon einstimmten. Doch wurde zunächst, wie schon 1933, weiterhin von »Einzelerscheinungen, wie sie in bewegten Zeiten immer vorkommen« (Lammers zu v. Dommes am 26. September 1933) gesprochen oder von »Äußerungen aus dem Zusammenhang herausgenommen« (Lammers an Fürst zu Bentheim am 28. Oktober 1933).

Eine neue Lage entstand, als es für die »alten Kämpfer« der nationalsozialistischen Bewegung in Deutschland nichts mehr zu bekämpfen gab: Sozialdemokraten, Gewerkschafter, Kommunisten, Juden und Zigeuner waren hinter Lagerzäunen verschwunden. Da selbst sie als Bedrohung empfunden wurden, bekämpfte man nun auch die Monarchisten. Den Marschierern auf der Straße musste ein Gegner als Ziel ihrer Vorstellungen vom Kampf präsentiert werden. Die Hohenzollernmonarchie bot sich dafür geradezu an. Am 26. Juni 1934 hielt Göring bei einer Versammlung der NSDAP in Hamburg eine Rede, in der er alle Monarchiebestrebungen zurückwies und erklärte, dass die künftige Staatsform als Sache der Kinder und Enkel zu gelten habe: »Die Lebenden haben Adolf Hitler«![3] Die einsichtigen Betroffenen konnte er mit seiner Vertagung des Problems ad calendas graecas nicht täuschen. Die kaiserliche Familie war sich darüber völlig im Klaren, wie ein Gespräch des Prinzen Eitel Friedrich mit seinem Vater am 25. Januar 1935 zeigt. Er setzte ihm die damaligen Zustände in Deutschland auseinander:

> »In den Augen der Nazis gibt es jetzt zwei Aussätzige, die Familie Hohenzollern und den Stahlhelm.«[4]

Das amtliche Vorgehen gegen das Haus Hohenzollern und den monarchischen Gedanken kam in vielen kleinen Schikanen zum Ausdruck. Ein

Beispiel bietet eine Tagung des Garde-Vereins in Düsseldorf im Juli 1937. Die Teilnahme des Prinzen Eitel Friedrich, als dem Vorsitzenden dieses Vereins, wurde von »Regierungsseite« verhindert, indem man den Prinzen wissen ließ, dass die ganze Versammlung verboten werden würde, falls er erscheinen sollte. Die Tagung fand ohne ihn statt. Die schlichte Tatsache, dass beim Essen Graf Eulenburg, der einstige Kommandeur des 1. Garderegiments zu Fuß, ein »Hoch« auf den Kaiser ausgebracht hatte, ergab ein Nachspiel: Als Graf Eulenburg von dieser Tagung in sein Hotel zurückkehrte, erwartete ihn dort bereits die Geheime Staatspolizei und erklärte ihm,

> »ihn zu verhaften, falls er nicht umgehend Düsseldorf verließe«. (s. S. 246)[5]

Nachdem Hitler mit der Einverleibung Österreichs das sogenannte Großdeutsche Reich errichtet hatte und die für den 4. Dezember 1938 angesetzte Abstimmung der Sudetendeutschen festgesetzt worden war, offenbarte er sein Selbstverständnis im Vergleich zu den einstigen Fürsten des Reichs. Er wollte die Abstimmung als »Abschluss der Geburtsurkunde des Großdeutschen Reiches« verstanden wissen und äußerte:

> »Die Geburtsurkunde des Zweiten Reiches wurde unterzeichnet von den deutschen Fürsten. Die Geburtsurkunde des Dritten Reiches wird ausgestellt und bestätigt durch das deutsche Volk … dazu fordere ich auch euch nun auf.«[6]

Dass er sich selbst mit dem deutschen Volk identifizierte und sich selbst als Unterzeichner dieser »Geburtsurkunde« verstand, steht außer Frage.

Schon zwei Monate später verkündete der »Völkische Beobachter« auf Seite 2 seiner Ausgabe vom 21. Februar 1939: »Die Monarchie für immer ins Grab gesenkt.« Alfred Rosenberg hatte sich in diesem Sinne in einer öffentlichen Rede in Königsberg geäußert. In dem Bericht heißt es:

> »Bereits vor Beginn seiner Rede hatte Reichsleiter Rosenberg zum Versagen jener Kräfte Stellung genommen, die in der Vergangenheit Träger des Staates waren. Die Größe früherer preußischer Könige, so erklärte er, habe darin bestanden, daß sie sich als Vertreter der Gesamtheit fühlten und für die Einheit von Volk und Staat eintraten. 1918 habe der letzte Kaiser diese Tradition verlassen. Er habe seinen Abgang mit dem Wunsch begründet, Blutvergießen zu

> vermeiden, und habe damit zu erkennen gegeben, daß er sich nur noch als Vertreter eines Teils seines Volkes fühlte. Mit diesem symbolischen Akt sei die Monarchie ins Grab gesunken, aus dem sie nicht mehr wieder zu erwecken sei.«[7]

Nach dem Tode des Kaisers wurde es der Tagespresse durch eine geheime Anordnung des Reichsprogagandaministers vom 5. Juni 1941 untersagt, öffentliche Urteile über das Wirken des Kaisers zu publizieren (s. S. 160). Der Tote sollte keinesfalls einen Fürsprecher finden.

Die offizielle »Sprachregelung« fanden die Leser in der amtlich legitimierten Zeitschrift »Das Reich«. Hier erschien am 25. Juni 1941 ein Beitrag von Karl Richard Ganzer. Unter der bezeichnenden Überschrift »Zwischen Leistung und Traum« äußerte er unter anderem:

> »Es wird berichtet, daß beim Vorstoß der deutschen Truppen nach Holland die Haager Regierung den ehemaligen deutschen Kaiser, als die Kampfhandlungen sich auch seinem Schlosse Doorn näherten, die Anregung übermittelt habe, einen Ort von größerer Sicherheit aufzusuchen, den sie zur Verfügung stellen wollte. Wilhelm II. habe jedoch geantwortet, ›was wollen Sie? Da kommen doch meine Soldaten!‹
> Der Ausspruch verblüfft zunächst durch die Sicherheit, mit der Wilhelm II. den Kampf des nationalsozialistischen Reiches zu seinem eigenen macht: als ob das richtige Gefühl ihn trage, daß die deutsche Auseinandersetzung mit dem Westen, in die vor 25 Jahren er selbst hineingeworfen war, unverändert weitergehe, und als ob ihn die Überzeugung beherrsche, als Deutscher noch immer diesen vorstürmenden deutschen Truppen in irgendeiner Weise anzugehören. Es ist das Bewußtsein einer eigentümlich gearteten Legitimität, die sich nicht auf dynastische Vorstellungen, sondern durchaus auf seine Teilhaberschaft mit dem deutschen Schicksal schlechthin gründet. Doch bleibt und dies ist einschränkend schon hier zu sagen – dies Bewußtsein auf die Rolle des wohlgefälligen Zuschauers beschränkt.
> Auf der anderen Seite verblüfft jenes Wort ebenso sehr durch den naiven Besitzanspruch, den es zum Ausdruck bringt. Sind die Soldaten Adolf Hitlers die Soldaten Wilhelms II.? Dies zu bejahen, setzt ein autokratisches Selbstgefühl voraus, das die Grenzen der Dinge sprengt und eine kritiklose und hybride Eigenliebe von erstaunlicher Höhe bezeugt. So klar der Ausspruch das Gefühl für die unbrechbare Zusammengehörigkeit zum deutschen Schicksal erken-

nen läßt, so unverhohlen deckt er auch den Anspruch auf, daß alles große Geschehen der deutschen Gegenwart noch immer zum kaiserlichen Geltungsbereich gehöre, weil, über allem Wandel der Lebens- und Herrschaftsformen hinweg, eine dynastische Legitimität bestehe, die ihn und sein Geschlecht mit den unlösbaren Rechten zur Führung auszeichne: alle anderen Formen der Führung besitzen nur vorübergehenden, allenfalls platzhaltenden Rang, und jede neue deutsche Schöpfung ist nur insoweit berechtigt und legitim, als sie insgeheim dem System des kaiserlichen Majestätsbewußtseins angehört.

Das Talent

Auf der einen Seite deutet das Wort somit auf ein stolzes und sehr realistisches Empfinden für jede deutsche Leistung. Auf der anderen Seite verrät es, polemisch gesehen, einen schwer überbietbaren Anspruch, geschichtlich gesehen – und dies vernichtender – eine schwer überbietbare Romantik des politischen Denkens.

Der Ausspruch ist ein Jahr vor dem Tode des Kaisers gefallen, aber in seiner Doppelgesichtigkeit ist er wilhelminisch schlechthin die unbewußt geprägte letzte Formel für ein ursprünglich angewandtes Verhalten, das dieses achtzigjährige Leben von der Stunde seiner ersten Wirksamkeit an bestimmte. Wilhelm II. war ein Typus, der zwischen Leistung und Traum, zwischen Einsicht und Wortrausch, zwischen Instinkt und vagem Schaum der Gedanken gebrochen schwankte.

Wilhelm II. ist nur selten Täter gewesen. Aber indem er sich immer zur Rolle des Täters zwang, so zog er in den Raum seiner beschränkten Kraft auch Geschehnisse und Verhängnisse, die nicht von ihm ausgegangen waren und ihn dennoch, als sie vernichtend hereinbrachen, in ihren Wirbel rissen. Der Anpäßling ist die verfolgteste Figur der Geschichte, weil die begeisterte Unschuld des reinen Toren ihn auch zur Unterwerfung unter Verhältnisse drängt, die nur durch Kraft, durch Widersetzlichkeit, durch Führung gebändigt werden können.

Schon der erste Schritt des Kaisers in die Geschichte stand unter diesem schweren Gesetz. Desgleichen schloß seine letzte Tat, der Schritt aus dem geschichtlichen in den privaten Raum, die Kurve dieses Lebens nach demselben Rhythmus ab, mit dem er begonnen hatte. Beide Male wurde das Verhalten der lauten Schwäche und der scheinautokratischen Anpassung auf eine fürchterliche Weise von der Logik des Weltgeistes gerichtet: das erstemal verlor das

Reich seinen Gründer und einzigen Staatsmann, das letztemal verlor der Kaiser das Reich selber. Richtsprüche von düsterer Größe, in denen für Augenblicke der gewaltige Abgrund erhellt wird, in dessen Tiefe die geschichtlichen Urgesetze wirken …

Vielleicht ist Wilhelm II. seinem innersten Kern, den er jahrzehntelang mit soviel Aufwand an Geste so auffällig verhüllt hatte, nie näher gewesen als in der Stunde, da er sein Heer und sein Volk verließ, weil wieder einmal ein Augenblick eine neue Anpassung verlangte. Er war immer nur der Schatten der Zustände, die um ihn wirbelten, er war niemals die Sonne, die das Geschehen in ihrem eigenen Kreise hält und einem System die Ordnung aufzwingt. Er wollte nur immer der Angelpunkt aller Abläufe sein, und er wollte auch dies nur so lange, als nicht elementare Ausbrüche echte Entscheidungen – und dies ist immer die bis zum Tode gehende Bereitschaft zur Führung – forderten …

Er schwamm nur immer auf der obersten Schaumkrone der aufgeworfenen Brandungen. Er war in ihrem Schwall nur ein mitgetriebenes Partikel, ein glänzendes, hervorleuchtendes Partikel zwar, aber nie mehr. Er verkündete nur die so blendend formulierten und doch so substanzlosen Parolen, durch die die jeweilige Welle eingeordnet und damit geführt erschien: ›Ich kenne keine Parteien mehr, ich kenne nur Deutsche.‹ – Und zuletzt: ›Da kommen doch meine Soldaten!‹

Die geschichtliche Wirkung war weniger tönend: ›Mein Weg ist der Weg des Ausgleichs gewesen.‹ In der Tat, sein Weg ist immer der Weg der Anpassung gewesen …

Wir stehen seit Jahrzehnten in einem tiefen Wandel der Welt. Im Zeitalter Wilhelm II. hat er begonnen. Wie schwer die Anforderungen sind, die er den Männern stellt, von denen die Meisterung all seiner Umschichtungen erwartet wird, hat die Epoche Wilhelm II. noch nicht gesehen. Auch wir wissen nur deshalb welcher Rang an führerhafter Begabung schon damals not tat, weil wir erfülltes Führertum kennen und damit den gültigen Maßstab gewonnen haben. Weil Wilhelm II. nur eine Begabung, kein Führer war, schob ihn das Schicksal mitsamt seiner Zeit beiseite. Die Forderung nach dem verwandelnden Führertum blieb gleichwohl bestehen. Als sie erfüllt wurde, brannte in den Glutfeuern der Wandlung die unerfüllte Epoche Wilhelm II. mit ihren Formungen, Maßstäben und ihrem Erbe notwendig aus.«[8]

Das in offizieller »Sprachregelung« gefällte Urteil betraf nicht nur den Kaiser; es betraf die Hohenzollern insgesamt, die deutschen Fürsten schlechthin, die vergangene Monarchie und die gebliebenen monarchischen Tendenzen und Wünsche. Mit dem Kaiser sollte auch die Monarchie für immer ins Grab gesenkt bleiben, wie Alfred Rosenberg formuliert hatte.

Für Hitler war es nun aber kein Problem mehr, den Kaiser nach seinem Tode mit Spott und Hohn zu bedenken, um sich selber wohltuend von ihm abzuheben. Mit abfälligen Bemerkungen äußerte er am 31. Mai 1942 bei einem Abendessen in seinem Hauptquartier »Wolfsschanze«: Der Kaiser habe

> »nicht nur geglaubt, die Männer seiner engsten Umgebung ständig anpöbeln, sondern auch seine Gäste mit ironischen Bemerkungen zum Gespött der Anwesenden machen zu können. Auch durch seine plumpen Vertraulichkeiten (Auf-die-Schulter-klopfen usw.) anderen Monarchen gegenüber, habe er dem Reich viele Sympathien verscherzt. Ein Monarch müsse eben wissen, daß er Zurückhaltung und Würde im persönlichen Verkehr zu beobachten habe. Das Beispiel Wilhelms II. zeige, wie ein einziger schlechter Monarch eine Dynastie vernichten könne.«[9]

Selbst jüdischen Bluterbes, des für Nationalsozialisten denkbar größten Makels, bezichtigte Hitler den Kaiser. In seinem Hauptquartier »Wolfsschanze« äußerte er am 20. August 1942 abends:

> »Der letzte Kaiser hat alles getan, um durch taktlos dumme Reden die einzelnen deutschen Fürsten zu verstimmen … Der Abgang von Bismarck hat ohne Zweifel die Nation erschüttert! Die ganze Art der Behandlung! Letzten Endes war Bismarck der Reichsschmied! Dieser Jüngling, die Art des Sichgehenlassens! An dem Abend, an dem Bismarck entlassen wurde, hat er einen Tanz gegeben! Sein jüdisches Bluterbe ist da wieder durchgeschlagen in der ganzen zynischen Haltlosigkeit, die er hatte … Dieser größte Bramarbaseur! Wenn ich mir so die deutschen Potentaten ansehe, einer ist bedeutungsloser wie der andere!«[10]

Für Hitler, der in seiner Person bereits das Amt des Kanzlers mit dem des Präsidenten des Deutschen Reiches vereinigte, war es nun aber ebenso kein Problem mehr, auch noch in die Rolle des Kaisers zu schlüpfen. Am 8. November 1942 hielt er im Münchner Löwenbräukeller zum traditionellen Gedenktag eine Rede vor den »alten Kämpfern«, in der er auf die Zeit vor 1914 zurückwies und dabei folgende Wendungen gebrauchte:

> »Damals war es das kaiserliche Deutschland, heute ist es das nationalsozialistische. Damals war es der Kaiser, heute bin ich es. Nur ein Unterschied ist: das damalige Deutschland war theoretisch kaiserlich, politisch jedoch völlig in sich zerfallen. Der Kaiser von damals war ein Mann, dem jede Stärke im Widerstand gegen Feinde fehlte; in mir aber haben sie einen Gegner gegenüber, der an das Wort Kapitulation überhaupt nicht denkt!«[11]

Die Entfernung der Hohenzollern aus der Wehrmacht

> »Hitler lebte ständig in Angst vor den deutschen Prinzen, da er die Erinnerung an die Monarchie als einen Faktor im politischen und militärischen Leben betrachtete, dem er mit seinen Methoden nicht recht beikommen konnte … Jede Persönlichkeit, die eventuell als Nachfolger für ihn in Frage kommen konnte, erschien ihm als gefährlich. Schon bei Kriegsbeginn erlitt er einen Wutanfall, als er hörte, daß ein deutscher Prinz Regimentskommandeur war.«[12]

Damit war seine Gegnerschaft zwingend geworden.

Bei Ausbruch des Krieges waren alle wehrfähigen Hohenzollernprinzen, wie ihre anderen deutschen Altersgenossen auch, eingezogen worden: Ein Sohn des Kaisers und zwölf Enkel Wilhelms II. standen in unmittelbarem Fronteinsatz:

- Prinz Oskar von Preußen, Sohn des Kaisers, Oberst der Reserve und Regimentskommandeur. (Nach Beförderung zum Generalmajor in die Führerreserve versetzt.)
- Prinz Wilhelm von Preußen, Sohn des Kronprinzen, Oberleutnant und Kompaniechef in einem Infanterieregiment. (Gefallen am 26. Mai 1940 in Frankreich.)
- Prinz Louis Ferdinand von Preußen, Sohn des Kronprinzen, Oberleutnant der Reserve in einem Kampfgeschwader.
- Prinz Hubertus von Preußen, Sohn des Kronprinzen, Oberleutnant in einer Aufklärungsgruppe.
- Prinz Wilhelm Viktor von Preußen, Sohn des Prinzen Adalbert, Gefreiter in einem Infanterieregiment.
- Prinz Oskar von Preußen, Sohn des Prinzen Oskar, Leutnant der Reserve in einem Infanterieregiment. (Gefallen am 5. September 1939 in Polen.)
- Prinz Burchard von Preußen, Sohn des Prinzen Oskar, Oberleutnant in einem Infanterieregiment und Kompaniechef.

- Prinz Karl Franz Joseph von Preußen, Sohn des verstorbenen Prinzen Joachim, Leutnant in einem Panzerregiment.
- Prinz Wilhelm Karl von Preußen, Sohn des Prinzen Oskar, Fähnrich bei einem Artillerieregiment seit dem 1. Dezember 1939.
- Prinz Friedrich Karl von Preußen, Sohn des Prinzen Friedrich Sigismund, Fahnenjunker bei einer Aufklärungsabteilung.
- Prinz Ernst August von Braunschweig-Lüneburg, Sohn des Herzogpaares von Braunschweig, Oberleutnant der Reserve bei einem Kavallerieregiment.
- Prinz Georg Wilhelm von Braunschweig-Lüneburg, Sohn des Herzogpaares von Braunschweig, Leutnant in einem Kavallerieregiment.
- Prinz Christian von Braunschweig-Lüneburg, Sohn des Herzogpaares von Braunschweig, Unteroffizier in einem Kavallerieregiment.[13]

Bei dieser Liste handelte es sich um eine offizielle Verlautbarung an die Presse. Damit reagierten die zuständigen Stellen auf ausländische Pressemeldungen, die von einer feindseligen Gesinnung der Mitglieder des ehemaligen Kaiserhauses dem Nationalsozialismus gegenüber gesprochen hatten.[14] Diese Namensliste war in der Tat eindrucksvoll. Über die Einstellung der dort aufgeführten Personen zum Nationalsozialismus sagte sie freilich nichts aus. Die NS-Propaganda mochte offenbar auf den Einsatz der klangvollen Namen nicht verzichten. Das sollte sich bald ändern.

Am 23. Mai 1940 war Prinz Wilhelm, der älteste Sohn des Kronprinzen, bei einem Sturmangriff bei Valenciennes in Nordfrankreich schwer verwundet worden. Drei Tage später erlag er seinen Verletzungen. Der Prinz war als Reserveoffizier mit dem in Königsberg stationierten Infanterieregiment 1 in den Krieg gezogen, hatte den Polenfeldzug mitgemacht und war dann an der Westfront eingesetzt worden.[15] Der Prinz, der gerne Soldat war, erfreute sich bei Offizieren und Soldaten gleichermaßen großer Beliebtheit. Dieses Faktum blieb auch Hitler nicht verborgen. Eifersüchtig wachte er darüber, dass der Prinz nicht eine einflussreichere und sichtbarere Stellung bekleidete.[16]

Was dem Prinzen im Leben versagt blieb, wurde ihm nach seinem Tod zuteil: Sein Begräbnis am 29. Mai 1940 in Potsdam wurde zu einer eindrucksvollen Sympathiekundgebung für ihn und das Haus Hohenzollern. Obwohl das Kronprinzenpaar erst einen Tag vor der Beisetzung im »Berliner Lokalanzeiger« und am Tag der Trauerfeier im »Völkischen Beobachter«[17] eine kleine Todesanzeige veröffentlichen durfte, hatten sich rund fünfzigtausend Trauergäste aus allen Schichten der Bevölkerung in großer Disziplin und ohne jegliches Polizeiaufgebot eingefunden. Sie säumten den Weg des Sarges von der Friedenskirche bis zum Antikentempel im Park von Sanssouci. Mit großer Anteilnahme hörten die Trauergäste die Worte des Heerespfarrers Damrath:

»Als damals am 4. Juli 1906 Salutschüsse durch das deutsche Land donnerten, da ging eine tiefe und herzliche Freude durch unser Volk. Es war ihm ein Kind geschenkt aus Hohenzollernstamm, aus dem Geschlechte derer, die in der preußischen Geschichte Könige waren von Gottes Gnaden, die nichts anderes sein wollten als erste Diener ihres Staates, die keine Zeit hatten, müde zu sein, und die – wenn Gott es so schickte – auch leiden lernten, ohne zu klagen. Wenn heute nach fast 34 Jahren der Ehrensalut einer deutschen Kompanie wieder die Stille der Residenzstadt Potsdam zerreißt, dann ehrt das deutsche Heer und Volk seinen auf dem Felde der Ehre gefallenen Offizier: Prinz Wilhelm, du hast erfüllt, was du mit heiß klopfendem Herzen dein junges Leben lang erfüllen wolltest:

›Es ende darum, wie's ende. Deutschland, ich bin bereit!‹

Mit dieser tiefen Dankesschuld ehren wir den wahrhaft königlichen Prinzen, der starb, wie das geschriebene und ungeschriebene Gesetz seines Hauses es ihm befahl. Als Soldat der neuen deutschen Wehrmacht senken wir in unlöslicher Treue den Degen vor dem Kameraden, dem Oberleutnant und Kompaniechef, der erfüllte, was auch uns beseelt: Wenn es um Deutschland geht, den letzten Tropfen Blut! Mit dem starken Glaubenstrost eines Christen gedenkt seiner in dieser Stunde sein kaiserlicher Großvater, der in diesem gewaltigen Kriege schon den zweiten Enkel dem Vaterlande hergibt.[18] … Wir sind ergriffen von dem Schmerz, der das königliche Haus und die königliche Familie erfüllt. Wir tragen ihn mit dem Kronprinzenpaar, das in den letzten Jahrzehnten immer wieder erfahren muß, was der königliche Ahne Friedrich Wilhelm in seiner gläubigen Seele barg und in die Worte kleidete: ›Könige müssen mehr leiden können als andere Menschen.‹ … Im Angriff über Frankreichs blutgetränkter Erde hält sein Regiment und seine Kompanie einen Augenblick den Sturmschritt an und weiß: ›Ich hatt' einen Kameraden, einen bessern findst du nit.‹«[19]

Und ein anderer Trauergast, Reinhold Schneider, beschrieb seine Empfindungen mit diesen Worten:

»Unter dem Torbogen der Friedenskirche stand das Kronprinzenpaar: der Sarg wurde an ihm vorbeigetragen, dahinter stand der Feldmarschall v. Mackensen in der alten Husarenuniform mit Pelzmütze und dem kurzen Mantel aus Tigerfell, hochaufgerichtet, eine gespenstische Gestalt. Dann bewegte sich der Zug den langen Weg gegen das Neue Palais: unwiderrufliches Ende.«[20]

Die Gedanken des Kaisers zum Tode seines Enkels im Felde sind von der Herzogin Viktoria Luise überliefert worden: Wilhelm II. schrieb damals seiner Tochter:

»Das Leid des armen Wilhelms ist erschütternd! Der Junge war äußerst tapfer, ein Vorbild für seine Truppe, ein prächtiger Soldat! Nun ist er mit Oskar beim Herrn, und bei der lieben Mama.«

Und:

»Sein für unser Vaterland vergossenes Blut bindet unser Haus noch fester an unser Volk.«[21]

Das aber gerade war es, was Hitler fürchtete. Nicht ohne Grund hatte er es verhindert, dass der Prinz als Reserveoffizier in die aktive Offizierslaufbahn übernommen werden konnte.

Die warme Sympathie der Potsdamer Bevölkerung für das königliche Haus wurde von den braunen Machthabern als Hohenzollern-Demonstration angesehen. Der Diktator fasste sie als eine unerträgliche Herausforderung auf. Er benutzte diese willkommene Gelegenheit, den Fronteinsatz der Hohenzollernprinzen zu verbieten. Dabei ging es Hitler natürlich nicht darum, das Leben der Prinzen zu schonen, vielmehr sollte es ihnen unmöglich gemacht werden, sich auszuzeichnen oder durch ihren Tod auf dem Schlachtfelde die Aufmerksamkeit auf sich zu lenken.

Dieser Erlass wurde kurz darauf erweitert und betraf nun alle Mitglieder der ehemals regierenden Häuser.[22]

Die zynische Begründung lautete: Das »Dritte Reich« könne auf den Heldenmut fürstlicher Vaterlandsverteidiger verzichten.[23]

Die tiefe Animosität Hitlers den Hohenzollern gegenüber kam auch in den sogenannten »Tischgesprächen« zum Ausdruck. Hitler erklärte, dass es ein Verdienst der Sozialdemokratie gewesen sei, in der Erscheinung der

Fürsten ein Ferment deutscher Zersplitterung beseitigt zu haben, für das sie sie durch Zahlung von Pensionen belohnt habe.

> »Es hieße ihr geschichtliches Verdienst verschleudern, wollte man der Hohenzollern-›Brut‹ jetzt zum Beispiel als Offizieren in der Wehrmacht wieder Einfluß einräumen.«[24]

Vor diesem Hintergrund war es dann nur folgerichtig, wenn Hitler durch Geheimbefehl am 19. Mai 1943 den völligen Ausschluss aller Mitglieder ehemals regierender Fürstenhäuser aus der Wehrmacht anordnete. Wenn in dem Erlass von »Fernhaltung international gebundener Männer in Staat, Partei und Wehrmacht« die Rede war, so schien diese Anordnung ganz allgemein alle Wehrmachtsangehörigen mit internationaler Verwandtschaft zu betreffen.[25] In Wahrheit galt aber das Dekret ausschließlich den Hohenzollern und den übrigen fürstlichen Familien. Dieser Sachverhalt geht auch aus einem Geheimpapier hervor, in dem festgestellt wird,

> »daß alle Personen, die durch Geburt einem regierenden oder ehemals regierenden Fürstenhaus angehören, ohne weiteres als international gebunden anzusehen sind«.[26]

Dass der »Führererlass« lediglich auf eine ganz bestimmte Gruppe von Wehrmachtsangehörigen gemünzt war, geht auch aus den Listen hervor, die von den militärischen Dienststellen erarbeitet wurden. Nach diesen Listen setzte sich der für eine Entlassung aus der Wehrmacht infrage kommende Personenkreis aus den Namen folgender ehemals regierender Fürstenhäuser zusammen: Preußen, Hohenzollern-Sigmaringen, Hohenzollern-Namedy, Braunschweig und Lüneburg, Sachsen, Sachsen-Meiningen, Hessen und bei Rhein, Schaumburg-Lippe, Hohenlohe-Langenburg, Biron von Curland, Reuß, Hanau, Fürstenberg, Liechtenstein, Thurn und Taxis, Waldeck Pyrmont, Mecklenburg, Oldenburg, Habsburg-Lothringen, Solms-Braunfels, Croy.[27] Alle Mitglieder dieser Fürstenhäuser mussten dann auch ihren Abschied nehmen, wie einer Liste über die Entlassungen vom November 1944 zu entnehmen ist.[28]

Hitlers Geheimbefehl vom Mai 1943 bekam erneut Aktualität durch die Ereignisse in Italien, obwohl er schließlich erst im Herbst 1944 ausgeführt wurde. In Italien hatte Marschall Badoglio, zusammen mit dem König, am

25. Juli 1943 Mussolini gestürzt. Das faschistische Regime war ohne ernsthafte Gegenwehr zusammengebrochen. Die Krone hatte sich als integrierende Kraft erwiesen.

Um jeden machtpolitischen Einfluss der ehemals regierenden Fürstenhäuser in Deutschland zu unterbinden, hatte Hitler schon 1940 die Fürstensöhne aus der kämpfenden Truppe ausgeschlossen. Eine unmittelbare Folge des Sturzes von Mussolini war die Sippenhaft, der Prinz Philipp von Hessen und seine Gemahlin, Prinzessin Mafalda, anheimfielen. Mafalda, eine Tochter Victor Emanuels, war Ende August 1943 zur Beisetzung ihres Schwagers, König Boris, nach Sofia gereist und anschließend zu ihren Kindern nach Rom. Die Staatskrise in Italien ließ damals den Abfall Italiens vom bisherigen Bündnis mit Deutschland erwarten. Dazu Viktoria Luise:

> »Unmittelbar nach ihrer Rückkehr (sc. nach Rom) wurde Mafalda vom Sicherheitsdienst der SS mit einem fingierten Telefongespräch, nach dem ihr Mann sie in Deutschland erwartete, über die Reichsgrenze gelockt und verhaftet … Prinzessin Mafalda wurde in das Konzentrationslager Buchenwald eingeliefert.
> Sie wurde dort unter falschem Namen geführt, damit niemand etwas über ihren Verbleib erfuhr … Prinz Philipp war im August ins Führerhauptquartier ›Wolfsschanze‹ in Ostpreußen beordert worden. Hitler hielt ihn zunächst unter einem Vorwand als Gast fest. Dann ›ließ er ihn eines Abends, nachdem er in der allabendlichen Teestunde noch mit ihm freundschaftlich geplaudert hatte, verhaften und in ein KZ bringen‹. So die Schilderung des Staatssekretärs in der Reichskanzlei Dr. Meissner.«[29]

Obwohl Prinz Philipp den hohen Rang eines SA-Obergruppenführers bekleidete und Oberpräsident von Kassel war, konnte ihn das nicht vor Hitlers Sippenhaft retten. Er wurde in die Konzentrationslager Flossenbürg und Dachau gebracht, von wo ihn erst amerikanische Truppen befreiten. Prinzessin Mafalda wurde bei einem Bombardement von Buchenwald am 26. August 1944 durch alliierte Flugzeuge schwer verletzt und erlag am folgenden Tag ihren Verwundungen.

Erhellend sind im Blick auf die italienischen Ereignisse auch die Kommentare von Goebbels. Er plädierte dafür, nunmehr die deutschen Fürsten zu enteignen, besser noch, man sperrte sie allesamt in ein Konzentrationslager, am besten wäre wahrscheinlich ein Galgen. In einer Ministerkonferenz rückte er aber noch einen anderen Gesichtspunkt in den Vordergrund. Jetzt zeige sich nämlich, erklärte er, wie wichtig es gewesen wäre, dass Hitler 1934 auch das Amt des Reichspräsidenten übernommen habe,

> »so daß kein unheilvoller Dualismus in der Staatsführung entstehen konnte, wie er jetzt in Italien die Katastrophe ermöglicht habe. Es seien damals viele – unter ihnen aufrechte Deutsche wie Hans Grimm – dafür eingetreten, eine legitime Persönlichkeit, wie z. B. den Kronprinzen, mit dem Amt des Reichspräsidenten zu betrauen. Hätten wir diesem Ansinnen damals nachgegeben, wären die Dinge wahrscheinlich ganz ähnlich gelaufen, wie in Italien. Schon nach Stalingrad hätte sich der betreffende Reichspräsident den Führer kommen lassen und ihm gesagt: ›Herr Hitler, Sie haben sich zwar bisher große Verdienste um das Reich erworben, aber nun gehen Sie bitte …‹«[30]

Hitler hatte also gute Gründe gehabt, die Monarchie nach dem Tode Hindenburgs nicht wiederherzustellen oder einen Hohenzollern als Reichspräsidenten einzusetzen.

Die Ereignisse in Italien brachten die latent vorhandenen Antipathien Hitlers gegen den Adel im Allgemeinen und die Fürsten im Besonderen zum Ausbruch. Hitlers Rachegelüste gegen die einstigen Inhaber der Macht in Deutschland waren permanent vorhanden. Dies sollte sich besonders nach dem misslungenen Attentat vom 20. Juli 1944 zeigen. Vor dem Hintergrund der Juli-Ereignisse brachte der »Völkische Beobachter« am 10. August 1944 unter dem Titel »Die Todesstunde der Reaktion« einen Leitartikel, der die Einstellung der Nationalsozialisten zum deutschen Adel grundsätzlich beleuchtete:

> »Nicht von ungefähr setzte sich der Verschwörerklüngel weitgehend aus entarteten Trägern edler Namen zusammen, die durch Generationen der Nation im Soldatenrock wertvolle Dienste geleistet hatten. Auf diese Namen, auf diese Tradition pochend, glaubten sie auch im nationalsozialistischen Volksstaat Geburtsvorteile zu besitzen, die sie weder zu Leistung noch zu Treue verpflichteten. Aber auch die anderen, die bürgerlichen unter den Verschwörern, sahen im Offizierskorps und besonders im Generalstab des Heeres eine unberührbare Zitadelle der Reaktion, an die sich niemand heranwagen durfte. Wer zum Beispiel Witzlebens Aussage über seine Unterhaltungen mit Beck gehört hat,

begriff schlagartig, daß in den vertrockneten Gehirnen dieser Sippe der Führer auch im Jahre 1944 noch der ›Gefreite Adolf Hitler‹ war, über den ›bessere Leute‹ hinter verschlossenen Türen die Nase rümpfen durften. Und das Volk? Das Volk – das war die graue Masse der ›kleinen Leute‹, denen man lediglich zu befehlen hatte und die man durch Verhängung des Ausnahmezustandes jederzeit ducken konnte. Die Befehle, die Olbricht verfaßt hatte und die Witzlebens Unterschrift trugen, verraten das auf das deutlichste! Diese ›Reichskanzler‹ und ›Oberbefehlshaber‹ waren fest davon überzeugt, daß die Macht sozusagen auf der Straße lag in dem Augenblick, in dem der Führer gemeuchelt war, und daß sie dann nichts anderes zu tun hätten, als die Macht aufzuheben und durch papierene ›Befehle‹ anzuwenden. War nicht dieser Frühstücksgeneral Hase baß erstaunt, als er am Putschabend plötzlich erfuhr, daß sein Untergebener, der lächerlich kleine Major Remer aus eigenem Antrieb zu Dr. Goebbels gegangen war und also anscheinend nicht mitspielte? So etwas war noch nicht dagewesen und stand auch nicht im Exerzierreglement!
Es ist kaum glaublich, aber es ist wirklich so, daß die Putschistensippe die gesamte nationalsozialistische Revolution als solche, das heißt als Revolution verschlafen hatte … Es gefiel ihnen durchaus nicht, daß unter diesem Regime einfache Soldaten zu Tausenden Offiziere und sogar Generale wurden, daß schlichte Handarbeiter zu hohen Staats- und Parteistellungen aufstiegen. Aber recht ernst nahmen sie das doch nicht und die einzige Schlußfolgerung, die sie aus dieser Entwicklung zogen war die, ihre angestammte Hausmachtstellung in Offizierskorps und Generalstab um so zäher und heimtückischer festzuhalten. In ihrer maßlosen Verblendung fühlten sie sich immer noch als Träger der bewaffneten Macht und damit in der Schlüsselstellung, die es ihnen ›bei passender Gelegenheit‹ jederzeit gestatten würde, mit dem ›nationalsozialistischen Spuk‹ aufzuräumen …« Erst »die Läufe der Maschinenpistolen, die ihnen aus den Händen ihrer eigenen Generalstabsoffiziere an jenem Abend in der Bendlerstraße entgegenstarrten, und der Marschschritt des Wachbataillons, das vom Tiergarten heraufscholl, haben das Verräterpack jäh aus seinen irrsinnigen Träumen gerissen. Nun endlich begriffen sie – sie haben es vor dem Volksgerichtshof gestanden –, daß ihr ›Instrument‹ eigenes Leben gewonnen und ihnen längst aus den schmutzigen Händen entglitten war. Nun begriffen sie, daß auch unter dem Soldatenrock, der für sie selbst ein bloßer Tarnanzug geworden war, das Herz eines Volkes schlug, dem die Begriffe Eid und Treue den alten Wert behalten hatten. In dieser Stunde brachen sie zusammen. Für immer.«[31]

Kontakte zur Widerstandsbewegung

Als die dem Stahlhelm angehörenden Söhne des Kaisers 1934 in die Zwangslage der »Gleichschaltung« gerieten (s. S. 245), nahmen alle mehr oder minder aktiv am politischen Leben des nationalsozialistischen Deutschland teil. Der Kronprinz, der sich in die Reihen der konservativ gesinnten Teile des deutschen Volkes gestellt hatte, war engagierter Stahlhelmer, der der obersten Führungsgruppe zugezählt wurde. Sein ältester Sohn Prinz Wilhelm hatte in ähnlicher Weise Kontakte gewonnen und als Stahlhelmer die ihm selbst eigene und ihn mit seinem Vater verbindende politische Entscheidung getroffen. Prinz Eitel Friedrich und Prinz Oskar hatten auch als Stahlhelmer volksnahe Kontakte gewonnen, vielleicht gerade weil sie sich in Reih und Glied einzuordnen vermochten. So gerieten sie alle – nicht nur Prinz August Wilhelm – durch ihre Zugehörigkeit zu vaterländischen Verbänden in die nächste Nähe des Nationalsozialismus.

Aus der Ferne seines ausländischen Exils hätte der kaiserliche Vater die politische Situation aus größerem Abstand beurteilen können, aber seine eigene Hoffnung, wieder auf den deutschen Thron zurückzukehren, schränkte seine Wahrnehmungsfähigkeit ein. Dennoch konnte – wie bereits dargestellt – seine grundsätzliche Antipathie gegen die Nationalsozialisten seit 1933 kaum mehr erschüttert werden. Bereits im September 1933 hatte der Kaiser in seinem holländischen Exil in Doorn gegenüber seinem Flügeladjudanten Sigurd von Ilsemann geäußert: »Man wird die Fahne mit dem Hakenkreuz noch einmal verfluchen, und die Deutschen selber werden sie eines Tages verbrennen.« Er änderte seine Haltung allerdings immer dann, wenn die Illusion genährt wurde, mithilfe der Nazis doch noch auf den Thron zurückzukehren.

Wesentliche Entscheidungen traf der Kaiser allein; weder seine Söhne noch seinen Flügeladjudanten Ulrich Frhr. von Sell ließ er als Berater gelten. Das betraf besonders seine Frau. So gab er Herrn von Sell genaue Instruktionen, was dieser Kaiserin Hermine mitteilen dürfe und was nicht.

Nur einer war der Mann seines ganzen Vertrauens, sein Enkel Prinz Louis Ferdinand:

> »Mit seinem Enkel Lulu hat er alles besprochen.«[32]

Er zog den für die eventuelle Thronfolge nach dem Kronprinzen bestimmten Enkel Prinz Louis Ferdinand in seine Nähe und in sein besonderes Vertrauen, nachdem Prinz Wilhelm, sein ältester Enkel, wegen einer nicht hausgesetzmäßig geschlossenen Ehe aus der Reihe der nachgeborenen Prinzen des königlichen Hauses ausgeschlossen worden war. Prinz Louis Ferdinand, dem die politischen Verhältnisse aus eigenem Erleben vertraut waren, hatte wie sein Großvater, der Kaiser, stets Distanz zum Nationalsozialismus bewahrt. Es war nur konsequent, dass dieser Prinz und Anwärter auf den Thron schließlich nicht bei den von den Nazis gleichgeschalteten Gruppierungen endete, sondern den Weg zur Widerstandsbewegung fand.

Doch zunächst soll von der Rolle die Rede sein, die dem Kronprinzen von der Widerstandsbewegung zugedacht worden war.

Die Rolle des Kronprinzen

»Hands off! Misch dich da nicht etwa ein!« So warnte der Kronprinz seinen Sohn Louis Ferdinand, als dieser im Frühjahr 1943 seinen Vater nach dessen Meinung zu einer Aktion gegen Hitler befragte.[33] Er habe sich stets von solchen Bewegungen ferngehalten und wolle auch in Zukunft nichts damit zu tun haben und rate deshalb auch seinem Sohn, sich auf derartige Dinge nicht einzulassen.[34]

Die Haltung des Kronprinzen mochte für das Jahr 1943 und auch für die Zeit danach zutreffen; sie stand jedoch im Gegensatz zu seiner früheren Einstellung gegenüber der Oppositionsbewegung.

Zweieinhalb Wochen nach dem Tode des Kaisers am 4. Juni 1941 in Doorn begann der Angriff Hitlers auf Russland. Der Kronprinz sah in diesem Einfall in das russische Großreich im Osten den Anfang vom Ende. Ähnlich dachten auch die Männer des Widerstandes.

In dieser Situation entschied sich der Kronprinz, einen der Verschwörer, den preußischen Finanzminister Professor Dr. Johannes Popitz, Anfang

Juli 1941 aufzusuchen.[35] Über diese Zusammenkunft berichtete Ulrich von Hassell am 13. Juli 1941:

> »Popitz hat neulich mit Kronprinz Wilhelm eine Unterredung gehabt. Er hat ihn unter der Firma, über seine Häuser mit ihm zu sprechen, aufgesucht. Popitz hatte von der Klarheit, Klugheit, und was wichtig ist, vom Ernst seines Besuchers einen guten Eindruck, auch von seinem Urteil über einzelne Persönlichkeiten. In der Hauptsache hat er ausdrücklich erklärt, daß er bereit sei, in die Bresche zu springen und alle Opfer und Gefahren, über die er sich völlig klar war, in Kauf zu nehmen.«[36]

Zur Frage einer eventuellen Kandidatur hatte sich der Kronprinz also eindeutig bekannt. Er war zu der Überzeugung gelangt, dass nur eine Beseitigung der Staatsspitze die Nation vor dem Untergang bewahren könnte. Das Zeugnis von Hassells sagt allerdings nichts darüber aus, ob der Kronprinz sich über die konkreten Planungen Gedanken machte und in die Vorstellung der Verschwörer eingeweiht war.

Die Situation ähnelte in manchem jener vom Mai 1932. Hatte er damals die Möglichkeit einer Kandidatur für das Reichspräsidentenamt ins Auge gefasst, so wollte er sich auch jetzt, wo es in ernster Zeit um die Wiedererrichtung der Monarchie ging, einem Rufe nicht verschließen.

Die Person des Kronprinzen war allerdings innerhalb der Widerstandsbewegung keineswegs unumstritten. Für den Kreis um Goerdeler, Beck, Popitz und von Hassell stand nach dem Tode des Kaisers und der Bereitschaftserklärung des Thronfolgers fest, dass »der Kronprinz nach vorn müsse.«[37] Zu dieser Sicht hatte sich schließlich auch Generaloberst Beck – trotz mancherlei Bedenken – durchgerungen.[38]

Zweifel an der Zweckmäßigkeit dieser Auffassungen wurden aus dem Kreise jüngerer Verschwörer geäußert, die sich in der zweiten Hälfte des Jahres 1941 der Gruppe Goerdeler anschlossen. Männer wie der Legationsrat von Trott zu Solz, der Regierungsrat Graf Yorck von Wartenburg und der Polizeivizepräsident Graf Fritz-Dietlof von der Schulenburg traten für die Zurückstellung der Frage der zukünftigen Staatsform ein, um jeden Eindruck von Reaktion zu vermeiden. Besonders eindringliche Vorbehalte gegen die Person des Kronprinzen äußerte Schulenburg, und zwar unter Berufung auf seinen 1939 verstorbenen Vater und Stabschef,

> »der es ihm geradezu zur Pflicht gemacht habe, auf Grund des Verhaltens des Kronprinzen während der Novemberkrise 1918, gegen seine Kandidatur Stellung zu nehmen«.[39]

Als Stabschef der Heeresgruppe Kronprinz hatte Schulenburg den Kronprinzen bis zum letzten Augenblick vor dem Übertritt nach Holland gewarnt, der Kronprinz hatte ihm sogar sein Wort gegeben, davon abzusehen.[40] Für den charaktervollen altpreußischen Offizier, der bar jeder militärischen und junkerlichen Enge war und die Einsicht in ein modernes Weiterschreiten besaß,

> »hatte der Erbe der preußischen Königs- und der deutschen Kaiserkrone mit seiner Flucht nach Holland das Anrecht verloren, jemals den Thron seiner Väter zu besteigen«.[40a]

Aber auch ein Mann wie Otto John verspürte keinerlei Neigung, sich für eine Restauration der Monarchie unter dem Kronprinzen einzusetzten.[41] Popitz und Goerdeler gegenüber äußerte er die Meinung, dass es ihm nicht um Deutschlands zukünftige Staatsform, sondern darum gehe, die Menschheit von der »Gottesgeißel« Hitler zu befreien, das wäre sein persönliches politisches Ziel.[42]

Trotz dieser Einwände der Jüngeren glaubte die Gruppe der Älteren an der Kandidatur des Kronprinzen festhalten zu müssen. Popitz trat sogar für eine sofortige Lösung in diesem Sinne ein.[43] Er vertrat dabei die Ansicht, man dürfe sich in dieser Frage nicht zu sehr von der Rücksicht auf die Stimmung des Volkes beeinflussen lassen.[44]

Zwischen den beiden Gruppen versuchte Hassell zu vermitteln. Er betonte dabei zwar die Notwendigkeit des Strebens nach »Echo im Volk«, rückte jedoch das alsbaldige Handeln in den Vordergrund. Die Frage der Hohenzollern sei zwar schwierig, doch böte diese Lösung trotz aller Bedenken immer noch die größte Aussicht auf einen Konsens. Im Übrigen käme es auf den Augenblick und den Handelnden an, der sicherlich dann ein gewichtiges Wort mitzureden hätte.[45]

Andererseits waren sich die Führer der Widerstandsbewegung durchaus im klaren darüber, dass es keine wirklich populäre Persönlichkeit unter ihnen selber gab, die den Umsturz hätte repräsentieren können.[46] Es ist daher nicht verwunderlich, dass Überlegungen angestellt wurden, ob sich nicht die Symbolkraft der Krone einsetzen ließe. Im Blick darauf wurden Pläne entwickelt, nach denen der Kronprinz mit einer Proklamation an das deutsche Volk und die Armee hervortreten sollte. Dem Kronprinzen wäre danach der Oberbefehl über die Wehrmacht zugefallen, mit dem Ziel, einen auch für andere Völker ehrenvollen Frieden zu erreichen. Nach dem Friedensschluss sollte er zugunsten seines Sohnes Louis Ferdinand abdanken.

Ihre endgültige Form erhielt diese Proklamation wohl in den kritischen Wintermonaten 1942/43.[47] Der bevorstehende Fall von Stalingrad ließ eine Militärrevolte wieder aussichtsreicher erscheinen. Maßgeblich beteiligt am Zustandekommen der Erklärung war der pommersche Reserveoffizier und Gutsbesitzer Karl Magnus von Knebel-Doeberitz.[48] Er war ein Freund Schleichers und Hammersteins und war auch mit dem Kronprinzen gut bekannt. Mit ihm hatte der Kronprinz während der ersten Kriegsjahre – Knebel-Doeberitz starb 1942 – mehrere vertrauliche Aussprachen.

Folgende Proklamation sollte der Kronprinz bei Übernahme der Regierung erlassen:

> »Als ich auf die Krone Preußens und die deutsche Kaiserwürde verzichtete, geschah es nicht, um den Weg für eine Entwicklung frei zu machen, die nur dazu geführt hat, daß der untadelige Ruf des deutschen Volkes der Vernichtung, sein blank gehaltenes Ehrenschild der Beschmutzung ausgesetzt sei.
> Es hat ein Zustand der Rechtlosigkeit, der zügellosen Willkürherrschaft und der moralischen Verwilderung eingesetzt, wie er in der Geschichte unseres Volkes noch nie dagewesen ist. Dieser Zustand droht nunmehr in den voller Schutzlosigkeit auszuarten, die innere Front zu zerstören und damit die Schlagkraft der Wehrmacht zu lähmen … (Folgen Beispiele bestialischer Mordtaten.)
> Nicht zu solchen Untaten haben Eure und meine Vorfahren in jahrhundertelanger Arbeit und mit vielen Opfern, aber in Ehren und Gottesfurcht, das Deutsche Reich geschaffen. Das Blut deutscher Soldaten, das Glück aller deutschen Familien darf nicht weiter vergossen und zerstört werden, um entmenschten Verbrechern solche feigen Untaten zu ermöglichen. Deutsche Jungen dürfen nicht weiter gezwungen werden, blutdürstige Befehle gewissenloser Führer auszuführen und dabei seelisch zugrunde zu gehen.
> Als meine Vorfahren die Mark Brandenburg übernahmen, setzten sie Recht und Ordnung des Staates gegen den eigenwilligen Adel durch. Recht und Sauberkeit sind der Stolz des deutschen Volkes geworden.

Ich habe nicht dem Thron entsagt, um das Reich Wahnwitzigen und Verbrechern auszuliefern … Der Führer hat dem deutschen Volk den geleisteten Eid durch geheime Mordbefehle gebrochen. Ich stelle mich vor den Thron meiner Väter, vor dem sie Unrecht nicht duldeten, vor das Werk unserer Vorfahren, um es zu retten und Euch um die Frucht harter Arbeit nicht durch Buben betrügen zu lassen, die sich scheinheilig, aber schamlos im Rücken unserer Soldaten bereichert haben.
Ich habe die Führung des Reiches und den Oberbefehl über die Wehrmacht übernommen. Soldaten und Beamte werden einen Eid leisten, den sie mit redlichem Herzen halten können, wie auch ich zu Gott schwöre, daß ich das Reich in Recht und Anstand, in Treue und Redlichkeit führen werde. Ich werde daher befehlen, die verantwortlichen Verbrecher dingfest zu machen und vor Gericht zu stellen. Das deutsche Volk wird Gelegenheit erhalten, sich selbst ein Urteil über Größe und Umfang der Verbrechen und der Gefahr zu bilden.
Noch ist Krieg. Aber wir wollen in gemeinsamer Arbeit einen Frieden erstreben, der unsere nationalen Lebensnotwendigkeiten erfüllt, die Freiheit des ganzen Volkes und jedes Deutschen in einem lauteren, auf Recht und Anstand gegründeten Staat sichert, ohne Freiheit und Glück anderer Völker zu zerstören. Nur enge Zusammenarbeit aller Völker wird uns und der Welt Wohlfahrt und Glück bringen. Sobald dieses Ziel sichergestellt ist, wird mein Sohn Prinz Louis Ferdinand an meine Stelle treten, nachdem mein ältester dazu berufener Sohn Prinz Wilhelm seinen Wunden erlegen ist. Die Arbeit, die wir alle zu leisten haben, ist schwer. Verbrechen zu ahnden, Unrecht zu lindern, ist allein Sache des Staates. Wir wollen ans Werk gehen, indem jeder dem anderen wieder offen in die Augen blickt und mit Vertrauen in die anständige Gesinnung hilft.
Dann wird uns auch Gott helfen, Ehre und Zukunft des Vaterlandes zu sichern.«[49]

Der Kronprinz spielte also in den Überlegungen der Verschwörer eine hervorgehobene Rolle. In dieses Bild passen auch die Kontakte des Kronprinzen zu den Kreisen des Widerstandes, wie etwa der Besuch bei Popitz Anfang Juli 1941.

Im Frühjahr 1943 gab der Kronprinz seinem Sohn Louis Ferdinand den dringenden Rat, sich unter keinen Umständen an einem Putsch gegen Hitler zu beteiligen! Er selbst lehnte es ab, sich aktiv für den Sturz des

Diktators einzusetzen, und hatte damit, nach Meinung seines Biografen Jonas,

> »die letzte Gelegenheit vertan, die das Schicksal ihm geboten hatte, noch einmal eine Rolle in der deutschen Geschichte zu spielen«.[50]

War es hier zu einem Sinneswandel gekommen? Die Warnungen des Kronprinzen an seinen Sohn, sich nicht auf ein Komplott einzulassen, stehen scheinbar im Gegensatz zu der Bereitschaftserklärung, die der Kronprinz 1941 Popitz gegenüber abgegeben hatte. Wahrscheinlich war der Kronprinz nie in die engeren Pläne der Verschwörer eingeweiht gewesen. Ihm mögen wohl inzwischen auch Zweifel gekommen sein, ob es tatsächlich möglich sein würde, Hitler und dessen Machtapparat zu stürzen.

> »Eine Revolution kann nur gelingen, wenn die Regierung schwach ist«,[51]

hatte er einmal formuliert. Schließlich fürchtete er, dass die Generalität nicht die notwendige konsequente Willenskraft aufbringen würde. Vorausgegangene Ereignisse hatten ihn in seiner Ansicht bestärkt, dass die Generäle Hitler nicht gewachsen waren.

Der Kronprinz hatte die Vorkommnisse im Zusammenhang mit dem zu erwartenden Ableben des Reichspräsidenten von Hindenburg vor Augen.[52] Als es Hitler darum gegangen war, die Nachfolge des Reichspräsidenten anzutreten, hatte er den Generälen durch den Reichswehrminister von Blomberg angeboten, die SA auszuschalten, wenn sie seine Kandidatur unterstützten. Die von Generaloberst Frhr. von Fritsch nach Bad Nauheim gerufenen Befehlshaber hatten sich zunächst für den Kronprinzen entschieden. Auf das Angebot Blombergs hin votierten sie für Hitler, dessen Zusage ihnen für geordnete Verhältnisse im Staat zu sprechen schien.[53]

Was unter »geordneten Verhältnissen« unter Hitlers Regiment zu verstehen war, zeigten die Vorgänge um den sogenannten »Röhm-Putsch« im Juni 1934. In der »Reichsmordwoche«, wie der Kronprinz das nun anhebende große Morden genannt hatte, wurde nicht nur die gesamte SA-Führung, sondern auch der General, von dem Hitler fürchten musste, dass er das Heer wieder auf den Kurs des Kronprinzen führen könnte, der Duzfreund des Kronprinzen, Kurt von Schleicher, der vor 1933 auf die Monarchie hingesteuert hatte, liquidiert. Er und sein engster Mitarbeiter,

General von Bredow, wurden erschossen. Der Adjutant des Kronprinzen, von Müldner, wurde verhaftet. Der Kronprinz selbst und sein Bruder August Wilhelm wurden Gestapoverhören unterworfen.

Die Generäle hatten die Morde an den Kameraden schweigend hingenommen. Der Kronprinz aber wurde daraufhin bei Blomberg vorstellig. Auf die heftigen Vorwürfe, wie die Wehrmacht das schamlose Morden habe zulassen können, hatte Blomberg aber »nur unsachliche Ausreden.«[54] Der Kronprinz konnte auch auf ein Wort des Generalobersten Frhrn. von Fritsch verweisen, das sich auf den Moment bezog, als er und hohe Militärs aus dem Munde Hitlers von dessen Eroberungsplänen erfuhren:

»Wir haben die beste Chance aus der Hand gegeben. Wir hätten alle geschlossen energisch auftreten sollen.«[55]

Nach Ansicht des Kronprinzen hatte sich an der Haltung der Generäle kaum etwas geändert.

Ein zusätzliches Motiv des Kronprinzen, sich an den weiteren Vorbereitungen zum Sturz des Terrorregimes nicht zu beteiligen, lag in dem mehrjährigen fruchtlosen Hin und Her innerhalb der Widerstandsbewegung.

»So etwas darf man nur machen, wenn es richtig vorbereitet ist«,[55 a]

äußerte er gegenüber Prinz Louis Ferdinand. Meinungsverschiedenheiten und Entschlusslosigkeit hatten dem Kronprinzen den Glauben an die Kraft des Widerstandes genommen. Es stellte sich die Frage, ob der Kronprinz sein persönliches Schicksal und das seines Hauses »mit einer so unsicheren Sache verbinden sollte«,[56] um dann im Falle eines Misserfolges dem vor nichts zurückschreckenden Diktator wehrlos ausgeliefert zu sein.

Die Rache des Tyrannen war dann auch fürchterlich. Viele Freunde des Kronprinzen wurden verhaftet.[57] Hingerichtet wurde sein alter Adjutant Graf Dohna-Schlobitten, auch Generaloberst Hoepner, ferner der Mitarbeiter von Hammerstein und Minister Popitz. Der langjährige Adjutant des Kaisers, Frhr. von Sell, wurde verhaftet und wieder freigelassen. Er starb erst nach seiner erneuten Verhaftung durch die Russen. Der Generalbevollmächtigte des Preußischen Königshauses, Frhr. von Plettenberg, gab sich den Freitod im Gefängnis. Verhaftet wurden der mit dem Kronprinzen befreundete General von Stülpnagel und der Schriftsteller Karl Rosner, der die Erinnerungen des Kronprinzen herausgebracht hatte, und die der Kronprinzenfamilie nahestehende Bildhauerin Marie-Luise Sarre.[58] Der Kronprinz blieb zwar auf freiem Fuß, stand aber unter Gestapoüberwachung.[59]

Hitler aber glaubte bis ans Ende seiner Tage, dass der Kronprinz maßgeblich an dem Putsch der Generäle beteiligt gewesen war. Noch am Tage des Attentats erklärte er seiner Umgebung:

> »Glauben Sie mir, es wird sich herausstellen, daß der eigentliche Anstifter der Kronprinz ist.«

Wie weit er sich von allen früheren monarchischen Restaurationsgedanken entfernt hatte, zeigt sein Bekenntnis:

> »Es ist mein tiefer Glaube, daß meine Feinde die ›vons‹ sind, die sich Aristokraten nennen.«[60]

Prinz Louis Ferdinand in der Widerstandsbewegung

Die Frage einer Neuordnung Deutschlands nach der Beseitigung des nationalsozialistischen Regimes spielte in der Widerstandsbewegung eine wichtige Rolle. So befasste sich schon Anfang August 1938 eine Gruppe von NS-Gegnern mit Verfassungsplänen und Überlegungen zur Regierungsbildung nach dem Sturz Hitlers.[61] Zu dem Kreis gehörten Regimegegner der ersten Stunde wie Oberstleutnant Friedrich Wilhelm Heinz, Generalmajor Hans Oster, Fritz-Dietlof Graf von der Schulenburg und der Oberbürgermeister von Leipzig Dr. Carl Goerdeler.

In dieser Gruppe wurde die Meinung vertreten, die neue Regierung müsste mit stärkeren »Symbolen« des Staates und seiner ordnenden Macht ausgestattet werden. Präsident und Kanzler in einer wiederhergestellten Weimarer Demokratie könnten allein diese Aufgabe nicht erfüllen.

Aus den Fehlern der Zeit vor 1933 sollten Lehren gezogen werden. Den Emblemen, Massenorganisationen, permanenten Massenaufmärschen und sonstigen Machtdemonstrationen gegenüber hieß es, eine moderne

Demokratie zu gründen, eine entschiedene Demokratie nach englischem Vorbild mit einem über den Parteien stehenden monarchischen Oberhaupt.[62]

Goerdeler hatte bereits 1937 dem englischen Historiker Sir John Wheeler-Bennett gegenüber eine Restauration der Monarchie befürwortet.[63]

Als Anwärter auf den Thron schlug Goerdeler den Prinzen Louis Ferdinand, den zweiten Sohn des Kronprinzen, vor, während Jakob Kaiser und seine Freunde lieber den Prinzen Wilhelm, den ältesten Sohn des Kronprinzen, dafür vorgesehen hätten. Ihrer Meinung nach ähnelte Prinz Louis Ferdinand charakterlich zu stark seinem Großvater, Kaiser Wilhelm II.; Prinz Wilhelm verkörpere dagegen jene Eigenschaften, die an der Spitze Deutschlands gebraucht würden:

»Gerecht, vornehm, gütig, menschlich, Abenteuern abhold und bereit, der Demokratie Spielraum zu gewähren.«[64] An eine Wiederherstellung des Kaisertums von 1871 und 1918 hatte die Gruppe Heinz nicht gedacht. Für den Prinzen Wilhelm als Symbolfigur sprach auch dessen starke Verwurzelung im Heer, ein Argument, das schließlich auch Goerdeler überzeugte, sodass er nicht mehr länger auf seinem Kandidaten bestand.

Nach dem Soldatentod des Prinzen Wilhelm im Mai 1940 an der Westfront tauchte jedoch der Name des Prinzen Louis Ferdinand wiederholt in den Überlegungen auf. Übereinstimmend war man der Ansicht, dass nichts wiederholt werden sollte, was schon einmal in die Katastrophe geführt hatte.

> »Das schloß die Fortführung des Staates von Weimar ebenso aus, wie eine einfache Wiederherstellung der alten Monarchie, aber auch die Diktatur hatte sich ja nicht bewährt.«[65]

Gemeinsam war allen Gruppen der Wille zur Neuordnung. Europa sollte neu geformt werden durch die Überwindung der eng gegeneinander abgegrenzten Nationalstaaten. Auch sollte der Vermassung im industriellen Zeitalter entgegengewirkt werden.[66]

In diesem Gedanken schwang noch immer der aus dem 19. Jahrhundert stammende und vor allem von Bismarck vertretene Standpunkt mit, wonach ein parlamentarisches System dem deutschen Wesen nicht entspreche. Diese Auffassung hatte sich über die Weimarer Republik hinaus erhalten und war dann auch in manchen Kreisen der Opposition anzutreffen.

In den Überlegungen der Widerstandsgruppen spielte die Frage der Monarchie eine nicht unwesentliche Rolle. Bis 1944 tauchte dieser Gedanke immer wieder auf. Die verschiedensten politischen Strukturen einer Monarchie waren im Gespräch.

Jakob Kaiser plädierte für den Kronprinzen Rupprecht von Bayern als Reichsverweser.

Goerdeler, dem es darauf ankam, dass das Staatsoberhaupt nicht regierte, sondern repräsentierte und über die Verfassung wachte, benannte den Prinzen Friedrich, den in England lebenden Enkel Wilhelms II. und vierten Sohn des Kronprinzen.

Die Generalobersten Beck und von Hammerstein bestanden für den Fall der Restauration der Monarchie auf der legitimen Erbfolge.[67]

Wilhelm Leuschner und Jakob Kaiser knüpften ihre Zustimmung an die Bedingung eines Plebiszits.[68]

Klaus Bonhoeffer und Otto John machten sich immer wieder für den Prinzen Louis Ferdinand stark und ermöglichten diesem auch Gespräche mit Jakob Kaiser, Wilhelm Leuschner, Josef Wirmer und Ulrich von Hassell.[69] Was für ihn sprach, formulierte Gerhard Ritter so:

> »Ein Hohenzollernprinz, z B. Louis Ferdinand, der sich an die Spitze der deutschen Widerstandsbewegung gestellt und sein Leben offen gegen die Tyrannei gewagt hätte, hätte wahrscheinlich sofort der Monarchie in Deutschland und dem Hause Hohenzollern ein ganz anderes Gewicht gegeben.«[70]

Prinz Louis Ferdinand war mit den Kreisen des Widerstandes durch den Syndikus der Lufthansa, Dr. Otto John, im Frühjahr 1938 in Berührung gekommen. Otto John war im Frühjahr 1937 in die Zentralverwaltung der Lufthansa nach Berlin berufen worden. Er arbeitete dort in der Rechtsabteilung, deren Leiter Dr. Klaus Bonhoeffer, der Sohn des Psychiaters Geheimrat Karl Bonhoeffer, war. Prinz Louis Ferdinand war zu jener Zeit ebenfalls in der Hauptverwaltung der Lufthansa und zwar in der verkehrspolitischen Abteilung tätig.[71]

John berichtete, dass es im Mai 1938 zu einer ernsten Unterhaltung mit dem Prinzen gekommen sei.[72] John brachte seine Meinung über die Lage Deutschlands zum Ausdruck und deutete an, dass es um Beck eine Fronde gäbe, die zusammen mit Johannes Popitz, Carl Goerdeler und anderen auf einen Umsturz hinarbeitete.

In Absprache mit Bonhoeffer und Dohnanyi gab John in dem Maße sein Wissen preis, wie er es für die Erlangung des Vertrauens des Prinzen für richtig hielt. Dies war besonders Oster ein wichtiges Anliegen, da er nach dem Sturz des Regimes, in Übereinstimmung mit Beck, früher oder später die Errichtung der konstitutionellen Monarchie geplant hatte. In seinen Augen kam dafür nur ein Hohenzoller infrage:

> »Louis Ferdinand erschien besonders prädestiniert, weil er von Anfang an ein kompromißloser Gegner des Regimes, der legitime Nachfolger des Kaisers und als persönlicher Freund des Präsidenten Roosevelt ein potentiell starker außenpolitischer Faktor war.«[73]

Dohnanyi und Oster konnten nach dieser Unterredung Beck die grundsätzliche Bereitschaft des Prinzen, sich zur Verfügung zu stellen, mitteilen.

Hatte man sich zunächst gegenseitig abtasten müssen, so kam es erst im Frühjahr 1939, nach dem Ausscheiden des Prinzen aus der Lufthansa, zu einer ersten vertraulichen Begegnung mit John. Louis Ferdinand war von einer mehrmonatigen Hochzeitsweltreise zurückgekehrt, in deren Verlauf er auch von Präsident Roosevelt im Weißen Haus und auf dessen Privatsitz eingeladen worden war.

Dem Prinzen war inzwischen klar geworden, dass der Krieg und damit eine Katastrophe für Deutschland und die Welt nur noch durch den Sturz des Regimes abgewendet werden konnte. Die letzten Zweifel überwand der Prinz auf seiner Weltreise, die ihm Gelegenheit geboten hatte, mit vielen gekrönten Häuptern und führenden Politikern zu sprechen.

Prinz Louis Ferdinand berichtet aus dieser Zeit über sein Zusammentreffen mit Präsident Roosevelt im Weißen Haus und von dessen Plan, über den Prinzen einen letzten Versuch zu unternehmen, Hitler zur Vernunft zu bringen.

> »Roosevelt (hatte) den Prinzen gebeten, bei Ribbentrop zu sondieren, ob Hitler bereit sei, mit ihm, Chamberlain und Mussolini auf den Azoren zusammenzukommen.«[74]

Prinz Louis Ferdinand unterbreitete diesen Vorschlag in einem Brief an Ribbentrop. Ribbentrop bestätigte nicht einmal den Empfang des Schreibens!

Dafür wurde der Prinz von Göring bedroht. Anlass war ein Telegramm mit Weihnachtsgrüßen an Roosevelt. Durch einen Offizier ließ Göring anfragen, wie der Prinz dazu käme, dem größten Feind des Führers ein Glückwunschtelegramm zu schicken. Er solle eine Erklärung dazu abgeben. Im Weigerungsfalle müsse er mit dem Ausschluss aus der Luftwaffe oder noch Schlimmerem rechnen.

Der Prinz konnte nachweisen, dass er nicht nur Roosevelt, sondern auch allen anderen Staatsoberhäuptern, von denen er auf seiner Weltreise empfangen worden war, Weihnachtstelegramme gesandt hatte. Damit entfiel der Verdacht eines gezielten Affronts gegen Hitler. Es zeigte jedoch die tiefe Abneigung Hitlers gegen den amerikanischen Präsidenten. »Seitdem«, sagte Prinz Louis Ferdinand, »habe ich von Göring nichts mehr gehört.«[75]

Beck wurde durch Dohnanyi über die Aussprache zwischen Otto John und Louis Ferdinand unterrichtet. Beck ließ John wissen, er sollte im Verkehr mit dem Prinzen äußerste Zurückhaltung üben, die Verbindung aber aufrechterhalten, damit der Prinz durch John für Beck jederzeit erreichbar sei.[76]

Otto John beschäftigte sich innerhalb der Verschwörung zunächst mit innenpolitischen Problemen der Neuordnung nach dem Umsturz. Im Oktober 1939 verfasste er zusammen mit Ernst von Harnack ein Memorandum. Diese Schrift stellte ein Manifest der Einheit dar, den Zusammenschluss aller vor 1933 parteipolitisch maßgebenden Organisationen zu einer Oppositionsfront gegen das Hitlerregime.

Dazu zählten Professor Popitz und Dr. Goerdeler für die konservative Rechte, Dr. Josef Wirmer und Jakob Kaiser für das katholische Bürgertum, Bernhard Letterhaus für die katholische Arbeiterschaft, Ernst von Harnack und Julius Leber für die verbotene SPD und Wilhelm Leuschner für die Arbeitergewerkschaften.

Es war ihr fester Vorsatz, dass sie zusammen rückhaltlos hinter Generaloberst Beck stünden, um durch einen Sturz der nationalsozialistischen Herrschaft das Volk vor der Katastrophe zu bewahren, unter der gerade die arbeitende Bevölkerung, wie schon im Ersten Weltkrieg, am schwersten zu leiden hätte. Darüber hinaus wurde der verbrecherische Charakter des Regimes und der Missbrauch deutscher Soldaten dargestellt.

> »Auf Anregung von Oster und Dohnanyi übergab ich Beck einen Brief des Prinzen Louis Ferdinand, in dem sich ihm dieser mit den Worten ›Wenn ich gerufen werde, bin ich bereit‹, zur Verfügung stellte«[77],

berichtete John. Beck zeigte sich sehr beeindruckt von der Bereitschaft des Prinzen, sich persönlich einzusetzen, ließ ihm aber mitteilen, dass es zu spät sei, der Angriff im Westen sei befohlen. »Wer würde das überleben?« schreibt John und fährt fort:

> »Dessen eingedenk schrieb der Prinz für seine Söhne ein politisches Testament, in dem er sich zur sittlichen Verpflichtung bekannte, das deutsche Volk vom Regime zu befreien und die Völker Europas vor einem Sklavendasein unter Hitler zu bewahren.«[78]

Otto John und der Prinz behielten jeder eine Abschrift dieser Erklärung. Zwei Jahre später verbrannten sie jedoch aus Sicherheitsgründen diese beiden Schriftstücke.[79]

Neue Hoffnung auf einen Umsturz knüpfte die Fronde nach dem Überfall auf Russland. Im August 1941 hatten sich Roosevelt, der im November 1940 wiedergewählt worden war, und Churchill getroffen, um die Kriegslage zu erörtern und ein politisches Programm zu entwerfen. Sie unterzeichneten damals die sogenannte »Atlantik-Charta«, die u. a. die Niederwerfung und Entwaffnung Deutschlands zum Ziel hatte. Diese Vereinbarung war insofern ungewöhnlich, als die Vereinigten Staaten zu dieser Zeit noch neutral waren. Es war nun klar, dass Roosevelt, ob die USA in den Konflikt verwickelt würden oder nicht, bei allen kriegswichtigen Entscheidungen ein Wort mitzureden haben würde und natürlich besonders im Falle eines Sturzes des Regimes.[79a]

Als eine Art psychologische Einstimmung hierauf erschien es Otto John angebracht, die Beziehungen des Prinzen Louis Ferdinand zu Roosevelt ins rechte Licht zu rücken. John ging es darum, dass die Beziehungen des Prinzen zu dem amerikanischen Präsidenten nicht nur auf gesellschaftlicher Ebene bestanden, sondern, dass es sich bei den wiederholten Treffen um politische Aussprachen zu Problemen der Zeit gehandelt habe und dass zwischen Louis Ferdinand und Roosevelt eine freundschaftliche Verbundenheit bestand.

Ein gemeinsamer Freund des Prinzen und Otto Johns, der damalige Leiter des Berliner Büros von »Associated Press«, Louis Lochner, wurde gebeten, mit dem Prinzen ein Interview über dessen Verbindung zu Präsident Roosevelt zu führen.[80] Kopien dieses Interviews wurden dann von Oster und Dohnanyi in die richtigen Kanäle geschleust. Das Interview erweckte beim Leser den Eindruck, als ob es irgendwann, irgendwo in den Vereinigten Staaten publiziert worden wäre. Die Aussagen entsprachen den Tatsachen, aber das Dokument gab nur vor, veröffentlicht worden zu sein.

Der Wahrheitsgehalt tat jedoch seine Wirkung, denn einige Monate später wurde John von Beck auf das Interview angesprochen. Ein Offizier habe es ihm vorgelegt und darin auch die Lösung der außenpolitischen Probleme der Opposition entdeckt. Ulrich von Hassell hatte von amerikanischen Informanten erfahren, dass Roosevelt nur ein Ziel verfolge, Hitler zu vernichten, und Popitz erklärte John, dieser Informant habe weiter zu verstehen gegeben,

> »daß die Ablösung des Regimes in Deutschland durch eine konstitutionelle Monarchie mit Louis Ferdinand in den USA nicht nur bei Roosevelt persönlich eine positive Resonanz hatte«.[81]

Auf Anregung Johns hin besprach Popitz mit Beck die Frage, ob über Lochner ein direkter Kontakt zwischen Louis Ferdinand und Roosevelt hergestellt werden sollte.[82] Bis zu diesem Zeitpunkt hatte Lochner von einer bereits existierenden Verschwörung zum Sturz Hitlers nichts gewusst. Er kannte aber bereits eine ganze Reihe namhafter Politiker der Opposition aus den Jahren vor der Machtergreifung, so war er auch ein Vertrauter Brünings.[83] Darüber hinaus war er seit Jahren mit Prinz Louis Ferdinand befreundet. Dieser hatte letztlich auch darüber zu entscheiden, ob Lochner eingesetzt werden sollte. Der Prinz stimmte zu. Popitz riet zu äußerster Vorsicht.[84]

Im Herbst 1941 kam es zunächst im Hause Johns zu einer Begegnung Lochners mit Ernst von Harnack, der Lochner einen Einblick in die Verschwörung gab. Auf die Frage Lochners, ob die Verschwörer an die Wiederherstellung der Monarchie dächten, gab Harnack zur Antwort:

> »Erst muß Deutschland wieder ein Rechtsstaat werden, alles andere ist zweitrangig.«[85]

Da es im November 1941 noch eine völlig offene Frage war, ob die USA in den Krieg eintreten würden, drängte Otto John im Kreise seiner Freunde darauf, Louis Lochner noch stärker mit den Zielen der Fronde vertraut zu machen.

Im Laufe des November 1941 kam es dann im Hause des ehemaligen Reichstagsabgeordneten Dr. Josef Wirmer zu einem Treffen zwischen Louis Lochner und führenden Männern der Widerstandsbewegung.

Louis Lochner hatte nun Gelegenheit, sich von Jakob Kaiser, der auch für Wilhelm Leuschner sprach, im Beisein von Klaus Bonhoeffer, Justus Delbrück, der für Dohnanyi und Oster, somit für Beck zugezogen worden war, Max Habermann und Klaus Letterhaus, als den Vertretern der früheren Gewerkschaften, Josef Wirmer und Otto John, eingehend über die Pläne und Absichten der Gegner Hitlers informieren zu lassen.

Dank dieser persönlichen Begegnung mit den Vertretern der freien und der christlichen Gewerkschaften, der Bekennenden Kirche, der früheren Zentrumspartei, der Demokratischen, der Sozialdemokratischen und der Deutschen Volkspartei sowie den Vertrauensleuten von Admiral Canaris und Generaloberst Beck sollte Lochner als »eine Art Botschafter des innerdeutschen Widerstandes bei Roosevelt legitimiert sein«.[86]

Lochner sollte dem Präsidenten die Ziele, Tätigkeit und Zusammensetzung des Widerstandes übermitteln. Ferner wurde Lochner aufgetragen, Roosevelt die Frage vorzulegen, welche Staatsform er nach dem Sturz Hitlers bevorzuge.[87] Man übergab Lochner sogar einen Geheimcode, um dadurch eine Funkverbindung zwischen dem Präsidenten und den Verschwörern zu ermöglichen.[88] Louis Lochner versprach das ihm Mögliche zu tun, konnte aber dieses Versprechen erst im Juni 1942 einlösen, da er, wie viele andere Kollegen, nach der Kriegserklärung Deutschlands an Amerika im Dezember 1941 interniert worden war.

Nach seiner Rückkehr in die USA bemühte sich Lochner sofort um eine Audienz bei Präsident Roosevelt mit der Begründung, persönliche Mitteilungen von Prinz und Prinzessin Louis Ferdinand von Preußen sowie geheime Informationen von Widerstandsgruppen in Deutschland übermitteln zu müssen, die er niemand anderem anvertrauen dürfe. Schließlich wiederholte er seine Bitte schriftlich und gab genaue Aufklärung darüber, warum er eine persönliche Rücksprache wünsche. Auch dieser Versuch blieb erfolglos.

> »Statt dessen wurde ich von unserem AP-Büro in Washington telephonisch davon verständigt, daß mein Ersuchen an amtlicher Stelle als ›höchst unerwünscht‹ betrachtet würde und daß ich von weiteren Versuchen freundlichst absehen sollte«[89],

berichtete Lochner.

Zu diesem vergeblichen Bemühen Lochners, an den Präsidenten heranzukommen, meinte Hans Rothfels:

> »Mr. Lochner brauchte einige Zeit, bis ihm auf Grund seiner sonstigen Eindrücke in Washington klar wurde, daß die Ablehnung nichts Zufälliges, sondern Teil der offiziellen Politik war. Die ihr zugrundeliegende Haltung schloß nicht nur jede Ermutigung oder jeden Rat, um den die Männer der deutschen Opposition baten, aus; sie führte nicht nur dazu, die Möglichkeit einer amtlichen Fühlungnahme mit dem Berliner Widerstandszentrum zurückzuweisen. Darüber hinaus war vom Washingtoner Blickpunkt aus offenbar schon die bloße Anerkennung der Tatsache, daß in Deutschland oppositionelle Elemente existierten, die fähig und vorbereitet waren, für die Übernahme der Regierung, sowie das Angebot authentischer Mitteilungen über diese Tatsache geeignet, ›größte Verlegenheit‹ zu verursachen.«[90]

Schließlich gelang es Lochner, Mrs Roosevelt zu sprechen, aber sie verhielt sich abweisend und herablassend:

> »Do these dear little children really think that there would ever be a chance for them to get back to the throne?«,[91]

fragte sie Louis Lochner.

> »Klarer konnte unser Anliegen nicht mißverstanden werden. Louis Ferdinand hatte sich von Anfang an aus sittlicher Empörung dem Widerstand angeschlossen. Der Plan der Restauration des Hauses Hohenzollern war nicht von ihm, sondern von Beck, Popitz, Goerdeler und anderen Honoratioren aufgebracht worden, und diesen hatten sich Leuschner, Jakob Kaiser und andere namhafte Vertreter der Arbeiterschaft unter der Bedingung eines Plebiszits angeschlossen. Jedenfalls hat der Prinz mit seiner Familie, wie wir alle die Jahre hindurch seinen Kopf riskiert«,[92]

meinte Otto John.

Die amerikanische Haltung muss vor folgendem Hintergrund gesehen werden: Für die Vereinigten Staaten ging es bei dem Konflikt nicht allein um einen Krieg gegen das nationalsozialistische Regime, sondern vor allem – aus amerikanischer Sicht – auch um den Kampf gegen ein von einer »freiheitsfeindlichen und menschenfeindlichen Ideologie« durchdrungenes Volk,[93] das aus ähnlichen Abenteuern nichts gelernt hatte. Der totale Machtanspruch Hitlers konnte nur durch den totalen Sieg gebrochen werden. In diesem Lichte konnten die Mitteilungen Lochners der amerikanischen Regierung tatsächlich nur höchste Ungelegenheiten bereiten, wenn sie erfahren musste, dass es in Deutschland eine funktionsfähige Opposition gegen Hitler gab, die zur Übernahme der Regierung gerüstet war.

Nachdem dieser Versuch der Kontaktaufnahme mit den Vereinigten Staaten ergebnislos verlaufen war, sollte vor dem Hintergrund der ersten Niederlage an der Ostfront ein erneuter Anlauf genommen werden, die Heerführer zu einer gemeinsamen Aktion zu bewegen.

Zu diesem Zweck arrangierte Otto John im Winter 1941/42 ein geheimes Treffen zwischen Louis Ferdinand und Generaloberst Kurt Frhr. von Hammerstein-Equord.[94] Der Prinz kannte Hammerstein schon aus dem Jahre 1933, als dieser der Chef der Heeresleitung gewesen war. Ziel dieser Unterredung sollte sein, Hammersteins Rat zu erbitten, ob und wenn ja, in welcher Form etwas unternommen werden könnte und wie man das traditionelle Ansehen des Hauses Hohenzollern bei den Truppenführern in Russland stärken könne. Nach dem Bericht Johns machte der Prinz dem Generaloberst klar, dass es höchste Zeit für ein Eingreifen der Wehrmacht gegen Hitler sei:

> »Man muß sich ja wirklich schämen Deutscher zu sein. Es darf nicht so weitergehen! Es muß Schluß gemacht werden! Ich möchte mir bei Ihnen Gewißheit verschaffen, ob ich als legitimer Anwärter auf den Thron, irgend etwas tun kann, um dem, wie Sie sagen, ›Marsch in die Katastrophe‹ ein Ende zu machen.«[95]

Hammerstein bejahte ebenfalls die Notwendigkeit eines sofortigen Eingreifens der Wehrmacht; er meinte aber, eine etwaige Aktion würde aus Mangel an Zivilcourage gar nicht erst zustande kommen!

> »Gegen ›ihn‹ kann man nur mit der Pistole in der Hand vorgehen. Aber das ist nicht Ihre Aufgabe!«,[96]

sagte Hammerstein zu Louis Ferdinand. Nach dieser fast zweistündigen Unterredung gab es keinen Zweifel mehr. Ob mit oder ohne Prinz Louis Ferdinand, die Truppenführer in Russland wären zu keiner Aktion gegen Hitler zu bewegen gewesen.

Auf Wunsch Goerdelers kam es dann im Juli 1942 zu einer Besprechung mit Prinz Louis Ferdinand auf dessen Gut Cadinen in Ostpreußen. Dieses Treffen hatte Otto John im Verlauf eines vorangegangenen Besuches in Cadinen mit dem Prinzen zusammen vorbereitet.[97]

In einem breit angelegten Vortrag erläuterte Goerdeler dem Prinzen die katastrophale Lage Deutschlands und die damit verbundenen Gefahren. Es handelte sich dabei um Gedanken, die der Prinz zum großen Teil schon aus Memoranden Goerdelers kannte, die ihm von Otto John in dessen Auftrag überbracht worden waren.

Goerdeler vertrat die Auffassung, das Regime müsste gestürzt werden, »um Recht und Anstand wieder herzustellen.«[98] Ohne einen Anflug von Schmeichelei, schreibt John, bekannte sich Goerdeler zu den

> »Tugenden der rechtlichen, einfachen und sauberen Staatsführung, durch die Preußen unter seinen Königen groß geworden« sei.[99]

Auf die Frage des Prinzen nach dem »Wie?« erwog Goerdeler abermals die Möglichkeit, die Heerführer hinter sich zu vereinen, um Hitler zu stürzen. Den Tyrannenmord lehnte er aus ethischen Gründen ab. Er sollte nur als ultima ratio ins Auge gefasst werden.

Louis Ferdinand erinnerte an die Ausführungen Hammersteins über die Armeeführer. Wenn es nicht gelänge, Deutschland von Hitler zu befreien,

> »werden die Alliierten den Krieg erbarmungslos fortsetzen, bis Deutschland total zerstört ist«.[100]

Als Flieger und Kenner der amerikanischen Rüstungsproduktion wusste der Prinz, was es bedeuten würde, wenn die amerikanischen Bomber erst einmal in Großproduktion vom Band liefen, um über Deutschland eingesetzt zu werden. Darauf antwortete Goerdeler mit dem Vorschlag, dass jede Stadt und jeder Ort, die sich nach dem Umsturz zu der neuen Regierung bekennen, die Verdunkelung aufheben sollte, die neue Regierung würde dafür sorgen, dass diese Regionen nicht mehr bombardiert werden würden. Im Übrigen erklärte Goerdeler, dass er in den folgenden Wochen einige Armeeführer in ihrem Hauptquartier an der Front aufsuchen wollte, um sie für eine Aktion zu gewinnen.

Der Prinz war von der starken Persönlichkeit Goerdelers sehr beeindruckt und äußerte gegenüber John die Ansicht, dass Goerdeler der Mann sei,

> »dem man das Schicksal des deutschen Volkes anvertrauen kann«.[101]

Zu einer erneuten Begegnung mit Goerdeler kam es im März 1943. Unter einem geschäftlichen Vorwand hatte Otto John den Prinzen dringend gebeten, nach Berlin zu kommen. Die Lage der Verschwörer war inzwischen immer schwieriger geworden. Das Misstrauen Hitlers und Himmlers wuchs ständig.[102]

Das Treffen fand im Hause des Vaters der Brüder Bonhoeffer statt, des bekannten Psychiaters Professor Dr. Karl Bonhoeffer, der selbst jedoch nicht anwesend war. Außer Otto John hatten sich noch Jakob Kaiser, Dr. Wirmer und Ewald von Kleist-Schmentzin eingefunden. Besonders er drängte auf unverzügliches Handeln. Da die Heerführer offenbar nicht den Mut zu einer Aktion besaßen, müsste man es nun mit dem Ersatzheer versuchen.

Louis Ferdinand berichtete weiter, dass mit großem Nachdruck an sein vaterländisches Pflichtgefühl appelliert wurde,

> »als rechtmäßiger Thronprätendent das Signal für die jetzt noch unentschlossenen und zögernden Armeeführer und Generäle zu geben«.[103]

Der Prinz erklärte sich zu einem solchen Schritt bereit, falls es die Situation erforderte. Er wies aber zugleich darauf hin, dass er es aus Gründen der Legitimität für falsch hielte, seinen Vater, den Kronprinzen, zu übergehen »und zwar«, wie Gerhard Ritter meint, »aus Sohnespflicht (im Sinne des dynastischen Erbrechtes) heraus, nicht deshalb, weil er sein plötzliches Hervortreten vor der Öffentlichkeit für politisch aussichtslos hielt«.[104] Ritter ist allerdings auch der Meinung, dass der dynastische Vorrang des

Kronprinzen schon deshalb nicht einfach übergangen werden konnte, weil er in der Armee als Thronerbe und Heerführer bekannt war.[105]

In einem Gespräch unter vier Augen zeigte Jakob Kaiser Verständnis für den Gewissenskonflikt zwischen den Pflichten dem Vaterland gegenüber und der Loyalität zum Vater, dem Kronprinzen. Es wurde beschlossen, unverzüglich die Meinung des Kronprinzen einzuholen. Dieser erklärte seinem Sohn, dass er selbst sich derartigen Bewegungen immer ferngehalten habe und auch in Zukunft nichts damit zu tun haben wolle. Er könnte seinem Sohn nur dringend davon abraten, sich in solche Dinge einzumischen.[106]

Jonas vertritt mit Ritter die Ansicht, der Kronprinz habe seinem Sohn »mit Erfolg« das gefährliche Abenteuer der Verschwörung ausreden können.[107] Das ist in dieser Form nicht richtig gesehen, denn schon am folgenden Tag traf Louis Ferdinand mit Otto John und Carl Goerdeler zusammen und berichtete ihnen von dem Gespräch mit seinem Vater.

Goerdeler hatte inzwischen den Chef des Ersatzheeres, General Olbricht, gesprochen, der nicht die geringste Möglichkeit für eine Aktion sah. Vor diesem Hintergrund war jede autoritative Geste des Prinzen Louis Ferdinand sinnlos, denn auch die von Goerdeler an der Ostfront aufgesuchten Feldmarschälle hatten sich seinen Plänen versagt.

Goerdeler gab dem Prinzen den Rat, nach Cadinen zurückzukehren und sich dort weiter bereitzuhalten.[108] Der Prinz hatte sich also keineswegs zurückgezogen, wie erst jüngst wieder Peter Hoffmann vermutete.[109] Dem widerspricht auch der Umstand, dass es im Juli 1943 erneut zu einem Treffen zwischen Louis Ferdinand und den Mitgliedern der Fronde kam.[110] Neben Otto John und dessen Bruder Dr. Hans John waren zu der Unterredung Professor Dr. Albrecht Haushofer – die beiden Letzteren wurden nach dem 20. Juli hingerichtet – und ein ehemaliger spanischer Studienfreund des Prinzen aus Berliner Universitätstagen erschienen.

Juan Terrasa, den Louis Ferdinand seit Jahren nicht gesehen hatte, arbeitete nun im spanischen Außenministerium in einer Abteilung, die zwischen den Interessen der kriegführenden Parteien zu vermitteln hatte. Als Verbindungsmann zwischen Otto John und den westlichen Alliierten hatte Terrasa den Verschwörern gute Dienste leisten können. Er äußerte die Überzeugung, dass ohne Hitler und die Nationalsozialisten Friedensgespräche möglich seien; selbst im Falle einer bedingungslosen Kapitulation könnte Deutschland vor einer weiteren Zerstörung bewahrt bleiben.

Diese Hoffnung wurde auch von Otto John geteilt, der selbst in Spanien mit Mitgliedern der amerikanischen und britischen Botschaft konferiert hatte.[111] Terrasa betonte, der Umsturz müsse bald erfolgen, denn nur eine schnelle Kapitulation würde den Westmächten die Opfer einer Eroberung der Festung Europa ersparen. Die deutschen Generäle sollten doch endlich begreifen, dass die bedingungslose Kapitulation früher oder später doch erzwungen würde.

Im Sommer 1943 war man in den Kreisen der Opposition noch völlig davon überzeugt, dass die Westmächte nach dem Sturz des NS-Regimes mit dem Widerstand verhandeln würden. Die Gespräche mit Terrasa zeigten jedoch, dass diese Chance verpasst worden war.[112] Die totale Zerstörung Deutschland konnte nur durch die Beseitigung der Naziherrschaft und durch eine schnelle Kapitulation gegenüber den Westmächten verhindert werden.

Diesen Standpunkt legte John in einem Memorandum nieder, stieß damit jedoch auf heftige Kritik bei Popitz, Wirmer und Letterhaus, die alle noch an die Verhandlungsmöglichkeiten Goerdelers glaubten. Von Hassell und von Trott nahmen die Ausführungen Johns erst gar nicht zur Kenntnis. Die Ablehnung Goerdelers ging sogar so weit, John zu weiteren Zusammenkünften nicht mehr zu bitten.[113]

Goerdeler vertraute innenpolitisch auf die Vernunft der Generäle und außenpolitisch auf die Vernunft der westlichen Staatsmänner. Er glaubte immer noch, sie würden sich mit ihm gegen den Bolschewismus verbünden. Beides erwies sich als Illusion.

Am 20. Juli 1944 hielt sich Prinz Louis Ferdinand bei Generalfeldmarschall von Küchler in Königsberg auf.[114] Im Hinblick auf die näherrückenden sowjetischen Truppen wollte sich der Prinz über die militärische Lage unterrichten lassen. Von Küchler riet dem Prinzen, seine Familie so schnell wie möglich zu evakuieren, und zwar möglichst westlich der Oder, auf alle Fälle aber westlich der Weichsel. Anfang August schickte der Prinz seine Angehörigen auf einen dem Hause gehörenden Besitz in der Neumark. Von dort flüchtete die Familie des Prinzen dann im Winter 1944/45 über Potsdam nach Bad Kissingen. Der Prinz selbst harrte in Cadinen bis zum 25. Januar 1945 aus, um schließlich mit dem letzten Schlittentransport über das Haff den anrückenden sowjetischen Truppen zu entkommen.

Am 2. August 1944 wurde Louis Ferdinand von zwei Gestapobeamten in Cadinen aufgesucht und einer siebenstündigen Befragung unterzogen, die aber glimpflich verlief.[115] Es wurde ihm jedoch mitgeteilt, dass jeder seiner Schritte überwacht würde.

Dieser Gestapobesuch blieb ohne Konsequenzen, offenbar hatte man bei den höheren Gestapoinstanzen keine Handhabe gegen ihn.

> »Mir ist nie klar geworden, wie weit die Gestapo bei ihren Ermittlungen nach dem 20. Juli 1944 auf die Hoffnungen und Erwartungen gestoßen ist, die einen Kreis ernsthafter Männer im deutschen Widerstand mit dem Prinzen Louis Ferdinand von Preußen verbunden hat. Ich wurde bei der Gestapo nie danach gefragt. Im Rückblick scheint es mir, als ob die erschrockene Gestapo schließlich kein großes Interesse mehr daran hatte, den Kreis der Widersacher Hitlers weiter und weiter zu ziehen und noch mehr illustre Namen der deutschen Geschichte ohne Not vor Freislers Tribunal zu bringen«[116],

schreibt Eugen Gerstenmaier. Prinz Louis Ferdinand selbst spricht seine Errettung erfahrener Freundestreue zu in der Gewissheit, wie er schreibt,

> »daß meine Freunde vom 20. Juli trotz aller Folterung meinen Namen nicht preisgegeben haben, und daß ich meine Rettung dieser Freundestreue bis in den Tod verdanke«.[117]

Auch das Misslingen des Attentats ist in den Augen des Prinzen ein Beweis gegen die Anklage der Welt, es habe in Deutschland keinen Widerstandswillen gegeben. Selbst das späte Datum ändert nichts an dem Verdienst, Deutschland in letzter Minute vor der totalen Katastrophe bewahrt haben zu wollen. Mit dem zeitlichen Abstand zu den Ereignissen hat sich neben der schon immer bezeugten Anteilnahme an dem Schicksal der Männer des 20. Juli und der Anerkennung ihres lauteren Charakters auch eine gerechte Würdigung ihrer politischen Ziele durchsetzen können.

Natürlich lässt sich immer die Frage stellen, ob Hitler nicht gerade durch das Attentat zum hemmungslosen Amokläufer geworden ist.

> »Meines Erachtens wäre doch auch dawider (zu) fragen, wie Deutschland moralisch ohne die Namen der Männer des 20. Juli dastünde«,[118]

schreibt Prinz Louis Ferdinand. Das ist die Frage, die sich mutatis mutandis wie für Deutschland so auch für das Haus Hohenzollern stellt – im Rückblick auf seine Geschichte im Dritten Reich.

Anmerkungen

Zu Teil 1: Die Hohenzollern und die Weimarer Republik

[1] Hermann Schulze, Die Hausgesetze der regierenden deutschen Fürstenhäuser, Bd. III, Jena 1883, S. 555

[2] Ebda., S. 563. Die constitutio Achillea, überschrieben, »Theilung, Ordnung, Satzung, Vertrag, Einigung d.d. Köln an der Spree am Tage St. Matthiä (24. Februar) 1473«, ist vollständig abgedruckt bei Hermann Schulze, a. a. O., S. 678–683

[3] Ebda., S. 567

[4] Ebda., S. 555f.

[5] Ebda., S. 571ff. Der Vertrag von Gera, überschrieben »Der Geraische Hausvertrag d. d. Onolzbach den 11. Juni 1603«, ist vollständig abgedruckt bei Hermann Schulze, a. a. O., S. 708–723

[6] Ebda., S. 576

[7] Ebda., S. 581; cf. v. Mörner, Kurbrandenburgische Hausverträge, Anh. S. 789

[8] Ebda., S. 581

[9] Ebda., S. 592

[10] Ebda., S. 593

[11] Ebda., S. 595ff.

[12] Ebda., S. 607

[13] Ebda., S. 611

[14] Das Dokument befindet sich im Archiv der Generalverwaltung des vormals regierenden Preußischen Königshauses in Bremen. Wir zitieren aus diesem Dokument mit der Abkürzung: Archiv der Generalverwaltung: Hausgesetz 1920;
vgl. oben S. 456: Dokument 1.

[15] Archiv der Generalverwaltung: Hausgesetz 1920, S. 1f.

[16] Archiv der Generalverwaltung: Hausgesetz 1920, S. 15–17

[17] Archiv der Generalverwaltung: Hausgesetz 1920, S. 18

[18] Der Stand der privatfürstenrechtlichen wie auch der staatsrechtlichen Grundsätze im 19. Jahrhundert ist von dem Kronsyndikus Prof. Dr. Hermann Schulze, Königlich-Preußischer Geheimer Justizrat, der auch lebenslängliches Mitglied des Herrenhauses war, in folgenden Werken zusammengestellt und kommentiert worden: H. Schulze, Das preußische Staatsrecht auf der Grundlage des deutschen Staatsrechts, Bd. I., Leipzig 1870–72; Bd. II, Leipzig 1877 und in H. Schulze, Die Hausgesetze der regierenden deutschen Fürstenhäuser, Bd. III, Jena 1883.

[19] Bei nicht hausgesetzmäßigen Ehen werden vom Kaiser resp. später dem Chef des Hauses Lösungen z. B. bezüglich des Erbes durch Unterhaltssorge gesucht, die vom Hausgesetz jedoch nicht im Einzelnen vorgesehen sind. Als 1824 König Friedrich Wilhelm III. eine Gräfin Harrach heiratete, die ihm nach den Gesetzen der Hausobservanz unebenbürtig war, konnte diese Ehe nur morganatisch geschlossen werden. Vgl. Schulze, a. a. O., III, S. 81. Die Gräfin Ina-Marie von Bassewitz galt nach den Hausgesetzen ebenfalls als nicht ebenbürtig. Der Kaiser zögerte lange, ehe er seinem Sohn, dem Prinzen Oskar, 1914 die Erlaubnis zur zunächst nur morganatischen Heirat gab. Später hat er seine Schwiegertochter als ebenbürtig anerkannt. Viktoria Luise I, S. 348f.

[20] Hermann Schulze, Das preußische Staatsrecht, Bd. I, Leipzig 1870–71, S. 431; ders., Die Hausgesetze der regierenden deutschen Fürstenhäuser, Bd. III, Jena 1883, S. 614

[21] Hermann Schulze, Die Hausgesetze, Bd. III, S. 614. Johann Victor Bredt, Die Vermögensauseinandersetzung zwischen dem Preußischen Staat und dem Königshause, Berlin 1925, S. 34

[22] Vgl. dazu Gerd Heinrich, Geschichte Preußens, Staat und Dynastie, Frankfurt/M. 1981, S. 457–458

[23] Archiv der Generalverwaltung des vormals regierenden Preußischen Königshauses in Bremen: Denkschrift: »Vermögensauseinandersetzung mit den Hohenzollern. Der Vertrag vom 12. Oktober 1925«, Berlin 1926, S. 5, Vgl. Anm. 22

[24] Vertrag über die Vermögensauseinandersetzung zwischen dem Preußischen Staate und den Mitgliedern des vormals regierenden Preußischen Königshauses, (endgültiger) Entwurf vom 12. Oktober 1925: § 7, Abs. 1: Nach dem Volksentscheid vom 19. Juni 1926 wurde der Wortlaut in einem Vergleichsentwurf am 6. Oktober 1926 übernommen und in modifizierter Form am 29. Oktober 1926 als Gesetz veröffentlicht, in: Preußische Gesetzessammlung 1926, S. 274. Dazu U. Schüren, Der Volksentscheid zur Fürstenenteignung 1926. Die Vermögensauseinandersetzung mit den depossedierten Landesherren als Problem der deutschen Innenpolitik unter besonderer Berücksichtigung der Verhältnisse in Preußen, Düsseldorf, 1978, passim und besonders S. 44ff., 195f., 255, 256, 259–260.

[25] Sigurd von Ilsemann, Der Kaiser in Holland. Aufzeichnungen des letzten Flügeladjutanten Kaiser Wilhelms II., hrsg. von Harald von Koenigswald. (Bd. II:) Monarchie und Nationalsozialismus 1924–1941, München 1968, S. 40. Wir zitieren im Folgenden aus diesen Aufzeichnungen mit der Abkürzung: Ilsemann II

[26] Vertrag über die Vermögensauseinandersetzung, 29. Oktober 1926, §7, Abs. 1: Preußische Gesetzessammlung 1926, S. 274

[27] Klaus W. Jonas, Der Kronprinz Wilhelm, Frankfurt a. M. 1962, S. 192ff. Vgl. auch Whittle, a. a. O., S. 350. – Gerhard A. Ritter, Susanne Miller. Die deutsche Revolution 1918–1919, Dokumente, 2. erw. Auflage Hamburg 1975, S. 391.

[28] Gesetz über die Aufhebung der Standesvorrechte des Adels und die Auflösung der Hausvermögen, vom 23. Juni 1920; veröffentlicht in: Preußische Gesetzessammlung 1920, S. 367ff.

29 Verordnung über die Namen der Mitglieder der vormals landesherrlichen Familie, vom 27. November 1923; veröffentlicht in: Preußische Gesetzessammlung 1920, S. 548

30 Gesetz über die Aufhebung der Standesvorrechte des Adels und die Auflösung der Hausvermögen, vom 23. Juni 1920, in: Preußische Gesetzessammlung 1920, S. 368. Das Privateigentum der Hohenzollern stand bereits seit 1919 nicht zur Disposition, vgl. Schüren, a. a. O. S. 30

31 Archiv der Generalverwaltung: Hausgesetz 1920, S. 3

32 Archiv der Generalverwaltung: Hausgesetz 1920, S. 2

33 Archiv der Generalverwaltung: Hausgesetz 1920, S. 11

34 Archiv der Generalverwaltung: Hausgesetz 1920, S. 13ff.

35 Aus dem Archiv Kaiser Wilhelms II. in Doorn, jetzt im Reichsarchiv Utrecht, Fasz. Nr. 243: Koellreutter, Die Auseinandersetzung mit den ehemaligen Fürstenhäusern, in: Deutsche Juristen-Zeitung 31. Jg. 1926, S. 110f.

36 Koellreutter a. a. O., S. 113f.

37 Denkschrift zur Frage der Vermögensauseinandersetzung zwischen dem Preußischen Staat und dem vormals regierenden Königshause. Ausgearbeitet im preußischen Finanzministerium, abgeschlossen im Juni 1924. Drucksache 8043 (1921/24) des Preußischen Landtags. Schoren, a. a. O. S. 30, S. 39f.

38 Johann Victor Bredt, Die Vermögensauseinandersetzung zwischen dem Preußischen Staat und dem Königshaus, Berlin 1925

39 Erinnerungen und Dokumente von Joh. Victor Bredt 1914–1933, bearbeitet von Martin Schumacher = Quellen zur Geschichte des Parlamentarismus und der politischen Parteien, 3. Reihe, Die Weimarer Republik. Im Auftrage der Kommission für Geschichte des Parlamentarismus und der politischen Parteien, hrsg. v. K. D. Bracher, E. Matthias, R. Morsey, Bd. 1, Düsseldorf 1970, S. 200–205

40 J.V.Bredt, a. a. O., S. 14

41 J.V.Bredt, a. a. O., S. 16

42 Archiv der Generalverwaltung: Der Vertrag vom 12. Oktober 1925, S. 8

43 J.V.Bredt, a. a. O., S. 32

44 J.V.Bredt, a. a. O., S. 47f.

45 Vergleichsvorschlag vom 12. Oktober 1925, S. 9

46 Ebda., S. 9

47 Ebda., S. 8 und 13; die Aufstellung der Werte: ebda. S. 34ff.

48 Ebda., S. 8 und 15

49 Schüren, a, a. O., S. 33

50 Ebda., S. 56 und die Beilagen, S. 1ff.

51 Preußische Gesetzessammlung.1926, S. 267ff.

52 Preußische Gesetzessammlung 1926, S. 273–276; s. dort auch alle Einzelheiten, vgl. die dieser Arbeit beigefügte Beilage

53 Tyler Whittle, Kaiser Wilhelm II., eine Biographie, München 1979. S. 380

54 K.W.Jonas,a. a. O., S. 208

55 Vgl. Schüren, a. a. O., S. 28–32, 248, 255. Whittle, a. a. O., S. 380

[56] Kronprinzessin Cecilie, Erinnerungen an den Deutschen Kronprinzen, Biberach 1952, S. 84, 85

[57] Herzogin Viktoria Luise, Im Strom der Zeit, Göttingen-Hannover 1974, S. 141 f.

[58] Herzogin Viktoria Luise, a.a.O., S. 251 f.

[59] K. W. Jonas, a.a.O., S. 192f.Die Familie des Kronprinzen sowie die Kronprinzessin waren in Deutschland geblieben. Nelson, a.a.O., S. 387. Kronprinzessin Cecilie, Erinnerungen an den Deutschen Kronprinzen, Biberach 1952, S: 76–88

[60] K. W. Jonas, a.a.O., S. 191

[61] Einzelheiten bei K. W. Jonas, a.a.O., S. 192–197

[62] K. W. Jonas,a.a.O., S. 199 Die anderen Kinder des Kaisers waren in Deutschland geblieben. Herzogin Viktoria Luise, a.a.O. I, S. 223. Kronprinzessin Cecilie, a.a.O., S. 65. Whittle, a.a.O., S. 384

[63] Aus dem Stresemann-Nachlass zitiert von K. W. Jonas, a.a.O., S. 200. G. Stresemann, Vermächtnis. Der Nachlaß in drei Bänden, hrsg. von Henry Bernhardt, Bd. I–III, Berlin 1932-1933, Bd. I S. 215

[64] K. W. Jonas, a.a.O., S. 201f.

[65] K. W. Jonas, a.a.O., S. 203

[66] K. W. Jonas, a.a.O., S. 205

[67] K. W. Jonas, a.a.O., S. 206

[68] K. W. Jonas, a.a.O., S. 222

[69] K. W. Jonas, a.a.O., S. 213f.

[70] Herzogin Viktoria Luise, Ein Leben als Tochter des Kaisers, Göttingen-Hannover 1965; im Folgenden zitiert: Herzogin Viktoria Luise I
dies., Im Glanz der Krone, Göttingen-Hannover 1967; im Folgenden zitiert: Herzogin Viktoria Luise II;
dies., Bilder der Kaiserzeit, Göttingen-Hannover 1969; im Folgenden zitiert: Herzogin Viktoria Luise III;
dies., Im Strom der Zeit, Göttingen-Hannover 1974; im Folgenden zitiert: Herzogin Viktoria Luise IV

[71] Sigurd von Ilsemann, Der Kaiser in Holland, Aufzeichnungen des letzten Flügeladjutanten Kaiser Wilhelms II., hrsg. von Harald von Koenigswald, (Bd. I:) Amerongen und Doorn 1918–1923, München 1967, S. 174. Wir zitieren im Folgenden: Ilsemann I

[72] Herzogin Viktoria Luise I, S. 236

[73] Golo Mann, Wilhelm II., München-Bern-Wien 1964, S. 17

[74] W. Gutsche/J. Petzold, Das Verhältnis der Hohenzollern zum Faschismus, in: Zeitschrift für Geschichtswissenschaft, 20. Jg., 1981, S. 918

[75] Ebda., Vgl. auch Heinrich, a.a.O., S. 456

[76] Kronprinzessin Cecilie, a.a.O., S. 98

[77] Agnes von Zahn-Harnack, Adolf von Harnack, Berlin 1936, S. 349f. und 347

[78] Ilsemann, a.a.O., II, S. 98, 206, 303 et al.

[79] Herzogin Viktoria Luise I, S. 263

[80] Tyler Whittle, a.a.O., S. 380

81 Herzogin Viktoria Luise I, S. 263. Schulze, Weimar, a.a.O., S. 43–46, 419–421. Knut Borchardt, Wirtschaftliche Ursachen des Scheiterns der Weimarer Republik, in Karl Dietrich Erdmann/Hagen Schulze, Weimar, Selbstpreisgabe einer Demokratie, Düsseldorf, 1980, S. 211 ff.
82 Ilsemann II, S. 15
83 Ilsemann I, S. 93f.
84 Ilsemann I, S. 300
85 Graf Ernst zu Reventlow, Von Potsdam nach Doorn, 12. Aufl., Berlin 1940, S. 485, 486
86 Vgl. Heinrich Brüning, Memoiren 1918–1934, Stuttgart 1970, S. 512; Walter H. Kaufmann, Monarchism in the Weimar Republic, New York 1953, S. 20f., S. 286 Anm. 55; Sir John W. Wheeler-Bennett, Hindenburg, The Wooden Titan, London 1936, S. 352ff.
87 Herzogin Viktoria Luise IV, S. 252. Brüning, a.a.O., S. 453
88 Ilsemann II, S. 128
89 Ilsemann II, S. 40f.

Zu Teil II: Die Hohenzollern und die nationalsozialistische Bewegung

1 Ilsemann I, S. 250
2 Ilsemann I, S. 298; J. Fest, Hitler, Frankfurt/M., 1973, S. 260–278. John Toland, Adolf Hitler, New York 1976, S. 162–193. Hans Bernd Gisevius, Adolf Hitler, Versuch einer Deutung, München 1963, S. 82–90
3 Ilsemann I, S. 302
4 Herzogin Viktoria Luise I, S. 266f.
5 Louis Ferdinand Prinz von Preußen, Die Geschichte meines Lebens, 2. Aufl., Göttingen 1969, S. 176
5a Der Nationalsozialismus hatte ja auch auf die Studenten große Wirkung, siehe Michael H. Kater, Studentenschaft und Rechtsradikalismus in Deutschland 1918–1933. Eine sozialgeschichtliche Studie zur Bildungskrise in der Weimarer Republik. (= Historische Perspektiven, hrsg. v. Bernd Martin, Hans-Jürgen Puhle, Wolfgang Schieder, Gottfried Schramm und Heinrich August Winkler, Bd. 1) Hamburg 1975, zur Radikalisierung S. 109, v. Schirach S. 132ff., Krawalle S. 153 ff. – Vgl. dazu auch H. A. Winkler, Extremismus der Mitte? Sozialgeschichtliche Aspekte der nationalsozialistischen Machtergreifung, in: Vierteljahreshefte für Zeitgeschichte 20, 1972, passim.
6 Louis Ferdinand Prinz von Preußen, Die Geschichte meines Lebens, 2. Aufl., Göttingen 1969, S. 176f.
7 Herzogin Viktoria Luise I, S. 265f.
8 Ilsemann II, S. 152
9 Ilsemann II, S. 153
Über Görings Aktivitäten vor der Machtübernahme vgl. auch Hagen Schulze, Weimar, Deutschland 1917–1933, Berlin 1982, S. 396–397

[10] Ilsemann II, S. 154
[11] Über weitere Kontakte Göring-Kronprinz s. u. Kapitel 11, 3 b) Ilsemann II, S. 154, 155
[12] Ilsemann II, S. 193
[13] Herzogin Viktoria Luise I, S. 267
[14] Ilsemann II, S. 193f.
Zur Persönlichkeit Görings vgl. Toland, a. a. O., S. 122–125, 279
[15] Ilsemann II, S. 195
[16] Alan Palmer, The Kaiser Warlord of the Second Reich, London 1978, S. 221
[17] Tyler Whittle, Kaiser Wilhelm II., Eine Biographie aus dem Engl. von Christoph Burgauner, München 1979, S. 380
[18] Walther Hofer, Die Diktatur Hitlers bis zum Beginn des Zweiten Weltkrieges 1933–1939, in: Brandt-Meyer-Just, Handbuch der deutschen Geschichte, IV, 1971, S. 90–91. Hagen Schulze, Otto Braun oder Preußens demokratische Sendung, Frankfurt/M., Berlin, Wien 1977, S. 790f. Ilsemann II, S. 252. – Whittle, a. a. O., S. 380
[19] Louis Ferdinand Prinz von Preußen, a. a. O., S. 213f.
[20] Herzogin Viktoria Luise I, S. 273
[21] Herzogin Viktoria Luise I, S. 273
[22] Herzogin Viktoria Luise I, S. 273–275
[23] Herzogin Viktoria Luise I, S. 275f.
Über Goebbels' Aktivitäten zur Vorbereitung der Machtübernahme vgl. Roger Manvell, Heinrich Fraenkel, Doctor Goebbels. His Life and Death, London/Melbourne/Toronto 1960, S. 81–117. Seine Charakterisierung: Fest, a. a. O., S. 329–331. Toland, a. a. O., S. 215–219
[24] Herzogin Viktoria Luise I, S. 276
[25] Herzogin Viktoria Luise I, S. 276f.
[26] Herzogin Viktoria Luise I, S. 277
[27] Archiv Haus Doorn, Reichsarchiv Utrecht, Inventar 14: Exkaiser Wilhelm II., Fasz.244. Wir zitieren im Folgenden aus den im Reichsarchiv Utrecht archivierten Beständen des Archivs Wilhelms II. mit dem Kürzel: »Archiv Haus Doorn« und der Faszikel-Nummer 364
[28] Bundesarchiv Koblenz, Reichskanzlei Fol. 1 – R 431/2205, 52
[29] Archiv Haus Doorn, Fasz. 244
[30] Aus dem »8 Uhr Abendblatt« vom 23. 10.1926: Bundesarchiv Koblenz, Reichskanzlei Fol. 1 – R 431/2205, 61
[31] Aus der »Täglichen Rundschau« zitiert vom »Vorwärts« am 26. 10. 1926: Bundesarchiv Koblenz, Reichskanzlei Fol. 1 – R 431/2205, 63
[32] Archiv Haus Doorn, Fasz. 36
[33] Archiv Haus Doorn, Fasz. 46
[34] Archiv Haus Doorn, Fasz. 245
[35] Archiv Haus Doorn, Fasz. 245
[36] Bundesarchiv Koblenz, Reichskanzlei Fol. 1 – R 431/2205, 72
[37] Bundesarchiv Koblenz, Reichskanzlei Fol. 1 – R 431/2205, 91, 93
[38] Archiv Haus Doorn, Fasz. 245

[39] Archiv Haus Doorn, Fasz. 56
[40] Archiv Haus Doorn, Fasz. 60
[41] Archiv Haus Doorn, Fasz. 6
[42] Archiv Haus Doorn, Fasz. 6
[43] Archiv Haus Doorn, Fasz. 8
[44] Archiv Haus Doorn, Fasz. 8
[45] Archiv Haus Doorn, Fasz. 98
[46] Archiv Haus Doorn, Fasz. 56, 59, 60
[47] Archiv Haus Doorn, Fasz. 245
[48] Archiv Haus Doorn, Fasz. 9
[49] Archiv Haus Doorn, Fasz. 11
[50] Archiv Haus Doorn, Fasz. 63
[51] Archiv Haus Doorn, Fasz. 61
[52] Archiv Haus Doorn, Fasz. 14
[53] Archiv Haus Doorn, Fasz. 14
[54] Archiv Haus Doorn, Fasz. 95
[55] Archiv Haus Doorn, Fasz. 13
[56] Archiv Haus Doorn, Fasz. 17
[57] Archiv Haus Doorn, Fasz. 248
[58] Archiv Haus Doorn, Fasz. 249
[59] Archiv Haus Doorn, Fasz. 98
[60] Archiv Haus Doorn, Fasz. 97. Vgl. dazu die Zeichnung von Karl Arnold, abgebildet bei Schulze, a. a. O., Weimar, S. 102. In der Reichspolitik ist diese Partei niemals in Erscheinung getreten.
[61] Archiv Haus Doorn, Fasz. 98, 16
[62] Archiv Haus Doorn, Fasz. 16
[63] Archiv Haus Doorn, Fasz. 8
[64] Ilsemann II, S. 175
[65] W. Gutsche/J. Petzold, Das Verhältnis der Hohenzollern zum Faschismus, in: Ztschr. f. Geschichtswissenschaft, 29. Jg., 1981, W. 10, S. 917
[66] W. Gutsche/J. Petzold, a. a. O., S. 917, 918
[67] Ilsemann II, S. 187, 188 Jonas, a. a. O., S. 226
[68] Neumann, Mein altes Haus in Kent, München 1957, S. 256ff.
[69] Das »Berliner Tageblatt« v. 6. 2.1932 brachte eine Notiz darüber; vgl. auch Ilsemann II, S. 184
[70] K. W. Jonas, a. a. O., S. 224
[71] Ilsemann II, S. 188
[72] Ilsemann II, S. 190f.
[73] Ilsemann II, S. 175
[74] »Schlesische Zeitung« v. 3. 4.1932; vgl. K. W. Jonas, a. a. O., S. 230; vgl. auch W. Gutsche/J. Petzold, a. a. O., S. 920
[75] Ilsemann II, S. 189f. – in der Notiz vom 26. April 1932
[76] Ilsemann II, S. 188

77 Ilsemann II, S. 192f.
78 Ilsemann II, S. 198
79 Ilsemann II, S. 199
80 Archiv Haus Doorn, Fasz. 250
81 Ilsemann II, S. 183,184
82 Mitgeteilt von Ilsemann II, S. 185
83 Bernhard vom Brocke, Preußen – Land der Schulen, nicht nur der Kasernen, in: W. Böhme (Hrsg.), Preußen – eine Herausforderung, Karlsruhe 1981, S. 54
84 Ilsemann II, S. 200
85 Ilsemann II, S. 202
86 Ilsemann II, S. 202
87 Ilsemann II, S. 203
88 Ilsemann II, S. 204
89 Der Brief wurde in der mehrfach erwähnten DDR-Publikation von W. Gutsche u. J. Petzold nicht ohne Fehler und in falscher zeitlicher Reihung veröffentlicht. Die Herausgeber erklären dies Schreiben des Kaisers vom 17. 9. 1932 als Antwort auf einen Brief des Kronprinzen vom 1. 10. 1932 (a. a. O., S. 923). Der Brief wird daher hier im vollen Wortlaut wiedergegeben.
90 Gemeint ist der Aufsatz: »Wie es zur Auflösung kam«, in: »Deutsche Zeitung« Nr. 215a vom 13. 9.1932, Morgenausgabe
91 Gemeint ist Hitlers Ablehnung des Angebotes Hindenburgs vom 13. August 1932, die Vizekanzlerschaft zu übernehmen
92 »Augenblick« ist im Original wieder durchstrichen und mit »Chance« ersetzt worden
93 Das Verbum »ralliieren« (= wiedervereinigen, sammeln), das der Kaiser hier gebraucht, war den Interessenten an diesen Dokumenten aus der DDR offenbar unbekannt. Sie wandelten das Wort für ihre Publikation in »alliieren« (W. Gutsche/J. Petzold a. a. O., S. 932, kommentiert S. 922)
94 Geh. Staatsarchiv Berlin-Dahlem: Brandenburg-Preußisches Hausarchiv Rep. 53, Nr. 176
95 Ilsemann II, S. 204
96 Geh. Staatsarchiv Berlin-Dahlem: Brandenburg-Preußisches Hausarchiv Rep. 54, Nr. 37 (vorher: BPH Rep. 53a, Nr. 35)
97 Ilsemann II, S. 205 f.
98 Ilsemann II, S. 134
99 Herzogin Viktoria Luise I, S. 264
100 Geheimes Staatsarchiv Berlin-Dahlem, Brandenburg-Preußisches Hausarchiv (BPH), Rep. 53, Nr. 318 (vorher: HA Rep. 53a Nr. 93) vgl. auch Friedrich Hartau, Wilhelm II., Reinbek b. Hamburg 1978, S. 130
101 BPH, Rep. 323
102 BPH, Rep. 412
103 Jonas S. 229. Vgl. dazu auch: Bracher, Schulz, Sauer, Die nationalsozialistische Machtergreifung, 3 Bde., Berlin, Wien, Frankfurt/M. 1974, Bd. III, Wolfgang Sauer,

Die Mobilmachung der Gewalt, S. 295 und S. 468, Anm. 48; siehe auch: Paul Herre, Kronprinz Wilhelm, Seine Rolle in der deutschen Politik, München 1954, S. 219.

104 Ilsemann II, S. 213

105 Ilsemann II, S. 217

106 Ilsemann II, S. 222

107 Ilsemann II, S. 218

108 Ilsemann II, S. 218

109 Ilsemann II, S. 222

110 Ilsemann II, S. 226

111 Ilsemann II, S. 227

112 Ilsemann II, S. 242

113 Ilsemann II, S. 226 (Sperrung vom Autor)

114 Ilsemann II, S. 234

115 Ilsemann II, S. 243

116 Ilsemann II, S. 252

117 Ilsemann II, S. 256

118 Jonas S. 250

119 Ilsemann II, S. 265

120 Ilsemann II, S. 272

121 Jonas S. 247

122 Jonas S. 249

123 Der Kaiser am 21. 3. 1933. Ilsemann II, S. 212

124 Ilsemann II, S. 279

125 Ilsemann II, S. 241

126 Jonas S. 262

127 Herzogin Viktoria Luise I, S. 324

128 Ilsemann II, S. 296

129 Ilsemann II, S. 175f. Andererseits hatten die Nationalsozialisten ihre Aussagen zur Frage einer Monarchie bewußt vage gehalten. Die monarchischen Kreise waren daher von der Hoffnung beseelt, eine Kanzlerschaft Hitlers würde die Wiedereinführung der Monarchie erleichtern. Eine vorübergehende nationalsozialistische Diktatur auf dem Wege zur Monarchie erschien ihnen daher als akzeptabel, vgl. hierzu auch Kaufmann, a. a. O., S. 215f. Die Monarchisten konnten auf die Propagandapamphlete der Partei hinweisen, die von Dr. Goebbels herausgegeben worden waren. Dort hatte es geheißen, dass die NSDAP nur für eine »Übergangszeit« eine nationalsozialistische Diktatur zu errichten gedenke, bis das deutsche Volk vom Marxismus befreit sei, um dann über die endgültige Staatsform – Republik oder Monarchie – zu entscheiden, vgl. hierzu Josef Goebbels, Das kleine abc der Nationalsozialisten, Berlin 1926, S. 8 und ders.: Der Nazi-Sozi, Fragen und Antworten für den Nationalsozialisten, Berlin 1926, S. 9 und 20

130 Ilsemann II, S. 212f.

131 Ilsemann II, S. 212; vgl. auch: George Sylvester Viereck, Glimpses of the Great, London 1930, S. 41–50

[132] Bundesarchiv Koblenz, Reichskanzlei Fol. 1– R 431/2205, 207

[133] Bundesarchiv Koblenz, Reichskanzlei Fol. 1– R 431/2205, 208–210

[134] Ilsemann II, S. 214f.

[135] Ilsemann II, S. 215
Zum »Tag von Potsdam« vgl. auch: Bracher, Schulz, Sauer, a. a. O., Bd. 1, Karl Dietrich Bracher, Stufen der Machtergreifung, S. 202ff.; siehe auch: Walther Hofer, Die Diktatur Hitlers bis zum Beginn des Zweiten Weltkrieges 1933–1939, 3. verb. Aufl., Konstanz 1971, S. 21; Hans Bernd Gisevius, Adolf Hitler, Versuch einer Deutung, München 1963, S. 185f.; Hans Otto Meissner, 30. Januar 1933, Hitlers Machtergreifung, Esslingen 1976, 316ff.; Roger Manvell u. Heinrich Fraenkel, Doctor Goebbels, His Life and Death, London u. a. 1960, S. 124f.

[136] Ilsemann II, S. 216

[137] Völkischer Beobachter, Berliner Ausgabe, Nr. 83 vom 24. 3.1933, S. 2. Sperrungen im Original! Vgl. dazu auch: Bracher, Schulz, Sauer, a. a. O., Die Mobilmachung der Gewalt, S. 60f. – K. O. v. Aretin, der bayerische Adel, Von der Monarchie zum Dritten Reich, in: Bayern in der NS-Zeit. Herrschaft und Gesellschaft im Konflikt. Hrsg. v. M. Broszat, E. Fröhlich, A. Grossmann, Bd. III, München 1981, S. 534ff.

[138] Ilsemann II, S. 216

[139] Ilsemann II, S. 217

[140] Ilsemann II, S. 218, Franz Seldte war der Gründer und erste Bundesführer des »Stahlhelm«, 1933–1945 Reichsarbeitsminister. Erdmann, a. a. O., S. 371. Schulze, Weimar, a. a. O., S. 406

[141] BPH, Rep.53, Nr.67, 2 (vorher: HA Rep.53a, Nr.35) vgl.: Gutsche/Petzold, a. a. O., S. 935 f.; Friedrich v. Berg als Chef des Geheimen Zivilkabinetts 1918, Erinnerungen aus seinem Nachlaß, bearb. v. Heinrich Potthoff, Düsseldorf 1971, S. 72 u. Anm. 67, S. 73

[142] Ilsemann II, S. 281

[143] Ilsemann II, S. 223

[144] Völkischer Beobachter, Berliner Ausgabe, Nr. 136 vom 16. 5.1933, S. 3

[145] Ilsemann II, S. 225, 226

[146] Ilsemann II, S. 229, 230

[147] Ilsemann II, S. 229

[148] Ilsemann II, S. 230

[149] BPH, Rep. Nr. 192, von Dommes, Nr. 13

[150] BPH, Rep. Nr. 192, von Dommes, Nr. 13, verkürzt bei Ilsemann II, S. 233. – Bei Gutsche/Petzold a. a. O. fehlt dieses Dokument.

[151] BPH, Rep. Nr. 192, von Dommes, Nr. 13 – Auch bei Gutsche/Petzold, a. a. O., Nr. 7, S. 937–939

[152] Ilsemann II, S. 237

[153] Bundesarchiv Koblenz, Reichskanzlei Fol. 1– R 431/2205, 213

[154] Bundesarchiv Koblenz, Reichskanzlei Fol. 1– R 431/2205, 215

[155] Ilsemann II, S. 239, 241

156 Bundesarchiv Koblenz, Reichskanzlei Fol. 1– R 431/2205, 255
157 Bundesarchiv Koblenz, Reichskanzlei Fol. 1– R 431/2205, 233
158 Ilsemann II, S. 247ff.
159 Ilsemann II, S. 251f.
160 Ilsemann II, S. 249
161 M. Domarus, Hitler, Reden und Proklamationen 1932–1945, Bd. I., 1. Halbbd. 1932–1934, Wiesbaden 1973, S. 353f.
162 Zum gängigen Vokabular der Verächter der Weimarer Republik gehörte die herabsetzende Bezeichnung der Reichsfarben Schwarz-Rot-Gold: »Schwarz-Rot-Mostrich«!
163 Ilsemann II, S. 250f.
164 Die Fanfare. Amtliche Hitlerjugend-Zeitung für das Obergebiet West, 2. Jg. Nr. 3 Februar-Ausgabe 1934, S. 1
165 Bundesarchiv Koblenz, Reichskanzlei Fol. 1– R 431/2205, 228–229
166 BPH, Rep. Nr. 167
167 BPH, Rep. Nr. 192. v. Dommes, Nr. 13
168 Ilsemann II, S. 251
169 BPH, Rep. Nr. 192, v. Dommes, Nr. 13
170 Bundesarchiv Koblenz, Reichskanzlei Fol. 1– R 431/2205, 264
171 Ilsemann II, S. 270
172 Ilsemann II, S. 274
173 Ilsemann II, S. 279, 280–285
174 Zur Frage der Hakenkreuzflagge und der militärischen Symbolik vgl.: Bracher, Schulz, Sauer a. a. O., Bd.III: Wolfgang Sauer, Die Mobilmachung der Gewalt, S. 302f. Die Zitate bei Ilsemann II, S. 284, 285
174a Abgedruckt mit freundlicher Erlaubnis des Empfängers Prinz Wilhelm Karl von Preußen, in dessen Besitz sich das Telegramm befindet
174b Ernst von Dryander, Erinnerungen aus meinem Leben, 4. Aufl., Bielefeld und Leipzig 1926, S. 218
175 BPH, Rep. Nr. 192, v. Dommes, Nr. 13; vgl. auch: Whittle, a. a. O., S. 386; Jonas a. a. O., S. 259; Kürenberg a. a. O., S. 430
176 Ilsemann II, S. 316
177 Ilsemann II, S. 342ff.; vgl. hierzu auch: Palmer a. a. O., S. 291 ff.; Kürenberg a. a. O., S. 432
178 Ilsemann II, S. 319f.
178a Archiv Haus Doorn, Fasz. 52; vgl. auch »Daily Telegraph« vom 8. und 9. Dezember 1938; siehe auch: Palmer a. a. O., S. 290
179 BPH, Rep. Nr. 192, v. Dommes, Nr. 13
180 Ilsemann II, S. 288
181 Ilsemann II, S. 345
182 BPH, Rep. Nr. 192, Nr. 7. Bereits am 7. 8.1947 hatte Dommes in einem Brief an Ilsemann geschrieben: »Das Telegramm vom 17. VI. 40 habe ich vorgeschlagen und trage dafür die volle Verantwortung.« (BPH, Rep. Nr. 192, Nr. 7) – Vgl. hierzu auch:

Palmer a. a. O., S. 293; Balfour a. a. O., S. 457. Balfour bewertet das Telegramm als eine Reaktion »studentischer Plötzlichkeit«. Golo Mann sieht a. a. O., S. 18, in dem Telegramm einen »Schönheitsfehler« des sonst mit Würde getragenen langjährigen Exils. Whittle, a. a. O., S. 388, vertritt die Meinung, dass letztlich die Kaiserin Hermine den Anstoß für das Telegramm gegeben habe, wobei Whittle einschränkend bemerkt, dass der Schritt des Kaisers auch im Blick auf etwaige Maßnahmen gegen das Haus Hohenzollern zu sehen sei. Diese These wird auch von Virginia Cowles, a. a. O., S. 400, zum Ausdruck gebracht. Am 29. Mai 1940 war der älteste Sohn des Kronprinzen, Prinz Wilhelm, unter großer Anteilnahme der Bevölkerung in Potsdam beigesetzt worden. Hitler hatte daraufhin den Fronteinsatz der Hohenzollern-Prinzen verboten. Gerüchte wollten sogar von weiteren Repressalien gegen die Familie wissen. Der Hausminister General von Dommes habe sofort den Kaiser in Doorn aufgesucht und ihn beschworen, Hitler durch eine entgegenkommende Geste zu besänftigen. – Wenn sich im Nachlass Dommes auch keine direkten Belege für die oben angedeuteten weitergehenden Aktionen gegen das Haus Hohenzollern finden ließen, so schwebte die Verwirklichung von Repressalien durch das NS-Regime wie ein permanentes Damokles-Schwert über der Familie. Dieser Umstand wird schließlich den Kaiser bewogen haben, dem Diktator jenes Glückwunschtelegramm zu senden.

183 Ilsemann II, S. 346

184 Bundesarchiv Koblenz, Reichskanzlei, pag. 1– 4311/286 a, Nr. 127

185 Bundesarchiv Koblenz, Reichskanzlei, pag. 1– 4311/286 a, Nr. 133

186 Bundesarchiv Koblenz, Reichskanzlei, pag. 1– 4311/286 a, Nr. 136

187 Völkischer Beobachter, Berliner Ausgabe, Nr. 161 vom 10. 6. 1941, S. 2

188 Bundesarchiv Koblenz, Reichsministerium für Volksaufklärung und Propaganda, Fol. 1– R 55/1387, 49

189 Frankfurter Zeitung Nr. 281–282 vom 5. 6.1941 – Vgl. hierzu auch: Palmer, a. a. O., S. 294 f.; Whittle, a. a. O., S. 389f.; Cowles, a. a. O., S. 401; Balfour, a. a. O., S. 457f.; Mann, a. a. O., S. 18; Schüssler, a. a. O., S. 130f.; d'Ydevalle, a. a. O., S. 233; Kürenberg, a. a. O., S. 434f.; Theo Aronson, The Kaisers, New York 1971, S. 257; Jonas, a. a. O., S. 267f.; Herre, a. a. O., S. 229

190 Ilsemann II, S. 127

191 Viktoria Luise I, S. 265

192 Jonas, a. a. O., S. 218

193 Ilsemann II, S. 128

194 Viktoria Luise I, S. 268

195 Ilsemann II, S. 217f.

196 Ilsemann II, S. 224

197 Ilsemann II, S. 254

198 Ilsemann II, S. 257

199 Ilsemann II, S. 277 – zum »Stahlhelm« vgl. auch: Kaufmann, a. a. O., S. 96–98, 117, 191, 195, 223, 252; siehe auch: Kurt Sontheimer, Antidemokratisches Denken in der Weimarer Republik, München 1978, S. 96ff.; Schulze, Otto Braun, S. 613ff., 660ff. Zur

Auflösung des Stahlhelms vgl.: Bracher, Schulz, Sauer, a.a.O., Bd. I, Karl Dietrich Bracher, Stufen der Machtergreifung, S. 286ff.

200 Viktoria Luise I, S. 266

201 Ilsemann II, S. 248

202 Viktoria Luise I, S. 20

203 Ilsemann II, S. 17

204 Viktoria Luise I, S. 267f.

205 Ilsemann II, S. 142

206 Viktoria Luise I, S. 268f.

207 BPH, Rep. 62 III, Nr. 5 Gedächtnisprotokoll »Beim Prinzen August Wilhelm von Preußen zum Tee am 1. September 1930«

208 BPH, Rep. 62 III, Nr. 5

209 BPH, Rep. 62 III, Nr. 5

210 Ilsemann II, S. 165

211 Vgl. hierzu auch und im Folgenden: Bundesarchiv Koblenz, NS 26/vorl. 598

212 Die Königsberger Akten sind jedenfalls derzeit nicht zugänglich. Im Bundesarchiv in Koblenz und in den Hohenzollern'schen Hausarchiven befinden sich keine Unterlagen dazu. Der »SA-Führer-Fragebogen« befindet sich in der »Führer-Akte« im Document Center, Berlin.

213 Aus der Königsberger »Hartungschen Zeitung« vom 18. September 1931, Bundesarchiv Koblenz, NS 26/vorl. 598

214 Archiv Haus Doorn, Fasz. 36, Brief Rittershaus an Dommes v. 26. 3.1931

215 Archiv Haus Doorn, Fasz. 36, ebda.

216 Archiv Haus Doorn, Fasz. 36, ebda. Dieses Faszikel enthält auch das folgende Antwortschreiben

217 Archiv Haus Doorn, Fasz. 3

218 »Völkischer Beobachter« v. 4. 5. u. 5. 5. 1931

218a Hitler waren Todesfälle, die sich in Zusammenhang mit der Partei bringen ließen, aus propagandistischen Gründen willkommen. Näher bekannt ist allerdings nur der Fall von Horst Wessel, Toland, a.a.O., S. 238

219 Bundesarchiv Koblenz, Nachlass Alter, Fol. 1 Nr. 17, Brief Franz Sontag an Prinz Oskar v. 22. 5. 1931

220 Ernst Hanfstaengl, Hitler: The missing years, London 1957, S. 147 u. 159

221 Jonas, a.a.O., S. 223; dieser Vorgang wird in der Literatur nicht richtig wiedergegeben. Es wird wiederholt die falsche Ansicht vertreten, dass zwei Kaisersöhne, Prinz August Wilhelm und Prinz Oskar, in die NSDAP eingetreten seien. Michael Balfour, Der Kaiser, Wilhelm II. und seine Zeit, Berlin 1967, S. 456; Virginia Cowles, Wilhelm II. der letzte deutsche Kaiser, erw. TB-Ausgabe 1976, S. 395; Tyler Whittle, Kaiser Wilhelm II., Eine Biographie, München 1979, S. 381. Parteimitglied war Prinz August Wilhelm, Prinz Oskar ist nicht in die Partei eingetreten. Er arbeitete politisch für die DNVP.

222 Ilsemann II, S. 190f.

223 Jonas, a.a.O., S. 236; die Beförderungslisten betr. s. »Führer-Akte« im Document Center, Berlin.

[223a] »Völkischer Beobachter« vom 22. 3. 1933

[224] Hanfstaengl, a. a. O., S. 159

[225] Ilsemann II, S. 249

[226] »Osnabrücker Tageblatt« v. 25. 6. 1934, Archiv Haus Doorn, Fasz. 50

[227] Ilsemann II, S. 277. Für die von Jonas (a. a. O., S. 248) stammende Information, die Gestapo habe Prinz August Wilhelm festgenommen und ihn nach eingehendem Verhör in Ermangelung einer Handhabe gegen ihn wieder freigelassen, fand sich kein Quellenbeleg.

[228] Archiv Haus Doorn, Fasz. 50

[229] Document Center, Berlin: »Dokumente zur SA-Laufbahn des Prinzen August Wilhelm 13. 10. 1934 – 12. 4. 1942«

[230] Ilsemann II, S. 280

[231] Klaus Mann, Mephisto, Reinbek b. Hamburg 1982, S. 11

[232] Louis P. Lochner, What about Germany?, New York 1942, S. 85 und 86

[233] Ilsemann II, S. 313, 314

[234] Document Center, Berlin: »Dokumente zur SA-Laufbahn des Prinzen August Wilhelm 13. 10. 1934–12. 4. 1942«

[235] Bundesarchiv Koblenz NS 18, Nr. 1003

[236] Viktoria Luise I, S. 272

[237] Theodor Heuss, Hitlers Weg, Eine Schrift aus dem Jahre 1932, neu hrsg. v. Eberhard Jäckel, Tübingen 1968

[238] Viktoria Luise I, S. 302ff.

[239] Whittle, a. a. O., S. 358

[240] Whittle, ebda.; Jonas, a. a. O., S. 171f.; Paul Herre, Kronprinz Wilhelm, Seine Rolle in der deutschen Politik, München 1954, S. 183

[241] Zitat bei Jonas, a. a. O., S. 171; vgl.: Herre, a. a. O., S. 184

[242] Ilsemann II, S. 290, 299

[243] Es hatte sich um ein »Exil« besonderer Art gehandelt, das den Kronprinzen nicht nur vieler Freiheiten beraubte, sondern das er unter Bewachung hatte verbringen müssen. Seine Biografen beurteilen den Sachverhalt folgendermaßen: Herre, a. a. O., S. 175: »Nach dem Völkerrecht konnte ihn die holländische Regierung nicht anders denn als Internierten behandeln. Als Aufenthaltsort wurde ihm die Insel Wieringen in der Zuidersee, zugewiesen, wo er im Pfarrhaus einquartiert wurde. Fünf Jahre hatte er in dieser Einsamkeit, abgeschnitten von allem gesellschaftlichen und kulturellen Leben, verbringen müssen …« und Jonas, a. a. O., S. 167f.: »Was sollte die niederländische Regierung mit dem deutschen Kronprinzen machen? Als Erstes wurde ihm von einem Gendarmerieoberst sein Degen abverlangt, sodann die Mitteilung gemacht, dass die Regierung einer einfachen Pflicht der Neutralität genüge, wenn sie den Kronprinzen als Angehörigen einer Armee der kriegführenden Staaten interniere, d. h. ihm unter Bewachung einen bestimmten Aufenthaltsort anweise und dessen Verlassen verhindere. Vom Deutschen Konsulat in Maastricht traf alsbald der Vizekonsul Freiherr von Hünefeld ein, um die Verhandlungen mit den holländischen Behörden zu regeln, und noch am selben Abend fuhr die Gruppe weiter zum

Gouverneur der Provinz Limburg, Baron van Hövell tot Westerflier, der für Nachtquartier sorgte. Die nunmehr nach dem Völkerrecht Internierten wurden von seiten der Bevölkerung sowie der holländischen Beamten kühl, aber korrekt behandelt. – Am Morgen des 13. November wurde der Kronprinz mit seinen Begleitern auf das Schloss Hillenraadt des Grafen Wolff-Metternich gebracht, bis die endgültige Mitteilung der niederländischen Regierung über ihren Aufenthaltsort eintraf. Ein verlassenes ehemaliges Pfarrhaus auf der abgelegenen trostlosen Insel Wieringen in der Zuidersee wurde ihnen zur Verfügung gestellt.«

244 Bundesarchiv Koblenz, Reichskanzlei Fol. 1 – R 431/2205/207–272, Bl. 32, Brief der Reichskanzlei an den Reichsminister des Auswärtigen Dr. Stresemann v. 16. März 1925

245 Bundesarchiv Koblenz, Reichskanzlei Fol. 1 – R 431/2205/207–272, Bl. 35, Anlage zum Brief des Staatssekretärs in der Reichskanzlei Kempner an den Reichsminister des Inneren v. 27. März 1925

246 Bundesarchiv Koblenz, Reichskanzlei Fol. 1 – R 431/2205/207–272, Bl. 33

247 Wolfgang Stresemann, Mein Vater Gustav Stresemann, Berlin 1979, S. 147

248 Wolfgang Stresemann, a. a. O., S. 148

249 ebda., S. 146

249a Hierzu und zum Folgenden Herre, a. a. O., S. 20–37, zu Zabern S. 35. Jonas, a. a. O., S. 115–123

250 BPH, Rep. 53, Nr. 164, Brief v. 12. Januar 1924

251 Zit. Ilsemann II, S. 95

251a K. D. Erdmann, Die Zeit der Weltkriege, in: Gebhardt, Handbuch der deutschen Geschichte, Stuttgart 1976, Bd. 4, S. 832

252 Jonas, a. a. O., S. 211

253 Zit. bei Jonas, a. a. O., S. 212

254 Jonas, a. a. O., S. 218

255 Jonas, a. a. O., S. 228

256 Ilsemann II, S. 162f.

257 Vgl. die Einzelheiten bei Jonas, a. a. O., S. 218

258 Ilsemann II, S. 157

259 Diesen Briefwechsel zitiert auszugsweise Jonas, a. a. O., S. 220 u. 221; vgl. auch: Hagen Schulze, Otto Braun oder Preußens demokratische Sendung, Frankfurt a. M./Berlin/Wien 1977, S. 665f.

260 Vgl.: Heinrich Brüning, Memoiren 1918–1934, Stuttgart 1970, S. 453

261 Jonas, a. a. O., S. 222; siehe auch: Herre, a. a. O., S. 202

262 Vgl.: Brüning, a. a. O., S. 538ff.

263 BPH, Rep. 192, v. Dommes, Nr. 7; zuerst veröffentlicht von Paul Hertz, New York, in der Berliner Tageszeitung »Telegraf« v. 30. Dezember 1947; erneut veröffentlicht durch Jonas, a. a. O., S. 232f.

264 Geh. Staatsarchiv Berlin-Dahlem: BPH Rep.54, Nr.37 (vorher: BPH Rep. 53a, Nr. 35) – Vgl. auch Ilsemann II, S. 205. Gutsche/Petzold, a. a. O. S. 923 Anm. 38. Der Briefwechsel ist von den Autoren nicht benutzt worden.

[265] Ilsemann II, S. 212, Eintrag zum 1. Februar 1933
[266] Ilsemann II, S. 215
[267] Vgl.: André François-Ponçet, Als Botschafter in Berlin, 1931–1938, Mainz 1947, S. 109; siehe auch: Herre, a. a. O., S. 215
[268] Jonas, a. a. O., S. 236
[269] Archiv Haus Doorn, Fasz. 3
[270] Alan Palmer, The Kaiser, Warlord of the Second Reich, London 1978, S. 221: »The Nazis were radical revolutionaries of the Right, not conservatives«; in der deutschen Übersetzung, Kaiser Wilhelm II., Glanz und Elend der preußischen Dynastie, München 1982, S. 287, lautet der Satz: »Er (der Kaiser) verkannte, daß die Nazis keine Konservativen, sondern Rechtsradikale waren.«
[271] Vgl.: Walter H. Kaufmann, Monarchism in the Weimar Republic, New York 1953, S. 239
[272] Ilsemann II, S. 220
[273] Jonas, a. a. O., S. 238
[274] Reinhold Schneider, Verhüllter Tag, Köln 1954, S. 100
[275] BPH, Rep. 192, v. Dommes, Nr. 7
[276] BPH, Rep. 192, v. Dommes, Nr. 7
[277] Jonas, a. a. O., S. 244
[278] Jonas, a. a. O., S. 242
[279] Ilsemann II, S. 230
[280] Ilsemann II, S. 234f.
[281] Ilsemann II, S. 235
[282] Joachim von Kürenberg, War alles falsch? Das Leben Kaiser Wilhelms II., Bonn 1951, S. 427f.
[283] Jonas, a. a. O., S. 239
[284] Virginia Cowles, Wilhelm der Kaiser (The Kaiser, London 1963), aus dem Amerikanischen v. Klaus Velmelden, Frankfurt a. M. 1965, erw. TB-Ausgabe München 1976, S. 95
[285] Tyler Whittle, Kaiser Wilhelm II. (The last Kaiser, London 1977), aus dem Englischen v. Christoph Burgauner, München 1979, S. 382
[286] Alan Palmer, Kaiser Wilhelm II., Glanz und Elend der preußischen Dynastie (The Kaiser, Warlord of the Second Reich, London 1978), aus dem Englischen v. Götz Pommer, München 1982, S. 287
[287] Cowles, a. a. O., S. 395; vgl. hierzu auch den Leserbrief des Generalbevollmächtigten der Generalverwaltung des vormals regierenden Preußischen Königshauses in der »Welt am Sonntag« vom 20. 5. 1962
[288] Ilsemann II, S. 240, 241
[289] Ilsemann II, S. 244
[290] »Völkischer Beobachter« vom 31. 1. 1934; siehe auch: Kaufmann, a. a. O., S. 225 und Jonas, a. a. O., S. 245
[291] Bracher/Schulz/Sauer, a. a. O., Bd. III, Wolfgang Sauer, Die Mobilmachung der Gewalt, S. 60f.

292 Ilsemann II, S. 253
293 Ilsemann II, S. 257
294 Ilsemann II, S. 251
295 Ilsemann II, S. 264f.; Jonas a. a. O., S. 248
296 Ilsemann II, S. 265, 270
297 Jonas, a. a. O., S. 248
298 Ilsemann II, S. 269, 271; Jonas, a. a. O., S. 248
299 Jonas, a. a. O., S. 250
300 Ilsemann II, S. 283
301 Jonas sieht darin die eigentliche Ursache für das dem Kronprinzen aufgenötigte Taktieren: Jonas, a. a. O., S. 251
302 Klaus Mann, Mephisto, Reinbek b. Hamburg 1981, S. 17
303 Louis Lochner, What about Germany?, New York 1942, S. 85; Jonas, a. a. O., S. 251
304 »Das Schwarze Korps«. 2. Jg., 20. Folge, 14. Mai 1936, S. 2, Telegramm aus Oels
Der Takt eines politisch disziplinierten Volkes, wie es das deutsche ist, verbietet gelegentlich, dass Erinnerungen wieder laut werden, welche im Verlauf der Geschichte exponierte Persönlichkeiten und darüber hinaus ein ganzes Volk peinlich getroffen haben. Keiner der deutschen Staatsbürger wäre jemals auf den Gedanken gekommen, dass gelegentlich trotz mancher Bedenken der kürzlich verstorbene Philosoph Oswald Spengler mit seiner Theorie recht haben kann, dass sich geschichtliche Ereignisse mit unwandelbarer Gesetzmäßigkeit zu einem späteren Zeitpunkt von neuem wiederholen und vollziehen. Wer hätte der Flucht des Negus und dem darauffolgenden Zusammenbruch seines Reiches, der plündernden und mordenden »Unterwelt« Abessiniens mehr als ein tagespolitisches aktuelles Interesse entgegengebracht? Die Schlagzeilen italienischer Zeitungen verbieten uns jedoch, unser politisches Erinnerungsvermögen weiter zu pflegen, wenn sie uns die Mitteilung machen, dass der ehemalige deutsche Kronprinz an den italienischen Regierungschef folgendes Telegramm gerichtet hat: »Ich bitte Ew. Exzellenz, meine besten Glückwünsche anlässlich der siegreichen Beendigung des abessinischen Krieges entgegennehmen zu wollen, der trotz aller gegnerischen Kräfte zur allgemeinen Überraschung seine endgültige Lösung fand. Es lebe der König. Es lebe der Duce! Wilhelm, Kronprinz.«
Ein Glückwunschtelegramm zum Sturze des abessinischen Kaiserreiches hätten wir von jedem anderen deutschen Staatsbürger als gerade von Wilhelm, dem Kronprinzen, erwartet. Da er keine Reichspolitik, sondern höchstens noch die Hausmacht seiner Familie verkörpert, so wird er sich ganz persönlich mit den »gegnerischen Kräften« seiner Verwandtschaft im englischen Königshause auseinandersetzen müssen, die über seinen Freudenausbruch nicht allzu stark begeistert sein werden. Gewiss ist die Bedienung des Morseapparates nach Rom nicht ein Auftakt dafür, dass man jenseits des Kanals seine Sympathien für den »Thronanwärter« erhöht. Aber wird sich Mussolini über das Telegramm gefreut haben, dass sein glänzender Sieg nur »zur allgemeinen Überraschung« erfolgt ist? Empfand er seinen Sieg nicht als selbstverständlich gegenüber den Barbaren im Herzen Afrikas? Wenn trotz allem

die italienische Presse die neueste Afrikadepesche der Hohenzollern in großer Aufmachung veröffentlicht, so sicherlich, weil sie Sinn für politischen Humor hat und die Tragikomödie dieses Glückwunsches der Weltöffentlichkeit nicht vorenthalten will.

305 Jonas, a. a. O., S. 262

306 Vgl. die Schilderung des Kronprinzen als Sportsmann und Sportenthusiast bei W. Kiaulehn, Berlin, Schicksal einer Weltstadt, München 1969, S. 545

307 Eckart von Naso, Ich liebe das Leben, Hamburg 1953, S. 705ff.

308 Jonas, a. a. O., S. 253

309 Ilsemann II, S. 315

310 Deutsche Fassung bei Jonas, a. a. O., S. 258, dort auch die Antwort Chamberlains, S. 259

311 Cowles, a. a. O., S. 397

312 Jonas, a. a. O., S. 260f.

313 Ilsemann II, S. 345

314 Zum Wortlaut des Telegramms vgl. auch: BPH, Rep. 192, v. Dommes, Nr. 8 und Jonas, a. a. O., S. 265 aus Het Nederlandse Beheersinstitut, Den Haag

315 Ilsemann II, S. 320

316 Vgl.: BPH, Rep. 192, v. Dommes, Nr. 8, Aufzeichungen Ilsemanns vom 27., 29. und 30. September 1948

317 Archiv Haus Doorn, Fasz. 73

318 Archiv Haus Doorn, Fasz. 73

319 BPH, Rep. 192, v. Dommes Nr. 8

320 Max Domarus, Hitler, Reden und Proklamationen 1932–1945, Bd. II, Untergang, 2. Halbbd. 1941–1945, Wiesbaden 1973, S. 2127

321 Domarus, a. a. O., S. 2127, Anm. 200: Albert Zoller, Hitler privat, Erlebnisbericht seiner Geheimsekretärin, Düsseldorf 1949, S. 186

322 Jonas, a. a. O., S. 284

323 Herre, a. a. O., S. 239

324 Herre, a. a. O., S. 242

325 Ilsemann II, S. 73

326 Ilsemann II, S. 119

327 Ilsemann II, S. 128

328 Ilsemann II, S. 196f.

329 Vgl. hierzu auch: Hans Otto Meissner, 30. Januar 33, Hitlers Machtergreifung, Esslingen 1976, S. 317

330 Ilsemann II, S. 224, 218

331 Ilsemann II, S. 230; vgl. hierzu auch: Bracher/Schulz/Sauer, a. a. O., Bd. III, Wolfgang Sauer, Die Mobilmachung der Gewalt, S. 295

332 Ilsemann II, S. 230

333 Ilsemann II, S. 237; vgl. hierzu auch: Bracher/Schulz/Sauer, a. a. O., Bd. III. Wolfgang Sauer, Die Mobilmachung der Gewalt, S. 295 und S. 469, Anm. 53

334 Ilsemann II, S. 248

335 Ilsemann II, S. 254
336 Ilsemann II, S. 257
337 Ilsemann II, S. 295, 297
338 Ilsemann II, S. 315
339 Viktoria Luise II, S. 303
340 Viktoria Luise I, S. 141; II, S. 81
341 Viktoria Luise II, S. 96, 123
342 Viktoria Luise II, S. 182
343 Viktoria Luise I, S. 232, 234
344 Walther Rathenau wurde am 24. Juni 1922 auf dem Weg von seiner Wohnung zum Auswärtigen Amt von zwei ehemaligen Marineoffizieren niedergeschossen. Es handelte sich um frühere Aktivisten der Brigade Ehrhardt; vgl. auch dazu: Hagen Schulze, Weimar, Deutschland 1917–1933, Berlin 1982, S. 238ff.
345 Bundesarchiv Koblenz, Nachlass Alter, fol. 1, Nr. 17, Brief des Prinzen Oskar vom 15. Oktober 1922 an Franz Sontag alias Junius Alter
346 Vgl. besonders Viktoria Luise II, S. 174–179
347 Ilsemann II, S. 186
348 Bundesarchiv Koblenz, Nachlass Alter, fol. 1, Nr. 17, Brief des Prinzen Oskar an Sontag vom 13. Januar 1924
349 Rüdiger Graf v. d. Goltz, preuß. Generalleutnant, war 1. Vorsitzender der Vereinigten Vaterländischen Verbände Deutschlands (1924–1933)
350 Wilhelm Freiherr von Gayl war Mitglied der DNVP und bekleidete im Kabinett Papen 1932 den Posten des Reichsministers des Innern
351 Gemeint ist der Versuch, den Prinzen Oskar an die Spitze der V. V. V. D. zu wählen; dahinter steht freilich die Frage, wer eigentlich der Kronprätendent sein solle!
352 Bundesarchiv Koblenz, Nachlass Alter, fol. 1, Nr. 17, Brief des Prinzen Oskar an Sontag vom 30. Dezember 1924
353 Bundesarchiv Koblenz, Nachlass Alter, fol. 1, Nr. 17, Brief des Prinzen Oskar an Sontag vom 30. Dezember 1924
354 Bundesarchiv Koblenz, Nachlass Alter, fol. 1, Nr. 17, Brief des Prinzen Oskar an Sontag vom 30. Dezember 1924
355 Ilsemann II, S. 127f.
356 Viktoria Luise II, S. 234
357 Prinz August Wilhelm trat im Frühjahr 1930 aus dem Stahlhelm aus und trat am 1. April 1930 in die NSDAP ein. »Auf Wunsch des Führers«, wie August Wilhelm schrieb, wurde er SA-Mann zunächst im Rang eines Standartenführers. Am 1. September 1933 wurde er dann zum SA-Gruppenführer befördert (siehe auch Anm. 104a), vgl. hierzu auch: Brief des Prinzen August Wilhelm vom 12. April 1942 an den Führer der SA-Gruppe Berlin-Brandenburg Brigadeführer Kuenemund, Document Center, Berlin, Personen-Archiv der NSDAP
358 Viktoria Luise II, S. 237f., 244
359 Bundesarchiv Koblenz, Nachlass Alter, fol. 1, Nr. 17, Brief des Prinzen Oskar an Sontag vom 20. Oktober 1930

360 Bundesarchiv Koblenz, Nachlass Alter, fol. 1, Nr. 17, Brief des Prinzen Oskar an Sontag vom 22. Oktober 1930
361 Bundesarchiv Koblenz, Nachlass Alter, fol. 1, Nr. 17, Brief des Prinzen Oskar an Sontag vom 25. Oktober 1930
362 Bundesarchiv Koblenz, Nachlass Alter, fol. 1, Nr. 17, Brief des Prinzen Oskar an Sontag vom 24. Oktober 1930
363 Bundesarchiv Koblenz, Nachlass Alter, fol. 1, Nr. 17, Brief des Prinzen Oskar an Sontag vom 26. Mai 1931
364 Ilsemann II, S. 189
365 So hieß die Villa des Prinzen Eitel Friedrich in Potsdam
366 Viktoria Luise II, S. 234f.
367 Ilsemann II, S. 206
368 Ilsemann II, S. 217f.
369 Ilsemann II, S. 224
370 Bundesarchiv Koblenz, Nachlass Alter, fol. 1, Nr. 17, Brief Sontag an Prinz Oskar vom 10. Juli 1931
371 Bundesarchiv Koblenz, Nachlass Alter, fol. 1, Nr. 17, Brief Sontag an Prinz Oskar vom 10. Juli 1931
372 Bundesarchiv Koblenz, Nachlass Alter, fol. 1, Nr. 17, Brief Sontag an Prinz Oskar vom 22. Februar 1932
373 Von den Soldaten unterlegter Text für das Signal der Infanterie zum Angriff
374 Bundesarchiv Koblenz, Nachlass Alter, fol. 1, Nr. 17, Brief des Prinzen Oskar an Sontag vom 31. Dezember 1933 (Unterstreichungen im Original)
375 Ilsemann II, S. 248
376 Ilsemann II, S. 254
377 Ilsemann II, S. 255–257
378 Bundesarchiv Koblenz, Nachlass Alter, fol. 1, Nr. 17, Brief des Prinzen Oskar an Sontag vom 19. August 1935
379 Bundesarchiv Koblenz, Nachlass Alter, fol. 1, Nr. 17, Brief des Prinzen Oskar an Sontag vom 19. August 1935 (Unterstreichungen im Original)
380 Ilsemann II, S. 350
381 Viktoria Luise II, S. 235
382 Archiv Haus Doorn, Fasz. 61
383 Archiv Haus Doorn, Fasz. 15
384 Archiv Haus Doorn, Fasz. 15
385 Archiv Haus Doorn, Fasz. 15
386 Archiv Haus Doorn, Fasz. 71
387 Nach dem Original im Bundesarchiv Koblenz zitiert bei Christoph Frhr. v. Imhoff, Der Johanniter-Orden im 19. und 20. Jahrhundert, in: A. Wienand (Hrsg.), Der Johanniter-Orden, Der Malteser-Orden, Köln 1970, S. 544
388 Imhoff, a. a. O., S. 544
389 Imhoff, a. a. O., S. 526
390 Viktoria Luise II, S. 284

391 Fabian von Schlabrendorff, Begegnungen in fünf Jahrzehnten, Tübingen 1979
392 Schlabrendorff, a. a. O., S. 192f.
393 Schlabrendorff, a. a. O., S. 193
394 Schlabrendorff, a. a. O., S. 193
395 Viktoria Luise II, S. 284
396 Viktoria Luise II, S. 283
397 Viktoria Luise II, S. 295 f.
398 Vgl. Imhoff, a. a. O., S. 546ff.
399 Viktoria Luise II, S. 235
400 Bundesarchiv Koblenz, Nachlass Alter, fol. 1, Nr. 17, Eidesstattliche Erklärung ohne Datum, wahrscheinlich 11. November 1948
401 Schlabrendorff, a. a. O., S. 194
402 Viktoria Luise I, S. 355 f.

Zu Teil III: Die Hohenzollern und die Nationalsozialisten im Konflikt

1 Domarus I, S. 232, s. auch S. 331 und 332, vgl. auch v. Aretin, a. a. O., S. 541f.
2 Domarus I, S. 363
3 Domarus I, S. 392
4 Ilsemann II, S. 277
5 Ilsemann II, S. 297
6 Domarus II, S. 981
7 »Völkischer Beobachter« Nr. 52 vom 21. 2.1939
8 »Das Reich« Nr. 24, vom 25. 6.1941
9 Domarus IV, S. 1888; Henry Pickler, Hitlers Tischgespräche im Führerhauptquartier, 3. vollst. überarb. u. erw. Neuausgabe, Stuttgart 1976, S. 344
10 Werner Jochmann (Hrsg.), Adolf Hitler. Monologe im Führerhauptquartier 1941–1944, Hamburg 1980, S. 355
11 Domarus IV, S. 1935; Unterstreichungen vom Verfasser
12 Max Domarus, Hitler, Reden und Proklamationen 1932–1945, 4 Bde. Wiesbaden 1973, Bd. IV, S. 2127, Anm. 200
13 Archiv Haus Doorn, Fasz. 13
14 Gemeint ist wahrscheinlich das hier schon erwähnte, Anfang 1938 im »Daily Telegraph« abgedruckte sogenannte »Burckhardt-Interview«, das den Kaiser mit außerordentlich scharfen Äußerungen gegen das nationalsozialistische Regime zitierte.
15 Vgl. hierzu: Louis Ferdinand, a. a. O., S. 281; Viktoria Luise IV, S. 283; Viktoria Luise, Die Kronprinzessin, S. 258; Kronprinzessin Cecilie, Erinnerungen an den deutschen Kronprinzen, Biberach 1952, S. 146; siehe auch zum Folgenden: Whittle, a. a. O., S. 387f.; Cowles, a. a. O., S. 400; Jonas, a. a. O., S. 262ff.; Herre, a. a. O., S. 228f.; Lochner, What about Germany?, S. 251 f.; John, a. a. O., S. 74; Schneider, a. a. O., S. 103
16 Louis Ferdinand, a. a. O., S. 281

17 Gefallenenanzeige für den Prinzen Wilhelm im »Völkischen Beobachter« vom 29.5.1940:
»Am Donnerstag, den 23. Mai, in der großen Schlacht im Westen an der Spitze seiner Kompanie schwer verwundet, erlag unser geliebter ältester Sohn, Prinz Wilhelm von Preußen, Oberleutnant in einem Infanterieregiment, Inhaber des E. K. I und II von 1939, am 26. früh in einem Feldlazarett seinen schweren Verletzungen. Er lebte und starb für sein Vaterland als vorbildlicher Offizier getreu der soldatischen Tradition unseres Hauses. In tiefem Schmerz mit seiner trauernden Gemahlin Prinzessin Wilhelm, geb. v. Salviati, und zwei Töchtern.
Kronprinz Wilhelm — Kronprinzessin Cecilie
General der Infanterie — Herzogin zu Mecklenburg

Potsdam, Schloß Cecilienhof, und Klein Obisch über Glogau, im Mai 1940. Die Trauerfeier findet am Mittwoch, dem 29. Mai, 17 Uhr, in der Friedenskirche in Potsdam statt, anschließend die vorläufige Beisetzung im Antiken Tempel.«

Dankanzeige für Anteilnahme. »Völkischer Beobachter« vom 4.6.1940:
»Anläßlich des Heldentodes unseres an der Spitze seiner Kompanie auf dem Felde der Ehre gefallenen inniggeliebten ältesten Sohnes, des Prinzen Wilhelm von Preußen, sind uns so unendlich viele Beweise wohltuender Teilnahme zugegangen, daß wir nur auf diesem Wege von Herzen zu danken in der Lage sind. Unser besonderer Dank gilt nicht nur allen Freunden und lieben Bekannten, die seine soldatische Art und den Einsatz seiner Person so anerkennend gewürdigt haben, sondern auch allen denen, die durch ihre Anwesenheit bei der Beisetzung ihr menschliches Mitgefühl bekundet haben. Potsdam, Cecilienhof, im Mai 1940
Kronprinz Wilhelm, General der Infanterie
Kronprinzessin Cecilie Herzogin zu Mecklenburg«

18 Prinz Oskar, der älteste Sohn des Prinzen Oskar, war in den ersten Tagen des Polenfeldzuges, am 5. September 1939 gefallen.

19 Programm der Beisetzungsfeier des Prinzen Wilhelm in Potsdam am 29. Mai 1940, abgedruckt bei Jonas, a. a. O., S. 262f.; siehe auch Viktoria Luise, Die Kronprinzessin, S. 259

20 Schneider, a. a. O., S. 103

21 Zit. nach Viktoria Luise IV, S. 283

22 Vgl. hierzu: Louis Ferdinand, a. a. O., S. 282; Viktoria Luise IV, S. 284; Viktoria Luise, Kronprinzessin Cecilie, S. 147; siehe auch: Herre, a. a. O., S. 229; Jonas, a. a. O., S. 264; Whittle, a. a. O., S. 388; Sir John Wheeler-Bennett, Knaves, Fooles and Heroes, Europe between the Wars, London 1974, S. 30

23 Vgl.: Herre, a. a. O., S. 229 und Viktoria Luise IV, S. 284

24 Henry Picker, Hitlers Tischgespräche, 3. vollst. überarb. u. erw. Neuausgabe, Stuttgart 1976, S. 418, Aufzeichnung vom 5. Juli 1942

25 Vgl. hierzu: Bundesarchiv Koblenz, Reichskanzlei, fol. 1–R 4311/1561a, Bl. 1, Brief des Oberkommandos der Wehrmacht an den Reichsminister und Chef der Reichskanzlei vom 30. April 1944

[26] Bundesarchiv Koblenz, Reichskanzlei, fol. 1–R 4311/1561a, Bl. 5, Geheimvermerk vom 16. September 1944
[27] Bundesarchiv Koblenz, Reichskanzlei, fol. 1–R 4311/1561a, Bl.7–8, Geheimvermerk vom 16. September 1944
[28] Bundesarchiv Koblenz, Reichskanzlei, fol. 1–R 4311/1561a Bl. 9–10
[29] Vgl. hierzu: Viktoria Luise I, S. 315ff.
[30] Zit. nach: Viktoria Luise I, S. 317
[31] »Völkischer Beobachter« vom 10. 8.1944
[32] Ilsemann II, S. 254–256
[33] Viktoria Luise, Kronprinzessin, S. 290ff.
[34] Louis Ferdinand, a. a. O., S. 301
[35] Vgl. hierzu und zum Folgenden: Viktoria Luise, Kronprinzessin, S. 260f.; Jonas, a. a. O., S. 270 und Herre, a. a. O., S. 233
[36] Ulrich von Hassell, Vom anderen Deutschland; Aus den nachgelassenen Tagebüchern 1938–1944, Zürich und Freiburg i. Br. 1946, S. 213
[37] Hassell, a. a. O., S. 240
[38] Hassell, ebda.
[39] Jonas, a. a. O., S. 271
[40] Jonas ebda.
[40a] Herre, a. a. O., S. 170
[41] Otto John, Zweimal kam ich heim, Düsseldorf, Wien 1969, S. 93
[42] John, ebda.
[43] Hassell, a. a. O., S. 240
[44] Hassell, ebda.
[45] Hassell, a. a. O., S. 240–241
[46] Jonas, a. a. O., S. 270
[47] Vgl. hierzu und zum Folgenden: Jonas, a. a. O., S. 273 ff.
[48] Jonas, a. a. O., S. 270
[49] Gerhard Ritter, Carl Goerdeler und die deutsche Widerstandsbewegung, 2. Aufl. Stuttgart 1956, S. 567ff.; wieder abgedruckt bei Jonas, a. a. O., S. 273 ff. und Viktoria Luise IV, S. 291 f.
[50] Jonas, a. a. O., S. 276
[51] Viktoria Luise, Kronprinzessin, S. 261
[52] Viktoria Luise, Kronprinzessin, S. 262ff.
[53] Viktoria Luise, ebda.
[54] Viktoria Luise, Kronprinzessin, S. 263
[55] Viktoria Luise, ebda.
[55a] Viktoria Luise, Kronprinzessin, S. 265
[56] Herre, a. a. O., S. 237
[57] Vgl. hierzu und zum Folgenden: Kronprinzessin Cecilie, a. a. O., S. 136; Viktoria Luise IV, S. 292f.; Viktoria Luise, Kronprinzessin, S. 266f.; siehe auch: Herre, a. a. O., S. 239 und Jonas, a. a. O., S. 277

[58] Tochter des Kunsthistorikers Friedrich Sarre. Sie arbeitete als Sekretärin im Stab der Heeresgruppe Mitte und wurde gelegentlich mit Kurierdiensten der Verschwörer beauftragt; siehe hierzu auch: Peter Hoffmann, Widerstand, Staatsstreich, Attentat, Der Kampf der Opposition gegen Hitler, 3. neu überarbeitete und erw. Ausgabe, München 1979, S. 368

[59] Jonas, a.a.O., S. 278

[60] Zit. nach Viktoria Luise, Kronprinzessin, S. 265

[61] Vgl. hierzu und zum Folgenden: Hoffmann, a.a.O., S. 122f.

[62] Gerhard Ritter, Goerdeler, S. 168f. u. S. 491 Anm. 64

[63] Sir John Wheeler-Bennett, The Nemesis of Power: The German Army in Politics 1918–1945, 2. Aufl., New York 1964, S. 386 Anm. 2; siehe auch: John, a.a.O., S. 46f.

[64] Hoffmann, a.a.O., S. 123

[65] Hoffmann, a.a.O., München 1969, S. 230, in der letzten neu bearb. und erw. Ausgabe von 1979 fehlt dieser Passus

[66] Vgl. hierzu: Hans Mommsen, Gesellschaftsbild und Verfassungspläne des deutschen Widerstandes, in: Der deutsche Widerstand gegen Hitler, Vier historisch-kritische Studien, Köln, Berlin 1966, S. 82–85; siehe auch: Hans Rothfels, Trott und die Außenpolitik des Widerstandes, in: VfZ 12, 1964, S. 322

[67] Elfriede Nebgen, Jakob Kaiser, Der Widerstandskämpfer, Stuttgart u.a. 1967, S. 151ff.; siehe auch: John, a.a.O., S. 46f., 61f. und 75ff.

[68] John, a.a.O., S. 46f., 61f. und 75ff.

[69] John, a.a.O., S. 86f.

[70] Hoffmann, a.a.O., S. 246

[71] Gerhard Ritter, Goerdeler, S. 299

[72] John, a.a.O., S. 46ff.

[73] John, a.a.O., S. 47

[74] John, a.a.O., S. 48; Louis Ferdinand, a.a.O., S. 257f.

[75] John, a.a.O., S. 49

[76] John, ebda.

[77] John, a.a.O., S. 64

[78] John, a.a.O., S. 72

[79] Louis Ferdinand, a.a.O., S. 296

[79a] H. Michaelis, E. Schraepler, (Hg.), Ursachen und Folgen vom deutschen Zusammenbruch 1918 bis 1945 bis zur staatlichen Neuordnung Deutschlands in der Gegenwart. Eine Urkunden- und Dokumentensammlung zur Zeitgeschichte, 26 Bde., 1958ff., Bd. 17, Nr. 3192

[80] Vgl. hierzu und zum Folgenden: John, a.a.O., S. 75 ff. und Louis Ferdinand, a.a.O., S. 296f.

[81] John, a.a.O., S. 75

[82] John, ebda.

[83] Brüning,a.a.O., S. 196f.

[84] Vgl. hierzu und zum Folgenden: John, a.a.O., S. 76ff.; Louis Lochner, Stets das Unerwartete. Erinnerungen aus Deutschland 1921–1953, Darmstadt, 1955, S. 356f.; Hans

Rothfels, Opposition gegen Hitler, Frankfurt/M., Hamburg 1958, S. 145 f.; Hoffmann, a. a. O., S. 263f.
85 John, a. a. O., S. 76
86 John, a. a. O., S. 79
87 Vgl. Hoffmann, a. a. O., S. 263 und Rothfels, a. a. O., S. 146
88 Lochner, Stets das Unerwartete, S. 356; Rothfels, a. a. O., S. 146; Hoffmann, a. a. O., S. 263
89 Lochner, Stets das Unerwartete, S. 356
90 Rothfels, a. a. O., S. 147
91 Zit. nach John, a. a. O., S. 80
92 John, ebda.
93 Hoffmann, a. a. O., S. 264
94 Vgl. hierzu und zum Folgenden: John, a. a. O., S. 85 ff. und Louis Ferdinand, a. a. O., S. 297
95 John, a. a. O., S. 86; Louis Ferdinand, a. a. O., S. 297
96 John, a. a. O., S. 86
97 Vgl. hierzu und zum Folgenden: John, a. a. O., S. 97ff. und Louis Ferdinand, a. a. O., S. 298ff.
98 John, a. a. O., S. 98
99 John, ebda.
100 John, a. a. O., S. 99
101 John, a. a. O., S. 99; Louis Ferdinand, a. a. O., S. 299f.
102 Louis Ferdinand, a. a. O., S. 300
103 Louis Ferdinand, ebda.
104 Gerhard Ritter, Goerdeler, a. a. O., S. 292
105 Gerhard Ritter, Goerdeler, S. 291ff.; siehe auch: Jonas, a. a. O., S. 271ff.
106 Louis Ferdinand, a. a. O., S. 301; vgl. auch: Viktoria Luise: Kronprinzessin, S. 265; Jonas, a. a. O., S. 275; Paul Herre, a. a. O., S. 236
107 Jonas, a. a. O., S. 275; Ritter, Goerdeler, S. 292
108 Laut Aussage des Prinzen Louis Ferdinand, die auch von Otto John bestätigt wurde
109 Hoffmann, a. a. O., S. 245
110 Louis Ferdinand, a. a. O., S. 201f.
111 John, a. a. O., S. 140f., 91, 105ff.; siehe auch: Hoffmann, a. a. O., S. 310ff.
112 John, a. a. O., S. 134
113 John, a. a. O., S. 137
114 Vgl. hierzu und zum Folgenden: Louis Ferdinand, a. a. O., S. 290ff.
115 Vgl.: Louis Ferdinand, a. a. O., S. 304ff.
116 Eugen Gerstenmaier, Dem Morgen zugewandt, in: SKH Prinz Louis Ferdinand zum 75. Geburtstag am 9. November 1982, Moers 1982/83, S. 26
117 Louis Ferdinand, a. a. Q., S. 307f.
118 Louis Ferdinand, a. a. O., S. 293

Dokumente

---

1. Das Hausgesetz vom 23. Juni 1920

2. Vertrag über die Vermögensauseinandersetzung zwischen dem Preußischen Staat und den Mitgliedern des vormals regierenden Königshauses vom 12. Oktober 1925

3. Lebenslauf des Prinzen August Wilhelm von Preußen vom 12. April 1942

4. Dokumentation über die Denunziation des Prinzen August Wilhelm von Preußen und das über ihn verhängte Redeverbot 10. Oktober 1942 – 29. November 1942

1. Das Hausgesetz vom 23. Juni 1920

Nachstehendes Hausgesetz

W i r W i l h e l m ,

von Gottes Gnaden vormals regierender Deutscher Kaiser und König von Preußen, Markgraf zu Brandenburg, Burggraf zu Nürnberg, Graf zu Hohenzollern, souveräner und oberster Herzog von Schlesien wie auch der Grafschaft Glatz, Großherzog von Niederrhein und Posen, Herzog zu Sachsen, Westfalen und Engern, zu Pommern und Lüneburg, Holstein und Schleswig, zu Magdeburg, Bremen, Geldern, Clewe, Jülich und Berg sowie auch der Wenden und Kassuben, zu Krossen, Lauenburg, Mecklenburg, Landgraf zu Hessen und Thüringen, Markgraf der Ober- und Niederlausitz, Prinz von Oranien, Fürst zu Rügen, zu Ostfriesland, zu Paderborn und Pyrmont, zu Halberstadt, Münster, Minden, Osnabrück, Hildesheim, zu Verden, Kammin, Fulda, Nassau und Mörs, gefürsteter Graf zu Henneberg, Graf der Mark und zu Ravensberg, zu Hohenstein, Tecklenburg und Lingen, zu Mansfeld, Sigmaringen und Veringen, Herr zu Frankfurt urkunden und bekennen für Uns, Unsere Nachfolger und Nachkommen:

Nachdem die Verfassung des Deutschen Reiches vom 11. August 1919 in den Artikeln 109 und 155 bestimmt hat, daß öffentlich-rechtliche Vorrechte oder Nachteile der Geburt oder des Standes aufzuheben und Fideikommisse aufzulösen sind, finden Wir Uns mit Rücksicht auf die hiernach bevorstehenden staatlichen Maßnahmen, und da in den Hausgesetzen des Königlichen Hauses für diesen Fall nichts vorgesehen ist, kraft der Uns als Chef Unseres des Königlich Preußisch Brandenburgischen Hauses zustehenden Gewalt unter Beitritt sämtlicher volljähriger

Prin-

Prinzen Unseres Königlichen Hauses, nämlich Unserer Söhne, Unseres Bruders des Prinzen Heinrich von Preußen und seiner Söhne, Unserer Neffen der Prinzen Waldemar und Sigismund von Preußen, sowie Unserer Vettern des Prinzen Friedrich Leopold von Preußen, und seiner Söhne der Prinzen Friedrich Sigismund und Friedrich Leopold von Preußen, sowie Unserer Vettern der Söhne des hochseligen Prinzen Albrecht, der Prinzen Friedrich Heinrich, Joachim Albrecht und Friedrich Wilhelm von Preußen bewogen, die zur Zeit geltende Hausverfassung in betreff der Rechtsverhältnisse des Hausvermögens Unseres Königlichen Hauses abzuändern und demgemäß nachstehendes

H a u s g e s e t z

zu erlassen.

I. Abschnitt.

Hausvermögen.

Art. 1.

Hausvermögen im Sinne dieses Gesetzes ist alles Vermögen, das bisher von dem Ministerium des Königlichen Hauses als Hausvermögen verwaltet worden ist; zu ihm gehören insbesondere auch die Kronjuwelen, der Allodialfonds, das Mobiliarvermögen (bewegliche Gegenstände), soweit es dem gegenwärtigen Jnhaber bereits von seinen Vorfahren überkommen ist, und die Bestände des Hausarchivs.

Das

Das Hausvermögen ist nach der Hausverfassung des Königlich Preußisch-Brandenburgischen Hauses Eigentum Seiner Majestät des Kaisers und Königs, unterworfen den sich aus der Hausverfassung ergebenden Beschränkungen.

Art. 2.

Das Hausvermögen wird mit Wirkung vom 31. März 1923 aufgelöst. Mit diesem Zeitpunkt erlischt die auf der Hausverfassung beruhende fideikommissarische Bindung des Vermögens. Die sämtlichen Bestandteile des bisherigen Hausvermögens sind mit Wirkung vom 31. März 1923 ab nicht gebundenes Allodialvermögen desjenigen, der in diesem Zeitpunkt Hausgutsinhaber ist.

Falls das Staatsgesetz über die Aufhebung der Standesvorrechte des Adels und die Auflösung der Hausvermögen einen früheren oder späteren Termin als den 1. April 1923 für den Eintritt der staatlichen Zwangsauflösund des Hausvermögens bestimmt, soll die Auflösung des Hausvermögens nach Maßgabe dieses Hausgesetzes an dem Tage eintreten, der dem in dem Staatsgesetz festgesetzten Termin voraufgeht.

Art. 3.

Der zur Zeit der Auflösung (Art. 2) im Besitz befindliche Hausgutsinhaber hat von da ab die Rechtsstellung eines Vorerben im Sinne des Bürgerlichen Gesetzbuches mit der Maßgabe, daß er von den Beschränkungen und Verpflichtungen des § 2113 Abs. 1 und der §§ 2114, 2116 bis 2119, 2123, 2128 und 2129 ebenda befreit ist.

Über den Allodialfonds und das Mobiliarvermögen ist

der

der Hausgutsinhaber zur freien Verfügung berechtigt (§ 2137 Abs. 2 B.G.B.). Er kann über das Mobiliarvermögen insbesondere zur Ausstattung von Prinzen unter Lebenden frei verfügen.

Art. 4.

Nach dem Tode des in Art. 2 bezeichneten Hausgutsinhabers fällt das bisherige Hausvermögen unter Ausschluß aller etwaigen Pflichtteilsrechte an denjenigen, der nach der bisherigen Folgeordnung in das Hausvermögen succediert sein würde, wenn dieses nicht aufgelöst worden wäre. Nach seinem Tode geht das bisherige Hausvermögen nacheinander auf die nach der bisherigen Folgeordnung Berechtigten über, soweit dies im Rahmen des § 2109 B.G.B. zulässig ist. Die Nachfolger des in Art. 2 bezeichneten Hausgutsinhabers haben die Rechtsstel lung von Nacherben im Sinne des Bürgerlichen Gesetzbuches.

Als Erbfall im Sinne des § 2109 des Bürgerlichen Gesetzbuchs gilt die Auflösung gemäß Art. 2.

Art. 5.

Nachfolgeberechtigt im Sinne dieses Hausgesetzes ist der Mannesstamm Seiner Majestät des hochseligen Kaisers Friedrich nach dem Rechte der Erstgeburt und der agnatischen Linealfolge.

Art. 6.

Solange der jeweilige Jnhaber des bisherigen Hausvermögens die Rechtsstellung eines Vorerben inne hat, hat er alle bestehenden Hausgutsverbindlichkeiten insbesondere auch diejenigen Verbindlichkeiten zu erfül-

len

len, die bisher dem Jnhaber des Kronfideikommißfonds nach der Hausverfassung, namentlich den Hausgesetzen von 1820 und 1843 obgelegen haben. Dies gilt insbesondere für die Gewährung von Apanagen, Wohnsitzen, Sustentationen, Wittümern, Ausstattungen und Mitgiften mit Ausnahme derjenigen, die nach Art. 9 dieses Hausgesetzes fortfallen. Für das Recht auf Apanage bleiben die derzeitigen hausverfassungsmäßigen Voraussetzungen in Kraft. Dasselbe gilt von ihrer Höhe, insbesondere dem Grundsatz, daß eine Herabsetzung der bisher gezahlten Summen nach Maßgabe der Verringerung der Einkünfte und des Bedürfnisses zulässig ist. Dieser Grundsatz findet auch auf die durch Eheverträge bestimmten Wittümer und Apanagen Anwendung.

Art. 7.

Sobald der Jnhaber des bisherigen Hausvermögens nicht mehr nach Art eines Vorerben beschränkt ist, sind diejenigen, die zu diesem Zeitpunkt auf Grund des Art.6 Apanagen usw. bezogen haben, und die Witwe des letzten Hausgutsinhabers wegen ihrer Ansprüche nach folgenden Grundsätzen abzufinden:

1. Auf eine Abfindung haben keinen Anspruch die Abkömmlinge desjenigen, in dessen Hand das bisherige Hausvermögen von den in Art. 4 bezeichneten Beschränkungen frei wird.

2. Der Abfindung wegen der Apanagen und Sustentationen wird die in dem Geraer Vertrage bestimmte Mindestapanage von 30 000 M ohne Rücksicht auf Volljährigkeit und Minderjährigkeit zu Grunde ge-

legt

legt, während für die weiblichen Abkömmlinge je 10 000 M anzusetzen sind. Jedoch sind dabei nur diejenigen zu berücksichtigen, die nach den Grundsätzen der bisherigen Hausverfassung zum Hausverbande gehört haben würden, wenn dieser weiterbestanden hätte. Der so ermittelte Betrag wird mit dem Fünfundzwanzigfachen kapitalisiert. Zu dem Kapitalbetrage tritt für jedes weibliche noch nicht vermählte Mitglied die Summe von 150 000 M. Verwitwete Prinzessinnen stehen hierbei den vermählten ~~ganz~~ gleich. Hinsichtlich der geborenen preußischen Prinzessinnen, deren Ehen geschieden sind, wird es dem billigen Ermessen des Hausgutsinhabers überlassen, ihnen unter Berücksichtigung des einzelnen Falles eine Sustentation zu gewähren. Außer den Apanagen erhalten die volljährigen Prinzen entweder einen Wohnsitz oder eine angemessene Entschädigung für diesen.

Der Besitz von Sonderfideikommissen oder erheblichem eigenen Privatvermögen bleibt auf die Festsetzung der Abfindung ohne Einfluß. Es wird jedoch der Loyalität und dem Gerechtigkeitssinn des Hausgutsinhabers anheimgegeben, allzu große Verschiedenheiten in den Vermögensverhältnissen durch freiwillige Erhöhung der Abfindungen auszugleichen, soweit das Hausvermögen ohne Beeinträchtigung des Unterhalts der Hauptlinie es gestattet.

3. Bezüglich der Wittümer hat derjenige, der in dem bezeichneten Zeitpunkt Hausgutsinhaber ist, die

<u>Wahl</u>

Wahl, ob er sie weiterzahlen oder mit Kapital abfinden will. Jm letzteren Falle erfolgt die Abfindung durch Kapitalisierung des zuletzt gezahlten Jahresbetrages nach den Vorschriften der Reichsabgabenordnung. Bei Wiedervermählung fällt die Wittumsrente fort; von dem gezahlten Abfindungskapital ist in diesem Falle ein entsprechender Teil zu erstatten.

4. Die gesamten Abfindungskapitalien sollen, berechnet für den im Absatz 1 bezeichneten Zeitpunkt, ein Drittel des dem Hausgutsinhaber verbleibenden bisherigen Hausvermögens nicht übersteigen. Anderenfalls sind sie entsprechend herabzusetzen. Bei der Bewertung des bisherigen Hausvermögens bleiben die nicht zur Veräußerung bestimmten beweglichen körperlichen Gegenstände, die geschichtlichen oder künstlerischen oder wissenschaftlichen Wert haben, außer Ansatz. Bei der Bewertung des Grundbesitzes ist der Ertragswert zu Grunde zu legen (siehe Ziff. 6). Für die Ermittelung der 1/3 Grenze bleiben die Wittümer unberücksichtigt.

5. Derjenige, der in dem bezeichneten Zeitpunkt Jnhaber des bisherigen Hausvermögens ist, ist berechtigt, die Abfindung nach seinem freien Ermessen anstatt in Kapital ganz oder teilweise in Land- oder Waldgütern zu entrichten. Land- und Waldgüter sind hierbei zum Ertragswerte in Anrechnung zu bringen (siehe Ziff. 6). Über die Auswahl entscheidet der Hausgutsinhaber allein. Er hat hierzu eine fünf-

jäh-

jährige Frist, die von dem nächsten Kalenderquartalsersten läuft, der dem in Absatz 1 bezeichneten Zeitpunkt folgt. Bis zur Auszahlung der Abfindungskapitalien sind diese mit fünf vom Hundert jährlich zu verzinsen; die Zinsen sind jeweils für drei Monate im voraus zu entrichten.

6. Bei der Bewertung der Vermögen und der Grundstücke gilt als Ertragswert sowohl bei land- oder forstwirtschaftlichen und gärtnerischen Grundstücken als auch bei bewohnten oder gewerblich genutzten Grundstücken das Fünfundzwanzigfache des Reinertrages, den sie nach dem Durchschnitt der letzten 15 dem in Absatz 1 bezeichneten Zeitpunkt voraufgegangenen Jahre erbracht haben. Das Jnventar ist dabei nicht besonders zu bewerten. Eine zur Abgeltung des Reichsnotopfers übernommene Tilgungsrente ist bei der Wertberechnung in Abzug zu bringen.

7. Die Apanage- und Wittumsberechtigten können wegen ihrer Abfindung Sicherstellung verlangen.

8. Über alle Streitigkeiten, die sich bei den Abfindungen ergeben sollten, soll unter Ausschluß des Rechtsweges ein Schiedsgericht entscheiden. Dieses besteht aus fünf männlichen Personen, die die Befähigung zum Richteramt haben müssen, und von denen der Hausgutsinhaber und der Stammvater des abfindungsberechtigten Familienzweiges je zwei Mitglieder ernennen. Diese vier Schiedsrichter ernennen den Obmann. Falls sie sich über seine Person nicht einigen können, ist die oberste preußische Auflö-

sungs-

sungsbehörde für Familiengüter um seine Ernennung zu ersuchen. Die Schiedsrichter entscheiden nach Stimmenmehrheit.

Art. 8.

Solange der Jnhaber des bisherigen Hausvermögens die Rechtsstellung eines Vorerben hat, soll der Minister des Königlichen Hauses Graf August zu Eulenburg und im Falle seiner Behinderung der Ministerialdirektor Graf Georg von Kanitz befugt sein, die Rechte der in Art. 4 bestimmten Nachfolger auszuüben und ihre Pflichten zu erfüllen. Die Rechtswirksamkeit der Rechtshandlungen des Grafen Georg von Kanitz ist von der wirklichen Behinderung des Grafen August zu Eulenburg oder dem Nachweise dieser Behinderung nicht abhängig. Die Vertretungsbefugnis der Genannten soll sowohl Behörden, als auch Privatpersonen gegenüber gelten, und sie sollen insbesondere auch befugt sein, namens der Nachfolger Eintragungen und Löschungen jeglicher Art in öffentlichen Büchern und Registern zu bewilligen und zu beantragen.

Jeder der Genannten soll berechtigt und verpflichtet sein, alsbald nach Annahme des in Absatz 1 bezeichneten Amtes in gerichtlicher oder notarieller Urkunde einen Nachfolger zu bestellen, der im Falle seines Wegfalls zunächst an seine Stelle tritt. Sollte wider Erwarten ein Vertreter der in Art. 4 bestimmten Nachfolger nicht vorhanden sein, dann sollen die drei nächsten volljährigen Nachfolgeberechtigten ihn durch Stimmenmehrheit ernennen. Auf ihn sollen die Vorschriften dieses Artikels Anwendung finden.

II. Ab-

II. Abschnitt.

Sonderfideikommisse.

Art. 9.

1. Für die im Besitze Seiner Königlichen Hoheit des Prinzen Heinrich von Preußen befindlichen Fideikommisse, die Herrschaft Opatow-Swiba und die Prinz Georg-Stiftung, fallen die für den Fall des Aussterbens des Mannesstammes Seiner Königlichen Hoheit vorgesehenen Anfallsrechte des Hausgutsinhabers fort. Die beiden Fideikommisse werden mit dem Jnkrafttreten dieses Hausgesetzes aufgehoben und freies Vermögen des derzeitigen Besitzers.

2. Das im Besitze Seiner Königlichen Hoheit des Prinzen Oskar von Preußen befindliche Alexander-Fideikommiß (ein Geldfideikommiß) wird mit dem Tode des derzeitigen Besitzers aufgehoben. Zwei Fünftel des Fideikommißvermögens fallen in den Allodialnachlaß des derzeitigen Besitzers, die anderen drei Fünftel fallen an denjenigen, der nach der bisherigen Folgeordnung in das Fideikommiß succedieren würde, wenn dieses nicht aufgelöst worden wäre mit der Maßgabe, daß die Berufung Seiner Königlichen Hoheit des Prinzen Eitel Friedrich von Preußen und seines Mannesstammes in Fortfall kommt. Der Nachfolger der drei Fünftel hat die Rechtsstellung eines Vorerben im Sinne des Art. 3 dieses Hausgesetzes. Nach seinem

Tode

Tode fällt das bisherige Fideikommißvermögen an den in derselben Weise bestimmten Nachfolger. Dieser hat die Rechtsstellung eines Nacherben im Sinne des Art. 4 dieses Hausgesetzes.

3. Das auf Grund des Testamentes der hochseligen Kaiserin Friedrich von Seiner Majestät dem Kaiser und König errichtete Familienfideikommiß wird mit dem Jnkrafttreten dieses Hausgesetzes aufgehoben. Der derzeitige Besitzer hat von da an die Rechtsstellung eines Vorerben im Sinne des Art. 3 dieses Hausgesetzes. Nach seinem Tode fällt es an denjenigen, der nach der bisherigen Folgerung in das Fideikommiß succedieren würde, wenn dieses noch nicht aufgelöst worden wäre, und nach seinem Tode an den in derselben Weise bestimmten Nachfolger, jedoch mit den Beschränkungen, die sich aus § 2109 BGB. ergeben. Die Nachfolger haben die Rechtsstellung von Nacherben im Sinne des Art. 4 dieses Hausgesetzes.

4. Für das im Besitze Seiner Kaiserlichen und Königlichen Hoheit des Kronprinzen befindliche Familienfideikommiß der mit dem Thronlehn Fürstentum Oels in wirtschaftlichem Zusammenhange stehenden Güter Kaltvorwerk, Niederschmollen etc. fällt das in der Stiftungsurkunde vorgesehene Heimfallrecht des Hausgutsinhabers fort. Das Fideikommiß wird mit dem Jnkrafttreten dieses Hausgesetzes aufgehoben und freies Vermögen seines derzeitigen besitzers. Dasselbe gilt für den eigentlichen Lehnsbesitz, das Thronlehn Fürstentum Oels selbst.

-12-

5. Für das im Jahre 1844 errichtete, im Besitz und Genuß der beiden Linien der Prinzen Karl und Albrecht von Preußen befindliche Königlich Prinzliche Familienfideikommiß mit den Herrschaften Flatow und Krojanke fällt mit dem Jnkrafttreten dieses Hausgesetzes das in der Stiftungsurkunde vorgesehene Heimfallsrecht des Hausgutsinhabers fort. Die Auflösung des Fideikommisses erfolgt im Wege des Familienschlusses, eventuell nach den gesetzlichen Bestimmungen, ohne Beteiligung des Gesamthauses.

6. Ebenso fällt für das im Besitze der Linie des Prinzen Karl von Preußen befindliche Fideikommiß Düppel-Dreilinden mit Collin das für den Fall des Aussterbens des Mannesstammes dieser Linie vorgesehene Anfallsrecht des Hausgutsinhabers fort. Die Auflösung des Fideikommisses bleibt lediglich der genannten Linie überlassen.

7. Das Recht des vormals regierenden Königshauses auf den dereinstigen Rückfall des der Linie des Prinzen Albrecht von Preußen erblich überwiesenen Palais-Grundstücks in Berlin, Wilhelmstraße 102 und die Verpflichtung der genannten Linie, einen Teil der Grundstücke Wilhelmstraße 103 und 104 dem Königshause anzubieten, fallen mit dem Jnkrafttreten dieses Hausgesetzes fort. Bezüglich des Grundstücks Wilhelmstraße 102 hat der Hausgutsinhaber auf Verlangen die zur Berichtigung des Grundbuchs erforderlichen Erklärungen abzugeben.

Für die Mitglieder der in Ziffer 5 und 6 genann-

ten

ten Linien erlöschen mit dem Jnkrafttreten dieses Hausgesetzes alle Rechte an dem im I. Abschnitte behandelten Hausvermögen, insbesondere die Ansprüche auf Apanagen, Wohnsitze, Sustentationen, Wittümer, Ausstattungen und Mitgiften. Die Verpflichtungen, die in Eheverträgen zu Gunsten von Mitgliedern der genannten Linien eingegangen sind, fallen, soweit sie bisher dem Jnhaber des Kronfideikommißfonds obgelegen haben, künftig fort.

III. Abschnitt.

Zusatz- und Schlußbestimmungen.

Art. 10

Prinzessinnen, die von ihrem preußischen Ehegemahl geschieden worden sind und geschieden werden, scheiden aus dem Königlich Preußisch-Brandenburgischen Hause aus, es sei denn, daß im Ehescheidungsurteil der Gemahl für den allein schuldigen Teil erklärt wird. Sie verlieren das Recht auf die Führung der durch die Eheschließung erworbenen Namensbezeichnung.

Preußische Prinzessinnen, die durch Vermählung in fremde Häuser aus dem Hause ausgeschieden sind und demnächst geschieden werden, treten dadurch in das Haus nicht wieder ein.

Die vorstehenden Bestimmungen haben solange Geltung, wie der Hausverband des Königlich Preußisch-Brandenburgischen Hauses besteht. Darüber hinaus behalten sie für das Recht auf den Bezug von Apanagen, Wittümern usw. (Art.6)

und

und auf die Abfindung der Apanagen usw. (Art. 7) Geltung.

Art. 11.

Der Jnhaber des bisherigen Hausvermögens ist unter Befreiung von der Beschränkung des § 181 BGB. berechtigt, alle zur Ausführung dieses Hausgesetzes notwendigen Erklärungen gegenüber Behörden und Privatpersonen abzugeben, insbesondere auch alle Eintragungen und Löschungen in den öffentlichen Büchern und Registern zu bewilligen und zu beantragen. Er ist insbesondere berechtigt, die auf den Namen des Kronfideikommisses oder des Hausfideikommisses oder früherer preußischer Könige eingetragenen Grundstücke im Grundbuche auf den Namen des Hausgutsinhabers umschreiben zu lassen. Dabei soll in Abteilung II der Grundbuchblätter eingetragen werden, daß der Eigentümer in der Verfügung über die Grundstücke den in diesem Hausgesetz festgesetzten Beschränkungen unterworfen ist. Dasselbe gilt für die Grundstücke, bezüglich deren die Eigenschaft als Kronfideikommiß- oder Hausfideikommißgut in der II. Abteilung eingetragen ist.

Art. 12.

Der Jnhaber des bisherigen Hausvermögens bleibt auch nach Fortfall der Hausgesetzgewalt berechtigt, allein alle zur Auseinandersetzung mit dem preußischen Staate notwendigen Rechtsgeschäfte für alle am Hausvermögen Beteiligten verbindlich vorzunehmen.

Art. 13.

Soweit durch die in diesem Hausgesetz bestimmte

Auf-

Auflösung des Hausvermögens Ungleichheiten und Unbilligkeiten entstehen, ist der Hausgutsinhaber bis zu dem in Art. 2 bezeichneten Zeitpunkt berechtigt, diese Härten durch einmalige Abfindung zu beseitigen, über deren Höhe er nach freiem Ermessen zu bestimmen hat.

Art. 14.

Dieses Hausgesetz tritt mit seiner Vollziehung durch das Oberhaupt und die sämtlichen volljährigen Prinzen des Königlichen Hauses alsbald in Kraft. Sollte einzelnen Bestimmungen dieses Hausgesetzes die Rechtswirksamkeit versagt werden, so soll dadurch die Rechtswirksamkeit der übrigen Bestimmungen nicht berührt werden.

Des zu Urkund haben Wir diese auf Unseren Befehl Unserem Willen vollkommen gemäß abgefaßte Urkunde und Hausgesetz ausfertigen lassen, dieselbe Höchsteigenhändig vollzogen und mit Unserem beigedrückten Königlichen Jnsiegel bestärken, auch von sämtlichen volljährigen Prinzen Unseres Königlichen Hauses mitvollziehen lassen.

So geschehen und gegeben zu Haus Doorn den einundzwanzigsten Tag des Monats Juni im eintausendneunhundertundzwanzigsten Jahre nach Crhisti Unseres Herrn Geburt.

(L.S.) gez. Wilhelm R.
ggez. Graf zu Eulenburg.

Wir die nachstehend aufgeführten Prinzen des Königlichen Hauses:

Friedrich Wilhelm Viktor August Ernst Kronprinz des Deutschen Reiches und Kronprinz von Preußen

Wil-

Wilhelm Eitel Friedrich Christian Karl
Adalbert Ferdinand Berengar Viktor
August Wilhelm Heinrich Günther Viktor
Oskar Karl Gustav Adolf
Joachim Franz Humbert
Albert Wilhelm Heinrich
Waldemar Wilhelm Ludwig Friedrich Viktor Heinrich
Wilhelm Viktor Karl ~~Ludwig~~ August Heinrich Sigismund
Joachim Karl Wilhelm Friedrich Leopold
Joachim Wilhelm Viktor Leopold Friedrich Sigismund
Franz Joseph Oskar Ernst Patrik Friedrich Leopold
Wilhelm Ernst Alexander Friedrich Heinrich
Wilhelm Friedrich Karl Ernst Joachim Albrecht
Friedrich Wilhelm Viktor Karl Ernst Alexander Heinrich

Prinzen von Preußen

erklären und bekennen hierdurch, daß Wir, nachdem Seine vormals regierende Majestät König Wilhelm II. Uns das vorstehende Hausgesetz hat vorlegen lassen, Wir solches wohl verstanden und der Verfassung des Königlichen Hauses gemäß befunden haben. Wir pflichten daher hierdurch demselben wohlbedächtig bei, unterwerfen Uns allen seinen Festsetzungen, erkennen es für ein immerwährendes Hausgesetz des Königlichen Hauses an und verpflichten Uns, für Uns, Unsere Erben und Nachkommen, dasselbe fest und unverbrüchlich zu halten.

Das zu Urkund haben Wir diese Akte Eigenhändig vollzogen, beziehungsweise durch Unsere Bevollmächtigten an Unserer Statt vollziehen lassen.

So

So geschehen Berlin, den 19. Juni 1920.
gez. Eitel Friedrich Prinz von Preußen

für Seine Königliche Hoheit Prinz Adalbert von Preußen gez. Dr. Wangemann

für Prinz August Wilhelm von Preußen gez. Eitel Friedrich Prinz von Preußen.

für Seine Königliche Hoheit Prinz Oskar von Preußen gez. Dr. Wangemann.

für Seine Königliche Hoheit Prinz Joachim von Preußen gez. Dr. Wangemann.

für die Prinzen Heinrich, Waldemar und Sigismund von Preußen gez. v. Rumohr-Drült.

für Seine Königliche Hoheit Prinz Friedrich Leopold von Preußen (Vater) in Generalvollmacht gez. Dr. Julius Lubszynski, Justizrat.

für Seine Königliche Hoheit Prinz Friedrich Leopold von Preußen (Sohn) in besonderer Vollmacht gez. Dr. Julius Lubszynski, Justizrat.

gez. Dr. Max Silberstein, Justizrat in Generalvollmacht Seiner Königlichen Hoheit des Prinzen Friedrich Sigismund von Preußen.

für Friedrich Heinrich, Prinz von Preußen,
für Joachim Albrecht, Prinz von Preußen,
für Friedrich Wilhelm, Prinz von Preußen
gez. Dr. Paul von Krause, Staatssekretär a.D.

Vollzogen Haus Doorn, den 21. Juni 1920

gez. Wilhelm
Kronprinz,

wird

wird von mir, dem unterzeichneten Minister des Königlichen Hauses als der gesetz- und hausverfassungsmäßigen Behörde der freiwilligen Gerichtsbarkeit, für das vormals regierende Königlich Preußisch-Brandenburgische Haus mit der Bescheinigung ausgefertigt, daß dasselbe der Hausverfassung gemäß zustandegekommen und von dem Oberhaupt und allen volljäjrigen Prinzen des Königlichen Hauses bezw. ihren legitimierten Vertretern vollzogen worden ist.

Berlin, den 23. Juni 1920

Der Minister des Königlichen Hauses.

(L. S.) gez. A. Eulenburg.

- - - -

2. Vertrag über die Vermögensauseinandersetzung zwischen dem Preußischen Staat und den Mitgliedern des vormals regierenden Preußischen Königshauses vom 12. Oktober 1925 (Preußische Gesetzessammlung Nr. 46 vom 30. Oktober 1926)

Vertrag

über die Vermögensauseinandersetzung zwischen dem Preußischen Staate und den Mitgliedern des vormals regierenden Preußischen Königshauses.

Der Preußische Staat, vertreten durch den Preußischen Finanzminister,

und

die Mitglieder des vormals regierenden Preußischen Königshauses, vertreten durch den Wirklichen Geheimen Rat Friedrich von Berg,

schließen zum Zwecke der Vermögensauseinandersetzung, vorbehaltlich der Genehmigung des Landtags, folgenden Vertrag:

§ 1.

Dem Staate verbleiben fortan als unbeschränktes Eigentum:

I. Die nachstehend aufgeführten Grundstücke (Schlösser mit Nebengrundstücken und Gärten) nebst den Zuerwerbungen mit allen darauf befindlichen Gebäuden, Schmuckbauten und Bildwerken, und zwar, soweit nichts anderes vermerkt, in dem Umfang, in dem sie sich am 1. Oktober 1918 im Besitz und in der Verwaltung der Krone befanden:

Berlin: Altes Schloß mit Lustgarten,
Schloß und Park Monbijou mit dem Grundstücke Monbijoustraße 4,
Kronprinzenpalais,
Prinzessinnenpalais,
Ordenspalais am Wilhelmplatz,
Schloß und Park Niederschönhausen;
Charlottenburg: Schloß und Park;
Potsdam: Stadtschloß mit Lustgarten, Marstall, Prinzenstall,
Schloß und Park Sanssouci, Neues Palais, Schloß und Park Charlottenhof, Orangerie in der sich aus der beigefügten Karte (Anlage A) ergebenden Begrenzung,
Neuer Garten mit Marmorpalais,
Pfingstberg mit Belvedere, soweit nicht im § 2 I etwas anderes bestimmt ist,
Belvedere auf dem Brauhausberg mit Eishaus;
Schloß und Park zu Sacrow,
Jägerhof am Sacrower See,
Pfaueninsel,
Schloß zu Königsberg i. Pr.,
Ordensschloß zu Marienburg,
Schloß zu Oliva mit Karlsberg,
Schloß zu Stettin,
Schloß und Park zu Oranienburg,
Schloß zu Liegnitz,
Schloß zu Breslau,
Schloß zu Quedlinburg,
Schloß zu Merseburg,
Schloß zu Kiel,
Hannover: das an der Leinstraße belegene Leine-Schloß und das ihm gegenüberliegende sogenannte Alte Palais,
Schloß zu Celle,
Schloß zu Osnabrück,
Schloß zu Münster i. W.,
Schloß zu Cassel,
Schloß und Park Wilhelmshöhe bei Cassel,
Schloß zu Wiesbaden,
Schloß und Park zu Homburg v. d. H.,
Schloß und Park zu Brühl,
Schloß zu Engers,
Schloß zu Coblenz,

Gesetzsammlung 1926. (Nr. 13157—13160.) 77

Burg Soneck am Rhein,
Schloß Stolzenfels am Rhein,
Jagdschloß Grunewald mit Grunewaldsee,
Jagdschloß Stern,
Burgruine am Grimmnitzsee,
Jagdschloß Hubertusstock,
Jagdschloß Saupark bei Springe,
Jagdschloß Göhrde,
Jagdschloß Letzlingen,
Königsstuhl von Rhense,
Clause bei Castel.

II. Die beweglichen Gegenstände, die sich am 1. Dezember 1925 auf den dem Staate verbleibenden Grundstücken befinden, soweit sie nicht gemäß § 2 IV dieses Vertrags in Verbindung mit Anlage B Abschnitt II und III dem vormals regierenden Königshause verbleiben (die hiernach dem Staate verbleibenden Gegenstände sind in Anlage B Abschnitt Ia näher bezeichnet). Ferner erhält der Staat die in Anlage B Abschnitt Ib aufgeführten Inventarstücke.

III. Die ehemaligen Kroninsignien (Zepter, Reichsapfel, Reichssiegel, Reichsfahne, Reichshelm; Verzeichnis mit Beschreibung s. Anlage C).

IV. Die in den Berliner Museen befindlichen, früher von Mitgliedern des vormals regierenden Königshauses dem Staate zur öffentlichen Ausstellung überwiesenen Kunstgegenstände sowie die Kunstgegenstände der Schackgalerie in München, und zwar als Hohenzollernstiftung, soweit die Gegenstände nicht schon bisher Staatseigentum waren.

V. Die ehemalige Hofapotheke in Berlin, Monbijouplatz 9, mit Inventar.

VI. Die Grundstücke und Gebäude der vormals Königlichen Theater

in Berlin (Oper Unter den Linden, Schauspielhaus am Gendarmenmarkt, die superfiziarischen Rechte an den Grundstücken des sogenannten Krollschen Etablissements am Königsplatz, Verwaltungsgebäude Dorotheenstraße 3, Neues Dekorationsmagazin Prinz-Louis-Ferdinand-Straße 4/Prinz-Friedrich-Karl-Straße 4, Dekorationsmagazin Französische Straße 30/33),

in Cassel,

in Wiesbaden,

sämtlich mit dem bei der Übernahme des Theaterbetriebs durch den Staat vorhandenen Theaterfundus (Dekorationen, Beleuchtungsgegenständen, Garderobe, Requisiten, Hausinventar, Musikinstrumenten, Büchern usw.).

VII. Die nachstehend aufgeführten Nutzgrundstücke

Berlin: Marstall, Breite Straße 30—37 und Am Schloßplatz 7, Georgenstraße 40—42 und Bauhofstraße 9, Georgenstraße 43 und Bauhofstraße 8, Georgenstraße 45/46 und Bauhofstraße 6, Bauhofstraße 3—5, Werdersche Rosenstraße 1—3, Niederlagstraße 1—3, Prinz-Friedrich-Karl-Straße 3, Prinz-Louis-Ferdinand-Straße 5 und 6, Oranienburger Straße 76a, 78 und 79 neuer Bezeichnung, Wildmeisterei (Gastwirtschaft) Paulsborn in Berlin-Grunewald.

Charlottenburg: Marstall am Luisenplatz und an der Schloßstraße, Spandauer Straße 7—10.

Potsdam: Siefertstraße 2—8, Hinter der Mammonstraße 4, Kutschstall Neuer Markt 9, Schloßstraße 12, Schwertfegerstraße 8, Kabinetthaus Am Neuen Markt 1, Schauspielhaus Am Kanal 8, Friedrichstraße 17, Am Kanal 53, Am Kanal 67, Alte Luisenstraße 79, 85, Zimmerstraße 6 und 10, Lennéstraße 5—11, 26—34, Jägerstraße 23, Allee nach Sanssouci 5, 6, Villa Illaire, Teil der Melonerie hinter dem Schirrhof, Marienstraße 24, Bornstedt, Viktoriastraße 1, 50, 51, ehemals Schleihahnsches Grundstück (Drachenberg), ehemalige Gärtnerlehranstalt am Bahnhof Wildpark, Baulichkeiten im Wildpark, Acker an der Pirschheide (Gemarkung Potsdam, Kartenblatt 2, Parzellen Nr. 26, 125), Gastwirtschaft an der Pfaueninsel.

Königsberg i. Pr.: Luisenwahl.

München: Gebäude der Schackgalerie.

Frascati bei Rom: Villa Falconieri mit Garten.

VIII. Die in Anlage D dieses Vertrages nach Lage und Umfang näher bezeichneten Güter und Forsten aus dem Haus- und Kronfideikommiß mit den dazugehörigen Gebäuden.

IX. Die für das Kronfideikommiß eingetragenen Bergwerksgerechtigkeiten in der Schorfheide.

X. Die in Anlage E Abschnitt I dieses Vertrags verzeichneten Kapitalienfonds.

§ 2.

Dem vormals regierenden Königshause verbleiben als unbeschränktes Eigentum:

I. Die nachstehend aufgeführten Schlösser und Wohngebäude mit den dazugehörigen Nebengrundstücken und Gärten:

Burg Hohenzollern,
Palais Kaiser Wilhelms I., Berlin, Unter den Linden 37, mit dem Grundstück Behrenstraße 41,
Niederländisches Palais, Berlin, Unter den Linden 36,
Schloß und Park Bellevue in Berlin, mit der Maßgabe, daß der früher zum Tiergarten gehörige Geländestreifen an den Staat zurückfällt,
Schloß und Park Babelsberg bei Potsdam,
Jagdschloß Königswusterhausen bei Berlin,
Jagdhaus Rominten,
Obertannusheim bei Homburg v. d. H.,
Offizierserholungsheim in Arco,
Achilleion auf Korfu,
Villa Liegnitz in Potsdam, Allee nach Sanssouci, mit dem Kutscherhaus und dem Zugang in der Lennéstraße sowie dem Grundstücke Zimmerstraße 11 und seiner Verlängerung bis an die Allee nach Sanssouci,
Villa Quandt in Potsdam, Große Weinmeisterstraße 46, 47 und 48, mit dem dazugehörigen Garten, Gesamtgröße 3,83 ha. Dem Prinzen Oskar und seiner Gemahlin sowie ihren Kindern und Enkelkindern wird auf Lebenszeit das Recht zur ausschließlichen Benutzung des unmittelbar anschließenden, zur Zeit eingefriedigten Teiles des Pfingstberges (2,58 ha groß) eingeräumt.
Villa Ingenheim in Potsdam mit den Grundstücken Zeppelinstraße 76, 78, 79, 83,
Villa Alexander in Potsdam, Bertinistraße 17,
Villa Adelheidswert bei Homburg v. d. H.,
Villa in Vorby, Vogelsang 51,
Burg Rheinstein,
Ansbachsches Palais in Berlin, Wilhelmstraße 102, mit den Zuerwerbungen (Wilhelmstraße 103, 104 und dem Gartengrundstück Anhaltstraße/Ecke Königgrätzer Straße),
Schloß Reinhartshausen, Erbach im Rheingau,
Hausgrundstücke in Groß-Tabarz, Lauchagrundstraße 27a, 31.

II. Die nachstehend aufgeführten Nutzgrundstücke:

Berlin: Breite Straße 29, Oranienburger Straße 77 neuer Bezeichnung,
Charlottenburg: Dienstgebäude der Hofkammer am Luisenplatz,
Potsdam: Kolonie Alexandrowka mit Kapellenberg, Matrosenstation am Jungfernsee mit dem Uferstreifen nördlich der Chaussee nach der Schwanenbrücke zwischen Schwanenbrücke und Glienicker Brücke und dem Grundstücke Neue Königstraße 61, Neue Königstraße 26 (ehemals Waschanstalt), Grundstück an der Süd-Ost-Ecke des Parkes von Charlottenhof zwischen Schafgraben und Sigismundstraße (auf der diesem Vertrage beigefügten Karte — Anlage A — schraffiert), Kaiser-Wilhelm-Straße 29, Weinberg am Obelisk mit Marienstraße 25, Allee nach Sanssouci 8, Schlößchen Lindstedt, Bornim, Dorfstraße 36/37 (Mädchenwaisenasyl Bethesda), Nikolskoe (Kirche, Begräbnisplatz, Schule, Blockhaus),
Plön: Hinterreihe 309b, Große Insel im Plöner See und Inselwarder Riff,
Askanierturm am Werbellinsee,
Denkmal des Prinzen Louis Ferdinand bei Saalfeld,
Erlöserkirche in Gerolstein mit Villa Sarabodis,
Evangelische Kapelle in Wildbad Gastein,
Evangelisches Bethaus in Marienbad.

III. Die nachstehend aufgeführten Güter und Forsten mit den dazugehörigen Gebäuden:

die Herrschaft Cadinen,
die Güter und Forsten des Haus- und Kronfideikommisses mit Ausnahme der nach § 1 VIII dieses Vertrags dem Staate fortan verbleibenden Besitzungen,
die Farmen Dickdorn und Kosis im früheren Schutzgebiete Deutsch-Süd-Westafrika,
das Thronlehen Fürstentum Oels mit den dazugehörigen Fideikommiß- und Allodialbesitzungen,
die den Neben- und Seitenlinien gehörigen Güter Uetz, Paretz und Falkenrehde, Hemmelmark und Luisenberg, Frauendorf und Göritz, Camenz, Seitenberg, Schnallenstein und Schönau.

IV. Die beweglichen Gegenstände, die sich am 1. Dezember 1925 auf den dem vormals regierenden Königshause verbleibenden Grundstücken und im Möbelspeicher des Schlosses Charlottenburg befinden sowie die in Anlage B Abschnitt II und III dieses Vertrags verzeichneten Gegenstände.

Zur Aufbewahrung dieser Gegenstände stellt der Staat dem vormals regierenden Königshause den Möbelspeicher des Schlosses Charlottenburg bis zum 31. März 1946 unentgeltlich zur Verfügung.

In Ansehung der in Anlage B Abschnitt III bezeichneten, im Eigentume des vormals regierenden Königshauses verbleibenden Kunstwerke, von denen das vormals regierende Königshaus die zu 1 bis 10 aufgeführten an den Orten belassen wird, an denen sie sich zur Zeit befinden, hat der Staat ein Vorkaufsrecht (§§ 504 ff. des Bürgerlichen Gesetzbuches); an die Stelle der im § 510 Abs. 2 des Bürgerlichen Gesetzbuches bestimmten Frist tritt eine Frist von zwei Monaten.

V. Die in Anlage E Abschnitt II dieses Vertrags verzeichneten Kapitalienfonds.

§ 3.

Entschädigungssummen, die auf Grund des Vertrags von Versailles künftig für zur Zeit im Auslande befindliche Bestandteile des Vermögens des vormals regierenden Königshauses gezahlt werden, fallen dem letzteren zu. Etwaige Ersatzansprüche für Entschädigungssummen, die auf Grund des Versailler Vertrags vom Reiche an Preußen bereits gezahlt sind, gelten als durch die im § 8 vereinbarte Zahlung mitabgegolten.

§ 4.

(1) Das Hausarchiv in Charlottenburg wird vom Staate und vom vormals regierenden Königshause gemeinsam verwaltet. Die Leitung der Geschäfte haben ein staatlicher Archivbeamter und ein vom vormals regierenden Königshause zu ernennender Archivar. Die Aufsicht über die Geschäftsführung und die Benutzung führt im Einvernehmen mit dem Generalbevollmächtigten des vormals regierenden Königshauses der Generaldirektor der Staatsarchive, der auch die sonst für den Dienst im Hausarchiv erforderlichen Beamten ernennt. Die persönlichen und sächlichen Kosten der Verwaltung werden vom Staate verauslagt und am Schlusse jedes Rechnungsjahrs vom vormals regierenden Königshause zur Hälfte erstattet.

(2) Veränderungen im Bestande des Hausarchivs können nur im Einvernehmen der Vertragschließenden vorgenommen werden. Der Staat sowohl wie das vormals regierende Königshaus werden auch weiterhin die ihrer Herkunft und Entstehung nach in das Hausarchiv gehörenden Archivalien an das Hausarchiv abgeben.

§ 5.

(1) Die Verwaltung der im Schlosse Monbijou befindlichen Sammlungen (Hohenzollernmuseum) übernimmt der Staat. Er wird das Schloß Monbijou auch weiterhin für das Museum zur Verfügung stellen und dieses in seiner Eigenart erhalten. Das vormals regierende Königshaus beläßt die ihm gehörigen Sammlungsgegenstände in dem Museum. Gegenstände, die aus den Sammlungen ausgeschieden werden sollen, sind, soweit sie nicht in den zu § 1 I dieses Vertrags aufgeführten Schlössern ausgestellt werden, dem vormals regierenden Königshause kostenlos zu übergeben.

(2) Neuerwerbungen seit dem 1. Januar 1919 verbleiben im alleinigen Eigentume des Staates.

§ 6.

(1) Die Verwaltung der im Schlosse Berlin befindlichen Hausbibliothek übernimmt der Staat. Er wird die Bibliothek, die im Schlosse Berlin verbleibt, in ihrer Eigenart erhalten. Das vormals regierende Königshaus beläßt die ihm gehörigen Teile der Bibliothek in der Sammlung. Handschriften, Druckwerke und Einzelblätter, die aus der Sammlung ausgeschieden werden sollen, sind, sofern sie nicht im Hausarchiv oder in den zu § 1 I genannten Schlössern der Benutzung zugänglich gemacht werden, dem vormals regierenden Königshause kostenlos zu übergeben.

(2) Neuerwerbungen seit dem 1. Januar 1919 verbleiben im alleinigen Eigentume des Staates.

§ 7.

(1) Der Staat stellt dem vormals regierenden Könige Wilhelm II. auf etwaigen Wunsch Schloß und Park zu Homburg v. d. H. als Wohnsitz für ihn und seine Gemahlin auf Lebenszeit beider zur Verfügung. Der Staat stellt dem vormaligen Kronprinzen und seiner Gemahlin sowie ihren Kindern und Enkelkindern auf Lebenszeit den im Neuen Garten bei Potsdam gelegenen Cecilienhof als Wohnsitz zur Verfügung mit dem Rechte der ausschließlichen Benutzung der zum Cecilienhofe bisher bereits abgegrenzten Teile des Neuen Gartens und dem Rechte der Nutzung der gegenwärtig im Besitze des vormaligen Kronprinzen befindlichen Nebengebäude. Die Unterhaltung der Gebäude und Gartenanlagen erfolgt durch den vormaligen Kronprinzen und seine Rechtsnachfolger im Einvernehmen mit der zuständigen staatlichen Bau- und Gartenverwaltung. Sobald das am Cecilienhof eingeräumte Wohnrecht aufgegeben wird oder sonst erlischt, übernimmt der Staat den Cecilienhof zu dem alsdann vorhandenen, durch einen Sachverständigen abzuschätzenden Bauwerte. Den Sachverständigen ernennt das im § 15 vorgesehene Schiedsgericht.

(2) Der Staat überläßt dem vormals regierenden Königshause den im Park von Sanssouci beim Neuen Palais gelegenen Antiken Tempel nebst einem ihn unmittelbar umschließenden 10 m breiten Geländestreifen als Mausoleum zu superfiziarischen Rechten. Er verpflichtet sich, das Mausoleum Kaiser Friedrichs III. im Park von Sanssouci sowie das Mausoleum im Park von Charlottenburg stets in seinem gegenwärtigen Zustande zu erhalten.

(3) Das vormals regierende Königshaus wird die ihm nach diesem Vertrage verbleibenden, bisher der Allgemeinheit zugänglich gewesenen Schlösser und Gartenanlagen, solange sie sich in seinem Besitze befinden, möglichst in dem früheren Umfange weiterhin der Allgemeinheit zugänglich halten und das Schloß zu Rheinsberg, das Schlößchen Paretz und die Burg Rheinstein nach den Grundsätzen der Denkmalspflege erhalten.

§ 8.

Der Staat zahlt an das vormals regierende Königshaus zu Händen des Wirklichen Geheimen Rates Friedrich von Berg zehn Millionen Reichsmark sogleich nach Genehmigung dieses Vertrags durch den Landtag und weitere zwanzig Millionen Reichsmark in vier gleichen Vierteljahrszahlungen, beginnend mit dem ersten Tage des auf das Inkrafttreten des Vertrags folgenden Kalendervierteljahrs.

§ 9.

Das vormals regierende Königshaus verzichtet auf etwaige Ansprüche auf die Weiterzahlung der durch Abschnitt III der Verordnung vom 17. Januar 1820 (Gesetzsamml. S. 9) festgesetzten Kronfideikommißrente, auf die unentgeltliche Lieferung von jährlich 40 Remonten aus dem Gestüte Trakehnen (Kabinettsorder vom 30. März 1849) und auf den Ersatz der Aufwendungen, die aus seinem Privatvermögen auf die beim Staate verbleibenden Schlösser, Grundstücke und sonstigen Gegenstände gemacht worden sind.

§ 10.

Die schwebenden Rechtsstreitigkeiten werden für erledigt erklärt. Die bisher entstandenen Kosten trägt der bisher jeweils unterlegene Teil.

§ 11.

(1) Der Staat verpflichtet sich, die Versorgung der früheren Hofbeamten im Sinne des § 1 der Verordnung vom 10. März 1919 (Gesetzsamml. S. 45), der Beamten und früheren Beamten aus dem Dienstbereiche der Hofkammer und ihrer Hinterbliebenen unter Übernahme der Versorgungsbezüge auf die Staatskasse nach den in der Anlage F dieses Vertrags niedergelegten Grundsätzen zu regeln. Werden frühere Hofbeamte im Sinne des § 1 der Verordnung vom 10. März 1919, Beamte oder frühere Beamte aus dem Dienstbereiche der Hofkammer im Dienste des vormals regierenden Königshauses oder eines seiner Mitglieder nach dem 31. März 1926 weiter- oder wiederbeschäftigt, so hat das vormals regierende Königshaus die Versorgungsbezüge dieser Beamten, soweit es sich nicht um Beamte handelt, die sich bereits am 1. Oktober 1925 im dauernden Ruhestande befanden und seitdem weiterbeschäftigt werden, dem Staate zu erstatten. Die Erstattungspflicht endet bei denjenigen Beamten, die am 31. März 1926 das 55. Lebensjahr überschritten haben, mit ihrem Ausscheiden aus dem Dienste des vormals regierenden Königshauses. Vorübergehende Weiter- oder Wiederbeschäftigung auf die Dauer von längstens 6 Monaten kann vom Staate mit der Maßgabe genehmigt werden, daß die Erstattungspflicht bei dem Wiederausscheiden der Beamten aus dem Dienste des vormals regierenden Königshauses endet.

(2) Das vormals regierende Königshaus verpflichtet sich, von der Weiter- oder Wiederbeschäftigung von früheren Hofbeamten im Sinne des § 1 der Verordnung vom 10. März 1919, von Beamten und früheren Beamten aus dem Dienstbereiche der Hofkammer nach dem 31. März 1926 dem Preußischen Finanzminister jeweils Mitteilung zu machen. Es wird diese Beamten, soweit sie nicht schon in den dauernden Ruhestand versetzt sind, veranlassen, ihre Versetzung in den dauernden Ruhestand gemäß der in Anlage F enthaltenen Regelung nachzusuchen.

(3) Diejenigen in seinem Dienste beschäftigten Beamten, die sich beim Abschlusse dieses Vertrags in einer in dem Besoldungsplane Beilage B zum Haushalte des Finanzministeriums (Kap. 61a Tit. 1) für das Rechnungsjahr 1925 vorgesehenen planmäßigen Beamtenstelle befinden, wird das vormals regierende Königshaus in ihren gesamten Diensteinkommens- und Versorgungsbezügen so stellen, als wenn sie in der betreffenden Planstelle dauernd als unmittelbare Staatsbeamte verblieben wären.

§ 12.

(1) Die nach den Bestimmungen dieses Vertrags dem Staate oder dem vormals regierenden Königshause zugeteilten Gegenstände verbleiben ihnen mit den beim Inkrafttreten des Vertrags darauf ruhenden Lasten und Verpflichtungen.

(2) Die Vertragschließenden verpflichten sich, bei der Beseitigung wirtschaftlicher Schwierigkeiten, die sich aus der Trennung bisher zusammengehöriger oder einheitlich verwalteter Grundstücke ergeben, einander behilflich zu sein und sich gegenseitig das Recht zur unentgeltlichen Benutzung von schon vorhandenen Zugangswegen, Wasserzuleitungen und ähnlichen Anlagen zu gewähren.

(3) Die bis zum Inkrafttreten dieses Vertrags vorgenommenen Rechts- und Verwaltungshandlungen der mit der Verwaltung des beschlagnahmten Vermögens beauftragten Stellen werden von den Vertragschließenden als ordnungsmäßig und für sie verbindlich anerkannt; bereits getroffene Verfügungen bleiben gültig.

§ 13.

Die Vertragschließenden verpflichten sich, alle Eintragungen in den öffentlichen Büchern herbeizuführen und alle Förmlichkeiten zu erfüllen, die notwendig sind, um diesen Vertrag zur Durchführung zu bringen.

Gesetzsammlung. 1926. (Nr. 13157—13160.) 78

§ 14.

Soweit in diesem Vertrage etwa über einzelne Grundstücke oder andere Gegenstände eine Regelung nicht getroffen ist, bleibt der bisherige Rechtszustand maßgebend.

§ 15.

(1) Alle Fragen, die sich bei der Durchführung dieses Vertrags ergeben, und ebenso künftige Zweifelsfragen über die Vermögensauseinandersetzung zwischen dem Staate und dem vormals regierenden Königshause werden, soweit die Vertragschließenden sich darüber nicht verständigen, unter Ausschluß des Rechtswegs durch ein Schiedsgericht endgültig entschieden. Das Schiedsgericht besteht aus drei Mitgliedern, von denen der Staat und das vormals regierende Königshaus je eines ernennt. Die beiden ernannten Mitglieder wählen den Obmann des Schiedsgerichts; kommt eine Einigung unter ihnen nicht zustande, wird der Obmann durch den Präsidenten des Preußischen Kammergerichts ernannt.

(2) Das Schiedsgericht tagt in Berlin. Auf das Verfahren finden die Vorschriften der Zivilprozeßordnung und des Gerichtsverfassungsgesetzes entsprechende Anwendung.

§ 16.

Die Regelung der Rechtsverhältnisse innerhalb des vormals regierenden Königshauses wird durch diesen Vertrag nicht berührt. Rechte Dritter werden durch ihn nicht begründet und nicht berührt.

§ 17.

Dieser Vertrag wird mit dem 1. April 1926 wirksam.

Berlin, den 12. Oktober 1925

gez. Dr. Hermann Höpker Aschoff

Friedrich von Berg.

3. Lebenslauf des Prinzen August Wilhelm von Preußen vom 12. April 1942

A b s c h r i f t !

Villa Liegnitz, Sanssouci   Potsdam, den 12. April 1942.

Briefb.Nr. P.A.C. 1/42 13.

Betr.: Herreichung eines Lebenslaufes.

Bezug: Oberste SA-Führung.

An den Führer der SA-Gruppe Berlin-Brandenburg
Brigadeführer Kuenemund.
Berlin C 2/Horst Wessel Haus

L e b e n s l a u f .

Zu Punkt 1): Der Werdegang in der SA.

Frühjahr 193o: Teilnahme an Aufmärschen und Veranstaltungen der SA München. Auf Wunsch des Führers sollte ich in die SA und nicht in die SS eintreten, zu der ich durch Sepp Dietrich 1929 – 3o in München in enger Beziehung stand, da der Führer die Bedeutung der SA für Berlin und überhaupt Norddeutschland besonders betonte. Trotz Einverständnis von OSAF von Pfeffer wusste Hpt. Stennes meinen Eintritt in die SA durch Stellung unerfüllbare Bedingungen zu verhindern:

a) Nie mehr in Versammlungen reden.
b) Abbruch der Beziehungen zu Hpt. Göring und Dr. Göbbels.
c) Der Weg zum Führer nur über seine Person
d) Stiftung von 4o ooo Mk. für die SA selber oder durch Kreditgewährung oder Beschaffung.

So machte ich überall bei der SA mit, ohne ihr eigentlich anzugehören, bei Aufmärschen, Versammlungen, Saalschlachten, Prop. Märschen und Verteilung von Prop-Material und zwar hauptsächlich in Berlin, aber auch in Potsdam und überall in Deutschland, wo ich hinkam, was als Redner fast in allen Gegenden geschah. Da meist Uniformverbote herrschten, merkte man den Unterschied auch kaum. Erst als Röhm zum Stabschef ernannt wurde, gelang es mir, meinen Eintritt zu erreichen und auf direkten Befehl des Führers wurde mir gleich der Rang eines Standartenführers verliehen in Anerkennung meines vorherigen Kampfeinsatzes. Abwechselnd gehörte ich von da ab der OSAF und der Gruppe Berlin an. Durch meine sehr starke Inanspruchnahme als Redner, (in manchen Wahlkämpfen sprach ich bis zu 14 Mal am Tage) konnte ich nur ab und an weiter aktiven Dienst bei der SA tun. Als ich auf Anregung von Graf Helldorff unter ausdrücklicher Zustimmung des Staatssekretärs Körner (der mein Telegramm beförderte) den Führer als SA-Mann im Namen meiner Berliner Kameraden telegraphisch bat, uns unseren bisherigen Gruppenführer Graf Helldorff zu belassen, wurde dieses Telegramm vom Stabschef Röhm "abgefangen" und ich erhielt einen Verweis in kränkendsten Ausdrücken. In der Folgezeit wurde ich "kalt" gestellt, namentlich nachdem der Führer durch Vermittelung von Minister Hess den Vorgang erfuhr dem Stabschef sehr gründlich seine Meinung sagte und ihn zwang, sich bei mir zu entschuldigen. Erst auf dem Parteitag 1933 fand eine "Aussöhnung" statt unter der Bedingung, dass ich mich dem Grupp. Ernst unbedingt unterzuordnen hätte und ihn ständig begleiten sollte.

Von da ab war ich ununterbrochen bei der SA eingesetzt bis zum 3o.6.34

Mit der Übernahme der Gruppe durch Obergrupp. von Jagow hörte diese Tätigkeit auf dessen Wunsch auf und ich blieb nur noch in loser Verbindung mit der Gruppe bis zum heutigen Tage. Die verschiedensten Vorstässe, namentlich bei der OSAF, haben an diesem Zustand nichts geändert.

Ich schuf mir deshalb persönlich ein eigenes Wirkungsfeld in der Betreuung ungezählter, alter SA-Männer und deren Familien und indem ich überall in Deutschland bei meiner weiteren, sehr ausgedehnten Rednertätigkeit stets verlangte, (und noch verlange) dass im Anschluss an die politische Versammlung, ein SA-Kameradschaftsabend abgehalten wurde, zu dem Führer anderer Gliederungen und P.L. jetzt auch Wehrmacht, eingeladen werden konnten, bei welcher Gelegenheit ich stets zur SA über ihre Aufgaben sprach.

Obgleich ich mit dem ganzen Fragenkomplex des "3o. Juni" nicht das Geringste zu tun hatte, wurde meine, durch Stabschef Röhm geschaffene, vom Gruppenführer Ernst abhängige Position dazu benutzt, um mich erneut "kalt zu stellen", obgleich mir der jetzige Reichsmarschall Göring im Auftrage des Führers sofort versichert hatte, dass auch nicht ein Schatten eines Verdachtes von irgendeiner "Teilnahme" auf mir ruhte. Aber mein kameradschaftliches Verhältnis zur SA ganz Deutschlands, namentlich aber zu meinen Berliner Kameraden und meine Beliebtheit im Volke, waren in der SA z.Teil, sonst aber überhaupt in der Partei, so manchem ein Dorn im Auge, namentlich da ich diese Tätigkeit völlig uneigennützig und ungewinnbringend ausübte, was unbequeme Vergleichsmomente in sich schloss.

Allen verlockenden Angeboten zum Übertritt in andere Gliederungen der Partei, habe ich in mir selbstverständlicher Treue zu meinen alten Kameraden und in grosser Dankbarkeit für die bei ihnen gefundene Kameradschaft widerstanden.

Zu Punkt 2): Die Laufbahn in der NSDAP.

Seit Frühjahr 1929 Teilnahme an vielen Versammlungen und Veranstaltungen der Partei, so am Parteitag in Nürnberg. Weihnachten 1929 zum 1. Mal für die Partei in Nürnberg gesprochen, anschliessend in verschiedenen Versammlungen im Oberbergisch. Land und in Ostpreussen, wo Aufnahme in die Partei durch Gauleiter Erich Koch erfolgte: März 193o. Eintrittsdatum in München: 1.4.3o.

Von da ab dauernd eingesetzt als Redner, oft vor dem Führer, diesen auf verschiedenen Reisen begleitet.

Preussischer Landtagsabgeordneter 1932.
Mitglied des Preuss. Staatsrates seit 22.7.1933.
Mitglied des Reichstages 1933.

Zu 3) Teilnahme an den Feldzügen 1914 - 1918.

Ausgerückt als Ord. Off. des Oberkom.der 2. Armee August 1914. Vormarsch in Belgien und Frankreich, Einsatz zu Ordonnanzierungs-Patrouillefahrten.

Ende November 1914 schweres Autounglück auf einer Dienstfahrt durch Bruch der Steuerung. Schwerverletzt im Feldlazarett Rethel, später Abtransport in die Heimat, Frühjahr 1915 wieder zur 2. Armee nach St. Quentin. Beim A.O.K. in dieselbe Stellung zurückgekehrt. Später Wirtschaftsfragen übernommen, namentlich Verhandlungen mit der französischen Bevölkerung, Ausnutzung von Industrie und Landwirtschaft. Später in gleicher Eigenschaft und Tätigkeit beim A.O.K. 7 (LAON) Und Etap. Inspection Vervins (Anlage eines Garde Heldenfriedhofes bei LE SOURD), da ich durch mein zertrümmertes linkes Bein nicht Truppendienstfähig wurde.

Winter 1916 zum A.O.K. Mackensen in Mazedonien (Ueskiib) Frühjahr 1916 Kommando auf Allerhöchsten Befehl zum Zaren Ferdinand der Bulgaren in Sofia und Trazien.

Sommer 1916 in den Stellvertretenden Gr. Generalstab kommandiert. Herbst 1916 Kommando zur Mil. Verwaltung nach Bialystok (Russland). Dort Übernahme eines Verwaltungskreises (Bialystok - Land) bis Spätherbst 1917. An das Oberpräsidium nach Posen kommandiert, um mein Assessor-Examen zu machen, was Herbst 1918 geschah. Ernennung zum Landrat im Kreise Ruppin, durch Umsturz 1918 freiwilliges Ausscheiden aus der Staatsverwaltung.

Zu 4) Auszeichnungen:

E.K. I von 1914.

Kriegsauszeichnungen von Hessen und Mecklenburg und Coburg, Oesterreich, Bulgarien und der Türkei.
Goldenes Partei-Abzeichen 1939. Ehrenkreuz der Partei für lo-jährigen Einsatz.

Heil Hitler!

gez. August Wilhelm Prinz von Preussen

SA-Obergruppenführer.

4. Dokumentation über die Denunziation des Prinzen August Wilhelm von Preußen und das über ihn verhängte Redeverbot 10. Oktober 1942 – 29. November 1942

Nationalsozialistische Deutsche Arbeiterpartei
Gau Baden

Gaugeschäftsstelle: Karlsruhe — Ritterstraße 28, Fernruf 7160—65
Gauschatzmeister: Karlsruhe — Lammstraße 17, Fernruf 7169
Postscheckkonto: Karlsruhe 8000
Girokonto 750, Bad. Kommunale Landesbank, Karlsruhe

NATIONAL-SOZIALISTISCHE D.A.P.

Kreisgeschäftsstelle: Kolmar — Schwarzwaldstraße 24
Fernruf 3362—3365
Girokonto: Kreissparkasse Kolmar 200

Kreisleitung Kolmar/Elsaß
Der Kreispropagandaleiter
W/B

Kolmar/Elsaß, den 10.10.1942

An
Gaupropagandaleiter
Pg. Adolf Schmid
Straßburg
Gauhaus

Ihr Zeichen:
Betreff: Äußerungen des SA-Obergruppenführers Pg. Prinz August Wilhelm von Preussen in Ingersheim am 27.9.1942.

Auf Grund der gestrigen fernmündlichen Anforderung gebe ich Ihnen in Anlage 1 nochmals eine schriftliche Wiederholung meines mündlichen Berichts, den ich Ihnen bei Ihrer Anwesenheit in Kolmar am Donnerstag, dem 1. d.M. erstattet habe.

Die Aussagen des Kreishauptstellenleiters Pg. Hagist, der bei der Unterhaltung ebenfalls zugegen war, füge ich bei. Ausserdem gebe ich Ihnen nachstehend die Namen der übrigen Personen bekannt, die bei der Unterhaltung anwesend waren; es sind dies:

1. Gillet Josef, geb. 24.11.1871, Kolmar-Ingersheim, Adolf Hitlerstraße 23
2. Gillet Elsa, geb. Fleith, geb. 1.11.1873, Ehefrau des Obengenannten
3. Deutschmann Andree, geb. Gillet, geb. 7.3.1913, wohnhaft Türkheim, Ingersheimerstraße 2
4. Landespropagandaleiter Pg. Josef Bilger, Metz und dessen Ehefrau, geb. Gillet.

Ich habe es unterlassen, mir schriftliche Bestätigungen dieser Leute geben zu lassen, da SA-Obergruppenführer Pg. Prinz August Wilhelm mit Familie Gillet befreundet ist und in laufendem Briefwechsel mit dem Schwiegersohn der Familie Gillet, Landespropagandaleiter Pg. Bilger, steht.

Selbstverständlich stehe ich jederzeit zu meinen Aussagen und kann sie erforderlichenfalls unter Eid wiederholen.

Heil Hitler!

Wagner
(Wagner)
Kreisamtsleiter

2 Anlagen

Chef der Zivilverwaltung im Elsaß
Abt. Volksaufklärung u. Propaganda
Eing. 13. OKT 1942
Akten-zeichen:
weiter an: Prom/spl
erledigt: 13.11.42

Anlage 1.

Betr.: Äusserungen des SA-Obergruppenführers Pg. Prinz August Wilhelm von Preussen in Ingersheim am 27.9.1942.

Kreisamtsleiter Pg. Wagner, Leiter des Kreispropagandaamtes in Kolmar, geb. 11.7.1907, wohnhaft in Kolmar, Schützenstraße 5, gibt folgendes an:

Nachdem SA-Obergruppenführer Pg. Prinz August Wilhelm von Preussen zur Großkundgebung in Kolmar gesprochen hatte begleitete ich ihn zum Mittagessen nach Ammerschweier und von dort zu einem Besuch bei Familie Gillet in Ingersheim, mit der Prinz August Wilhelm von früheren Besuchen im Elsaß her, befreundet ist. Bei uns befand sich ausserdem Kreishauptstellenleiter Pg. Hagist, der den Wagen der Kreisleitung fuhr und den Redner morgens in Mülhausen abgeholt hatte. Während der etwa dreistündigen Anwesenheit im Hause Gillet wurden besonders die politischen Verhältnisse im Westen des Reiches (Elsaß, Lothringen, Luxemburg) lebhaft debattiert. Es ist verständlich, daß auch über die allgemeine Lage, über die Verhältnisse im Reich und in der Reichshauptstadt gesprochen wurde. Dabei machte Pg. Prinz August Wilhelm nun einige Äusserungen, die vor Elsässern besser unterblieben wären. Sogar Pg. Hagist als Reichsdeutscher erklärte mir auf der Heimfahrt, er sei ausserordentlich erstaunt und habe so etwas noch nie gehört.

Es handelt sich dabei insbesondere um folgende Äusserungen: Wir kamen auf die derzeitige überlegene Führung der deutschen Propaganda gegenüber der deutschen Propaganda im ersten Weltkrieg zu sprechen. Dabei wurde auch erwähnt, daß die Artikel des Reichsminister Dr. Goebbels in der Zeitung "Das Reich" besonders wirkungsvoll seien. Demgegenüber bemerkte Prinz August Wilhelm, daß diese Artikel manchmal sehr ungeschickt seien, besonders in der Auswirkung auf die Bevölkerung Berlins. Die manchmal absichtlich schnoddrig gehaltene Ausdrucksweise klinge nicht immer echt, da ja Dr. Goebbels kein Berliner sei. Prinz August Wilhelm erzählte dann, Dr. Goebbels würde laufend Briefe von einem anonymen Schreiber erhalten, der es sich zur Aufgabe gemacht habe, nachzuweisen, wie groß die Zahl der Fremdwörter sei, die Dr. Goebbels in seinen Artikeln im "Reich"

- 2 -

verwenden würde. Es handle sich dabei anscheinend um einen Fanatiker für Bereinigung der deutschen Sprache, der trotz aller Bemühungen noch nicht hätte ermittelt werden können. Politische Beweggründe lägen bei diesem Briefschreiber aber wohl nicht vor. Dagegen sei es propagandistisch falsch, wenn Dr. Goebbels über die durch den Krieg bedingten Schwierigkeiten und das Benehmen der Bevölkerung in der U-Bahn schreiben würden, nachdem allgemein bekannt sei, daß er immer nur mit dem Auto fahren würde. Die Leute verlangten ja nicht, daß Dr. Goebbels mit der U-Bahn fahre, da er zur Erfüllung seiner Aufgaben eben das Auto brauche, aber er solle dann in seinen Artikeln auch nicht von diesen Dingen schreiben. Genau so abzulehnen sei es, wenn Dr. Goebbels von Entbehrungen und Opfern sprechen würde, die jeder Volksgenosse zu tragen hätte. Es sei doch allgemein bekannt, daß Dr. Goebbels ein großes Haus mit allem Komfort bewohne, Dienerschaft, Kammerdiener, Chauffeur usw. habe. Ausserdem erhalte er für seinen Haushalt die siebenfachen Rationen an Lebensmitteln. Das könne man noch verstehen, wenn das nur für die Zeit gelte, in der ausländische Gäste anwesend seien. Aber warum diese Diplomatenrationen auch gewährt würden, wenn kein Besuch da sei, das sei unverständlich. Schließlich lebe Dr. Goebbels doch in glänzenden Verhältnissen; dabei stamme er aus einem kleinem Gemüse- und Kohlenladen. Es würde also die Berliner, die das natürlich wüßten, nur verärgern, wenn ein solcher Mann über Entbehrungen und Opfer schreiben würde. Zur Illustration und Bekräftigung erzählte Prinz August Wilhelm noch, daß seine Köchin kündigen wolle, da sie mit den normalen Zuteilungen – er, Pg. Prinz August Wilhelm erhalte ja für seinen Haushalt keine erhöhten Rationen – nicht so kochen könne, wie sie es gewöhnt sei. Sie sei mit der Köchin von Dr. Ley befreundet und die habe ihr erzählt, daß der Haushalt von Dr. Ley ebenfalls Diplomatenrationen in siebenfacher Höhe der Normalsätze bekommen würde.

Von der Bevölkerung absolut nicht verstanden worden sei die Entfernung der Denkmäler, die propagandistisch in keiner Weise vorbereitet worden sei. Auf meine Entgegnung, daß dazu aber entsprechende Propagandaanweisungen ergangen seien, mit der Einschränkung, die Bevölkerung nur dann über Sinn und Zweck

– 3 –

dieser Aktion aufzuklären, wenn die Entfernung der Denkmäler nicht zu umgehen sei und auch dann nur in Form mündlicher Aufklärung, erklärte er, diese Maßnahme sei in Berlin ohne Aufklärung der Bevölkerung durchgeführt worden. Man habe dabei vor allem daran Anstoss genommen, daß man nicht nur die Denkmäler, sondern auch deren Sockel entferne. Dadurch würde der Eindruck entstehen, als wolle man an einen bestimmten Zeitabschnitt der deutschen Geschichte nicht mehr erinnert werden.
Pg. Prinz August Wilhelm erzählte dann noch mancherlei andere Dinge aus seinem persönlichen Leben, die aber in diesem Zusammenhang nicht interessieren können.

Ich bin bereit, meine vorstehenden Angaben jederzeit unter Eid zu wiederholen.

(Wagner)
Kreispropagandaleiter

Anlage 2.

Betr. Äusserungen des SA-Obergruppenführers Pg. Prinz August Wilhelm von Preussen in Jngersheim am 27.9. 1942.

Kreishauptstellenleiter Pg. Reinhard H a g i s t, geb. am 14.12.191o, Kreissachwalter der DAF., wohnhaft in Kolmar, Wallgasse 26, gibt auf Befragen an:

Nach seiner Rede bei der Grosskundgebung in Kolmar begab sich SA-Obergruppenführer Pg. Prinz August Wilhelm nach Ammerschweier zum Mittagessen. Nach dem Essen machte er einen Besuch bei der Familie G i l l e t in Jngersheim; Kreispropagandaleiter Pg. W a g n e r sagte mir, dass Prinz August Wilhelm seit seiner letzten Anwesenheit in Kolmar vor etwa 1 Jahr mit dieser Familie befreundet sei. Der Besuch dauerte etwa 3 Stunden; ich war die ganze Zeit zugegen, da ich für diesen Tag als Fahrer des Kraftwagens der Kreisleitung eingeteilt war, und Pg. Prinz August Wilhelm morgens aus Mülhausen abgeholt hatte. Während der Anwesenheit bei Familie Gillet in Jngersheim entwickelten sich angeregte Gespräche, besonders zwischen SA-Obergruppenführer Prinz August Wilhelm von Preussen und Pg. B i l g e r. Es wurde in der Hauptsache über die besonderen politischen Verhältnisse in Elsass und Lothringen gesprochen. Danach kam man auch auf Berliner Verhältnisse zu sprechen. Dabei fielen Äusserungen, die mich in Erstaunen setzten und über die ich befremdet war, besonders deshalb, weil diese Dinge in aller Offenheit vor den anwesenden Elsässern erörtert wurden. Ich habe mein Befremden über derartige Äusserungen auf der Heimfahrt, nachdem Pg. Prinz August Wilhelm in seinem Hotel abgestiegen war, auch Pg. Wagner gegenüber sofort zum Ausdruck gebracht.
Folgende Ausführungen des Pg. Prinz August Wilhelm sind mir besonders aufgefallen:

Auf eine Bemerkung des Kreispropagandaleiters, dass z.Zt. doch eine Propaganda gemacht werde, die sich mit der Weltkriegspropaganda nicht vergleichen lasse und dass insbesondere die Artikel des Reichsministers Dr. Goebbels in der Wochenzeitung " Das Reich" ausserordentlich wirkungsvoll seien, erwiederte Prinz August Wilhelm, dass das uns hier vielleicht so erscheinen würde, dass diese Propaganda manchmal aber in Berlin einen ganz anderen Eindruck mache. Wenn Herr Goebbels z. B. einen Artikel über die Verhältnisse in der Berliner U-Bahn von Stapel lasse, wo doch jedes Kind wisse, dass er nie die U-Bahn benützen würde, sondern immer mit dem Auto fahre, so sei das eine schlechte Propaganda. Gewiss hätte jeder Verständnis dafür, dass Dr. Goebbels bei seinem grossen Aufgabengebiet mit dem Auto fahren müsse, aber dann solle er eben nicht über die Verhältnisse in der U-Bahn schreiben. Oder wenn Herr Dr. Goebbels von Entbehrungen und Opfern schreiben würde, die jeder von uns zu bringen hätte, so sei das aus seinem Munde eine eben so schlechte Propaganda. Es wisse jeder, dass Herr Minister Goebbels ein grosses Haus mit ausreichender Bedienung habe und für seinen Haushalt die siebenfachen Diplomatenrationen erhalte. Es würde ihm schlecht anstehen, von Entbehrungen zu sprechen; er (Prinz August Wilhelm) hätte dazu eher ein Recht, da ihm das nicht an der Wiege gesungen worden sei. Dr. Goebbels lebe aber doch in glänzenden Verhältnissen, nachdem er aus einem kleinen Gemüse- und Kohlenladen stamme. Das wüssten natürlich auch die Berliner. Auch die nachgemachte berlinische Ausdrucksweise in seinen Artikeln wirke manchmal lächerlich.

Er kam dann nochmals auf die Diplomatenration zu sprechen und erzählte, dass seine Köchin kündigen wolle. Sie habe erklärt, sie könne mit den normalen Lebensmittelzuteilungen nicht so kochen wie sie es gewöhnt sei; sie sei mit der Köchin von Dr. Ley befreundet und die habe ihr gesagt, dass der Haushalt von Dr. Ley ebenfalls Diplomatenrationen in siebenfacher Höhe der Normalsätze erhalte.

Ferner erzählte Prinz August Wilhelm, dass die Entfernung der Denkmäler viel böses Blut gemacht habe, weil sie propagandistisch nicht vorbereitet worden seien. Auf die Bemerkung des Kreispropagandaleiters, dass dazu entsprechende Anordnungen ergangen seien, die aber nur im Bedarfsfalle in Form von Mundpropaganda durchgeführt werden sollten, sagte Prinz August Wilhelm, dass in Berlin die Entfernung der Denkmäler ohne jede Erklärung erfolgt sei, und dass die Bevölkerung daran Anstoss nehme, dass man nicht nur die Denkmäler, sondern auch die Sockel entferne. Es erwecke den Eindruck, als ob man das Gedächtnis an einen bestimmten Abschnitt deutscher Geschichte auslöschen wolle.

Ich kann nicht alles wiederholen, was in diesen 3 Stunden gesprochen wurde. Die vorstehenden Ausführungen sind mir aber am meisten aufgefallen. Was ich angegeben habe, ist tatsächlich gesagt worden und ich bin bereit, meine Angaben jederzeit zu beeiden.

v. g. u.
Reinhard Hagist

Kreishauptstellenleiter Pg. Hagist hat die vorstehenden Angaben in unserer Gegenwart gemacht und wurde ermahnt, über die gemachten Äusserungen des Pg. Prinz August Wilhelm und die stattgefundene Vernehmung strengstens Stillschweigen zu bewahren.

Der Kreispersonalamtsleiter	Der Kreispropagandaleiter
k. Kreishauptstellenleiter	Kreisamtsleiter.

Nationalsoz. Deutsche Arbeiterpartei · Kreispersonalamtsleiter · Kreisleitung Rosenau

Nationalsozialistische Deutsche Arbeiterpartei

Gauleitung Baden

Gaugeschäftsstelle:
Karlsruhe, Adolf Hitler-Haus, Ritterstr. 28
Postscheckkonto: Karlsruhe 8000
Girokonto 1000, Bad. Kommunale Landesbank, Karlsruhe
Ferngespräche: 7165, Ortsgespräche: 7160–7162

Hauptorgan des Gaues: „Der Führer"
Verlag und Schriftleitung: Karlsruhe, Lammstr. 16
Postscheckkonto: Karlsruhe 2988
Girokonto 796, Städt. Sparkasse Karlsruhe
Fernsprecher: 7927–7931

Amt: Der Gaupropagandaleiter
Im Antwortschreiben anzugeben

Straßburg
~~Karlsruhe~~, den [illegible] Oktober 1942.

Persönlich!
Vertraulich!

An die
Reichspropagandaleitung,
z.Hd. des Chefs des Propagandastabes,
Pg. W a e c h t e r ,
B e r l i n W 8
Taubenstr. 10.

Betrifft: Äusserungen des SA-Obergruppenführers Prinz August Wilhelm von Preussen.

Unter Bezugnahme auf meinen Bericht vom 2. Oktober und Ihren Telefonanruf übermittle ich beigeschlossen die gewünschten Unterlagen zu dieser Angelegenheit.

H e i l H i t l e r !

gez. Schmid
Gauhauptamtsleiter
Hauptbereichsleiter der NSDAP.

i.A.

Nationalsoz. Deutsche Arbeiterpartei
Propagandaleitung
Gauleitung Baden

3 Anlagen.

Reichspropagandaleitung
Der Chef des Propagandastabes

Berlin, den 21.10.1942
W/M.

An den
Chef des Ministeramtes
Herrn Ministerialdirigent Dr.Naumann.

Die mir überlassenen Unterlagen, den SA-Obergruppenführer Prinz August Wilhelm von Preussen betreffend, gebe ich beiliegend zurück. Ich sehe zur Erledigung der Angelegenheit nur zwei Möglichkeiten:

1) Durchführung eines Parteigerichtsverfahrens, das zweifellos mit dem Ausschluss aus der Partei enden müsste, da August Wilhelm, an verantwortlicher Stelle stehend, vor Elsässern Äusserungen getan hat, die nicht nur der Gerüchtebildung dienten, sondern auch den Herrn Minister in gewollt beleidigender Art herabsetzten.

2) Pg.Prinz August Wilhelm wird von Herrn Staatssekretär Gutterer oder Stabsleiter Hadamovsky in schärfster Weise zurechtgewiesen. Die verhängte Rednersperre wird aufgehoben und bei seinen jeweiligen Einsätzen wird der Gaupropagandaleiter für eine gewisse Überwachung sorgen, um festzustellen, ob trotz einer solchen schweren Vermahnung Pg.Prinz August Wilhelm seine Quatschereien fortsetzt.

Ich selbst schlage vor, nach dem zweiten Punkt zu verfahren, um dem Pg.Prinz August Wilhelm nochmals Gelegenheit zu geben, sich zu rehabilitieren; nachdem er auch heute noch bei der Masse der Parteigenossen ein gewisses Ansehen geniesst und ihm nicht vergessen wird, dass er sich 1929 zum Führer bekannt hat.

Ich bitte Sie, die Entscheidung des He rn Ministers herbeizuführen.

Heil Hitler!

Wächtler

Anlagen!

457 62/4

Reichspropagandaleitung
Der Stabsleiter -

Berlin W 8, den 26.Okt.1942
20.30 Uhr

Blitz
Vorlage

Dem
Reichspropagandaleiter.

Betr.: Prinz August-Wilhelm.

SA.-Obergruppenführer Prinz August-Wilhelm hatte am Montag von 16.oo bis 16.45 Uhr Gelegenheit, mir in Gegenwart des Personalamtsleiters der Reichspropagandaleitung, Pg.Krämer, seine Stellungnahme zu den Äusserungen abzugeben, die er am 27.September 1942 nach eidesstattlicher Erklärung des Kreispropagandaleiters W a g n e r und des Kreishauptstellenleiters H a g i s t gemacht haben soll.

Prinz August-Wilhelm bestritt, die Äusserungen in der aufgezeichneten Form getan zu haben. Er sei durch die beiden Propagandaleiter in eine Familie geführt worden, bei der er schon einmal in früheren Jahren gewesen sei. Dort hätte man, wie unter Propagandisten üblich, sehr offen -und vielleicht etwas unvorsichtig- über Propagandamängel und -schwierigkeiten gesprochen.

./.

Aus der ganzen Art der Darstellung durch Prinz August-Wilhelm entstand für mich der Eindruck, dass Prinz August-Wilhelm die Bemerkungen bezüglich Ihrer Artikel, die Bemerkungen über die U-Bahn, über das Abreissen von Denkmälern usw. gemacht hat. Prinz August-Wilhelm hat sogar zugegeben, gesagt zu haben, dass seine Köchin bei ihm kündigen will, da sie gehört habe, Dr.Ley bekäme siebenfache Diplomatenrationen. In Bezug auf Ihren Haushalt habe er dies energisch abgestritten, überhaupt versucht, derartige Gerüchte klarzustellen.

Um keinen Formfehler zu machen, habe ich dem Prinzen August-Wilhelm eine Abschrift der Aussage des Kreispropagandaleiters Wagner zugeleitet mit der Aufforderung, umgehend zu den einzelnen Formulierungen Wagners schriftlich Stellung zu nehmen. Diese Stellungnahme werden Sie Mittwoch erhalten.

Heil Hitler!

Hadamovsky

VILLA LIEGNITZ
SANSSOUCI

POTSDAM, DEN 27.10.42.

In der Anlage übersende ich meinen Bericht.
Da ich ihn selbst habe tippen müssen, ist er
nicht ganz formvollendet geworden.

Heil Hitler!

VILLA LIEGNITZ
SANSSOUCI

POTSDAM, DEN 27.10.42.

Im vergangenen Jahre machte ich eine Rednerreise durch's Elsass, auf
der ich u.a. auch in Kolmar sprach. Da ich am frühen Nachmittage ankam
schlug der Kr.leiter Glas (z.Zt. bei der Wehrmacht) mir vor, eine Fahrt
durch den »Herbscht« (Weinernte) zu machen, bei der ich mich mit vielen
Weinbauern unterhielt. Als Abschluss kehrten wir bei der Weinbauern-
Familie Gillet in Ingersheim ein, die der Kr.Leiter mir als besonders
treue Stützen des Deutschtums schilderte, bei denen er auch sonst ver-
kehrte, ein u. verlebten da sehr nette Stunden, wobei ich die Auffassung
des Kr.Leiters voll bestätigt fand. Es war der Typ des alten, anstän-
gen Elsässers, den ich aus meiner Studienzeit i.Strassburg gut kannte,
der in unserer alten Armee diente, wodurch er damals Deutsch fühlen
lernte. Aus diesem Kreis rekrutiert sich auch heute der Teil der Bevölkerung, der zur Rückkehr ins Reich bereit ist.
Dies Jahr wurde ich durch die Gau Prop.Ltg. wieder Kolmar zugeteilt als
Redner auf einer Kundgebung des Kreisparteitages. Der kr.Prop.Lt. hatte
mir vorher schon schriftlich vorgeschlagen, ob ich nicht im Anschluss
an die Kundgebung wieder nach Ingersheim wollte. Da es nachmittags, wie
schon bei der Kundgebung, in Strömen goss, sodass wir schon 1 Mal bis
auf die Haut nassgeworden waren u. ich dienstlich nach dem Frühstück
mit dem Stellv.Gauleiter in Amerschweiler nicht mehr gebraucht wurde, nahm ich gerne die Anregung des Kr.Prop.Lts wahr u. fuhr mit ihm u.
Kr.Hauptstellenleiter Hugist, der mich morgens aus Mülhausen geholt
hatte, nach Ingersheim. Dort waren die alten Gillets u. ihre Kinder sehr
erfreut über diesen Besuch. Seinen anwesenden Schwiegersohn kenne ich
sehr gut – Bilger –, da ich mit ihm als den seinerzeitigen Gauprop.Lt. von
Gauleiter Bürkel in dessen Auftrage im März viel in Lothringen herum-
fuhr u. oft in Bauernkundgebungen zusammen sprach.
So ergab es sich sehr bald, dass wir – alle 3 Propagandisten – beim Fach
simpeln, näml. der »Propaganda« anlangten. Ich muss nun feststellen,
~~dass~~ der Kr.pr.Lt. Wagner gleich sehr »offenherzig« über die dortigen
Verhältnisse sprach, auch in Bezug auf Fehler, die dort begangen wurden.
Dass es im Elsass, im Gegensatz zum vorigen Jahre nicht mehr so güns-
tig aussieht, wusste ich bereits aus Schilderungen, die ich vor meiner
Reise erhielt. Nun erfuhr ich noch mehr darüber.
In diesem Zusammenhange kamen wir darauf zu sprechen, dass die Propaganda in jeder Gegnd anders wirke u. dabei auch auf die Artikel von
Dr.Goebbels im »Reich«, die dort sehr gefallen hatten. Ich bestätigte,
dass dies auch im allgemeinen überall der Fall wäre, auch mir – Beweis:
ich schicke die Artikel immer weiter an die Front u. habe damit viel
Dank geerntet. Setzte dann hinzu, dass man in Berlin über Einzelheiten darin gemeckert habe, gewissermassen den Dortigen zum Trost für
alle ihre örtlichen Klagen. So sei dies z.B. nach einer inhaltl. diesen
Artikeln ähnlichen Rede von Dr.Goebbels im Saalbau Friedrichshain von
alten Pg's geschehn. Damals war der Wortlaut etwa: »Aller Stunk kommt z
zu uns u. wir müssen dies auch ertragen neben allen anderen Sorgen, die
wir für Andere auf uns nehmeb u. allen persönlichen Sorgen, die wir, wie
jeder Andere im kriege zu tragen haben«. Dies würde dann im Gegensatz
gestellt zu der – ganz selbstverständlichen – anderen Lebenshaltung führender Persönlichkeiten im Verhältnis zu der allgemeinen Lage des Vol
kes. Namentl. würde immer wieder behauptet, führende Persönlichkeiten,
wie Dr.Goebbels u. Dr.Ley bezögen die Diplomatenrationen, nicht nur
für Feste, sondern auch für's tägl. Leben. Dies habe auch meine Köchin
zu behaupten gewagt, die meinen Haushalt verlassen hätte, weil sie
sich vorher eingebildet hatte, ich müsste »auch so gestellt sein«
mit Normalsätzen käme sie nicht aus. Sie wisse dies von ihrer Freun
din der Köchin von Frau Ley. Ich setzte noch hinzu, dass das Arbeits
amt mir nicht hätte beistehn wollen, diese Person auf ein solches
Gerede hin am Kontractbruch zu hindern. Es sei mir abe,

VILLA LIEGNITZ
SANSSOUCI

POTSDAM, DEN

aber bedeutet worden, sie würde nur Unfrieden ins Haus bringen u.al-
les zerschlagen.
Ebenso verhalte es s.mit den Fahrten in der U.Bahn.Ich sagte,es sei
natürl.schwieriger Menschen der Grossstadt,die die Lasten der Zeit
am eigen Leibe spürten,wie z.B.die Unbequemlichkeiten der überfüllten Verkehrsmittel,klar zu machen,warum in dem Artikel von"Wir"die
Rede sei,wo sie wüssten u.es auch für richtig fanden,dass selbstver
stänl.Dr.Goebbels diese Verkehrsmittel nicht benutzen brauchte.Nur
aus diesem Grunde hatte ich über die Form dieses Artikels in seiner
Auswirkung auf die Berliner Bevölkeung kritisch gesprochen.
Was die anonymen Briefe anbelangt,so habe ich gesagt,dass ich s
sie ebenso wie eine Reihe von Persönlichkeiten bekäme,deren Namen
auf einem"Verteiler"unten angegebn wäre,sie aber immer der Gestapo
zusende laut einer Abmachung mit Oberfuf.Heydrich,alle derarigen Din
ge dort abzuladen. Und zwar betonte ich-(immer zum Thema,wie schwie
rig es sei,für alle Gegenden u.alle Kreise eine überall gleichmässig
wirkende Propaganda zu treiben)-Während die Einen darüber meckerten,
dass Dr.Goebbels die etwas burschikose Berliner Sprechweise anwen-
de,ohne Berliner zu sein,nehmen Andere wieder Anstoss daran,--wie
dieser Anonymus-er spreche u.schreibe"zu hoch",was aus der Anwendung so vieler Fremdworte schon Hervorginge. Auch hier ist im Bericht des Berichterstatters ihm der Zusammenhang entfallen oder er
hat ihn nicht begriffen,oder absichtlich"abgewandelt" geschildert.
Bei dem Fall der Denkmäler habe ich Folgendes gesagt:Ich hielte es
nicht für geschickt,in dem Augenblicke,wo ohne vorherige Aufklärung
bei uns die Denkmäler u.Glocken entfernt würden,man ,um zu zeigen,
wie knapp die englischen Metallreserven sein,sich über die Ablie-
ferung der Kavalleriesabel aufrege u.sie bespöttele.Denn wir hätten
bisher immer betont,dass,im Gegensatz zum 1.Weltkriege,unsere Me-
tallvorräte unerschöpflich u.durch Beute an Material u.Gruben stets
im steigen sein,während wir scheinbar gezwungen wären,eine Massnah-
me zu ergreifen,zu der man damals nicht greifen brauchte. Ich fügte
hinzu:Rauskommen ~~kommt~~ es bei unsern Feinden doch in kürzester Frist,
dafür sorgen schon die vielen fremden Arbeiter bei uns.Man habe die
Bevölkerung leicht vorbereiten können,indem man sagte:Jawohl,wir
haben unerschöpfliches Material draussen.Das ganze ist eine Trans-
portfrage,u.Ihr wollt doch sicher auch lieber,dass Lazarettzüge mit
unsern Waggons transportiert werden,als Eisenschrott od.Bronce,die
wir hier noch greifbar haben.Ich habe mich s.Zt.sofort erkundigt,als
in Potsdam der Abbau begann,ob nicht durch Presse u.Rundfunk darüber etwas gesagt werden würde,was mir verneint wurde.Wegen der Sock
kel hatte ich mit unserm Oberbürgerm.eine Kontroverse,da ich gehört
hatte,dass sie in anderen Städten besthen blieben,was das Publikum
wesentl.beruhigte.Ich habe dann in München selbst festgestellt,dass
dies auf einen prminenten Platz,wie dem Ritter v.Epp-Pl.z.B.der Fall
ist.
Ich gebe zu,dass ich darin vielleicht unvorsichtig war,zu sehr
in Einzelheiten gegangen zu sein,stelle aber nochmals fest,dass in
einer etwa 3 stündigen Unterhaltung mit Pg's,die gewissermassen meine "Kollegen"waren,ich annehmen konnte,Dinge berühren zu dürfen,von
denen ich wusste,dass sie in weiten Kreisen des Volkes besprochen
werden. Wie das wohl Jedm von uns ergehn würde,wenn er das,was in
einer solchen Umgebung mal von der Seele heruntergesprochen wurde,
nachher in einer gewissen Tendenz zusammengetragen schriftl.fixiert
vor sich sieht,so sagt man sich hinterher,dass man dies u.jenes
besser verschwiegen hätte!
Wenn Pg.Wagner wirkl.solchen Anstoss zu nehmen sich bewogen fühlte,
nachdem er selbst anfangs so überaus"offenherzig"über die dortigen
Verhältnisse"ausgepackt"hatte,so kann ich nur annehmen,dass er

VILLA LIEGNITZ
SANSSOUCI

POTSDAM, DEN

dass er auch einer derjenigen Elsässer ist, die da glauben, ihren 150 % Nat.Sozialismus nach oben hin durch solche Berichte unter Bewiesis stellen zu müssen. Statt mir, was das Natürlichste gewesen wäre u.man von nat.soz. Kameradschaft hätte erwarten können, gleich auf der Heimfahrt seine Bedenken vorzutragen, worauf ich ihn über alles hätte aufklären können, was er falsch auffasste od. worin er meine Motive verkannte, setzte er sich h i n t e r h e r hin u.schrieb solchen Bericht!

Selbst wenn ich solche Auffassungen, wie sie hier unterstellt werden, besitzen würde, so glaube ich, wird man mir nach meinem Werdegang u.meinen langjährigen Erfahrungen in der Parei eine solche Dummheit nicht zutraun, bewusst Prominente Persönlichkeiten der Bewegung bloss stellen od. verleumden zu wollen!

Ich bitte aus diesem Grunde zu verstehn, dass ich in der Anlage 3 kurze Auszüge aus Briefen über den Erfolg meiner letzten Vortragsreise durch Baden-Elsaa, beifüge. Mir ist immer wieder von den einschlägigen Stellen berichtet u.versichert worden, dass grade meine Reden in allen Kreisen des Elsaa, Lothringens u.Luxemburgs besonders gut gewirkt hätten. Ich glaube, es kommt daher, dass ich die Mentalität der einstigen »Reichsländer« von früherher genau kenne u.weiss, wie diese Bevölkerung am besten zu packen ist.

Ausserdem — wie seit 1929 — mein Grundthema bleibt, mag der augenblickliche Anlass des Rednereinsatzes auch anders lauten —:

»A D O L F H I T L E R » »DER F U E H R E R »

Heil Hitler!

August Wilhelm
Prinz v. Preussen
S. A. - Obergruppenführer.
Reichsredner.

VILLA LIEGNITZ
SANSSOUCI

POTSDAM, DEN

Brief des Kr.Lters v.MÜLLHEIM-LOERRACH v.26.9.42.

»Es drängt mich, Ihnen nochmals für die Wahrnehmungder Vers. im Kreise Lörrach zu danken. Die Versammelten haben Ihre Ausführungen mit Begeisterung aufgenommen, sodass die ganze Kundgebeung in einem machtvollen Bekenntnis zum Führer u.zum Gr.Deutschen Reich ausklang.«

gez.GRUENER, Bereichsleiter.

Brief des Directors der Gerätefabrik i.St.Ludwig-Elsass, v.2.10.42.
(wo ich vor 5000 Arbeitern sprach)

»Sie haben uns am vergangenen Samstag die Ehre u.Freude Ihres Besuches bereitet. In uns allen klingt noch das freudige Erlebnis nach, das Ihre Anwesenheit in der Mitte unserer elsässischen Grenzbevölkerung bedeutete, die durch Ihre beredten Worte mit unseres Führers Persönlichkeit näher vertraut u.dadurch unserer nat.soz.Idee u.der Sache unsres Deutschen Volkes nähergebracht wurden.

Wir Reichsdeutschen freuen uns von Herzen über jeden derartigen Fortschritt, u.es war für uns eine gr.Genugtung, die Begeisterung zu s sehn, mit der Sie begrüsst u.Ihre von überzeugtem Herzen kommenden Worte aufgenommen wurden. Ihre Anwesenheit hier im Grenzgebiet hat manches bisher verstockt gewesene Herz aufgeschlossen u.dadurch der Sache unsres lieben Vaterlandes u.auch uns, die wir hier arbeiten, einen unermesslichen Dienst erwiesen. Dafür möchten wir Ihnen von Herzen danken.«...

gez.Vorwald.

Brief des Kr.Prop.Leiters v.MUELHAUSEN/ELSass.v.28.9.42.

» Ich darf Ihnen bei dieser Gelegenheit auch bekannt machen, wie ausserordentlich das Echo Ihrer Rede ist: Der Ortsgr.Lt.hat heute angerufen u.festgestellt, dass die Arbeiter seines Werkes direct begeistert sind u.dass Sie Sich alle Herzen dieser Menschen erobert h haben. Das will im Hinblick dauaf, dass diese Menschen tägl.der Propaganda der sog.»neutralen« Schweiz ausgesetzt sind, wirkl.etwas heissen.

Ich freue mich sehr, Obergruf., dass ich Ihnen dies mitteilen darf. Ich bitte Sie jetzt schon herzlich darum, doch bald wieder einen Termin für Mülhausen freizumachen, denn ich werde mit dem grössten Vergnügen eine witere Kundgebung mit Ihnen vorbereiten:::«

gez.Rueger.Kr.Prop.Lt.

Stellungnahme zu dem Bericht des Prinzen August-Wilhelm.

Die Stellungnahme des Prinzen August-Wilhelm ist ein klassisches Dokument, wie wenig die Gedankenwelt des Nationalsozialismus bei Prinz August Wilhelm in dieTiefe gegangen ist. Er glaubt, mit diesem Bericht sich zu rechtfertigen und belastet sich statt dessen erst. Generell macht er Zugeständnisse, negative Kritik an der Propaganda geübt zu haben. Als Entschuldigung will er gewertet wissen, es sei im Kreise von zwei "Propagandakollegen" geschehen.

Prinz August Wilhelm ist Reichsredner, ausserdem SA-Obergruppenführer. Er muss also wissen, dass es unter den Propagandisten so wenig "Kollegen" gibt, wie unter den Angehörigen der SA..

Wenn die beiden Propagandisten aus dem Elsass lokale Dinge beanstandet haben, dann haben sie Prinz August Wilhelm gegenüber ihr Herz ausgeschüttet, weil sie in ihm eine "Reichsautorität" sahen. Von einem Reichsredner ist es völlig falsch, Kritik von unten abwehren zu wollen, indem man sie mit Kritik nach oben übt. Die Pflicht von Prinz August Wilhelm wäre es gewesen, sich in entsprechender Form vor die Gesamtführung, also auch vor Dr.Goebbels zu stellen und nicht durch sein eigenes Palaver eine Kritik erst auf volle Touren zu bringen.

Ausserdem kommt Prinz August Wilhelm nicht umhin, in der Angelegenheit der Abnahme von Denkmälern den Vorwurf der Subjektivität einstecken zu müssen. Dass seine familiären Gefühle

./.

durch die Denkmalabnahme getroffen werden, ist menschlich verständlich. Wenn er nicht soweit Nationalsozialist ist, die Denkmalabnahme restlos bejahen zu können, wäre es zumindest seine Pflicht gewesen, über die ganze Angelegenheit zu schweigen. Reist aber ein "führender Parteigenosse" wie Prinz August Wilhelm im Lande umher und übt gegenüber Parteigenossen in verhältnismässig kleinen bescheidenen Führerstellungen Kritik an der oberen Führung, dann muss das unbedingt eine Unsicherheit in die gesamte untere Führung bringen.

Wenn Prinz August Wilhelm ausserdem behauptet, die Denkmalabnahme sei ohne jede Propaganda erfolgt, so ist das falsch und es kann sich in Potsdam nur um ein Versagen örtlicher Propagandastellen handeln. Die Propagandaleitungen waren angewiesen, durch entsprechende Mundpropaganda die Denkmalabnahme vorzubereiten. Wäre eine entsprechende Mundpropaganda in Potsdam durchgeführt worden, hätte auch da die Abnahme der Denkmäler ohne jede Sentiments vor sich gehen können.

Wie gross die Führungsqualitäten des Prinzen August Wilhelm sind, geht am eklatantesten aus dem Fall mit seiner eigenen Köchin hervor. Die ganze Verteidigung des Prinzen August Wilhelm besteht darin, dass er jetzt dem Arbeitsamt Schuld gibt, es habe ihm in dem Kampf mit seiner Köchin nicht beistehen wollen.

Völlig falsch ist es, wenn Prinz August-Wilhelm dem Pg.Wagner noch einen Vorwurf macht, weil dieser die "offenherzige" Redeweise des Prinzen August Wilhelm nicht sofort beanstandet habe. Prinz August Wilhelm ist SA-Obergruppenführer. Der grösste Teil unserer Gaupropagandaleiter wird innerlich in Ehrfurcht in die Knie

./.

sacken, wenn Prinz August Wilhelm geruht, sich mit ihm zu unterhalten. Es muss einer schon eine ganze Menge Zivilcourage haben und vor allen Dingen ziemlicher nationalsozialistischer Aktivist sein, den "SA-Obergruppenführer Prinz August-Wilhelm" zurechtzustauchen, wenn dieser Kritik an der heutigen Führung begeht.

Wenn Pg.Wagner es riskiert hat, seine Stellungnahme schriftlich abzugeben, dann verdient das keinen Vorwurf, wie Prinz August Wilhelm ihn erhebt, sondern nur vollste Anerkennung. Denn auch Wagner wird sich darüber im klaren sein, dass dieser Bericht ihm Schwierigkeiten bringen kann.

Wenn Prinz August Wilhelm am Schluss seiner Ausführungen eine Reihe von Gutachten aufführt, um seine Stellungnahme glaubhabt zu machen, dann ist dazu festzustellen, dass Prinz August Wilhelm in den meisten Ortsgruppen nur ein- oder zwei-, vielleicht auch dreimal spricht. Bei solch flüchtigen Besuchen, noch dazu mit der Autorität ausgestattet, Sohn des ehemaligen Kaisers zu sein und sich doch zum Nationalsozialismus bekannt zu haben, musste ja Prinz August Wilhelm überall Erfolgehaben. Selbstverständlich bleiben da die Dankschreiben nicht aus! Diese Dankschreiben sind aber so wenig fundiert, dass sie kein Äquivalent bilden, die Haltung des Prinzen August Wilhelm in der Angelegenheit Wagner zu rechtfertigen.

<u>Ministeramt</u>
Dr. Naumann/Da. Berlin, den 30. Oktober 1942.

An die
Reichspropagandaleitung,
<u>Stabsleiter</u>

Der Herr Minister hat von dem Bericht des Prinzen <u>August Wilhelm</u> und Ihrer Stellungnahme Kenntnis genommen, und angeordnet, dass Prinz August Wilhelm in Zukunft für keine Versammlungen mehr als Redner einzusetzen ist.
Eine diesbezügliche Anweisung ist Parteigenossen T i e s s - l e r für den Reichsring und Parteigenossen Dr. L a p p e r für den Rednereinsatz der RPL. zu geben.

Der Brief des Prinzen August Wilhelm ist <u>nicht</u> zu beantworten. Die Anordnung des Herrn Ministers über seine zukünftige Nichtverwendung im Propagandaeinsatz ist ihm <u>nicht</u> bekanntzugeben.

Heil Hitler!

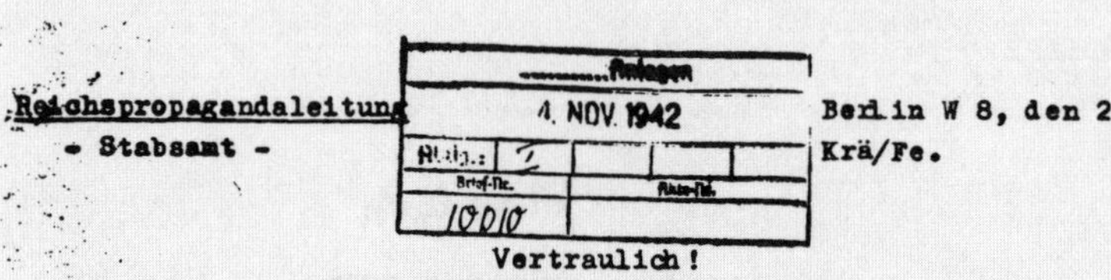

Reichspropagandaleitung
- Stabsamt -

4. NOV. 1942
Brief-Nr. 10010

Berlin W 8, den 2.Nov.1942
Krä/Fe.

Vertraulich!

An den
Leiter des Hauptamtes Reichsring Pg. T i e s s l e r ,
im Hause.

Betr.: Prinz August Wilhelm.

Der Reichspropagandaleiter hat angeordnet, dass Prinz August Wilhelm in Zukunft für keine Versammlungen mehr als Redner eingesetzt wird.

Diese Anordnung soll dem Prinzen August Wilhelm nicht bekannt gegeben werden. Es erscheint mir auch ratsam, die Anordnung nicht durch Rundschreiben bekanntzugeben, sondern stillschweigend für Prinz August Wilhelm keine Terminvermittlungen mehr durchzuführen.

Heil Hitler!

Vertraulich !

VORLAGE FÜR DEN HERRN MINISTER.

Betrifft: SA-Obergruppenführer Pg. Prinz August Wilhelm von Preußen.

Zu der Anordnung, den SA-Obergruppenführer Prinz August Wilhelm in Zukunft für keine Versammlung mehr als Redner einzusetzen, ihn aber hierüber nicht zu unterrichten, darf ich nach Einsicht in die Akten folgendes bemerken:

Um diese Anordnung durchzuführen, ist es notwendig, die Rednereinsatzstellen der Organisationen entsprechend zu informieren, bezw. ihnen wenigstens zu sagen, daß Prinz August Wilhelm nicht mehr eingesetzt werden soll.

Aus meiner praktischen Arbeit weiß ich, daß ein Redner, der plötzlich nicht mehr eingesetzt wird, von Stelle zu Stelle läuft, um festzustellen, warum er plötzlich nicht mehr eingesetzt wird. Von e i n e r Stelle erfährt er zum mindesten, daß eine Anordnung der Reichspropagandaleitung hierfür vorliegt. Dann setzt der Beschwerdeweg ein, in dem der betreffende Redner deswegen von Anfang an die Sympathien aller Stellen außerhalb der Reichspropagandaleitung hat, weil man es nicht als fair betrachtet, Maßnahmen gegen jemand zu ergreifen, ohne ihn selbst hiervon zu unterrichten.

Wenn heute ein alter Redner nicht mehr zum Einsatz kommt, so bedeutet dies entweder eine außerordentlich scharfe fachliche Kritik oder es ist mit einer Ehrenangelegenheit verbunden.

Der Fall des Obergruppenführers Prinz August Wilhelm liegt dermaßen klar, daß wir uns nicht auf einen Weg zu begeben brauchen, der nach außen den Anschein erwecken muß, als fühlten wir uns nicht ganz sicher, bezw. zum mindesten dem Prinzen August Wilhelm bei allen Stellen, die die entsprechende Anordnung erhalten, ihn nicht einzusetzen, aber ihn auch nicht zu unterrichten, eine gewisse Sympathie sichert.

Ich erlaube mir daher, dem Herrn Minister folgenden Vorschlag zu machen:

Ich überreiche Reichsleiter Bormann sowohl die Meldung wie die Stellungnahme von Prinz August Wilhelm. Ich bitte den Reichsleiter, zu entscheiden, was erfolgen soll und schlage ihm vor, Prinz August Wilhelm auf Grund seiner

Quatscherein während des Krieges nicht reden zu lassen, damit er nicht noch weiteren Schaden anrichtet.

Wenn der Herr Minister einverstanden ist, betone ich ferner, daß eine persönliche Entschuldigung von seiten des Herrn Ministers nicht verlangt wird, sondern nach dieser sachlichen Regelung die Angelegenheit hier als erledigt gelten würde.

Wenn dann die Entscheidung des Reichsleiters erfolgt ist, würde Prinz August Wilhelm unterrichtet werden können, daß er als Redner nicht mehr zum Einsatz kommt und im gleichen Zuge auch die Benachrichtigung der betroffenen Dienststellen erfolgen.

Berlin, den 11. Nov. 1942.

Ti/Hu.

Vertraulich !

Notiz für Pg. H a d a m o v s k y

Betr.: Prinz August Wilhelm.

Im Auftrage des Reichspropagandaleiters teile ich Ihnen mit, dass die unter dem 2.11.42 vom Stabsamt mitgeteilte Regelung in obiger Angelegenheit insofern eine Änderung erfährt, als sie zur endgültigen Klärung Reichsleiter Bormann vorgetragen wird.

Ich bitte Sie daher, in dieser Angelegenheit zunächst nichts zu unternehmen.

Berlin, den 16.11.1942
Ti/Ja.

Vertraulich !

VORLAGE FÜR REICHSLEITER BORMANN

Betr.: Prinz August Wilhelm.

In der Anlage überreiche ich ein Schreiben des Kreispropagandaleiters Wagner, Kolmar, mit zwei Anlagen, aus denen u.a. die Behauptung von Prinz August Wilhelm hervorgeht, jeder wisse, dass Dr. Goebbels für seinen Haushalt die siebenfachen Diplomatenrationen erhalte, desgleichen Dr. Ley.

Ferner füge ich die Stellungnahme von Prinz August Wilhelm bei, der diese Behauptung abzuschwächen versucht. Dies ist ihm in keiner Weise gelungen, denn es gibt keinen Grund, aus dem heraus zu erklären ist, dass ein führender Parteigenosse seinen Besuch bei Parteigenossen in den Kreisen dazu benutzt, um sich über Kritiken an führende Parteigenossen in solcher – zumindest unklaren – Weise zu äussern.

Auch seine Kritik über die Denkmal-Aktion zeigt, wie falsch Prinz August Wilhelm seine Aufgabe sieht.

Zu dem Vorwurf von Prinz August Wilhelm, Parteigenosse Wagner hätte seine Bedenken gleich auf der Heimfahrt vortragen müssen, ist zu sagen :

1. Nicht jeder rangmässig nachstehende Parteigenosse bringt es fertig, einem übergeordneten Parteigenossen entsprechend entgegenzutreten.

2. Dieser Vorwurf hat mit der Sache selbst garnichts zu tun, da er ja die Redereien und Kritiken von Prinz August Wilhelm in keiner Weise abschwächt.

   Im Übrigen trifft der von Prinz August Wilhelm ausgesprochene Vorwurf ihn selbst. Er hätte nämlich die Pflicht gehabt, statt draussen im Land herumzukritisieren, seine andere Meinung - gewissermassen unter "Kollegen" - in seiner Eigenschaft als Reichsredner dem Reichspropagandaleiter mitzuteilen.

Der Reichspropagandaleiter lässt Sie, Reichsleiter, bitten, eine Entscheidung in dieser Angelegenheit zu treffen. Er betonte mir gegenüber, dass er keinen Wert auf eine Entschuldigung von Seiten des Prinz August Wilhelm legt, sondern dass es ihm genügt, wenn dem Prinz August Wilhelm wenigstens während der Kriegszeit die Möglichkeit genommen wird, draussen im Land herumzufahren und seine persönlichen Meinungen an den Mann zu bringen.

Wenn Prinz August Wilhelm während des Krieges Entzug der Redeerlaubnis erhielte, wäre diesen Wunsch des Reichspropagandaleiters entsprochen.

Dr. Goebbels könnte eine entsprechende Weisung als Reichspropagandaleiter geben. Da er selbst aber betroffen ist und von Anfang an den Vorwurf einer subjektiven Behandlung des Falles vermeiden möchte, bittet er Sie, Reichsleiter, um Ihre Entscheidung.

Berlin, den 16. November 1942
Ti/Ja.

Anlagen

Nationalsozialistische Deutsche Arbeiterpartei

Partei-Kanzlei

Der Leiter der Partei-Kanzlei

Führerhauptquartier, 21.11.1942.

A b s c h r i f t !

Bo/Si.

An den
Reichspropagandaleiter der NSDAP.,
Herrn Reichsleiter und
Reichsminister Dr. GOEBBELS,

B e r l i n W 8,
Wilhelmplatz.

P e r s ö n l i c h !

Betrifft: Äußerungen des Pg. Prinz August Wilhelm von Preußen am 27.9.1942.

Sehr geehrter Parteigenosse Dr. Goebbels!

Es ist nicht daran zu zweifeln, daß Kreisamtsleiter Wagner und Kreishauptstellenleiter Hagist die Äußerungen des Prinzen August Wilhelm von Preußen zutreffend wiedergegeben haben. Mit seinem Schreiben vom 27.1o. kann Prinz August Wilhelm diese Äußerungen nicht entkräften. Gerade bei einem Redner kommt es ja nicht auf das an, was er ausdrücken möchte, sondern auf die Auswirkung seiner Reden. Von einem weiteren Einsatz des Prinzen August Wilhelm als Redner muß daher abgesehen werden.

Heil Hitler!
Ihr
gez. M. Bormann.

F.d.R.d.A.: Oelkumann

Ministeramt

Dr. Naumann/Da.

Berlin, den 25. November 1942.

Herrn

Stabsleiter Hadamovsky.

Betr.: Prinz August Wilhelm von Preussen.

In der Anlage übersende ich Ihnen einen Brief von Reichsleiter B o r m a n n in der Angelegenheit Prinz August Wilhelm von Preussen, von dem der Herr Minister Kenntnis genommen hat. Der Herr Minister wünscht, dass Sie Prinz August Wilhelm noch einmal empfangen und ihm mitteilen, dass auf Grund der durch Zeugen erhärteten Tatsachen und der von ihm selbst zugegebenen Äusserungen ein Einsatz als Redner in diesen kritischen Zeiten nicht mehr erfolgen könne. Er würde daher z.Zt. von der Rednerliste gestrichen. Wir stellen ihm anheim, von sich aus bei allen Anforderungen auf Wahrnehmung von Redeterminen zu sagen, dass er z.Zt. nicht als Redner auftreten könne. Andernfalls wären wir gezwungen, von uns aus die Partei auf diese Tatsache aufmerksam zu machen.

Der Herr Minister wünscht Bericht über Ihre Unterredung mit Prinz August Wilhelm bis Montag, den 30. November.

Heil Hitler!

N o t i z

für Pg. Dr. N a u m a n n

Betr.: Äusserungen des Pg. Prinz August Wilhelm am 27.9.42.

Die Parteikanzlei unterrichtet mich über ein Schreiben des Reichsleiters Bormann an den Minister, aus dem hervorgeht, dass von einem weiteren Einsatz des Prinz August Wilhelm als Redner abgesehen werden muss.
Ich nehme an, dass nunmehr keine Bedenken bestehen, dass ich die Propaganda-Dienststellen und Organisationen über den Reichsring von dieser Tatsache unterrichte.

Berlin, den 30.11.42
Ti/Pe.

Wiedervorlage am:

Du'schlag an Pg. Tiessler zur Kenntnisnahme!

Reichspropagandaleitung
Der Stabsleiter

Berlin W 8, den 28.Nov.1942
13.30 Uhr

Dem

Reichspropagandaleiter.

Betr.: Prinz August Wilhelm.

In Ihrem Auftrage empfing ich Prinz August Wilhelm und teilte ihm mit, dass ein Einsatz als Redner in diesen kritischen Zeiten nicht mehr erfolgen könne.

Der Prinz wird nunmehr bei allen Anforderungen auf Wahrnehmung von Redeterminen erklären, dass er zurzeit nicht als Redner auftreten könne.

Er ist von mir darüber ins Bild gesetzt worden, dass wir andernfalls gezwungen wären, von uns aus die Partei auf diese Tatsache aufmerksam zu machen und hat zugesagt, mir eine schriftliche Bestätigung zukommen zu lassen, dass er zurzeit bis auf Weiteres keine Rednertermine mehr wahrnehmen würde.

Heil Hitler!

VILLA LIEGNITZ
SANSSOUCI

POTSDAM, DEN 29.11.42.

An
den Stabsleiter der Reichspropagandaleitung.
BERLIN.
Taubenstr.9.

Anknüpfend an unsere gestrige Rücksprache bestätige ich, dass ich in der nächsten Zeit keine Rednertermine anzunehmen gedenke.

HEIL HITLER!

August Wilhelm
Prinz v. Preussen
S.A.-Obergruppenführer

Literatur

Abshagen, Karl Heinz: Canaris, Patriot und Weltbürger, Stuttgart 1949

Ackermann, Josef: Heinrich Himmler als Ideologe, Göttingen 1970

Adam, Reinhard: Preußen, Prägung und Leistung, Bonn 1972

Alberts, A.: Koning Willem II., Den Haag 1964

Alter, Junius, (d. i. Franz Sontag): Nationalisten, Leipzig 1932

Aretin, Karl Otmar von: Der bayerische Adel. Von der Monarchie zum Dritten Reich, in: Bayern in der NS-Zeit, Bd. III, Herrschaft und Gesellschaft im Konflikt, Teil B, Hrsg. v. M. Broszat, E. Fröhlich, A. Grossmann, München 1981, S. 513–567

Aretz, G.: Die Frauen der Hohenzollern, Berlin 1933

Aronson, Shlomo: Reinhard Heydrich und die Frühgeschichte von Gestapo und SD, Stuttgart 1971

Aronson, Theo: The Kaisers, London 1971

Baliour, Michael: Der Kaiser Wilhelm II. und seine Zeit, a. d. Engl. v. K. H. Abshagen, Berlin 1967 (The Kaiser and his Times, London 1964, Pelican Books 1975)

Balle, Hermann: Die propagandistische Auseinandersetzung des Nationalsozialismus mit der Weimarer Republik und ihre Bedeutung für den Aufstieg des Nationalsozialismus. Diss., Erlangen 1963

Bannister, Sybil: I lived under Hitler. An English woman's story. London 1957

Barraclough, Geoffrey: Wer leistete Hitler Widerstand? in: Neue Rundschau, Jg. 80, 1969, H. 3, S. 509–526

Barthel, Konrad: Friedrich der Große in Hitlers Geschichtsbild. Frankfurter historische Vorträge, H. 7, Wiesbaden 1977

Bayern in der NS-Zeit, hrsg. v. Martin Broszat, Elke Fröhlich und Anton Grossmann, 4 Bde., München 1977–1981

Beale, Howard: Theodore Roosevelt, Wilhelm II. und die deutsch-amerikanischen Beziehungen, in: Die Welt als Geschichte, 15. Jg., S. 155–187, Stuttgart 1955

Beck, Ludwig und Goerdeler, Carl: Gemeinschaftsdokumente für den Frieden, 1941–1944, hrsg. v. Wilhelm Ritter von Schramm, München 1965

Beck, Ludwig: Studien, hrsg. v. Hans Speidel, Stuttgart 1955

Benoit-Mechin: Das Kaiserreich zerbricht, 1918–1919. Geschichte der deutschen Militärmacht. Oldenburg, Hamburg 1965

Benson, E. F.: The Kaiser and English Relations, London 1936

Bentinck, Lady Norah I. E.: Der Kaiser im Exil, Berlin 1921 – The Ex-Kaiser in Exile, London 1922

Benze, Rudolf: Wegweiser ins Dritte Reich, Einführung in das völkische Schrifttum. Braunschweig 1934

Berghahn, Volker Rolf: Das Kaiserreich in der Sackgasse, Neue politische Literatur. Berichte über das internationale Schrifttum, Jg. 16, Nr. 4, S. 494–506, Frankfurt a. M. 1971, Der Stahlhelm, 1918–1935, 1966
Beseler, Dora von: Der Kaiser im englischen Urteil. Berlin 1932
Besgen, Achim: Der stille Befehl, Medizinalrat Kersten, Himmler und das Dritte Reich. München 1960
Bewley, Charles: Hermann G. and the Third Reich. New York 1962
Bibliographie zur Geschichte der Weimarer Republik, in: Politische Studien, 9. Jg., S. 63–68, 1957
Nationalsozialistische Bibliographie: Monatshefte der Parteiamtlichen Prüfungskommissionen zum Schutze des NS-Schrifttums. Hrsg.: Reichsleiter Philipp Bouhler, Karl Heinz Hederich. Jg. 1, 1936, 4, April
Biehle, Herbert: Wilhelm II. als Redner, 7. Jg. 1962, S. 90–99, Publizistik, Bremen
Bigelow, Poulteney: Seventy Summers, 2 Bde., London und New York 1925
Bird: Eugene K.: The loneliest man in the world. The inside story of the 30 years of imprisonment of Rudolf Hess. London 1974, München 1974
Birnbaum, Immanuel: Achtzig Jahre dabeigewesen, Erinnerungen eines Journalisten, München
Blackbourn, David: Eley, Geoff: Mythen deutscher Geschichtsschreibung. Die gescheiterte Revolution von 1848, a. d. Engl. v. Ulla Haselstein, Frankfurt/M. Berlin, Wien 1980
Blank, Herbert: Wilhelm II., in: Benjamin, 1. Jg. 1947, Nr. 22, S. 11
Blücher, Wilpert von: Gesandter zwischen Diktatur und Demokratie, Erinnerungen aus den Jahren 1935–1944, Wiesbaden 1951
Boberach, Heinz (Hrsg.): Meldungen aus dem Reich, München 1968
Bocca, Geoffrey: Könige mit und ohne Krone, a. d. Engl. v. Ursula von Zedlitz, München 1961
Boelcke, Willi A. (Hrsg.): Wollt Ihr den totalen Krieg? Die geheimen Goebbels-Konferenzen 1939–1943, München 1969
Borchardt, Knut: Wirtschaftliche Ursachen des Scheiterns der Weimarer Republik, in: K. D. Erdmann, H. Schulze, Weimar. Selbstpreisgabe einer Demokratie, Düsseldorf 1980.
Bormann, Martin und Gerda: Briefe (engl.). The Bormann letters. The private correspondence between Martin Bormann and his wife from Jan. 1943 – April 1945. Ed. with an introduction and notes by Hugh Rewald Trevor-Roper, London 1954
Boveri, Margret: Der Verrat im 20. Jahrhundert, Bd. 1 u. 2 1958, Bd. 3, 1958, einbändige Gesamtausgabe 1976
Bracher, Karl Dietrich: Adolf Hitler, Berlin, München, Wien 1964
– Die Auflösung der Weimarer Republik. Eine Studie zum Problem des Machtverfalls in der Demokratie, 5. Aufl., Villingen 1971
– Die Auflösung der Weimarer Republik und der Aufstieg des Nationalsozialismus, in: Vorträge anäßlich der Hessischen Hochschulwochen für staatswissenschaftliche Fortbildung, Bad Homburg, 36. Bd., 1963, S. 119–141

- Der Aufstieg des Nationalsozialismus als Problem der Zeitgeschichte, in: ebda. 19. Bd., 1958, S. 39–62
- Die deutsche Diktatur. Entwicklung, Struktur, Folgen des Nationalsozialismus, 6. Aufl., Köln 1980
- Das Jahr 1933, in: Die Europäer und ihre Geschichte, 11 Vortr. v. Ewig, Heer, Ritter u. a., München 1961
- Parteienstaat, Präsidialsystem, Notstand. Zum Problem der Weimarer Staatskrise, in: Von Weimar zu Hitler, 1930–1933, hrsg. v. Gotthard Jasper, Köln, Berlin 1968
- Die Speer-Legende, in: Neue Politische Literatur, 15, 1970
- Weimar: Erfahrung und Gefahr, in: Die Politische Meinung, 2. Jg., 1957, S. 35–46
- Der Zerfall der Weimarer Republik, Untersuchungen über die deutsche Politik 1930–1933, Freie Universität Berlin, Habil. Schrift 1955
- Preußen und die deutsche Demokratie, in: Preußen, Versuch einer Bilanz, Katalog in fünf Bänden, Bd. II, Preußen, Beiträge zu einer politischen Kultur, hrsg. v. Manfred Schlenke, Reinbek b. Hamburg 1981, S. 295–310
- Die Krise Europas 1917–1975. Propyläen Geschichte Europas Bd. 6, Frankfurt a. M./Berlin/Wien 1976
- Tradition und Revolution im Nationalsozialismus, in: Funke M. (Hg.) Hitler, Deutschland und die Mächte, Düsseldorf 1976, S. 17–29

Bracher, Schulz, Sauer: Die nationalsozialistische Machtergreifung. 3 Bde., Berlin 1974

Bramsted, Ernst Kohn: Goebbels und die nationalsozialistische Propaganda, 1925–1945, Frankfurt a. Main 1971

Braun, Magnus Freiherr von: Von Ostpreußen bis Texas, Oldenburg 1955

Brecht, Arnold: Gedanken zur Verantwortung für die Ernennung Hitlers zum deutschen Reichskanzler, in: Staat, Wirtschaft und Politik in der Weimarer Republik. Festschr. für Heinrich Brüning, hrsg. v. Ferdinand A. Hermens u. Theodor Schieder, 1967, S. 383–391

Bredt, Joh. Victor: Die Vermögens-Auseinandersetzung zwischen dem Preußischen Staat und dem Königshaus. Berlin 1925

Bross, Werner: Gespräche mit Hermann Göring während des Nürnberger Prozesses, Flensburg, Hamburg 1950

Broszat, Martin: Betrachtungen zu Hitlers »Zweitem Buch« in: Vierteljahreshefte für Zeitgeschichte 9, 1961
- Kommandant in Auschwitz. Autobiographische Aufzeichnungen des Rudolf Höss, 2. Aufl., München 1978
- Der Staat Hitlers, dtv-Weltgeschichte des 20. Jh. Bd. 9, München 1969
- zus. mit Buchheim, Hans u. Heiber, Helmut: Gutachten des Instituts für Zeitgeschichte, München 1958

Brüning, Heinrich: Memoiren 1918–1934, Stuttgart 1970

Buchheim, Hans: Das Dritte Reich, Grundlagen und politische Entwicklung, München 1967
- Die nationalsozialistische Diktatur im Geschichtsbewußtsein der Gegenwart, in: Gibt es ein deutsches Geschichtsbild? Würzburg 1961, S. 37–64

– Die »Chiffren des Dritten Reiches«. Über den Nationalsozialismus als Problem der Zeitgeschichte, in: Wort u. Wahrheit, 10. Jg. 1955, S. 747–754
Buchheim, Karl: Das Deutsche Kaiserreich 1871–1918, Vorgeschichte, Aufstieg, Niedergang, München 1969
– Das Ende Preußens, in: Hochland Monatsschrift für alle Gebiete des Wissens, Ig. 62, 1970, Nr. 6, S. 509–528
– Die Weimarer Republik, in: Das Parlament, 1. Jg., 1961, Beil., S. 269–311
Buchheit, Gert: Richter in roter Robe, München 1968
Buchholz, Werner: Der Adel im heutigen Reichsverfassungsrecht, Diss., Jena 1930
Buecher hundert: Die hundert ersten Bücher für nationalsozialistische Büchereien, hrsg. v. d. Reichsstelle zur Förderung des Deutschen Schrifttums im Reichsüberwachungsamt der NSDAP, München 1934
Vierhundert Bücher: für nationalsozialistische Büchereien, zusammengestellt vom Amt Schrifttumspflege beim Beauftragten d. Führers, für die gesamte geistige und weltanschauliche Erziehung d. NSDAP, München 1938
Bullock, Alan: Eine Studie der Tyrannei, Düsseldorf 1969 (A study in Tyranny, London 1952)
– Das Problem Hitler, in: Zeitwende, 24. Jg., 1952–53, S. 392–401
Bussmann, Walter: Die innere Entwicklung des deutschen Widerstandes gegen Hitler, Berlin 1964
Nachwort (zur Herausgabe der Teilsammlung »Studien zur deutschen Geschichte des 19. und 20. Jh.« von Siegfried A. Kaehler), in: Kaehler, Siegfried A.: Studien zur dt. Geschichte des 19. und 20. Jh., S. 416–418, Göttingen 1961
Vorwort zu: Michael Balfour, Der Kaiser Wilhelm II. und seine Zeit, Berlin 1967
– Eine Schicksalsfigur deutscher und europäischer Geschichte Wilhelm II., in Friedrich Wilhelm Prinz von Preußen (Hg.), Preußens Könige, Gütersloh, Wien 1971
Bues, Heinz: Die rechtliche Natur des Hausvermögens der Hohenzollern und seine Ablösung, Hannover 1924
Calic, Edouard: Himmler et son empire, Paris 1966
Calleo, David: The German Problem Reconsidered. Germany and the World Order, 1870 to the Present. Cambridge, London, New York, Melbourne 1978. Legende und Wirklichkeit der deutschen Gefahr, Neue Aspekte zur Rolle Deutschlands in der Weltgeschichte von Bismarck bis heute, a. d. Amerik. v. Elisabeth Guderian, Bonn 1980
Caro, Kurt und Oehme, Walter: Kommt das Dritte Reich? Berlin 1930
Cecilie, Kronprinzessin: Erinnerungen, Leipzig 1930
– Erinnerungen an den Deutschen Kronprinzen, Biberach 1952
Chamier, J. Daniel: Als Deutschland mächtig schien, Berlin 1954, völlig neu bearb. Ausgabe des 1937 unter dem Titel »Ein Fabelwesen unserer Zeit« ersch. Buches, Titel der engl. Originalausgabe »The Fabulous Monster«, London 1934
Chuquet, Arthur: De Frederic II a Guillaume II, Paris 1915
Churchill, Winston S.: Great Contemporaries, London 1937
– Thoughts and adventures, London 1932

Conze, Werner: Der Nationalsozialismus (2 Teile) Stuttgart 1964
- Die Zeit Wilhelms II. und die Weimarer Republik, Deutsche Geschichte 1890–1933, Stuttgart 1964
- Die deutsche Geschichtswissenschaft seit 1945. Bedingungen und Ergebnisse in: HZ, 225, 1977, S. 1–28
Cowles, Virginia: Wilhelm der Kaiser, aus dem Amerikanischen von Klaus Velmeden, Frankfurt a. M. 1965, erw. TB-Ausgabe München 1976, Titel der amerik. Originalausgabe »The Kaiser«, London 1963
Craig, Gordon A.: The Politics of the Prussian Army 1640–1945, New York 1953
Cube, Walter von: Rebellion des deutschen Adels, in: Bekenntnis und Verpflichtung, Stuttgart 1955, S. 30–39
Cyran, Eberhard: Das Schloß an der Spree. Geschichte eines Bauwerks und einer Dynastie. Berlin 1962
Czech-Jochberg, Erich: Deutsche Geschichte nationalsozialistisch gesehen, Leipzig 1933
Darré, Walther Richard: Das Bauerntum als Lebensquell der nordischen Rasse, München 1929
- Um Blut und Boden. Reden und Aufsätze. München 1940
- Neuadel aus Blut und Boden, München 1930
Deaux, Alain: Aus den Geheimakten der Staatsarchive, München 1972
Dehio, Ludwig: Preußisch-deutsche Geschichte 1640–1945. Dauer im Wandel, in: Das Parlament, Jg. 11, 1961, Beil., S. 25–31
Desroches, Alain: Hitler et les Nazis, Paris 1960
Deuerlein, Ernst: Der Aufstieg der NSDAP in Augenzeugenberichten, München 1974
- Hitler, eine politische Biographie, München 1969
Deutsch, Otto: Hitler's 12 apostles, Freeport NY. 1969
Deutsche Geschichte der modernen Zeit: Von Bismarcks Entlassung bis zur Gegenwart, 1. Teil: Von 1890–1933, v. W. Frauendienst, Wolfgang J. Mommsen, Walther Hubatsch und Albert Schwarz
Die Deutsche Jugendbewegung: 1920–1933, Die bündische Zeit. Dokumentation zur Jugendbewegung Bd. III, hrsg. v. Werner Kindt, Düsseldorf 1975
Deutschland in der Weltpolitik des 19. und 20. Jh.: Festschr. f. F. Fischer, hrsg. v. I. Geiss u. B. J. Wendt, Düsseldorf
Dibelius, Otto: Reden, Briefe 1933–1967, Zürich 1970
Dietrich, Otto: Mit Hitler an die Macht, Erlebnisse mit meinem Führer, 4. Aufl., München 1934
- Zwölf Jahre mit dem Führer, München 1955
Diwald, Hellmut (Hrsg.): Im Zeichen des Adlers, Porträts berühmter Preußen, Bergisch Gladbach 1981
Dokumente: Dokumente des Widerstandes, Hamburg-Bergedorf 1947
Dollinger, Hans (Hg.): Das Kaiserreich. Seine Geschichte in Texten, Bildern und Dokumenten, München 1966
- Preußen. Eine Kulturgeschichte in Bildern und Dokumenten, München 1980
Dollmann, Eugen: Dolmetscher der Diktatoren, Bayreuth 1963

Doman, Peter: Sozialdemokratie und Kaisertum unter Wilhelm II., Wiesbaden 1974. Frankfurter hist. Abhandlungen Bd. 3
Dombrowski, Erich: Sigurd von Ilsemann. Der Kaiser in Holland. Aufzeichnungen des letzten Flügeladjutanten Kaiser Wilhelms II. aus Amerongen und Doorn 1918–1923, München 1967. in: FAZ Politische Bücher, 18. 10. 1967, in: Ein Büchertagebuch, Buchbesprechungen der FAZ, Repr. der Jahrgänge 1967–1970, Frankfurt a. M., Stuttgart 1981
Domarus, Max: Hitler, Reden und Proklamationen 1932–1945, 4 Bde., Wiesbaden 1973
– Hitler Reden und Proklamationen 1932–1945, München 1965
Dönhoff, Marion Gräfin: Menschen, die wissen worum es geht. Politische Schicksale 1916–1976. Hamburg 1976
– Preußen leuchtet aus der Dunkelheit, Zeit Magazin Nr. 3, S. 2f., 1981
Dreifuss, Eric: Die Schweiz und das Dritte Reich. Vier deutsch-schweizerische Zeitungen im Zeitalter des Faschismus, Frauenfeld
Dubber, Ursula: Wilhelm II. und England 1898–1914, Diss., Heidelberg 1945
Duesterberg, Theodor: Der »Stahlhelm« und Hitler, Wolfenbüttel 1949
Dwinger, Edwin Erich: Die 12 Gespräche 1933–1945, Velbert 1966
Eckersberg, Else (Gräfin Yorck von Wartenburg): Diese volle Zeit, Frankfurt a. M. 1958
Ehni, Hans-Peter: Bollwerk Preußen? Preußen-Regierung, Reich-Länder-Problem und Sozialdemokratie 1928–1932, Bonn-Bad Godesberg 1975
Elliot, John: Fall of the Eagles. The End of the Great European Dynasties, London (BBC) 1974
Engel, Josef: Literaturübersicht. Zeitgeschichte-Außenpolitik 1919–1929/33, in: Geschichte in Wissenschaft und Unterricht, Jg. 17, 1966, H. 8, S. 569–82
Engelmann, Bernt: Preußen, Land der unbegrenzten Möglichkeiten, München 1979
Eppstein, Georg Frhr. v.: Der deutsche Kronprinz, Leipzig 1926
Epstein, Klaus: Shirer's History of Nazi Germany, in: The Review of Politics, 23, No. 2, April 1961, S. 230ff.
Die Erbschaft Wilhelms II., in: Das ganze Deutschland, 4. Jg., Nr. 30, S. 2
Erdmann, Karl Dietrich: Das Dritte Reich im Zusammenhang der deutschen Geschichte, Tutzing 1961
– Preußens tiefe Spur, in: Die Zeit, Nr. 10, 29. 2. 1980
– »Es wird Zeit, daß Wilhelm II. wieder sägt.« Augenzeugen über Wilhelm II. im Exil, Der Spiegel, Jg. 21, 1967, H. 14, S. 56
Eschenburg, Theodor: Kurze Geschichte der Weimarer Republik, in: Eschenburg, Theodor: Die improvisierte Demokratie, ges. Aufsätze zur Weimarer Republik, München 1963, S. 61–72
– Die Rolle der Persönlichkeit in der Krise der Weimarer Republik, ebda., S. 235–269, 298, 305–306
Everling, Friedrich; Günther, Alfred (Hg.): Der Kaiser, wie er war – wie er ist, Berlin 1934
Eyck, Erich: Die Monarchie Wilhelms II., Berlin 1924
Fabry, Philipp W.: Mutmaßungen über Hitler. Urteile von Zeitgenossen, Düsseldorf 1969

Farrar, Geraldine: Autobiographie, New York 1938
Faulenbach, Bernd: Ideologie des deutschen Weges. Die deutsche Geschichte in der Historiographie zwischen Kaiserreich und Nationalsozialismus, München 1980
Fechter, Paul: Menschen und Zeiten. Begegnungen aus fünf Jahrzehnten. 2. Aufl., Gütersloh 1949
De Felice, Renco: Die Deutungen des Faschismus, hrsg. von Josef Schröder unter Mitwirkung von Josef Muhr. Aus dem Italienischen von Elisabeth Lauer, Josef Muhr u. Josef Schröder, Göttingen 1980
Fest, Joachim C.: Hitler, eine Biographie, Lizenzausgabe für die Büchergilde Gutenberg, Darmstadt 1974
– Das Gesicht des Dritten Reiches. Profile einer totalitären Herrnhaft, 6. Aufl., München 1977
– Noch einmal: Abschied von der Geschichte, Gedanken zur Entfremdung von Geschichtswissenschaft und Öffentlichkeit, in: FAZ, Nr. 287, 10. 12. 1977
Fiedler, Rudolf: Preußen-Report, Zur Auflösung Preußens vor 30 Jahren. Deutschlandfunk, 1. März 1977
Finker, Kurt: Stauffenberg und der 20. Juli 1944. Berlin, Union Verlag 1967, dazu Hans Rothfels in: HZ, 208, 1969, S. 716–718
Flechtheim, Ossip K.: Ursachen, Charakter, Wirkungen des Nationalsozialismus, Teil 1, in: Blätter für deutsche und internationale Politik Jg. 8, 1963, H. 4, S. 282–87, Teil 11, in Heft 5, S. 376–383
Foerster, Wolfgang: Generaloberst Ludwig Beck. Sein Kampf gegen den Krieg. Aus den nachgelassenen Papieren des Generalstabschefs, München 1953
Fraenkel, Ernst: The Dual State. A contribution to the theory of dictatorship, New York 1941
Fraenkel, Heinrich, Manvell, Roger: Canaris. Spion im Widerstreit, Bern, München 1970
– Dr. Goebbels, His Life and Death, London, Melbourne, Toronto 1960
– Goebbels. Eine Biographie, Köln 1960
– Hermann Göring, Hannover 1964
– Heinrich Himmler, Kleinbürger und Massenmörder, Berlin 1965
François-Ponçet, André: Botschafter in Berlin 1931–1938, Berlin, Mainz 1962
Fragen an die deutsche Geschichte: Ideen, Kräfte, Entscheidungen von 1800 bis zur Gegenwart. Historische Ausstellung im Reichstagsgebäude in Berlin, Katalog, 4. erw. Aufl., Bonn 1979
Frank, Hans: Im Angesicht des Galgens. Deutung Hitlers und seiner Zeit aufgrund eigener Erlebnisse und Erkenntnisse. 2. Aufl., Heubaus b. Schliersee 1955
Frauendorfer, Max: Der ständische Gedanke im Nationalsozialismus, München 1932
Freund, Michael: Die Weimarer Republik und das Heer, in: Hessische Jugend, 12. Jg., 1966, Nr. 11, S. 9–11
Fridericia, Wilhelm: Ist Monarchismus heute möglich?, in: Die Zeit, 9.Jg., 1954, Nr. 53, S. 3
Friedensburg, Ferdinand: Schwarz-rot-goldene Staatspolitik. Warum scheiterte die Weimarer Republik?, in: Friedensburg, Ferdinand: Politik und Wirtschaft, Aufsätze und Vorträge, Berlin 1961

Friedrich Christian, Prinz zu Schaumburg-Lippe: Dr. G. ein Portrait des Propagandaministers, Wiesbaden 1964
- Wo war der Adel? Berlin 1934
- Fahnen gegen Fetzen, Berlin 1938
Friedrich, Julius: Wer spielte falsch? Hitler, Hindenburg, der Kronprinz, Hugenberg, Schleicher, Hamburg 1949
Frischauer, Walli: Himmler, The evil genius of the Third Reich, London 1953
Fritzsche, Hans: Hier spricht Hans Fritzsche. Nach Gesprächen, Briefen, Dokumenten. bearb. von Hildegard Springer, Stuttgart 1949
Fromm, Bella: Blood and Banquets. A Social Berlin Diary, New York 1942.
Funke, Manfred (Hrsg.): Hitler, Deutschland und die Mächte. Materialien zur Außenpolitik des Dritten Reiches, Nachdruck der ersten Aufl. 1976, Düsseldorf 1977
Gablentz, Otto Heinrich von der: Die Konservativen in der Weimarer Republik, in: Polit. Vierteljahresschrifl, 4. Jg., 1963, H. 3, S. 305–315
- Die Tragik des Preußentums, München 1948
Gaertringen, F. Frh. von: Die Deutschnationale Volkspartei und das Ende der Parteien 1933, hrsg. v. E. Matthias u. R. Morsey, 1960
Gasser, Manuel: Der Totengräber des Bismarckschen Reiches. Wilhelm II., in: Weltwoche, 17. Jg., 1949, Nr. 80, S. 8
Gebhardt: Handbuch der deutschen Geschichte, 9. neubearb. Aufl., hrsg. v. Herbert Grundmann, Bd. 4, Die Zeit der Weltkriege von Karl Dietrich Erdmann, Stuttgart 1976
Geiss, Immanuel: Die Vorgeschichte des Dritten Reiches, in: Geiss, Immanuel: Deutscher Widerstand 1933–1945, Heidelberg 1967, S. 24–41
Gengler, Ludwig Franz: Die deutschen Monarchisten 1919–1925. Ein Beitrag zur politischen Rechten von der Novemberrevolution bis zur ersten Ubernahme der Reichspräsidentschaft durch Generalfeldmarschall von Hindenburg 1925, Kulmbach 1932, Diss., Erlangen 1932
Gersdorff, Chr. Frhr. von: Das Land vom Tyrannen befreien. Mutige Versuche vor dem 20. Juli, in: Das Parlament (nebst Beilage Aus Politik und Zeitgeschichte), Nr. 21, S. 9
Gerstenmaier, Eugen: Der Kreisauer Kreis, in: Zwanzigster Juli 1944, 2. Aufl., bearb. v. H. Royce, Bonn 1954, S. 30–31
- Der Zwanzigste Juli als Mahn- und Prüfstein im deutschen Volk …, in: Bulletin des Presse- und Informationsamtes, Bonn 1956, Nr. 134, S. 1320–21
- Dem Morgen zugewandt, in: SKH Prinz Louis Ferdinand von Preußen zum 75. Geburtstag am 9. November 1982, Moers 1982/83, S. 23
Zur Geschichte der deutschen antifaschistischen Widerstandsbewegung 1933–1945. Eine Auswahl von Materialien, Berichten, Dokumenten, hrsg. vom Verlag d. Minist. f. Nationale Verteidigung, Berlin (Ost) 1958
Gies, Horst R.: Walther Darré und die nationalsozialistische Bauernpolitik 1930–1933. Diss., Frankfurt/M. 1966
Gilbert, Martin: Winston S. Churchill, Bd. V, London 1976

Gisevius, Hans Bernd: Adolf Hitler, Versuch einer Deutung, München 1963
– Der Anfang vom Ende. Wie es mit Wilhelm II. begann, Zürich 1971
Glaser, Hermann: »Mein Kampf« als Spießerspiegel. Notizen beim Wiedersehen nationalsozialistischer Bücher, in: Deutsche Rundschau, 86. Jg., 1960, S. 326–332
Goebbels, Joseph: Vom Kaiserhof zur Reichskanzlei. Eine historische Darstellung in Tagebuchblättern vom 1. Januar 1932 bis 1. Mai 1933, München 1943
– Der Nazi-Sozi. Fragen und Antworten für den Nationalsozialisten, Elberfeld o. J. (1927)
– Reden, hrsg. v. Helmut Heiber, Düsseldorf 1971
– Das Tagebuch 1925–26 mit anderen Dokumenten hrsg. v. Helmut Heiber, Stuttgart 1960
– Revolution der Deutschen, Oldenburg 1933
– Die Zweite Revolution. Briefe an Zeitgenossen, Zwickau/S. 1926
– Signale der neuen Zeit, 2. Aufl., München 1934
– Der Angriff, Aufsätze aus der Kampfzeit, München 1935
– Goebbels und die Nationalsozialistische Propaganda 1925–1945, Frankfurt 1971
– Wollt Ihr den totalen Krieg? Die geheimen Goebbels-Konferenzen 1939–1943, hrsg. v. Willi A. Boelcke, München 1969
– Tagebücher aus den Jahren 1942–1943, hrsg. v. Louis P. Lochner, Zürich 1948
– Preußen muß wieder preußisch werden, München 1932
– Weg in das Dritte Reich. Briefe und Aufsätze für Zeitgenossen. München 1927
Goerdelers politisches Testament. Dokumente des anderen Deutschland, hrsg. v. Friedrich Krause, New York 1945
Goetz, Walter: Wilhelm II. und die deutsche Geschichtsschreibung, in: Historische Zeitschrift, 179. Bd., 1955
Göhring, Martin: Bismarcks Erben 1890–1945. Deutschlands Weg von Wilhelm II. bis Adolf Hitler, Wiesbaden 1958, 2. Aufl. 1959
– Stresemann, Wiesbaden 1956
Göring, Emmy: An der Seite meines Mannes. Begebenheiten und Bekenntnisse, Göttingen 1967
Göring, Hermann: Aufbau einer Nation, Berlin 1934
– Reden und Aufsätze, München 1942
Görlitz, Walter: Hindenburg, Bonn 1953
– Adolf Hitler, 2. durchges. Auflage 1971, Göttingen, Zürich, Frankfurt/M. 1971
– Geldgeber der Macht. Wie Hitler, Lenin, Mao Tse-Tung, Mussolini, Stalin und Tito finanziert wurden. 1. Aufl., Düsseldorf 1976
– Die Hohenzollern, in: Die Großen Dynastien, München 1978
Görner, Alexander: Hitlers preußisches Engagement, in: Zeitschrift f. Geopolitik, Jg. 37, 1966, 1–2, S. 29–43
– Hitlers preußisches Engagement lI, ebda., 3–4, S. 99–117
Gossweiler, Kurt: Karl Dietrich Brachers »Auflösung der Weimarer Republik«, in: Zeitschrift für Geschichtswissenschaft, 6. Jg. 1958, S. 508–557
Graf von Krockow, Christian: Wilhelm II. und seine Zeit, Biographie einer Epoche, Berlin 1999

Grebing, Helga: Der Nationalsozialismus, Ursprung und Wesen, München, Wien 1974
Greiffenhagen, Martin: Die Aktualität Preußens. Fragen an die Bundesrepublik, Frankfurt/M. 1981
Grieswelle, D.: Propaganda der Friedlosigkeit. Diss., Stuttgart 1972
Groener-Geyer, Dorothea: General Groener, Frankfurt a. M. 1954
Groener, Wilhelm: Lebenserinnerungen. Jugend, Generalstab, Weltkrieg. Göttingen 1957
Grosser, Alfred: Hitler, la presse te la naissance, Paris 1959
Grubbe, Peter: Monarchie in Deutschland? in: Der Monat, Jg. 18, 1966, H. 208, S. 82–89
Guillen, Pierre: L'Empire Allemand 1871–1918, Collection d'Histoire contemporaine, Paris 1970
Gumbel, Emil Julius: Vom Fememord zur Reichskanzlei. Geheime Rüstung und politischer Mord in der Weimarer Republik, in: Der Friede, Idee und Verwirklichung, Festschrift f. Adolf Leschnitzer, Heidelberg 1961, S. 205–280
Güstrow, Dietrich: Tödlicher Alltag. Strafverteidiger im Dritten Reich, Berlin 1981
Gutsche, Willibald: Kaiser Wilhelm II., Der letzte Kaiser des Deutschen Reichs, Berlin 1991
– Ein Kaiser im Exil, Der letzte Deutsche Kaiser Wilhelm II. in Holland, Eine kritische Biographie, Marburg 1991
Gutsche, Willibald; Petzold, Joachim: Das Verhältnis der Hohenzollern zum Faschismus. Zeitschrift f. Geschichtswissenschaft, H. 10, Berlin 1981
Haffner, Sebastian: Anmerkungen zu Hitler, München 1978, dazu: Klaus Hildebrand in HZ, Bd. 230, Heft 2, 1980, S. 492–496
– Preußen ohne Legende, Hamburg 1978
– Der Selbstmord des Deutschen Reiches, Bern, München, Wien o.J.
– Wilhelm II., in: Haffner, Sebastian u. Venohr, Wolfgang, Preußische Profile, Königstein 1980
Hammer, Wolfgang: Warum die Weimarer Republik ihre Autorität verlor?, in: Die Autorität und die Deutschen, hrsg. v. C.S. Schmidt-Freytag, München 1966
Hamsher, William: Albert Speer, a victim of Nuremberg? London 1970
Hanfstaengl, Ernst P.: Hitler: The missing years, London 1957
– Zwischen Weißem und Braunem Haus. Memoiren eines politischen Außenseiters, München 1970
Happel, Heinrich: Der Name des deutschen Adels nach dem Inkrafttreten der neuen Reichsverfassung, Diss., Marburg 1923
Hartau, Friedrich: Wilhelm II. in Selbstzeugnissen und Bilddokumenten, Reinbek b. Hamburg 1978
Hassell, Ulrich von: Vom anderen Deutschland. Aus den nachgelassenen Tagebüchern 1938–1944, Zürich und Freiburg i. Br. 1946
– Zwischen Hoffnung und Zweifel, in: Zwanzigster Juli 1944, 2. Aufl., bearb. v. H. Royce, Bonn 1954, S. 38–43
Hauser, Oswald: England und das 3. Reich, eine dokumentierte Geschichte der deutsch-engl. Beziehungen 1933–1939, Stuttgart 1972

Hausher, H.: Paul Herre, Kronprinz Wilhelm und seine Rolle in der deutschen Politik, München 1954, in: Deutsche Literaturzeitung, 78. Jg., 1957, Sp. 426–427
Hedin, Sven: Kaiser Wilhelm II., in: Hedin, Sven, Große Männer, denen ich begegnete, 2. Bd., 1952, S. 76–96, Wiesbaden 1951 – 1952
Heiber, Helmut: Goebbels Reden, Bd. I: 1932–1939, Bd. II: 1939–1945, Düsseldorf 1971/72
– Joseph Goebbels, 2. Aufl., München 1974
– (Hrsg.), Reichsführer, Briefe an und von Himmler, München 1970
– Die Republik von Weimar, dtv-Weltgeschichte des 20. Jh., Bd. 3, München 1966
Heiden, Konrad: Der Führer, Boston 1944
Heimann, Eduard: Der Ursprung des Nazismus als weltgeschichtliche Lehre für unsere Demokratie, in: Hamburger Jahrbuch f. Wirtschafts- und Gesellschaftspolitik, Tübingen, 13. Jg. 1968, S. 11–31
Heinrich, Gerd: Geschichte Preußens, Staat und Dynastie, Frankfurt/M., Berlin, Wien 1981
Heisig, Klaus: Die politischen Grundlagen in Hitlers Schriften, Reden und Geprächen, Diss., Köln 1965
Helfritz, Hans: Wilhelm II. als Kaiser und König. Eine historische Studie, Zürich, Berlin 1954
Hellige, Hans-Dieter: Wilhelm II. und Walther Rathenau, in: Geschichte in Wissenschaft und Unterricht. Zeitschrift des Verbandes der Geschichtslehrer Deutschlands, Stuttgart, Jg. 19,1968, H. 9, S. 538–544
Hentschel, Volker: Preußens streitbare Geschichte, 1594–1945, Düsseldorf 1980
Herre, Paul: Kronprinz Wilhelm. Seine Rolle in der deutschen Politik, München 1954
Herzfeld, Hans: Staat und Nation in der Geschichtsschreibung der Weimarer Zeit, in: Herzfeld, Hans: Ausgewählte Aufsätze. Festgabe zum 70. Geburtstag, Berlin 1962
– Generaldiskussion (auf der Tagung »Stationen der deutschen Geschichte« 1919–1945), in: Stationen der dt. Geschichte 1919–1945, Int. Kongreß zur Zeitgeschichte, hrsg. v. B. Freudenfeld, Stuttgart 1962
Hess, Ilse: England – Nürnberg – Spandau. Ein Schicksal in Briefen, Leoni 1957
Hess, Jürgen C.: Gab es eine Alternative? Zum Scheitern des Linksliberalismus in der Weimarer Republik, in HZ, 233, 1976, S. 638–654
Hess, Rudolf: Reden, 1938
Heuss, Theodor: Dank und Bekenntnis, in: Dank und Bekenntnis, Stuttgart 1955, S. 9–21
– Erinnerungen 1905–1933, 2. Aufl. 1965, Tübingen 1965
– Hitlers Weg. Eine Schrift aus dem Jahre 1932, neu hrsg. von Eberhard Jäckel, Stuttgart 1968
Hildebrand, Klaus: Hitlers Ort in der Geschichte des preußisch-deutschen Nationalstaates, in: Historische Zeitschrift, Bd. 217, 1973, H. 3, S. 584–692
Hillard-Steinbömer, Gustav: Herren und Narren der Welt, München 1954
Hillgruber, Andreas: Deutsche Rolle in der Vorgeschichte der beiden Weltkriege. Göttingen 1967, dazu Wolfgang J. Mommsen in: Historische Zeitschrift 208, 1969, S. 694–696
– Staatsmänner und Diplomaten bei Hitler, München 1969 (Hrsg.)

Himmler, Heinrich: Reichsführer! Briefe an und von Himmler. Hrsg. u. eingel. v. Helmut Heiber, München 1970
Hindenburg, Paul von: Aus meinem Leben (1920). Briefe, Reden und Berichte, hrsg. v. F. Enders, 1934
- Hindenburg und der Staat, aus den Papieren des GFM und Reichspräsidenten 1878–1934, hrsg. v. Walther Hubatsch, 1966
Hitler, Adolf: Hitlers Briefe und Notizen, Sein Weltbild in handschriftlichen Dokumenten, von Werner Maser, 2. Aufl. 1973, Düsseldorf, Wien 1973
- sämtliche Aufzeichnungen 1905–1924, hrsg. v. Eberhard Jäckel, Stuttgart 1980
- Mein Kampf, eine Abrechnung, 2 Bde., München 1925/27
- Mein Kampf, 2 Bde. in einem Band, München 1936
- Hitler aus nächster Nähe, Aufzeichnungen eines Vertrauten 1929–1932, hrsg. v. H. A. Turner, Frankfurt/M., Berlin, Wien 1978
- Hitlers Zweites Buch. Ein Dokument aus dem Jahre 1928, hrsg. v. Gerhard L. Weinberg, Stuttgart 1961
- Die Reden Hitlers für Gleichberechtigung und Frieden, München 1934
- Die Reden Hitlers als Kanzler. Das junge Deutschland will Arbeit und Frieden, 4. Aufl., München 1934
- Sozialismus, wie ihn der Führer sieht. Worte des Führers zu einzelnen Fragen, zusammengestellt von Fritz Meystre, München 1935
- Aufrufe, Tagesbefehle und Reden des Führers im Krieg 1939/41, Karlsruhe 1941
- Hitlers Weisungen für die Kriegsführung, hrsg., v. Walther Hubatsch, Frankfurt/M. 1962
- Monologe im Führerhauptquartier 1941–1944, die Aufzeichnungen Heinrich Heims, hrsg. v. Werner Jochmann, Hamburg 1980
- Tischgespräche im Führerhauptquatier 1941–1942, von Henry Picker, 3. vollst. überarb. u. erw. Neuausgabe, Stuttgart 1976
Hobichon, Jaques: Nouveaux grands dossiers du Troisieme Reich, Paris 1971
Hochhuth, Rolf/Koch, Hans-Heinrich (Hg.): Kaisers Zeiten. Bilder einer Epoche. Aus dem Archiv der Hofphotographen Oscar und Gustav Tellgmann, Gütersloh 1977
Hofer, Walther: Die Diktatur Hitlers bis zum Beginn des Zweiten Weltkrieges, Konstanz 1961
- Der Nationalsozialismus, Dokumente 1933–1945, Frankfurt/M. 1973
- Rede zum Gedenken des 20. Juli 1944, Frankfurt/M. 1964
- Der 20. Juli 1944, Geschichte und Vermächtnis, in: Schweizer Monatshefte, 14. Jg. 1953, H. 4, S. 205–214
Hoffmann, Heinrich: Hitler was my friend, London 1955
Hoffmann, Peter: Widerstand, Staatsstreich, Attentat. Der Kampf der Opposition gegen Hitler, München 1969, 3. neubearb. u. erw. Ausg. 1979
Hofmann, Josef: Journalist in Republik, Diktatur und Besatzungszeit, 1916–1947, Bearbeitet und eingeleitet von Rudolf Morsey (Veröffentlichungen der Kommission für Zeitgeschichte, Reihe A: Quellen, Bd. 23) Mainz, Grünewald 1977, dazu Leo Haupts, in HZ, 226, 1978, S. 500–501

Hollenberg, Günter: Englisches Interesse am Kaiserreich, Wiesbaden 1974
Hossbach, Friedrich: Zwischen Wehrmacht und Hitler. 2. durchgesehene Aufl., Göttingen 1965, dazu: Wilhelm Rohr in: HZ, 205, 1967, S. 150–155
Hough, Richard: Louis and Victoria, the first Mountbattons, London 1974
Hubatsch, Walter: Hohenzollern in der Geschichte, Bonn 1961, 2. Auflage 1970
– Preußen (1815–1945), in: Geschichte der deutschen Länder, »Territorien Ploetz«, Bd. 2, 1971, S. 70–89
– Preußen als internationales Forschungsproblem, in: Geschichte in Wissenschaft und Unterricht, Stuttgart, 13. Jg., 1962, S. 71–86
– Hindenburg und der Staat. Aus den Papieren des Generalfeldmarschalls und Reichspräsidenten 1878–1934. Göttingen 1966, dazu Josef Becker in: HZ, 205, 1967, S. 667–671
Hübinger, Paul Egon: Thomas Mann, die Universität Bonn und die Zeitgeschichte. Drei Kapitel deutscher Vergangenheit aus dem Leben des Dichters 1905–1955, München/Wien 1974
Hüttenberger, Peter: Bibliographie zum Nationalsozialismus, Arbeitsbücher zur modernen Geschichte 8, Göttingen, 1980
Huntington, S. P.: The political modernization of traditional monarchism, in: Daedalus, Journal of the American Academy of Arts and Sciences, Boston/Mass., vol. 95, pp. 763–788
Ilsemann, Sigurd von: Der Kaiser in Holland. Aufzeichnungen des letzten Flügeladjutanten Kaiser Wilhelms II., hrsg. v. Harald von Königswald, Bd. l, Amerongen und Doorn, 1918–1923, München 1967, Bd. II, Monarchie und Nationalsozialismus, 1924–1941, München 1968
Imhoff, Christoph Frhr. von: Der Johanniter-Orden im 19. und 20. Jahrhundert, in: A. Wienand (Hrsg.), Der Johanniter-Orden, Der Malteser-Orden, Köln 1970, S. 519–555
Irving, David: Hitler und seine Feldherren, Frankfurt/M., Berlin, Wien 1975
Jäckel, Eberhard: Hitlers Weltanschauung, Entwurf einer Herrschaft, Tübingen 1969
Jacobsen, Hans Adolf, Jochmann, Werner: Ausgewählte Dokumente zur Geschichte des Nationalsozialismus 1933–1945, Arbeitsblätter für polit. u. soziale Bildung, Bielefeld 1966
Janssen, Karl-Heinz: Die graue Eminenz. Aus den Papieren Karl Georg von Treutlers, Berlin, Wien 1971
– Weder Tempel noch Gerichtssaal, in: Die Zeit, Nr. 2, 2. 1. 1981, Jg. 35
Jochmann, Werner (Hg.): Hitlers Tischgespräche im Führerhauptquartier, 3. vollst. überarb. u. erw. Neuausgabe, Stuttgart 1976
John, Otto: Zweimal kam ich heim. 1. Aufl. 1969, Düsseldorf, Wien 1969
John, Otto A.W.: Die Verschwörung, in: Nation Europa, Monatshefte im Dienst d. europ. Erneuerung, 7. Jg. 1975
– Die Verschwörung, in: Zwanzigster Juli 1944, 2. Aufl., bearb. v. H. Royce, Bonn 1954, S. 13–19
Jonas, Klaus W.: Der Kronprinz Wilhelm, Frankfurt a. M. 1962

Jonge, J. A.: Wilhelm II., Köln, Wien 1988
Kahlenberg, Friedrich P.: Bestand NS 1O, Persönliche Adjutanten des Führers u. Reichskanzlers, Fundbücher zu Beständen des Bundesarchivs 3, Koblenz 1970
– Preußen als Filmsujet in der Propagandasprache der NS-Zeit, in: Preußen, Versuch einer Bilanz, Katalog in fünf Bänden, Bd. V, Preußen im Film, Eine Retrospektive der Stiftung Deutsche Kinemathek, hrsg. v. Axel Marquardt und Heinz Rathsack, Reinbek b. Hamburg 1981, S. 135–163
Kaehler, Siegfried A.: Das preußisch-deutsche Problem seit der Reichsgründung, in: Christ und Welt, 1961, S. 204–219, S. 390
Der Kaiser: Eine Biographie in 107 Bildem, Berlin 1933
Kaiser Wilhelm II.: new interpretations: ed. by John C. G. Röhl u. Nikolaus Sombart, Cambridge 1982
Kaiser, Jakob: Weder Reaktionäre noch Revolutionäre, in: Zwanzigster Juli 1944, 2. Aufl., bearb. von H. Royce, Bonn 1954
Kampen, Wilhelm van: Das »Preußische Beispiel« als Propaganda und politisches Lebensbedürfnis, Anmerkungen zur Authentizität und Instrumentalisierung von Geschichte im Preußenfilm, in: Preußen, Versuch einer Bilanz, Katalog in fünf Bänden, Bd. V, Preußen im Film, Eine Retrospektive der Stiftung Deutsche Kinemathek, hrsg. v. Axel Marquardt und Heinz Rathsack, Reinbek bei Hamburg 1981, S. 164–177
Kater, Michael H.: Studentenschaft und Rechtsradikalismus in Deutschland 1918–1933. Eine sozialgeschichtliche Studie zur Bildungskrise in der Weimarer Republik (= Historische Perspektiven, hrsg. v. Bemd Martin, Hans Jürgen Puhle, Wolfgang Schieder, Gottfried Schramm und Heinrich-August Winkler, Bd. 1), Hamburg 1975
Kathe, H.: Die Hohenzollernlegende, Berlin 1973
Kaufmann, Walter H.: Monarchism in the Weimar Republic, New York 1953
Kehrl, Hans: Krisenmanager im Dritten Reich, 6 Jahre Frieden, 6 Jahre Krieg, Düsseldorf 1973
Keimer, Ludwig: Die privatrechtliche Sonderstellung des hohen Adels einst und jetzt, Diss., Würzburg 1922
Kempner, Robert Max Wasili: Das Dritte Reich im Kreuzverhör. Aus den unveröffentlichten Vemehmungsprotokollen des Anklägers Robert M. W. Kempner, München, Esslingen 1969
Kersten, Felix: Totenkopf und Treue, Heinrich Himmler ohne Uniform, Aus den Tagebuchblättern des finnischen Medizinalrats, Hamburg 1955
Kessel, Albrecht von: Gedanken über Preußen, in: Die Zeit, Jg. 20, 1965, Nr. 43, S. 49
Kessel, Eberhard: Hitler und der Verrat am Preußentum, in: Das Parlament, Jg. 11, 1964, Beil., S. 649–661
– Zur inneren Entwicklung Deutschlands unter Wilhelm II. und in der Weimarer Republik, in: Archiv für Kulturgeschichte, Bd. 44, Köln 1962, S. 255–280
Kesselmeier, Carin: Der Leitartikler Joseph Goebbels in den NS-Organen »Der Angriff« und »Das Reich«, Münster/Westf. 1967
Kessler, Harry Graf: Tagebücher 1918–1937, Frankfurt/M. 1961

Kiaulehn, Walther: Berlin, Schicksal einer Weltstadt, 6. Aufl. München, Berlin 1958, unveränderter Nachdruck, München 1976
Kimmel, Adolf: Der Aufstieg des Nationalsozialismus im Spiegel der französischen Presse 1930–1933, Bonn 1969
Kleist-Schmenzin, Erich von: Die letzte Möglichkeit. Zur Ernennung Hitlers zum Reichskanzler, in: Politische Studien, 10. Jg., 1959, S. 89–92
Klemperer, Klemens von: Konservative Bewegungen zwischen Kaiserreich und Nationalsozialismus, München, Wien 1962
Klepper, Jochen: Unter dem Schatten deiner Flügel. Aus den Tagebüchern des Jahres 1932–1942, hrsg. v. Hildegard Klepper, Stuttgart 1956
Klotz, Helmuth (Hg.): The Berlin Diaries, 2 Bde., New York 1934
Klotzbücher, Alois: Der politische Weg des Stahlhelm, Bund der Frontsoldaten in der Weimarer Republik. Ein Beitrag zur Geschichte der »Nationalen Opposition«, 1918–1933, Diss. Erlangen-Nürnberg 1965
Koch, Hansjoachim W.: Geschichte Preußens, aus dem Englischen, München 1980
Kogon, Eugen: Lehren für morgen (aus dem Weg in die Diktatur während der Weimarer Republik). in: Der Weg in die Dikatur 1918–1933, Beiträge von Theodor Eschenburg u. a., München 1962
Kohut, Thomas A.:William II. and the Germans, A Study of Leadership, New York – Oxford 1991
Kracke, Friedrich: Die oberste Heeresleitung und das Ende der Monarchie in Deutschland, in: Politische Studien, München, 11. Jg. 196O, S. 192–197
– Prinz und Kaiser, Kaiser Wilhelm II. im Urteil seiner Zeit, München 1960
Krackow, Jürgen: Was wir von Preußen lernen können, in: Frankfurter Allgemeine Zeitung, Nr. 177, 2. 8. 1980, S. 11
Kramer, Walter: Der politische Wille als geschichtliche Macht. Der Untergang des 2. und die Entwicklung des 3. Reiches als Wirkung geistiger Kräfte, Leipzig 1936
Kraus, Karl: Die dritte Walpurgisnacht, 1952
Krausnick, Helmut: Vorgeschichte und Beginn des militärischen Widerstandes gegen Hitler, in: »Vollmacht des Gewissens«, hrsg. v. der Europäischen Publikation e. V., München 1956
Krebs, Albert: Tendenzen und Gestalten der NSDAP. Erinnerungen an die Frühzeit der Partei. Von dem 1932 aus der Partei ausgeschlossenen ehemaligen Gauleiter von Hamburg, Stuttgart 1959
Kühlmann, Richard von: Erinnerungen, Heidelberg 1948
Krockow, Christian Graf von: Warnung vor Preußen, Berlin 1981
Kürenberg (d. i. Reichel), Joachim von: War alles falsch? Das Leben Kaiser Wilhelms II., Bonn 1951
Kwiet, Konrad: Reichskommissariat Niederlande. Versuch und Scheitern nationalsozialistischer Neuordnung. Schriftenreihe der Vierteljahreshefte für Zeitgeschichte Nr. 17, Stuttgart DVA 1968, dazu Gev van Roon, in: HZ, 208, 1969, S. 738–739
Laack-Michael, Ursula: Albrecht Haushofer und der Nationalsozialismus, Stuttgart 1974

Lange, Karl: Hitlers unbeachtete Maximen, »Mein Kampf« und die Öffentlichkeit, Stuttgart 1968
Leber, Annelore, Freya Gräfin von Moltke: Der Beitrag der Frau, in: Zwanzigster Juli 1944, 2. Aufl., bearb. v. H. Royce, S. 32–34, Bonn 1954
– Für und wider. Entscheidungen in Deutschland 1918–1945, Berlin, Frankfurt/M. 1961
Lehmann, Emil: Die Bedeutung und Tragweite des Satzes: »Adelsbezeichnungen gelten nur als Teil des Namens«, Art. 109 III, 2. R. V., Diss., Heidelberg 1927
Lochner, Louis Paul: Die Mächtigen und der Tyrann. Hat die Industrie Hitler finanziert?, in: Das neue Journal, Aktuelles in Wort und Bild, Wiesbaden, 7. Jg. 1958, H. 22–27, 8. Jg. 1959, H. 1–4
– Stets das Unerwartete, Erinnerungen aus Deutschland 1921–1953, Darmstadt 1953
– What about Germany? New York 1942
Lockart, R. Bruce: Comes the Reckoning, London 1947
Louis Ferdinand, Prinz von Preußen: Die Geschichte meines Lebens, 2. Aufl., Göttingen 1969
– The Rebel Prince, Chicago 1952
Löwenthal, M. (Hrsg): Diaries of Theodor Herzl, London 1958
Löwenthal, Richard: Jenseits des Kapitalismus, in: Nolte, Ernst: Theorien über den Faschismus, Berlin 1967
Ludwig, Emil: Wilhelm II., Berlin 1926, Neuaufl. München 1964 und München 1976
Lüthy, Herbert: Der Führer persönlich. Beim Lesen neuer Biographien, in: Der Monat, 6. Jg. 1953, H. 62, S. 49–61
MacDonogh, Giles: The Last Kaiser, William the Impetuous, London 2000
Magnus, Philipp: King Edward the Seventh, London 1964
Major, H. D. A.: The Life and Letters of W. Boyd Carpenter, London 1925
Maltitz, Horst von: The revolution of Hitler's Germany, The ideology, the personality, the moment, New York, Düsseldorf 1973
Mann, Golo: Das Ende Preußens, in: Hochland, München 1968, S. 135–165, S. 212 ff.
– Prinz Max von Baden und das Ende der Monarchie, in: Merkur, 22. Jg. H. 8, August 1968, S. 727–750
– Was blieb vom 20. Juli?, in: Gesellschaft, Staat, Erziehung, Blätter für polit. Bildung und Erziehung., 9. Jg. 1964, H. 3, 152–160
– Wilhelm II., München, Bern, Wien 1964
Mann, Klaus: Mephisto, Reinbek b. Hamburg 1981
Mann, Thomas: Deutsche Hörer! Enthält Radiosendungen aus der Zeit des Krieges, Stockholm 1945
Manvell, Roger, Fraenkel, Heinrich: Doctor Goebbels, His Life and Death, London, Melbourne, Toronto 1960
– Hess, A biography, London 1971
– Heinrich Himmler, London 1965
Marcks, Eduard: Hindenburg, 1963
Martin, Hermann: 10 Jahre Stahlhelm, Leipzig 1929
Maser, Werner: Adolf Hitler, Legende, Mythos, Wirklichkeit, 2. Aufl., München 1975

– Hitlers Briefe und Notizen, 1. Aufl., Düsseldorf 1973
– Mein Kampf, der Fahrplan eines Welteroberers, Neuauflage, Esslingen 1976
– Der Sturm auf die Republik, Frühgeschichte der NSDAP, erw. Neuausgabe von Die Frühgeschichte der NSDAP, Stuttgart 1973
Massenbach, Heinrich Frhr. von: Die Hohenzollern einst und jetzt, 9. neubearb. und erw. Auflage, Köln 1975
Masur, Gerhard: Das kaiserliche Berlin, München, Wien, Zürich 1971, Imperial Berlin, New York 1970, (übers. v. Charlotte Roland und Hans Maeter)
Meinecke, Friedrich: Die deutsche Katastrophe, Betrachtungen und Erinnerungen, Wiesbaden 1946
– Politische Schriften und Reden, hrsg. v. Georg Kotowski, Darmstadt 1958
Meissner, Hans Otto: 30. Januar 1933, Hitlers Machtergreifung, Esslingen 1976
– Staatssekretär unter Ebert – Hindenburg – Hitler, Hamburg 1950
Mende, Erich: Preußen – besser als sein Ruf, in: Bonner Hefte, 2. Jg. 1954, Nr. 1, S. 4–8
Merkatz, Hans-Joachim v.: Preußische Legende. Besinnung auf Preußen, Autorität und Freiheit – gestern und morgen, hrsg. v. Harald v. Königswald u. H.-J. v. M. Schriften des Norddeutschen Kulturwerks, Oldenburg 1964
Meyer-Abich, Friedrich: Die Masken fallen. Aus den Geheimpapieren des Dritten Reiches, hrsg. v. F. Meyer-Abich, Hamburg 1949
Michaelis, H., Schraepler, E. (Hg.): Ursachen und Folgen vom deutschen Zusammenbruch 1918–1945 bis zur staatlichen Neuordnung Deutschlands in der Gegenwart, Eine Urkunden- und Dokumentensammlung zur Zeitgeschichte, 26 Bde., 1958ff.
Michaelis, Wilhelm: Zum Problem des Königstodes am Ende der Hohenzollernmonarchie, in: Geschichte in Wissenschaft und Unterricht, Stuttgart, 13. Jg., 1962, S. 695–704
Miltenberg, Weigand von: Adolf Hitler – Wilhelm II., Berlin 1931
Moderne preußische Geschichte 1648–1947: Eine Anthologie, bearb. u. hrsg. v. Otto Büsch und Wolfgang Neugebauer, 3 Bde., Berlin, New York 1981
Moeller van den Bruck, Adolf: Preußen muß sein, in: Briegische Briefe, Neue Brieger Ztg., Goslar, 7. Jg. 1953, Nr. 7, S. 1
Mohler, Armin: Die Konservative Revolution in Deutschland 1918–1932. Ein Handbuch. 2. völlig neu bearb. und erw. Fassung, Darmstadt 1972
Moltke, Freya Gräfin von, Balfour, Michael, Frisby, Julian: Helmuth James von Moltke 1907–1945, Anwalt der Zukunft, Stuttgart 1975
Moltke, Helmuth James Graf von: Letzte Briefe aus dem Gefängnis Tegel, Berlin 1951
Mommsen, Hans: Gesellschaftsbild und Verfassungspläne des deutschen Widerstandes, in: Der deutsche Widerstand gegen Hitler, Vier historischkritische Studien, Köln/Berlin 1966, S. 82–85
Mommsen, Wolfgang J.: War der Kaiser an allem schuld? Wilhelm II. und die preußisch-deutschen Machteliten, München 2002
Monarchisten, historisch gesehen, in: Der Spiegel, Hamburg, 8.Jg., Nr.39, S. 30–31
Morsey, Rudolf: Zur Geschichte des »Preußenschlags«, in: Vierteljahreshefte f. Zeitgeschichte, 9. Jg. 1961, S. 430–439
Mosley, Leonard: Göring, The Reichsmarschall. Eine Biographie, München 1975

Müller, Georg Alexander von: Der Kaiser, Aufzeichnungen über die Ära Wilhelms II., hrsg. v. Walter Görlitz, Göttingen 1959
– Regierte der Kaiser? Kriegstagebücher, Aufzeichnungen und Briefe, hrsg. v. Walter Görlitz, Göttingen 1959
Müller, Gustav Adolf v.: Vor dem Frühstück allerhand Allotria, Der Kaiser Wilhelm II. in: Der Spiegel, 19. Jg. 1965, Nr. 29, S. 38–40
Müller, Klaus-Jürgen: Ludwig Beck, Ein General zwischen Wilhelminismus und Nationalsozialismus, in: Festschr. F. Fischer, 1973
– Probleme der Beck-Biographie, in: Militärgeschichtliche Mitteilungen 1, 1972
Nebgen, Elfriede: Jakob Kaiser. Der Widerstandskämpfer, Stuttgart u. a. 1967
Nelson, Walter Henry: Die Hohenzollern, Biographie eines königlichen Hauses (The Soldier Kings, The House of Hohenzollern, New York 1970), a. d. Amerikanischen von Richard Paul, München, Wien, Zürich 1972, TB-Ausgabe, Gütersloh 1978
Neumann, H.: Arthur Seyss-Inquart, Graz 1970
Neumann, Robert: Mein altes Haus in Kent, Erinnerungen an Menschen und Gespenster, Wien, München, Basel, 1957
Neumann, Sigmund: Die Parteien in der Weimarer Republik, 1931, Neuausgabe v. K. D. Bracher, Stuttgart 1965
Niekisch, Ernst: Das Reich der niederen Dämonen, Hamburg 1953
Niemann, Alfred: Kaiser und Revolution, die entscheidenden Ereignisse im Großen Hauptquartier, Berlin 1922
– Der Weg Kaiser Wilhelms vom Thron in die Fremde, Stuttgart, Berlin, Leipzig 1932
Niemann, Walter: Der Thronverzicht des deutschen Kaisers und des Kronprinzen, Diss., Rostock 1922
Niemöller, Wilhelm (Hg.): Martin Niemöller: Briefe aus der Gefangenschaft, 1975
Nipperdey, Thomas: 1933 und Kontinuität der deutschen Geschichte, in: HZ 227, 1978, S. 87–111
Nolte, Ernst: Der Nationalsozialismus, Berlin 1973
– Die faschistischen Bewegungen, dtv-Weltgeschichte des 20. Jh. Bd. 4, München 1966
Noth, Ernst Erich: Erinnerungen eines Deutschen, Hamburg, Düsseldorf 1971
Nowak, Karl Friedrich: Deutschlands Weg in die Einkreisung, Berlin 1931
– Das dritte deutsche Kaiserreich. Bd.I., Die übersprungene Generation (auch erschienen unter dem Titel: Kaiser und Kanzler), Berlin 1929
Owen, Frank: Tempestuous Journey, Lloyd George, His Life and Times, London 1954
Palmer, Alan: The Kaiser, Warlord of the Second Reich, London 1978
– Kaiser Wilhelm II., Glanz und Ende der preußischen Dynastie, Wien, München u. a. 1982
Papen, Franz von: Appell an das deutsche Gewissen, 1935
– Vom Scheitern der Demokratie, 1968
– Der Wahrheit eine Gasse, 1952
Petitfrere, Ray: La mystique de la croix gammée, Paris 1962
Petrie, Charles: Monarchie im 20. Jahrhundert, in: Virtute Fideque, Festschrift für Otto von Habsburg zum fünfzigsten Geburtstag, Wien 1965

Petzold, Joachim: Die Abdankung Kaiser Wilhelms II., in: Zeitschrift für Militärgeschichte, Berlin, Jg. 6, 1967, H. 3, S. 298–310
– Der Staatsstreich vom 20. Juli 1932 in Preußen, in: Zeitschrift für Geschichtswissenschaft, Berlin, 4. Jg. 1956, S. 146–186
Pfeifer, Eva: Das Hitlerbild im Spiegel einiger konsenativer Zeitungen in den Jahren 1929–1933, Diss., Heidelberg 1966
Philipps, Peter: The tragedy of Nazi Germany, London 1969
Picker, Henry: Tischgespräche im Führerhauptquartier, Hitler, wie er wirklich war, Erweiterte Neuausgabe 1976, Stuttgart 1976, dazu Andreas Hillgruber in: HZ 224, 1977, S. 229ff.
Pless, Daisy Princess of: Daisy of Pless, by Herself, London 1931
– What I left unsaid, London 1936
Ponsonby, Arthur (Lord Ponsonby of Shulbrede): Henry Ponsonby, His Life from his Letters, London 1942
Ponsonby, Sir Frederick: Recollections of Three Reigns, London 1951
Pope-Hennessy, James: Queen Mary, London 1959
Preußen, Berlin 1981: Ausstellung und Preußenbild im Spiegel der Medien, 3 Bde., hrsg. v. Presse- u. Informationsamt des Landes Berlin, Berlin 1982
Preußen, Eine politische Ausgrabung in Deutschland, in: Zeit-Magazin Nr. 21, 18.5.1979, S. 6ff.
Preußen im Rückblick: hrsg. von Hans-Jürgen Puhle und Hans-Ulrich Wehler, Göttingen 1980
Preußen in der deutschen Geschichte: hrsg. von Dirk Blasius, Königstein/Ts. 1980
Preußen, Versuch einer Bilanz: Bilder und Texte einer Ausstellung der Berliner Festspiele GmbH, hrsg. von Ulrich Eckhardt, Berlin 1982
– Versuch einer Bilanz: Katalog in fünf Bänden, Reinbek b. Hamburg 1981
– Versuch einer Bilanz: Ausstellungsführer, hrsg. v. Gottfried Korff u. Winfried Ranke. 5 Bde. Reinbek b. Hamburg 1981
Preußentum und Nationalsozialismus: 7 Briefe an einen preußischen Junker von Schwarz von Berk, Stettin 1932
Prinz von Preußen, Oskar: Wilhelm II. und die Vereinigten Staaten von Amerika, Neuwied 1997
Prittie, Terence: Deutsche gegen Hitler, Tübingen 1965
Prittwitz und Gaffron, Friedrich Wilhelm von: Zwischen Petersburg und Washington, München 1952
Pross, Harry: Der andere 20. Juli. Zum Problem der Staatsgesinnung, in: Deutsche Rundschau, 83. Jg. 1957, S. 692–697
Quellen zur Geschichte des Parlamentarismus und der politischen Parteien:
– Erste Reihe. Von der konstitutionellen Monarchie zur parlamentarischen Republik, hrsg. v. Werner Conze u. Erich Matthias, Bd. VII, Friedrich v. Berg als Chef des geheimen Zivilkabinetts 1918, Erinnerungen aus seinem Nachlaß, Düsseldorf 1971
– Dritte Reihe. Die Weimarer Republik, hrsg. v. Karl Dietrich Bracher, Erich Matthias u. Rudolf Morsey, Bd.I, Erinnerungen und Dokumente von Johann Victor Bredt 1914–1933, Düsseldorf 1970

Rall, Hans: Wilhelm II., Eine Biographie, Graz, Wien, Köln 1995
Rassow, Peter: Die Rolle Preußens in der deutschen und europäischen Geschichte, in: Rassow, Peter, Die geschichtliche Einheit des Abendlandes, Reden und Aufsätze, Köln 1960
Rathenau, Walther: Der Kaiser, eine Betrachtung, Berlin 1949, 1. Aufl. 1919
Rauschning, Hermann: Gespräche mit Hitler, Wien 1973
– Revolution des Nihilismus, Kulisse und Wirklichkeit im Dritten Reich, Zürich 1938, Neuaufl. 1964
Reiners, Ludwig: In Europa gehen die Lichter aus. Der Untergang des wilhelminischen Reiches, München 1954
Reinisch, Leonhard (Hrsg.): Die Zeit ohne Eigenschaften. Eine Bilanz der Zwanziger Jahre, Stuttgart 1965
Reventlow, Ernst, Graf zu: Von Potsdam nach Doorn, Berlin 1940
Rheinbaben, Werner Frhr. von: Kaiser, Kanzler, Präsident, Mainz 1968
Ribbentrop, Joachim von: Zwischen London und Moskau, hrsg. v. Anneliese von Ribbentrop, Leoni 1953
Richter, Herbert: Die staatsrechtliche Stellung des Monarchen nach erfolgtem Thronverzicht, einschließlich der Stellung der Mediatisierten, Diss., Erlangen 1923
Rieckher, Karl: Die Auflösung der Adelsvorrechte gemäß Art. 109 III 1 der Reichsverfassung vom 11. August 1919 in Reich und Ländern, Heidelberg 1929, Diss., Heidelberg 1929
Ries, Helmut: Kronprinz Wilhelm, Hamburg, Berlin, Bonn 2001
Riess, Carl: Joseph Goebbels, eine Biographie. Wiesbaden 1975, unveränd. Nachdruck von 1949 (Zürich)
Riezler, Kurt: Tagebücher, Aufsätze, Dokumente, hrsg. v. Karl Dietrich Erdmann, Göttingen 1972
Rings, Werner: Leben mit dem Feind. Anpassung und Widerstand in Hitlers Europa 1939–1945, München 1979
Ritter, Gerhard: Europa und die deutsche Frage. Betrachtungen über die geschichthche Eigenart des deutschen Staatsdenkens, 1948
– Staatskunst und Kriegshandwerk. Das Problem des »Militarismus« in Deutschland, 4 Bde., München 1954–1968
– Carl Goerdeler und die deutsche Widerstandsbewegung, Stuttgart 1954, München 1964
– Goerdelers Pläne für Deutschland, in: Frankfurter Allgemeine Zeitung, Nr. 163, 12. Juli 1954
– The Third Reich: Essays published under the auspices of the International Council for Philosophy and Humanistic Studies and with the assistance of UNESCO, London 1955, pp. 381 ff.
Riner, Gerhard A.: Arbeiterbewegung, Parteien und Parlamentarismus. Aufsätze zur deutschen Sozial- und Verfassungsgeschichte des 19. und 20. Jahrhunderts, Göttingen 1976
– (Hrsg.): Das Deutsche Kaiserreich 1871–1914, Ein historisches Lesebuch, 2. Aufl., Göttingen 1975

– und Miller, Susanne (Hrsg.): Die deutsche Revolution 1918–1919, 2. erhebl. erw. Aufl., Hamburg 1975
– Parlament und Demokratie in Großbritannien, Studien zur Entwicklung und Struktur des politischen Systems, Göttingen 1972
– Staat und Arbeiterschaft in Deutschland von der Revolution 1848–1849 bis zur nationalsozialistischen Machtergreifung, in: Historische Zeitschrift, Bd. 231, H. 2, Oktober 1980, S. 325–368
– Staat, Arbeiterschaft und Arbeiterbewegung in Deutschland, Bonn 1980
Ritthaler, Anton: Kaiser Wilhelm II., Herrscher in einer Zeitenwende, Köln 1958
– Die Hohenzollern, Frankfurt a. M. 1961, Neuausgabe, Moers 1979
– Kronprinz Wilhelm, in: Tradition und Leben, Köln, 14. Jg., 1962, Nr. 137, S. 3–5
Rock, William R.: British Appeasement in the 1930s, London 1977, dazu: Bernd-Jürgen Wendt, in HZ. 226, 1978, S. 495–497
Röhl, John C. G.: 1914 – Delusion or Design? Introd. by Hugh Trevor-Roper, revised and expanded English edition, London 1973
– Kaiser, Hof und Staat – Wilhelm II. und die deutsche Politik, München 1987
– Die Jugend des Kaisers 1859–1888, München 1993
– Young Wilhelm, The Kaiser's Early Life 1859–1888, Cambridge 1998
– Wilhelm II. – Der Aufbau der persönlichen Monarchie 1888–1900, München 2001
– Geheimnisse Kaiser Wilhelms II., Fernsehdokumentation 1986
– Germany without Bismarck, London 1967
– From Bismarck to Hitler, 3. Aufl., London 1976
– (Hrsg.): Der Ort Kaiser Wilhelms II. in der deutschen Geschichte, München 1991
– mit Sombart, Nicolaus: Kaiser Wilhelm II. New Interpretations, Cambridge 1982
Rohlfes, Joachim: Das Interesse an Preußen. Eine Nachlese zum Preußenjahr, in: GWU, H. 9, 1982, S. 523–549
Rosenberg, Alfred: Der Mythos des 20. Jahrhunderts, München 1939
Rothfels, Hans: Die deutsche Opposition gegen Hitler, Frankfurt, Hamburg 1958
– Trott und die Außenpolitik des Widerstandes, in: VfZ 12, 1954, S. 322
Röttricht, Edgar: Pflicht und Gewissen. Erinnerungen eines deutschen Generals 1932–1944, Stuttgart 1965, dazu: Helmuth K. G. Rönnefarth in: HZ, 207, 1968, S. 148–150
Ryder, A.J.: The German Revolution 1918, Cambridge 1967
Schacht, Hjalmar: Abrechnung mit Hitler, Hamburg 1948
– 76 Jahre meines Lebens, Wiesbaden 1953
– Wie eine Demokratie stirbt, 1968
Schamoni, Peter: Majestät braucht Sonne, Film- und Fernsedokumentation 2001
Schirach, Baldur von: Ich glaubte an Hitler, Hamburg 1967
Schirach, Henriette von: Der Preis der Herrlichkeit, Wiesbaden 1956
Schlabrendorff, Fabian von: Begegnungen in fünf Jahrzehnten, Tübingen 1979
– in: Zwanzigster Juli 1944, 2. Aufl., bearb. v. H. Royce, Bonn 1954
– Offiziere gegen Hitler, Zürich 1946
Schlenke, Manfred: Von der Schwierigkeit, Preußen auszustellen, Rückschau auf die Preußen-Ausstellung, Berlin 1981, in: GWU, H. 9, 1982, S. 550–567

Schmidt-Pauli, Edgar von: Hitlers Kampf um die Macht, Berlin 1933
Schneider, Reinhold: Die Hohenzollern, Leipzig 1932, 2. durchgesehene Aufl., Köln, Olten 1953
– Verhüllter Tag, Köln/Olten 1954
Scholder, Klaus: Die Kirchen und das Dritte Reich, Bd. I. Vorgeschichte und Zeit der Illusionen, 1918–1934, Frankfurt/M., Berlin, Wien 1977
– Umgang mit der Geschichte, in: Nachrichten der Ev. Kirche in Bayern 34. Jg., 1979, H. 3, S. 49–54
Schramm, Percy Ernst: Adolf Hitler, Anatomie eines Diktators, in: Der Spiegel, Jg. 18, 1964, H. 5–10
– Notizen über einen Besuch in Doorn, in: Spiegel der Geschichte, 1964, S. 942–950
Schramm, W. Ritter von (Hrsg.): Beck und Goerdeler, Gemeinschaftsdokumente für den Frieden, 1941–1945, 1965
Schüren, Ulrich: Der Volksentscheid zur Fürstenenteignung 1926, Die Vermögensauseinandersetzung mit den depossedierten Landesherren unter besonderer Berücksichtigung der Verhältnisse in Preußen, Düsseldorf 1978
Schulz, Gerhard: Deutschland seit dem Ersten Weltkrieg 1918–1945
– Revolution und Friedensschlüsse 1917–1920, dtv-Weltgeschichte des 20. Jh., Bd. 2, München 1967
Schulze, Hagen: Otto Braun oder Preußens demokratische Sendung, Frankfurt a. M. 1977
– Preußens Arbeiterbewegung. in: Preußen, Versuch einer Bilanz, Katalog in fünf Bänden, Bd. II, Preußen, Beiträge zu einer politischen Kultur, hrsg. v. Manfred Schlenke, Reinbek b. Hamburg 1981, S. 237–252
– Weimar, Deutschland 1917–1933, Berlin 1982
Schulze, Hermann: Die Hausgesetze der regierenden deutschen Fürstenhäuser, Bd. III, Jena 1883
Schulze-Pfälzer, Gerhard: Wie Hindenburg Reichspräsident wurde, Berlin 1925
Schussler, Wilhelm: Kaiser Wilhelm II., Schicksal und Schuld, Göttingen 1962
Schwarzwälder, Wulf: Rudolf Hess, Der Stellvertreter des Führers. Der Mann in Spandau, Wien, München 1974
Schwerin von Krosigk, Lutz Graf: Memoiren, Stuttgart 1977
– Der Methodiker des Schreckens, Heinrich Himmler, in: Es geschah in Deutschland, Menschenbilder unseres Jahrhunderts, Stuttgart 1951
Seeckt, Hans von: Aus meinem Leben, hrsg. v. F. von Rubenau, I. 1866–1917 (1938), II. 1918–1936 (1940)
Sehnsucht nach Preußen, Der Spiegel, 35. Jg., 1981, Nr.1/2, S. 34–54
Seraphim, Hans-Günther: Die Motive der Widerstandskämpfer, in: Zwanzigster Juli 1944, 2. Aufl., bearb. v. H. Royce, Bonn 1954
Sexau, R.: Kaiser ohne Kanzler, Kampf um das Schicksal des Bismarckreiches, Berlin, Hamburg 1936, Neuaufl., München 1952
Shirer, William L.: Nazism. A continuation of German History, in: Hitler and Nazi Germany, ed. by Robert G. L. White, European problem studies, New York 1966

– The Rise and Fall of the Third Reich. A History of Nazi German, London 1960. Aufstieg und Fall des Dritten Reiches, Köln, Berlin 1961
SKH Prinz Louis Ferdinand zum 75. Geburtstag am 9. November 1982 Moers, 1982/83
Smith, Bradley F., Peterson, Agnes F. (Hrsg.): Heinrich Himmlers Geheimreden 1933–1945, Berlin 1974
– Heinrich Himmler, A Nazi in the making 1900–1926, Stanford 1971
Sombart, Nicolaus: Der letzte Kaiser war so, wie die Deutschen waren. In: Frankfurter Allgemeine Zeitung, 27. Januar 1979
– Wilhelm II., Sündenbock und Herr der Mitte, Berlin 1996
Sonntag, J.: Schuld und Schicksal. Die Tragödie Wilhelms II., Berlin 1926
Sontag, Franz (Pseud. Junius Alter): Nationalisten, Leipzig 1932
Sontheimer, Kurt: Antidemokratisches Denken in der Weimarer Republik, TB Neuauflage, München 1978
– Die Parteienkritik in der Weimarer Republik, in: Politische Studien, 13. Jg.1962, S. 563–576
– Sigurd von Ilsemann. Der Kaiser in Holland. Aufzeichnungen aus den Jahren 1924–1941, Monarchie und Nationalsozialismus, München 1968, Buchkritik in: FAZ, Politische Bücher, 23. 10.1968, in: Ein Büchertagebuch, Buchbesprechungen der FAZ, Reprint der Jahrgänge 1967–1970, Frankfurt/M., Stuttgart 1981
Speer, Albert: Erinnerungen, Berlin 1976
– Spandauer Tagebücher, 3. Aufl., Frankfurt/M., Berlin, Wien 1975
– Der Sklavenstaat. Meine Auseinandersetzung mit der SS, Stuttgart 1981
Spiegelbild einer Verschwörung: Die (Ernst) Kaltenbrunner-Berichte an Bormann und Hitler über das Attentat vom 20. Juli 1944. Geheime Dokumente aus dem ehem. Reichssicherheitshauptamt, Stuttgart 1961
Stahlhelm, Bund der Frontsoldaten. Stahlhelmbuch, Berlin 1926
Stampfer, Friedrich: Die vierzehn Jahre der ersten Deutschen Republik, Karlsbad 1936
Stauffenberg, Alexander von: Die deutsche Widerstandsbewegung und ihre Bedeutung für die Gegenwart, in: Bekenntnis und Verpflichtung, Stuttgart 1955
Steed, H. Wickham: From Frederick the Great to Hitler, The Consistency of German Aims, in: International Affairs, London. The Royal Institute of International Affairs, Bd. XVII, Nr. 5, September-Oktober 1938
Stefan, Harald: Adolf Hitler in Selbstzeugnissen und Bilddokumenten, Reinbek b. Hamburg 1983
Steinacker, Harald: Die volksdeutsche Geschichtsauffassung und das neue deutsche Geschichtsbild, Leipzig, Berlin 1937
Stevenson, William: The Borman Brotherhood, New York 1973
Stirk, Samuel Dickinson: The prussian spirit. A survey of German literature and politics 1914–1940, Fort Washington N. Y. 1969
Stockhorst, Erich: Fünftausend Köpfe. Wer war was im Dritten Reich, Velbert 1967
Stolberg-Wernigerode, Otto Graf zu: Der monarchische Gedanke in Deutschland, in: Politische Studien, 9. Jg. 1958, S. 833–834

– Die unentschiedene Generation, Deutschlands konservative Führungsschichten am Vorabend des Ersten Weltkrieges, München 1968
– Wilhelm II., Lübeck 1932
Stresemann, Gustav: Vermächtnis, hrsg. v. H. Bernhard, 3 Bde., Berlin 1932/1933
Stresemann, Wolfgang: Mein Vater Gustav Stresemann, Berlin 1979
Studnitz, Hans Georg von: Das Haus Hohenzollern 900 Jahre alt. Die ersten Diener ihres Volkes, in: Christ und Welt, Stuttgart, 14. Jg., 1961. Nr. 29, S. 2
– Waren die Preußen schlecht?, in: Außenpolitik, Stuttgart, 7. Jg., 1956, S. 6
Stürmer, Michael: Ein Preußen für die DDR- umstrittenes Erbe, in: GWU, H. 9, 1982, S. 582–598
Stutzenberger, A.: Die Abdankung Kaiser Wilhelms II. Die Entstehung und Entwicklung der Kaiserfrage und die Haltung der Presse (=Historische Studien 312), Berlin 1937
Taylor, Allan John Percivale: The Course of German History, London 1945
– The Struggle for Mastery in Europe, Oxford 1954
Taylor, Edmond: The Fossile Monarchies. London 1963, Penguin ed. 1967
Thadden, Rudolf von: Fragen an Preußen. Zur Geschichte eines angehobenen Staates, München 1981
Thun-Hohenstein, Romedio Galeazzo Graf von: Der Verschwörer, General Oster und die Militäropposition, Einl. Golo Mann, Berlin 1982
Thyssen, Fritz: I Paid Hitler, London 1941
Toland, John: Adolf Hitler, New York 1976
Treue, Wilhelm (Hg.): Drei deutsche Kaiser, Wilhelm I., Friedrich III., Wilhelm II., Freiburg/Br., Würzburg 1987
Trevor-Roper, Hugh Rewald: The Bormann Letters, The private Correspondence between Martin Bormann and his Wife from January 1943 to April 1945, London, 1954
– Introd. to Röhl, John C.G., 1914 – Delusion or Design? London 1971, revised and expanded ed. 1973
– Martin Bormann, in: Der Monat, 1954
– Der Tyrann, Stimmen zum Erscheinen der Hitler-Biographie von Alan Bullock, in: Englische Rundschau, 2. Jg. 1952, Nr. 48, S. 96–97
Tschirschky, Fritz Günter von: Erinnerungen eines Hochverräters, Stuttgart 1972
Turner, H. Ashby: Stresemann, Republikaner aus Vernunft, Berlin, Frankfurt/M., 1968
Tutas, Herbert E.: Nationalsozialismus und Exil. Die Politik des Dritten Reiches gegenüber der politischen Emigration 1933–1939, München 1975
Unter meiner Führung: Unbekannte Briefe des letzten deutschen Kaisers, in: Aufbau, Berlin, 3. Jg., 1947, S. 326–328
Unger, Erich: Das Schrifttum des Nationalsozialismus von 1919 bis 1934, Berlin 1934
Vallotton, Henry: Bismarck et Hitler, Paris 1954
Veale, F.J.P.: Es war einmal ein böser Kaiser, in: Nation Europa, Monatsschrift im Dienste der europäischen Erneuerung, Coburg, 10. Jg., 1960 H. 3, S. 57–60
Vermeil, E.: L'Allemagne contemporaine, sociale, politique et culturelle 1890–1950,

Bd. I: Le Regime de Guillaume II. (= Collection d'Histoire contemporaine), Paris 1952
Viereck, George Sylvester: Glimpses of the Great, London 1930
- The Kaiser on Trial. London 1938
Viktoria Luise, Herzogin von Braunschweig und Lüneburg, Prinzessin von Preußen: Bilder der Kaiserzeit, Göttingen 1969
- Deutschlands letzte Kaiserin, Göttingen 1972, 2. Aufl.
- Ein Leben als Tochter des Kaisers, Göttingen 1965
- Im Glanz der Krone, Göttingen 1968
- Im Strom der Zeit, Göttingen 1974
- The Kaisers Daughter, gek. Übersetzung, London 1977
- Die Kronprinzessin, 2. Aufl., Göttingen 1977
Vogelsang, Thilo: Kurt von Schleicher, 1965
- Reichswehr, Staat und NSDAP, Stuttgart 1962
Vollmacht des Gewissens: Bd. I 1955 u. Bd. II 1965 (Herausgegeben von der Europäischen Publikation e. V.) Frankfurt/M., Berlin 1965, zu Bd. II Ernst Schruepler in: HZ, 205, 1967, S. 157–160
Wartenburg, Paul Graf Yorck von: Erbe und Verantwortung, in: Bekenntnis und Verpflichtung, Stuttgart 1955
Waters, W. H. H.: Potsdam and Doorn, London 1935
Weber, Heribert: Ratlosigkeit und Rebellion, Jugend und polit. Erziehung in der 2. Hälfte der Weimarer Republik, Diss., Tübingen 1972
Wehler, Hans-Ulrich: Das Deutsche Kaiserreich 1877–1918, 3. durchges. u. bibliogr. erg. Aufl., Göttingen 1977
- 30. Januar 1933 – Ein halbes Jahrhundert danach, in: aus politik und zeitgeschichte, Beilage zur Wochenzeitung das Parlament, B 4–5/83, 29. Januar 1983, S. 43–54
- Krisenherde des Kaiserreichs 1871–1918, Studien zur deutschen Sozial- und Verfassungsgeschichte, Göttingen 1970
Weinberg, Gerhard L. (Hrsg.): Hitlers Zweites Buch. Eine Dokumentation aus dem Jahre 1928, Stuttgart 1961
From Weimar to Hitler: Germany 1918–1933, 2. (rev. and enl.) ed., London 1964
Westarp, Graf Kuno v.: Das Ende der Monarchie am 9. November 1918, Berlin 1952
Wheeler-Bennett, Sir John W.: Hindenburg, The Wooden Titan, London 1936, rev. ed. London 1967
- Der hölzerne Titan, Paul von Hindenburg, Tübingen 1969
- Knaves, Fools and Heroes. Europe between the Wars, London 1974
- The Nemesis of Power. The German Army in Politics 1918–1945, London 1953, Die Nemesis der Macht. Die deutsche Armee 1918–1945, Düsseldorf 1954
- Munich, Prologue to Tragedy, London 1948
- Three Episodes in the Life of Kaiser Wilhelm II., London 1956
- A Wrath to Clio, London 1967
Whittle, Tyler: Kaiser Wilhelm II., Eine Biographie, aus d. Englischen von Christoph Burgauner, München 1979

– The Last Kaiser, A Biography of William II., German Emperor and King of Prussia, London 1977

Der Deutsche Widerstand gegen Hitler: 4 historisch-kritische Studien v. Hermann Gram u. a., hrsg. v. Walter Schmidthenner u. Hans Buchheim, Köln, Berlin 1966

Widerstand und Erneuerung: Neue Berichte und Dokumente vom inneren Kampf gegen das Hitlerregime, hrsg. u. eingel. v. Otto Kopp, Stuttgart 1966

Deutscher Widerstand: Fortschritt oder Reaktion? hrsg. v. Bodo Scheurig, München 1969

Wiedemann, Fritz: Der Mann, der Feldherr werden wollte. Erlebnisse und Erfahrungen des Vorgesetzten Hitlers im Ersten Weltkrieg und seines späteren Persönlichen Adjutanten, Velbert 1964

Wilhelm II., Deutscher Kaiser und König von Preußen: Aus meinem Leben, Berlin, Leipzig 1927

– Die chinesische Monade, Leipzig 1934

– Gestalten und Ereignisse 1878–1918, Leipzig 1922

– Meine Vorfahren, Berlin 1929

– Reden des Kaisers, Ansprachen, Predigten und Trinksprüche Wilhelms II., hrsg. v. Ernst Johann, Deutscher Taschenbuch-Verlag, München 1966

Wilhelm II. und Hermine, Geschichte und Kritik von Doorn, Verf. Kurt Frhr. von Reibnitz

Wilhelm, Kronprinz des deutschen Reiches und von Preußen: Erinnerungen, Stuttgart 1922

– Meine Erinnerungen an Deutschlands Heldenkampf, Berlin 1923

– »Von meiner Insel«, in: Velhagen und Klasings Monatshefte, Jg. 38, 1923

– Ich suche die Wahrheit, Stuttgart 1925

– The two Battles of the Marne, New York 1927

Wilson, Lawrence Patrick Roy: The incredible Kaiser, London 1963

Winkler, Heinrich August: Wie konnte es zum 30. Januar 1933 kommen? in: aus Politik und Zeitgeschichte, Beilage zur Wochenzeitung das Parlament, B 4–5/83, 29. Januar 1983, S. 3–15

Wippermann, Wolfgang: Ordensstaat, Hohenzollernmonarchie und Drittes Reich. Zur Entwicklung und Kritik einer Ideologie des Preußentums, in: Preußen, Versuch einer Bilanz, Katalog in fünf Bänden, Bd. II, Preußen, Beiträge zu einer politischen Kultur, hrsg. v. Schlenke, Reinbek b. Hamburg 1981, S. 335–349

Wolff, Alfred: Der Prozeß des 20. Juli vor dem Volksgerichtshof. Ein Dokumentarfilm, Erläuterungen und Material für seine Auswertung, Hamburg 1964

Wulf, Joseph: Heinrich Himmler, eine biogr. Studie, Berlin 1960

– Martin Bormann, Hitlers Schatten, Gütersloh 1962

Wulff, Wilhelm Th. Heinrich: Tierkreis und Hakenkreuz. Als Astrologe an Himmlers Hof, Gütersloh 1968

Ydewalle, Charles d': Guillaume II, Paris, Bruxelles 1972

Zeller, Michael: Väter und Söhne. Der Generationenschnitt als geschichtlicher Prozeß, Bonn 1974

Zentner, Christian: Adolf Hitler, Texte, Bilder, Dokumente, München, Zürich 1979
Zentner, Kurt: Illustrierte Geschichte des Widerstandes in Deutschland und Europa 1937–1945, München 1966
– Illustrierte Geschichte des Dritten Reiches, München 1965
– Kaiserliche Zeiten, Wilhelm II. und seine Ära, München o. J.
Zipfel, Friedrich: Kritik der deutschen Öffentlichkeit an den Reisen und an der Monarchie Wilhelms II. bis zum Ausbruch des Weltkrieges, Diss., Berlin 1952
Zwanzigster Juli Dokumente: Vierzehn Seiten fehlen, in: Der Spiegel, 1956, Nr. 34, S. 12–13

Personenregister

Kaiser Wilhelm II. und Adolf Hitler wurden nicht ins Register aufgenommen.